天津市文史研究馆馆员著述系列

帆影钟声录（初集）

罗澍伟 著

天津出版传媒集团

天津人民出版社

图书在版编目(CIP)数据

帆影钟声录:初集 / 罗澍伟著. --天津：天津人
民出版社，2023.3
（天津市文史研究馆馆员著述系列）
ISBN 978-7-201-16356-7

Ⅰ.①帆… Ⅱ.①罗… Ⅲ.①城市史－研究－天津
Ⅳ.①K292.1

中国国家版本馆 CIP 数据核字(2023)第 046993 号

帆影钟声录（初集）
FANYING ZHONGSHENG LU (CHUJI)

出　　　版	天津人民出版社
出 版 人	刘　庆
地　　　址	天津市和平区西康路 35 号康岳大厦
邮政编码	300051
邮购电话	（022）23332469
电子信箱	reader@tjrmcbs.com
责任编辑	陈　烨
装帧设计	汤　磊
制版印刷	艺堂印刷（天津）有限公司
经　　　销	新华书店
开　　　本	710 毫米×1000 毫米　1/16
印　　　张	35.75
插　　　页	2
字　　　数	505 千字
版次印次	2023 年 3 月第 1 版　2023 年 3 月第 1 次印刷
定　　　价	98.00 元

编委会名单

目 录

津门琐论

序文甄选

（五）

故事文化

妈祖散论

津门琐论

天津——中国历史文化名城

距今约 800 年前，在辽阔富饶的渤海湾西岸，在举世闻名的南北大运河与九河下梢的海河交汇处附近，一座不大的军事据点诞生了。

历经几百年的风风雨雨，流经身边的河水就像母亲的乳汁，哺育她一天天苗壮成长；近百年来，伫立于渤海之滨的她，终于脱颖而出，发展成近代中国的第二大城市，当今中国的第三大城市。她，就是雄伟、壮丽的历史文化名城天津。

在我国众多的城市中，天津，可以说是既古老又年轻。说她古老，是因为自新石器时代起，便有我们的祖先在这里耕种渔猎了；说她年轻，是因为天津从传统城市一跃而跻身于国际大都市的行列，不过是近百年的事情。

说到这儿，一定会有人问，我国的许多历史名城大多有几千年的历史，只有几百年历史的天津，也算得上历史文化名城吗？问题提得很好。关键在于，历史文化名城有着怎样的标准？或者说，怎样为历史文化名城定位？

我国现有的历史文化名城大致可分两类：一类是古都型的或传统社会发展起来的历史悠久的城市，如北京、南京、西安、开封、洛阳、安阳、杭州、绍兴、拉萨等；一类是近代型的，是近代成长起来的大城市，如天津、上海、重庆等，这一类城市数量虽然不多，但是城市成长速度快、城市规模大，地位非常重要。这些城市在许多方面代表了近代中国历史或文化的走向，是近代中国人民革命斗争的中心，了解和研究这些城市，更能够加深我们对当代中国的认识与热爱。所以，了解天津为什么是中国历史文化名城就显得十分必要了。

中原文化与河海文化的结晶

今日的天津平原，在六七千年以前还是一片茫茫的浅海。后来随着大自然的沧桑变迁，海水才渐渐退去。到了三千多年前的商周时期，奔腾咆哮的黄河夹带着大量泥沙流到这里入海，逐渐在入海处淤积成几十千米宽的陆地。由于黄河的冲积作用，天津平原成为宜于耕种的农垦区。到了两千多年前的战国时期，随着铁质工具的普遍使用，天津平原进入了全面开发的阶段。

战国秦汉以来，中原政权一直受到来自北方游牧民族的骚扰，魏晋南北朝时期达到了高峰。隋唐两代虽然得到了三百年的统一，但北方少数民族与中原地区争夺政权的问题没得到根本解决，随后便出现了宋辽、宋金对峙的局面，海河—大清河一线成为双方的边界。

然而，隋唐大运河的开通，把长江、淮河、黄河与今天的海河流域沟通起来。这样，地处运河北端，兼有河、海联运之便的燕山平原地区日趋重要起来。所以，就当时中国的政治生态来看，燕山平原一带开始成为稳定和统一中国的冲要之地。哪个政权能够占领这一地区，哪个政权就有可能稳定南北，统一中国。所以，历史把中国政权的心脏部位，由黄河流域开始推向燕山平原。

就在北宋与辽对峙期间，东北地区的女真族逐渐强盛起来，建立了金政权。金先灭辽，接着又灭了北宋，统治了淮河以北的半个中国。1153年，金海陵王把首都迁至中都（今北京），这样，每年有大批粮食需要通过运河由河南、山东、河北送到中都。结果，地处南北运河与海河交汇处的三岔河口"海壖"地区成为金朝漕运的重要枢纽。大约在 12 世纪末至 13 世纪初，金朝在这里设置直沽寨，派正、副都统率兵戍守。直沽作为天津城市发展史上第一次出现的正式名称，沿用至今。

中都成为金朝首都与直沽寨的出现，使天津地区的战略地位发生深刻变化，并且奠定了日后天津发展的基础。由于沟通南北的大运河成为国家的经济命脉，天津的交通枢纽地位开始与首都的安危和繁荣密切联系在一起。

元朝灭金后将中都改为大都，仍为首都。为保障大都的粮食和日用品供应，元王朝首先恢复了大运河的全线通航；不久又因运河淤塞，实行海运。但无论河运还是海运，漕船在进入河身狭窄、河床淤浅的北运河前，都必须在三岔河口换载船身小、吃水浅的平底驳船，然后才能北上运到大都。这样，地处三岔河口的直沽便成了元朝漕运中转的枢纽。

为乞求海神对漕船安全的保佑，元王朝首先在接运漕船的管理中心——大直沽修建了天妃宫，但不久毁于大火。接着又在三岔河口西南的海河右岸，也就是漕船换驳最集中的地方，修建了另一座天妃宫，从此沿海的妈祖文化来到天津。

元朝灭亡后，明朝定都南京，大都被改为北平府，由燕王朱棣镇守。1398 年始，朱棣与他的侄子建文帝展开了一场争夺王位的斗争。1400 年，朱棣率兵由北平沿运河南下，"渡直沽，昼夜兼行"，攻破沧州，取得首战的胜利；不久即占领南京，夺得帝位，改元永乐。永乐初年虽仍建都南京，但因朱棣久居北平，深知直沽作为"海运商舶往来之冲"，地位十分重要，因此在直沽设卫筑城，派兵把守，并把在直沽所设之卫赐名天津。

1421 年，明朝正式迁都北京。这时大运河已全线贯通，每年有五六百万石漕粮经直沽运抵北京，因此陆续在天津卫城内外建立大量屯仓，并设立户部分司，以加强管理。为减少漕运投入，朝廷准许漕船上的运军附载南北方的土特产并免征税钞，这样每年至少有200 万石以上的土特产通过运河北上或南下。由于天津地处冲要，

"粮艘商舶，鱼贯而进，殆无虚日"，以致造就了天津"通舟楫之利，聚天下之粟，致天下之货，以利京师"的特殊地位。

入清以后，军事上不再实行卫所制。1725 年，清廷先将天津卫改为天津州，不久又升为直隶州。1731 年，又因天津"水陆通衢，五方杂处，事务繁多，办理不易"，升天津州为天津府，附郭置天津县，并将静海、青县、南皮、盐山、庆云及沧州划归天津府管辖。清代的天津府是"冲、繁、疲、难"（地处冲要，事务繁杂，民力疲敝，难于治理）的四字"请旨缺"（天津府缺出，要由皇帝钦定），天津县属"冲、繁、疲、难"的四字"最要缺"，这在全国也是不多见的。

引领近代文明先进地位的形成

第二次鸦片战争期间，英法联军打到了天津和北京，在开放中国北方通商口岸的问题上，英国政府没有采纳专家开放港深水阔、常年不冻的秦皇岛的建议，而是坚持开放天津。

开埠后的天津是中国北方著名的"洋务之都"，曾受到世界各国的瞩目。1867 年建立的天津机器局，引进西方最先进的火药制造技术，被外国舆论评价为"世界上最大最好的火药厂，能以最新式机器制造最新式的火药"。1872 年，轮船招商局及天津分局成立，西方普遍认为这是显示中国进步"最有力的证据之一"。1878 年创办的开平矿务局是当时最成功的洋务企业，外国舆论预测，这很可能成为"天津的新纪元"。1888 年，中国自建的第一条铁路（天）津唐（山）铁路通车，在外国人看来这标志着"中国铁路世纪的开始"。

在政治文化方面，近代天津也一直居于领先地位。

由于天津一直是距首都最近的外港和门户，所以自两次鸦片战争之后，这里开始成为直隶总督兼北洋大臣的驻地，外交地位和政治地位陡增。在外国人的眼里，天津的直隶总督衙门简直就是中国的"第二政府"。前人总结当年天津的这种地位时说，近代以来，

"吾国外事尽萃于天津，外交之利害，全国之安危，而恒于是乎卜之"。在内政方面，"数十年来，国家维新之大计，擘画经营，尤多发轫于是邦，然后渐及于各省，是区区虽为一隅，而天下兴废之关键系焉"。特别是在辛亥革命之前的一段时间里，举凡"将校之训练、巡警之编制、司法之改良、教育之普及，皆创自直隶，中央及各省或转相效法"。当年许多国家的外交官都认定，遇有交涉事件，若不先到天津来，是什么问题也解决不了的。

在近代文化方面，天津又何尝不是如此？比如，1885 年，中国最早培养近代陆军人才的军事院校"北洋武备学堂"在天津创办。1895 年，中国最早的大学"北洋西学学堂"在天津开学。同年，严复翻译、使中国"民气为之一变"的《天演论》最早在天津发表。1897 年，严复主编的《国闻报》创刊。翌年，严复以很高的社会声望受到渴望变法维新的光绪皇帝的召见。1902 年，中国最早的警察制度在天津确立。同年，中国报龄最长的报纸《大公报》在天津创刊，该报至今在香港继续出版。1906 年，中国最早培养政法人才的院校"北洋法政学堂"在天津成立。1907 年，天津举行投票选举，成立了近代中国第一个城市自治机构——天津县议事会。1909 年，中国最早民间科学团体"中国地学会"在天津成立。翌年，中国第一份近代地理学刊物《地学杂志》在天津创刊。1919 年，中国最成功的私立大学南开大学创办。

近代天津因有九国租界之设，人文景观也极具特色。各种"洋式"建筑（包括和式建筑），如外国使领馆、洋行、银行、饭店、俱乐部、花园别墅、联体住宅等率先在天津涌现。各种特殊功能的建筑如车站、码头、桥梁等，也无不受到西方建筑风格和建筑技术的影响。外来的风貌建筑在城市中纷然杂陈，从此，天津的"小洋楼"与北京的"四合院"齐名，由此天津获得了"万国建筑博览会"的雅誉。

为什么百年中国要看天津？

现在人们常说一句话，叫作"中华百年看天津"，应当说，其中有着深刻的政治文化与地缘文化渊源。

在近代中国，没有哪一个城市像天津那样，遭受过如此众多的外来侵略；也没有哪一个城市像天津那样，紧紧地把城市的命运与国家的命运结合在一起。特别是天津距离首都北京最近，在中国近代历史上，天津一旦不保，北京就会即刻处于风雨飘摇之中。天津城市的风云变幻，海河两岸的潮起潮落，在一定意义上说，就是近代中国历史的缩影。中国近代史上的重大历史事件——像打开了中国大门的鸦片战争，迫使天津开埠的第二次鸦片战争，把中国带入近代世界的洋务运动，使中国蒙受巨大损害和耻辱的中法战争、甲午中日战争和八国联军侵华战争，以及后来伪满洲国的炮制与出笼……差不多都要通过海河演绎，都要进入天津来彰显。近代以来许多影响至巨的中外条约，不是在北京而是在天津签订的。近代中国百余年的风云变幻，无不在天津留有深深的履痕。

由于天津是中国北方开放最早的沿海城市，并具有很高的政治地位，所以从19世纪60年代开始，天津很自然地成为中国吸纳近代先进文明的制高点。在一定意义上说，正是有了这种极具先进性的特色文化，才能够使传统天津蕴藏的经济火花，点燃起近代天津的发展之火；世界上先进的科学技术和思想、文化才得以通过天津这个窗口和跳板传输到中国来。正是有了这样先进的文化基础，有了这样先进的文化构建的平台，天津才有可能在不到半个世纪的时间，由一个府、县城池，快速演进为中国推行近代化的北方中心。

辛亥革命以后，天津因为有各国租界的存在，很快又成了首都的"政治后院"，出现了星罗棋布的名人名居。那时，下野的总统、总理和各省督军、政客……纷纷迁入天津，以致许多重大的历史事件都是在天津谋划的，因此在近代中国又流传着"北京是前台，天津是后台"的说法。据不完全统计，天津的中外名人故居多达四五百处，这些宝贵的历史和人文资源，不但在中国，就是在世界的大城市中也是非常罕见的。

与此同时，一种因南北交融、中西荟萃而形成的开放、包容、多元型文化得到发展和壮大，促使天津迅速成长为中国北方首屈一指的工商业城市和贸易大港。这就是说，在一百多年的时间里，由近代先进文化和先进生产力打造的特殊平台，托起了一座国际化的大都市，承载了一部与国家命运紧密相连的历史，彰显了一种开放、包容、多元的独特城市成长模式，甚至代表了一个特殊时代的历史脉动，这正是"百年中国看天津"的缘由所在。

[原载《中国名城（文化刊）》，2015 年 6 月号]

一座筑有城垣的无城垣城市

——天津城市成长的历史透视

天津是我国近代发展起来的著名城市，它在近代中国的地位仅次于上海，令世人瞩目。一个在传统社会城市网络中层序不甚高的近畿府城，在开埠后的几十年里能够脱颖而出，成为中国北方最大的贸易港口和工商业城市，必有其深刻的内在原因。检讨一下天津城市成长的历程，校正和深化我们对天津城市性质的认识，并力求从中得到启发或借鉴，自然是一件十分有意义的事情。

一般说来，城市的起源和发展大致分为两种类型：

一类是计划建造的城市。这类城市多系依统治阶级的需要，有计划地筑成。其建筑格局不但能显示统治者的权威，而且便于治理，并具有防御功能，城垣多为四边形，外掘沟堑，以保持城池的封闭性。这类城市一般缺乏自然活力，在历史上被称为"有城垣的城市"。

另一类是自然发展的城市。这类城市多因贸易或生产需要发展而成，城址地势平坦，多近河流或交通通道，运输方便，城市中心为贸易市场。经过长期发展，市区沿河流一侧或两侧作辐射状延伸，市区平面没有固定的形状，没有濠墙、城界，是开放型的，这类城市多具发展的内在动因，在历史上被称为"无城垣的城市"。

若用这两种模式考察天津城市的成长，我们会发现，天津更接近于后一种类型。

传统的观点认为，由于 15 世纪初明王朝的设卫筑城，天津因而得名，天津城市也从这时开始形成。其实，这是把城垣的修筑和城市的形成等同起来了。天津作为一个具有多种职能的城市，至迟在元代即已形成。卫城的修建等非经济因素，固然对天津城市成长带来了影响，但天津城市的成长始终没有受到卫城的制约，而是沿着经济最活跃的河岸地区自然延伸。开埠前如此，开埠后依然如此。天津在近代迅速崛起的根本原因，乃是因为旧城市蕴藏的潜在优势的火花，燃起了新城市的成长之火。尽管从明代起，天津一直佩戴着城垣的"项链"，实际上却是一座筑有城垣的无城垣城市。

一

　　天津之所以能够产生和发展，从城市地理学的角度观察，首先应当归结于它所处的河海冲要的优越位置。而这种优越位置的形成，可上溯到 3—8 世纪的汉唐时期。

　　据《三国志·武帝纪》，东汉建安十一年（206），曹操为了征讨单于蹋顿，"凿渠，自呼沲入泒水，名平房渠。又从泃河口凿入潞河，名泉州渠，以通海"①。"集解"本《董昭传》引谢钟英云："平房渠在今天津府沧州南，首起饶阳，东至沧州。泉州渠首起今顺天府武清县南，东北径宝坻，北入泃河。"② 这个解释，大致不差。泒水即今大清河与海河，泃河大致相当于今蓟运河。又据《水经注》卷十四"濡水"条，与此同时，曹操还开凿了一条西与泉州渠北端相衔接，东至濡水的新河运渠。③ 这样，载有大批军事物资的船只，便可由今河北中部地区各河进入平房渠，转入泒水；再由泒水入泉

　　① 中华书局标点本，第 28 页。
　　② 中华书局缩印本，第 399 页。
　　③ 该条云："濡水自孤竹城……东南流；迳乐安亭南，东与新河故渎合。渎自雍奴县承鲍丘水，东出，谓之盐关口。魏太祖征蹋顿，与泃河口俱导也。"所谓"与泃河口俱导"，就是与泉州渠相接。见《水经注校》，第 474 页。

州渠、新河，经濡水到达河北北部山区。当时，天津平原的海岸线尚在泉州渠南端附近，出入海口十分方便。所以，随着平虏渠与泉州渠的开凿，处于中转地位的泒水开始成为河海运输的冲要之地。

天津地区的这种地位，到了唐代更趋明显。一方面，是因为隋朝沟通了贯穿中国南北的大运河，而运河北端的永济渠，正是旧日平虏渠的南向延长。另一方面，则是因为自贞观年间开始，唐朝为了解决河北北部边军的军需供应，需要把大批粮帛从江南地区通过海路，运至今渤海湾西岸北部，入鲍邱水。然而在入鲍邱之前，行船需经一段险滩。为此，沧州刺史姜师度在神龙三年（707年）大致沿曹操所开泉州渠重开一渠，亦名平虏。这样大批运船到达渤海湾西岸附近不再北驶，而是入泒河口，再经平虏渠进入鲍邱水，从而减少了海难的发生。此事新、旧《唐书》均有记载，虽语焉不详，但言之凿凿。天津地区作为河海运输中转枢纽的地位，因此进一步巩固下来。

由于唐代的这种海运自贞观至天宝年间持续了一百多年，今日天津地区的地位逐渐为社会所重视，所以从唐代开始，这一带出现了"三会海口"的名称。

据杜佑《通典》卷187载："渔阳郡东至北平郡三百里，南至三会海口一百八十里。"渔阳郡是唐代海运的终点，既然与三会海口之间注有方位、计有里程，说明两地间必有密切的联系。所以三会海口之名始见于唐代，并不是偶然的。三会海口的出现，也说明天津城市的确源于河海运输的日益发展，源于河海冲要的优越位置。从汉唐开始，天津城市成长所具有的这个特点，一直持续了一千多年。

二

城市的胚胎应是聚落，但并非所有的聚落都能够发展为城市。天津地区的农耕聚落大约在新石器时代便出现了，最初出现在北部地区。到了战国时期，今日天津的东郊和南郊，农耕聚落已相当稠密。但是真正作为今日天津城市发展基点的聚落，却出现较迟，也就是说，直到 13 世纪初的金代，天津才进入早期城市阶段。

这样说，并不意味着天津地区没有出现过早期的城市或城市胚胎。天津地区的早期城市不在今市区一带，而是在其四周，如西汉时期的泉州、雍奴、东平舒、章武等即是。但这些聚落都是随着天津平原的开发而设立的县治，显然属于有城垣的政治性城市，即行政中心，并不具备城市成长所需要的经济活力，因此很快就被历史潮流所吞没。只有今日的军粮城，因当时处于海口与泉州渠交汇的地方，且有鱼盐之利，因而得以初步发展。有人认为军粮城就是魏晋时的漂榆邑（角飞城），唐代的三会海口；而且这里还出现过"民咸煮海水，藉盐为业"①的盛况。如果这些说法成立，那么我们可以把军粮城看成是天津城市成长过程中，对城址的第一选择。

然而，军粮城何以没有成为天津城市成长的基点？我以为，除了地理环境变迁的因素影响外②，还与唐五代以后中国城市群体向南发展，而政治重心却向北转移的形势变化有密切关系。

到了宋代，天津地区成为宋辽南北对峙的前沿阵地，海河、大清河一线被称为界河。为了阻止辽兵南下，宋军沿界河南岸设置了许多名叫寨、铺的军事据点。宋朝对驻军采用了屯戍的办法，即边守卫、边耕种，结果在无形中促进了天津地区的农业开发。

辽国虽兴起于辽河上游，但在取得燕云十六州之后，立即把幽州定为陪都，称南京（燕京），其在辽代设立的五京中规模最大。

辽本为游牧民族，所产金、银、羊、马、橐驼之属为宋所必需，且占有煮盐之利。宋是高度发展的农业社会，商业、手工业发达，物质生活水平高，棉帛、漆器、茶叶、香料、稻糯和书籍等，对辽人具有足够的吸引力。南北贸易，势在必行。最初宋在易、雄、霸、沧诸州设置榷务，年可获利税 10 万缗。后因战争关系，边境贸易停

① 《水经注校》卷九，第 235 页。
② 由于黄河在宋庆历八年（1048）改道北流，所造成的巨大冲积扇，使军粮城远离了海口。

止，但商人走私却因此大盛。尤其是大批廉价的北盐，由海口入界河，沿途销售，边吏因循，不能禁止。南北经济发展不平衡的结果，又使天津地区成为最合适的经济交流窗口和贸易集散地。

金灭辽后，索性于贞元元年（1153）迁都燕京，并改名中都。当时的燕山平原地区在历史的积淀中，已发展成为联系中原、东北和蒙古草原的交通枢纽，而来自这三大地区的不同民族，又先后以北京为中心统治了全国。[①] 作为首都，北京也有其不足之处。一是周围地区的经济发展水平不高，无法供养一大批不直接从事生产的城居人口，二是作为内陆城市，缺乏天然的港口。天津地区是距北京最近的河海通津之地，不但可以成为北京的出海口，而且是南漕北转的理想枢纽和储备基地。据《金史·河渠志》载，金朝建都北京后，"山东、河北之粟……皆合于信安海壖，溯流而至通州……十余日而后至于京师"[②]。所谓"合于信安海壖"，就是让漕船先在"信安"附近有大片平地的河岸旁集中，然后上溯北运河，经通州到达北京，如果从当日海河上游的地理环境以及日后元代漕船大批集中于三岔河口的情况来考虑，信安海壖似即在三岔河口一带，因为只有这一带最适合大量船只的停泊中转。大约在贞祐二年（1214）前不久，为了加强这一重要地区的防卫，又在这里设置了直沽寨，派兵将戍守。

元代是天津城市成长过程中承前启后的关键时期。元代的大都是当时世界上最大的城市，"百司庶府之繁，卫士编民之众，无不仰给于江南"[③]。因此只得通过河运或海运，把大批漕粮及其他物资转送到大都。然而无论河运还是海运，漕船在进入北运河前，都要集中到南北运河与海河交汇处的三岔河口以下。大批漕船的到来，极大地促进了天津城市的形成与发展。明代天津道兵备副使胡文璧在

---

① 参看唐晓峰：《历史地理学在城市问题研究中的作用》，载《城市问题丛刊》第三辑。

② 中华书局标点本，第682页。

③ 《元史·食货志》，中华书局标点本，第2364页。

追述这种状况时说，"元统四海，东南贡赋集刘家港，由海道上直沽，达燕都，舟车攸会，聚落始繁。有宫观，有接运厅，有临清万户府……北为仓上，为南仓，为北仓，元朝储积之地"①。此外，元朝还派兵在直沽屯种戍守，并设置了海津镇。"海津"一词的出现，反映了元朝对天津所处河海通津重要地位的认识。随着大批运船的频繁来往和周边居民的生活需要，商业贸易也开始兴盛起来。元人张翥作诗说："一日粮船到直沽，吴罌越布满街衢。"天津作为区域性集散市场，应即在这时出现，三岔河口以下的海河西岸，开始成为热闹的市区。这样，海河岸边的直沽开始成为一座兼有交通、仓储、行政、宗教、军事、屯垦、商业等多种功能的首都卫星城。

三

鉴于直沽在交通上和军事上的特殊地位——"海运商舶往来之冲"，明王朝于永乐二年（1404）在直沽设立了天津卫，第二年又修筑了卫城。明代的漕粮虽改为河运，但规模比元代要大，不但在直沽建立了更多的仓廪，而且设立了户部分司，主管仓储的收放。为了稳定漕船运军的职业与生活，明王朝于成化年间规定，漕船往来可免税携带一定数量的南北土特产品，这样，大运河实际上又成为沟通南北物资交流的通道。史载，直沽在永乐时已为商贩所聚之处，到正德时更加繁盛，"天下粮艘、商船鱼贯而进，殆无虚日"②。直沽居民的日常生活用品，诸如鱼盐螺蛤、絮帛粟稻、曲纸板木、薪藁酱醯之属，更是源源来到直沽集散，不少行商因而变为坐贾，有明一代，直沽竟发展成为运河北端的著名商业城市。但在城市平面上，特别是中心市区，依然和元代一样，是沿海河西岸上下延伸，在这片区域里"百货交集"，"商贾辐辏，骈填逼侧"，"素封巨室，率萃

---

① 《天津卫志》卷四"艺文"中，胡文璧：《求志旧书》。

② 吕盛：《天津三卫志跋》。

河干"。而作为统治中心的卫城，除了军政衙署外，"屋瓦萧条，或为蒿莱"①；城内四角，尚为四个大水洼。弘治年间，先后在城内外设立了十个集市，五个设在城内的不见发达，而在城外沿河地区的集市却日益兴旺。② 这些都反映出天津当时虽筑有城垣，却具有明显的无城垣城市的经济发展特色。

清初，天津卫改为天津州，旋又置府设县，从此"天津"作为一座传统社会城市的名字，正式取代了直沽。康熙年间，朝廷将钞关（常关）由京津间的河西务移至天津卫城北门外的南运河岸（后来俗称"北大关"）。从此，驶到天津的运河商船和闽粤海船都要先在这里停泊，等待验关。这里也因此成为南北商货的装卸码头，各种专业性的街道和市场也纷纷出现在北门外大街的东西两侧。在不太长的时间里，这里和东门外的宫南、宫北大街连成一片，成为"房屋林立，相连数里"的"环城通衢"，也就是天津的繁华区和商业中心。

随着天津城市的繁荣，海河东岸也得到发展。雍正年间，长芦盐的屯储处移到河东，使河东地区成为一望无际的"盐坨"。乾隆朝又解粮禁，辽东粮豆从海上大批运到天津，河东的粮店业也兴盛起来。

而城垣之内，依然是官署、学宫的所在地和居民区，日常生活供应完全依赖城外的商业服务区。所谓"民无宿粮，地无井泉，每日水米均恃城外接济；所有富商大贾，百货居集，均在城外"③，正是当时情况的真实写照。

至此，天津的城垣完全成为一个象征性的饰物。从元到明清，天津城市中心一直沿河发展，而且不具备有城垣城市的那种封闭性特色。所以，在第二次鸦片战争期间，"偏安一隅"的旧天津城垣无

① 毕自严：《督饷疏草》卷四。
② 参看张仲：《天津市区的历史变迁》，《天津师范学院学报》，1979 年第 2 期。
③ 《筹办夷务始末》（咸丰朝），中华书局标点本，第 1729 页。又据谈迁《北游录》，顺治时，天津即是"城中不见井，俱外汲于河"，由此可见明代亦如此。

法起到保卫城市的作用，清军不得不在城外依势增筑一道濠墙。

四

天津辟为通商口岸后，在西方列强的压迫下，无论城市的性质和成长方向，均呈现出明显的异化现象。但与此同时，伴随着资本主义市场经济的进入，天津城市的发展却如鱼得水，很快成为北方最大、最繁忙的商埠，以及进出口商品的分配中心地。

从咸丰十年（1860）到光绪二十九年（1903），先后有九个国家在天津设立租界。值得注意的是，这些租界为取得自身的发展，不但相互毗连，而且无不是依海河的走向来划定，也就是从天津城北东半部的传统繁华区以下，向海河下游方向伸展，完全脱离了与天津城垣的联系。由于海河上游水深河阔，各国租界均沿上游两岸修建了良好的停船码头，这就为租界发展成天津内河港口的航运中心创造了条件，并在此基础上繁荣起来。外国商人开设的洋行，最初仍设在东门外的宫南、宫北大街一带，但随着租界的发展，洋行纷纷迁入租界，租界逐渐取得了天津经济中心的地位。

根据《辛丑条约》的规定，天津城垣于光绪二十八年（1902）被强行拆除。如果从不平等条约的角度看，这无疑是损害民族自决权的一种屈辱，但若从天津城市成长的角度看，这未必不是一件好事。因为五百年来，天津城垣除了作为军事堡垒外，并没有对天津城市的成长起到明显的积极推动作用。城垣的拆除，改变了天津市区发展中那种不协调状态，消除了城区间的隔阂，方便了市内交通，使天津真正成为一座无城垣的开放型城市。此外，由于当时天津城市地位的不断提高，城垣的拆除还对国内其他城市的发展产生了积极的影响。比如上海地方士绅见天津城垣拆除后，四城修筑马路，交通便利，于是联名具呈上海道，要求效法天津，拆除上海城垣。但当时的两江总督周馥碍于体制，未敢贸然批准此项动议。这件事一直拖到辛亥革命后才获准实施。

城市发展的自然形态，多半不以人们的意志为转移。义和团运动后，天津除旧市区以外适宜发展的沿河地带均为外国侵略者瓜分殆尽，所以从光绪二十九年（1903）开始，直隶总督袁世凯出于作为直隶省城的需要，不得不筹建老三岔河口北岸以北的河北地区，最早运用现代规划理念，建设了经纬交叉的道路，以及官署、学校、民宅、工厂和商店等。特别是拓建的大经路（今中山路），设计标准超过租界，是当时天津最宽的马路。与此同时，又在大经路的北端，辟火车新站（北站），并将京奉、京浦两局移设于此。

市区平面向北扩展后，很快成为直隶省和天津市的政治中心、经济中心、文化中心和教育中心。但由于河北地区离海河较远，天津的市区中心并没有因河北新建区的出现而有所转移，即仍然保持在传统的北门外以东和东门外以北的沿河一带，并沿海河两岸向租界区发展。随着天津城市经济的发展和租界区的繁荣，从 20 世纪20 年代开始，天津已成为一个沿海河走向自然发展的工商业和港口贸易城市，整个城市夹河而立，东西狭，南北长，主要街道均与海河平行或垂直，城市被海河分为东西两个部分，需依靠桥梁和渡口相联结。城市的中心区也因租界的向南扩展，移到了法租界的梨栈和劝业场一带，最终奠定了日后天津城市成长的基本格局。

最后，还有一点应当提及。天津虽然是经过长期发展形成北方著名滨海城市，但港口并不直接靠海。这从历史上考察，除因海河上游衔接南北运河以及子牙、大清等河，便于船、货的集散与输转外，当时的船只一般吨位较小，吃水较浅，在河口以内停泊安全、装卸方便，自然也是一个方面。

到了 20 世纪三四十年代，随着日本侵略中国的脚步加快，市区内河港区的吞吐能力已不能适应需要。于是日本占领军当局开始在距天津最近的海口地区塘沽修建人工港码头——新港。从此天津又开始沿河向海湾地区发展，很快新港便成为天津城市的一个重要组成部分，直至后来完全取代了市区内的沿河港口码头。这种扩展与更替，无疑是适应天津城市发展的自然需要，因而具有生命力。

小 结

通过以上的粗浅分析，我们可以从天津城市成长的过程中总结出哪些值得思考的问题呢？我以为大致应有如下几个方面：

1. 天津城市之所以能够产生和发展，是与其所处的河海冲要的优越地理位置分不开的。这种冲要地位的形成，既靠自然条件，也有人为的因素（如运渠的开凿），并由此决定了天津城市的基本特点，即天津首先是一座依河傍海，"地当九河津要，路通七省舟车"的水旱码头。

2. 天津城市区位的出现，是经过千百年的历史选择与淘汰的。在这个过程中，天津地区先后出现过许多聚落，有的只留下名称，至今不能辨其确切方位，诸如漂榆邑、三会海口、信安海堧、直沽寨、小直沽、海津镇等皆是。但在广义上，不妨均可视为今日天津城市的前身。

3. 由于天津城市的出现系因经济发展的需要，本质上应是一座无城垣的城市。明初虽在其旁修筑了卫城，但只具有军事和行政职能。到了清代，天津城垣也只是州、府、县、道、镇的治所和民宅，城垣既没有成为天津城市成长的基点，也不具备发展为中心市区的条件。种种非经济因素的存在，亦未能扭转天津城市的发展方向。[①]

4. 因为天津具有适宜集散贸易发展的优越地位和便利条件，所以中心市区始终离不开海河。近代以来，天津的城市性质发生了巨大变化，但不能改变城市沿河发展的总趋势，同世界上许多沿河发展的城市一样，天津城市也是蜿蜒曲折地夹河而立。

5. 随着天津城市的发展以及海河自身条件的限制，地处市区的

---

① 直到今日，天津人也不把卫城看作是天津的发祥地。1985年重修宫南、宫北大街时，题写宫南大街入口牌坊的匾额为"津门故里"。把这四个字用在这里，是很有道理的。

内河港码头最终移向海口的人工港区。因有海河干流的连接，新港区逐渐成为天津密不可分的一部分。这也就是今日天津"一根扁担（指海河）挑两头（指中心市区和滨海市区）"城市格局的由来。

[原载《城市史研究》第 1 辑，天津教育出版社，1989 年]

中国城市的历史发展与
天津在中国城市史上的地位

　　城市是人类社会发展到一定阶段的产物，也是人类文明史上的重要里程碑。在历史的长河中，城市的出现只有五千年的时间，但作为整个社会政治、经济和文化网络上的节点，城市对人类文明和进步的贡献却是无与伦比的。

　　世界进入工业社会以后，生产力发展水平日益提高，城市成长和城市化过程都以前所未有的速度进行，尤其是城市化水平，已成为一个国家经济发展水平的重要标志。党的十一届三中全会以后，我国的城市化进程不断加快，关于城市问题的研究也提到日程上来。而研究城市问题，首先必须回顾城市的历史发展，检讨不同城市的不同历史特点，及其在城市群体中的特殊地位和作用。只有鉴古，才能知今。因此考察中国城市的历史发展，以及天津在中国城市史上的地位，对于提高和深化我们对中国城市的宏观与微观认识，都是不无帮助的。

一

　　中国是世界四大文明古国之一。中国城市的出现虽晚于古巴比伦，但在人类历史上，中国传统城市规模之大、数量之多、持续发展时间之长，却是独一无二的。与欧洲古代城市相比较，中国传统城市是发达的，也是独特的。

首先，中国传统城市的起源甚早，而且城市分布经历了一个由北向南，由沿河、沿江到沿海的持续不断的渐进过程。

考古发掘的最新成果及有关文献表明，先秦至秦汉时期，我国城市群体主要集中在作为中华民族文明摇篮的黄河流域。司马迁的《史记·货殖列传》已注意到这一现象。他根据当时的城市分布状况、历史发展和影响范围，分全国为关中、三河、燕赵、齐鲁、梁宋、楚越等经济区域，其中绝大部分在黄河流域。如关中之地是自古以来的农业区，交通便利，商业发达，面积不过"天下三分之一，而人众不过什三，然量其富，什居其六"。所以才在这里建都，并形成了"四方辐辏并至而会"的局面。

东汉末年割据势力纷争，因为没有一个强有力的中央政府能维持城市的庞大行政开支和保障城市各部门的正常运行，加之战争连绵不断，致使城市破坏严重。地主阶级和世家大族为保护自己的利益，相当一批人不再居住或流向城市，而是返回农村，用庄园的形式结坞自保。每个庄园都拥有大量土地、作坊、部曲和庄客，成为自给自足的经济单位。中原地区城市发展进入了低潮时期。但与此同时，为逃避战乱，大批流民渡江求存，建立起侨州郡县，使江南地区得到开发，在水陆交通线上，陆续出现了一批新兴城市。从此，中国的城市群体随着经济重心的南移，开始由黄河流域转向江南地区发展。隋唐时期，江南地区城市纷纷成长起来，如杭州是对外贸易的港口，吴郡是新兴的商业城市，也是纺织业的中心。安史之乱后，迁居到这里的人很多。

两宋时期，中国经济重心已移至长江流域一带，这里人口集中、农业发达，尤其是扬州与广州间海上航线的开通，使海上运输与长江、运河的航运系统连为一体，极大地促进了东南沿海城市的迅速成长。泉州是当时对外贸易的第一大港，杭州、明州（宁波）、温州、钦州、广州等均成为对外贸易的港口城市。与此同时，漠北的蓟城（北京）也发展成联系中原、东北地区和蒙古草原的经济、文化和交通枢纽，这就为日后中国政治重心的北移创造了条件。元朝时，江南地区因受战争破坏较小，海外贸易继续发展，城市经济不断发达，如元代杭州，其人口和繁荣程度均超过了大都。

伴随着江南地区的不断开发，明清时期的城市发展主要集中于江南的市镇，诸如湖广的汉口镇、江西的景德镇、广东的佛山镇等，这些市镇在当时都是全国著名的工商业城市。一些交通便利、位置适中的村落也开始脱离农业生产，成为商业或手工业的中心。

其次，中国传统城市经济、文化发达，尤其是历代都城，人口众多、规模宏大，对世界城市发展产生过重大影响。

早在商代，城邑的规模和数量已相当可观，如都城殷，广袤达十平方华里。《诗经·商颂》说："商邑翼翼，四方之极。"可见当时的国都已成为全国中心。西周初年，根据国家对城市的统一规划，交易市场开始迁移到城内的指定地区。此后，城市二字开始连用，并逐渐成为固定的专有名词。

到战国时，因为铁质工具普遍使用，农业生产空前发展，商业、手工业也日益发达，城市规模扩大，数量增加，经济繁荣，文化兴盛。尤其是列国的都城，都聚集着大量人口，并聚集着大批知识分子，他们传播学问，著书立说。城居者的文娱活动也很丰富，如齐都临淄有居民七万户，"其民无不吹竽鼓瑟、击筑弹琴、斗鸡走犬、六博蹋鞠者"。

秦朝建立后，废封建，修驰道，车同轨，书同文。交通条件的进步和文字的统一，为城市在全国范围内的发展打下了基础。秦始皇的集权政治，使他具有大肆经营国都咸阳的能力，后又修阿房宫，成就了咸阳的繁荣。此后历代王朝都极力建设都城，以显示皇帝的权威。

汉初施行与民休息的政策，促进了经济的恢复与发展，到惠帝时开始大力经营长安城，征调了全国十余万劳力，历时五年，方告竣工。汉代长安城规划精详，极富气魄，城墙为方形，每面三门，均有大路相通，而且"衢路平正，可并列车轨十二……左出右入，为往来之经；行者升降，有上下之别"，很合乎大城市的交通要求。商业区的设置、管理也很健全，市内设有九个市场，以接纳全国各地的商贩。

东汉建都洛阳，占地300余顷，规制宏敞，建有南北二宫，24条街道，市肆栉比，商业繁荣。商业区内"千金比屋，层楼对出"，手工业者"资财巨万"。洛阳的文化教育事业也很发达，东观殿藏有各种典籍7000余车，太学学生最多时达3万人。

唐朝是中国城市发展史上极重要的时期。由于国家的再度统一，城市全面振兴。长安是隋唐两代的京城，也是当时世界上最大的城市，城墙周长70里，北为宫城，宫城以南为皇城，朱雀街为全城的中轴线，宽147米，分长安为东、西两部分，东隶万年县，西隶长安县，各辖50余坊，坊的中心区为东、西二市。整个规划严密齐整，各种建筑气宇非凡。东都洛阳堂皇富丽，丰都为著名的商业区。因为洛水横贯全城，"舟船所集，常万余艘"。唐代长安与洛阳的规制对国外的城市规划建设也产生了影响。如日本从1世纪后半叶开始兴建藤原、难波、平城、长冈、平安五京，其设计方案完全仿照长安与洛阳，后又影响到日本的地方城市。

元朝建都大都，但周围地区经济发展水平不高，都城内"百官庶府、卫士编民"之所需，无不依靠江南供应，再加上元朝版图广大，与各汗国贸易往来也以大都为终点，因而造成大都商业与经济的畸形繁荣。意大利人马可波罗到大都后，认为大都是国际陆路贸易中心和国内最大的商品集散地，"百物输入之众，有如川流之不息，仅丝一项，每日入城者计有千车"。总之，在19世纪以前，包括唐代的长安，宋代的开封，元代的杭州，明初的南京，清中叶的北京，都曾是世界上最大的城市，当时的中国也是世界上主要的城市人口聚集国。

再次，中国传统城市绝大部分是统治阶级建立的行政中心和军事堡垒，城市职能主要表现为政治控制和赋税榨取，一般均属有城垣的城市。

历史上的城市大致分为两种类型，一种是出于统治需要计划建造的城市，先筑城垣，再求发展；一种是因社会发展需要自然形成的城市，没有城垣，中国传统城市多属前一类。

中国较完整的城市系统约出现于西周。周初实行封建制，周天子把全国土地分为71个诸侯国，诸侯又把土地分封给卿大夫。他们为了维持自身的统治，分别在领地内建立起统治中心，出现了所谓天子之城、公侯之城、侯伯之城、子男之城等一套金字塔式的早期城市体系。但到了春秋时期，因王室衰微，大国争霸，各诸侯均视城市为争权夺利的工具，金字塔式的旧城市体系随之被打破。此后，城居人口不断增加，到战国中期时，人口总数约为1千万，而集中在城市的至少有1/3。城居人口的大量增加，标志着当时的社会生产力已发展到一个新的水平。因为要供养一大批不直接从事生产的城市居民，没有由农村提供的大量剩余产品是不行的。城乡经济联系的密切，有助于各地市场的形成，并为后来秦始皇在全国设置郡县，建立中央集权下的郡县层序的城市系统打下了基础。

郡县层序城市系统的不断完善是在唐代。由于社会流通的不断发展，唐王朝对传统的税制进行了改革，即用货币代替实物征收。农民为了交纳赋税，不得不把农副产品拿到附近的市场上出售，这样在农村的中心地区便出现了大批的初级市场。如江淮一带的草市、四川的亥市、岭南的墟市、北方的集市与庙会等。商品经济的活跃冲破了唐初"非州县之所不得置市"的规定，促进了自发性交易市场的形成，也促进了地方城市的发展。在城市普遍发展的情况下，唐代开始增加地方行政建置层次，这就是州城与道城的设立，州大约辖五个县的范围，道则是按山川形势划分的州以上的行政区域。州城是辖县的粮食与税收中心，道城是该区域的政治和经济中心。

清廷是少数民族建立的王朝。为了对全国实行有效的统治，清王朝在历代奠定的城市系统的基础上，确立了一套相当完整的以首都为核心的省、府、州、县多层次的城市行政系统。这些大大小小的城市不仅是各级统治中心、税收中心，相当部分还因地理位置适中，形成区域性的经济中心。有人对19世纪90年代中国关内18个省的39000个经济中心地进行统计，其中只有1546个是地方政府的所在地。

最后，中国传统城市虽然发达，但终究是农业社会的产物。城市经济与自给自足的小农经济相互矛盾，相互制约，其结果是，一方面封建统治阶级需要工商业的繁荣，以满足城居者的消费，一方面又不允许城市商人和手工业者自由发展，以维护政治上的封建集权。

随着城居人口的增加和消费水平的提高，种种生活供应及服务都要靠市场提供，这就造成了唐代城市商业、手工业的发达，商人和手工业者为维护自身的利益，纷纷组织起行会，同行业的店肆多集中于同一地点。"两税法"实施后，政府财政充裕，货币流通量大增，城市商业得到空前发展，汉代以来政府对城市商业经营在空间和时间上的限制，从晚唐起开始被打破。尤其是一些经济发达的城市，传统的坊市制已不能满足社会的需求，开始出现了沿街开设的店、邸和热闹的夜市，即使在长安的一些商业区，也是"昼夜喧呼，灯火不绝"。

在唐代城市发展的基础上，宋代城市出现了更大的变化。由于城市经济的活跃和商业的繁荣，封闭式的里坊制等城市建设的规制形式已不能适应需要，首都汴梁率先将坊墙拆除，各地城市亦纷起效法。从此，商店、酒肆、茶楼允许临街而设，贩夫也可以沿街叫卖。汴梁城内官衙、寺院、住宅附近均有商店，商店集中区亦有住宅。商店的营业时间也不再受官方限制，一些服务性行业或娱乐场所竟至彻夜经营，较昼市尤盛。这种变化，开创了近代以前中国城市规制的新格局，在中国城市发展史上具有承前启后的意义。

但上述变化毕竟发生在封建制度允许的范围内。自明代开始，由于政治上的集权专制，严重影响了城市经济的活跃。例如明初在南京再度推行坊厢制，北京实行坊铺制，实际上就是唐宋以前坊市制的翻版。再如明代为了加强对海上交通的控制，用朝贡贸易取代了自由贸易，致使唐宋以来不断发展的沿海港口城市迅速衰落。清代的极端专制统治，以及农业生产的恢复和发展，在相当程度上限制并缓和了农村人口流向城市。与近代以前的西欧城市不同，中国传统城市只能作为封建制度的附庸而存在，很难成为引导社会发生变革的中心。

鸦片战争后，中国沿海、沿江和内地的一些城市先后被辟为通商口岸。迨至清末，包括自开的商埠，总数已超过 100 个。伴随着大工业和近代交通工具的涌入，近代中国本应有一个较为迅速的城市成长和城市化的过程。可是长时间的封建闭锁统治，使中国缺乏一个有助于经济近代化的政治环境和文化传统。结果，面对西方的挑战，中国表现得相当迟钝、无力，城市化水平也难以提高。然而近代中国的城市发展有一个值得注意的现象，这就是沿海城市的迅速成长。这些城市后来居上，不但在全国名列前茅，而且跨入了世界大城市的序列，除了名闻遐迩的上海之外，地处渤海之滨的天津是迅速成长的沿海城市的又一典型。

在中国城市发展过程中，天津的地位如何呢？从时间上看，天津与国内那些有一两千年历史的名城相比较，城市成长的历史不长，如果从早期的军事聚落——直沽寨算起，至今不过七百余年。从层序上看，天津城市的等级也不高，寨、镇都是军事据点；卫在行政上也只相当于县一级的建置，直至清代才在这里设府。然而到了近代，天津却发生了惊人的变化，在辟为通商口岸以后仅仅几十年的时间，天津便脱颖而出，由一个近畿的府属县城发展为仅次于上海的全国第二大工商业和港口贸易城市，在北方则首屈一指，显示出极大的内在潜力。

在中国城市历史发展中，天津表现出哪些明显的特质呢？我以为至少有如下几个方面。

第一，天津地区虽开发很早，但由于长期远离政治中心，城市出现较迟。据解放后考古发掘所获得的丰富资料，天津地区的开发并不比中华文化的摇篮地——黄河流域的开发晚。早在新石器时代，这里已有先民进行耕牧渔猎活动。到了战国时期，这里属燕，聚落已相当稠密。《史记·货殖列传》说，燕"南通齐、赵，东北边胡……民雕悍少虑，有鱼盐枣栗之饶。北邻乌桓、夫余，东绾秽貉、朝鲜、真番之利"。之后的历史证明，天津城市正是在这样的大环境下成长起来的。

在战国时期不断开发的基础上，汉初这里设置了泉州、雍奴、章武、东平舒和文安五县，位置多在今天津四周。汉代实行盐铁官营，全国设盐官三十八处，泉州、章武即占其二，由此亦可窥得天津地区在当时的经济地位。不过，真正使天津地区的重要性日益增加的根本原因，还在于水路运输系统的不断改善。

东汉末年，曹操征讨乌桓，为便利军事运输，在泒河（今海河、大清河一线）上下分别开凿了平虏、泉州与新河三渠，使军需物资可由河北中部经泒河径达濡水（今滦河）北部的山区。唐朝时，为解决河北北部防军的供给问题，又沿泉州渠旧迹新辟平虏渠，船载粮帛自江南地区循海路行抵渤海湾西岸后，入泒河口，再经新平虏渠入鲍邱水（今蓟运河）达渔阳（今蓟县）。自汉末至唐中叶，经过五百年的历史抉择，天津地区的河海冲要地位逐渐巩固下来。所以从唐代起，这里出现了"三会海口"的名称。据《通典》载："渔阳郡东至北平郡三百里，南至三会海口一百八十里。"渔阳是当时海运的终点，既然与三会海口之间记有方位、里程，可知两地间必有密切联系。对渔阳来说，三会海口可与著名的北平郡相提并论，正说明三会海口在当时的重要性。可是由于后来地理环境和历史条件的变化，三会海口神秘地消失了。一些专家依文献记载和考古发掘所得唐代文物，认为三会海口很可能就是今日天津东郊的军粮城。从地理上考察，军粮城在隋唐时正处于海岸线旁的平虏渠与泒河入海口交汇处。差不多又经过了五百年的时间，直到 13 世纪初的金代，天津地区才又有了直沽寨的出现。

第二，在中国政治重心北移后，天津是对首都至关重要的卫星城。唐宋以降，中国城市群体转向江南地区发展，而政治重心却逐渐北移。在这个转换过程中，天津地区所受影响至深。11 世纪初，古老的燕京（今北京）开始成为辽国陪都，泒河也因宋辽对峙改称界河。辽在界河以北发展盐业生产，宋在界河以南用屯戍的办法建立了寨、铺等军事据点，促进了周围农业开发。在经济上，宋的农业、手工业发达，众多的产品对辽具有足够的吸引力，而辽地的矿产、牲畜和食盐也为宋所必需。天津地区交通便捷，遂成为南北贸易最适合的场所。

金灭辽后迁都燕京，并改名中都，北京从此开始成为多代王朝的首都。彼时，北京已在历史的积淀中发展成为沟通中原、东北地区和蒙古草原的枢纽。但作为国都，也有其不足之处，一是周围地区的经济发展远逊于江南，二是作为内陆城市，缺少天然港口。因此要维持首都大量城居人口的日常供应，必须由江南调运生活物资。天津有历史形成的河海通津的优越地理位置，从此开始对近在咫尺的首都发挥出重要作用。从金代开始，每年约有三百万石左右的漕粮经这里运往北京，历经元明清三朝，持续七百年而不衰。"舟车攸会，聚落始繁"，这是古代天津城市成长的一大动因。

明清两代实行里河运粮，天津一地更形成了"地当九河津要，路通七省舟车……江淮贡赋由此达，燕赵鱼盐由此给"的局面。从这个意义上说，没有金元以来北京的建都，便没有天津城市的形成与发展；反之，没有天津对北京的输转、供给与保障作用，北京便不能发挥首都的职能。天津的城市规模虽然不大，但在中国城市史上，都城附近没有哪一个城市的地位和重要性能与天津相比。在世界上，两个如此重要的城市又相距如此之近，也是不多见的。这一点，也是天津城市成长过程中最显著的特色。

第三，天津是中国城市发展过程中出现的为数不多的无城垣城市。一般以为，明代设卫筑城是天津城市的起点，其实自金元以后，随着运输系统的不断完善，地处海河与南北运河交汇处的老三岔河口一带，因有连樯万艘的漕船停泊而逐渐繁荣起来。元代在这里派驻有专门管理漕运输转工作的接运厅、临清万户府以及为水手们修筑的东、西两座天妃庙。从此兵民杂居，人口大量增加，商业贸易也开始兴盛。当时有人写诗说："一日粮船到直沽，吴罢越布满街衢。"街头上的吴罢越布，可能是用于本地消费，更可能会转贩到外地，所以直到明朝初年，这里仍是"商贩所聚"之处。永乐年间，虽然在直沽修筑了天津卫城，但卫城只是军事指挥机关的所在地，并非城市经济中心。明中叶以后，为了稳定漕船运丁的生活，允许他们免税携带一定数量的南北土特产品沿途售卖，大运河遂成为南北物资交流的通道，直沽也发展成运河北端的著名商业城市，甚至出现了"粮艘商舶鱼贯而进，殆无虚日"的盛况。沿河一带"商贾辐辏，骈填逼侧"，"素封巨室，率萃河干"，而卫城之内"屋瓦萧条，或为蒿莱"。清初，天津虽被纳入地方行政体制，但城市沿河发展的自然趋势未尝稍改。康熙年间，钞关由京津间的河西务移至天津北门外的南运河畔，运河商船以及闽粤江浙驶来的海船，都要到这里验关纳税，南船北马的物资大批到来，促进了附近专业性街道和市场的形成。这时天津已成为国内有名的商贸港口城市，沿运河南侧市店丛集，"所有富商大贾，百货居集，均在城外"。

值得注意的是，天津开埠后西方列强为便利对中国的掠夺，各国租界也夹河而立，以充分利用天津作为近海的河口港的优势。直到 20 世纪 30 年代末，因市区内港已不能适应这种需求，才开始在大沽口修筑人工港码头。所以天津城市自其出现之日起，便是一座沿河发展的开放型的无城垣城市。明清时期的城垣不过是军事、政治的统治中心和居民区。天津城市的这一特质，正是它日后能够迅速成长的内在力量。

第四，天津是我国近代崛起的沿海通商口岸和工商业城市。近代以降，中国的城市数量和城市人口比重对世界的优势逐渐消失了，许多古老的城市相对衰落下去，但作为北方沿海城市的天津却以惊人的速度成长起来。

人口是衡量城市规模的标志，1860年开埠以前，天津的人口不过19万余，但到了解放前的1948年，人口已猛增至191万之多，在不到90年的时间里，城市人口增加了近10倍，城市的建成面积则增加了5倍多。近代天津崛起的原因至少有两个，一个是政治上的，一个是经济上的，这两大原因不但有其历史继承性，而且在城市的成长过程中交融互补，独具特色。单就港口的自然条件而言，天津不如附近港阔水深的秦皇岛；但在第二次鸦片战争中，英国侵略者没有采纳开秦皇岛为商埠的建议，而是坚持把天津辟为通商口岸，其根本原因就在于他们要在天津建立一个"足以威胁京城的基地"，迫使清朝统治者彻底驯服。因此在开埠后，天津九国租界并立，这在全国16个设有租界的城市中是独一无二的，当时九国租界的总面积超过旧有的城厢面积8倍，由此也可看出租界对天津城市成长的影响是多么大。

为了适应西方列强的侵略需要，从19世纪70年代开始，清廷的对外交涉中心移至天津，依南洋大臣由两江总督兼领的先例，北洋大臣由直隶总督兼领，除冰封季节外，常驻天津。在军事上，北洋大臣负责统率庞大的新式海陆军，政治上可以擘划经营国家维新的大计，外交上有权代表清王朝签订国际条约。"区区单为一隅，而天下兴废之关键系焉。"天津的这种地位，直到第一次国内革命战争之后南京国民党政府的建立才发生变化。

在经济上，天津与华北、西北和东北地区有传统的河网或陆路运输系统的联系。开埠后，对外贸易也得到发展，同时由于政治和军事地位的上升，又带动了近代工业的兴起，天津不但建立了亚洲最先进的兵工厂，而且一度成为全国的铁路与通信中心。20世纪初，在北洋新政的带动下，天津又出现了举国闻名的北洋实业。第一次世界大战期间，天津的轻纺工业发展起来。丰厚的工业利润吸引了相当可观的投资者。到20世纪30年代，天津的工业投资总额已居全国第二位。伴随着容量大、成本低的运载工具普遍使用，扩大了天津城市的辐射能力，密切和加深了与腹地的联系，对外贸易因此突飞猛进。20 世纪 30 年代中期，天津的对外贸易额占北方六港的60％，棉花出口量占全国的 80％以上，畜产品出口则占全国的大半。就总体水平而言，天津的城市经济发展不如上海，但在北方则首届一指，超过北京，成为闻名全国的大都会。不过，这种发展是外力推动下的发展，是遭受掠夺后的发展，带有极大的被动性。

［原载《天津社会科学》，1989 年第 6 期］

近代天津、上海两城市发展之比较

　　天津与上海是雄踞中国南北的两个沿海城市，从这两个城市正式设立行政建置开始，都有七八百年的历史了。特别是在近代，这两个城市迅速发展，一系华北之商场，一为东南之巨埠，成为中国两个最著名的工商业城市和贸易大港。由于旧中国的半殖民地半封建性质，这两大城市先后被国外列强当成掠夺中国财富的基地。当然，随着城市经济中心作用的逐步扩大，它们在活跃和促进中国南北经济的发展上也起了不可低估的作用。从历史发展的轨迹来考察，这两大城市具有各自不同的特点。本文试图用比较研究的方法，探讨一下天津、上海两大城市发展不平衡的历史差距和弱强所在，以更好地发挥它们在社会主义建设中的作用。

一、古代的天津与上海

　　在古代，天津平原虽然比上海沃野的成陆较晚，但追溯它们的历史，也都在千年以上。自宋、金以来，天津之所以能够得到发展，其交通、军事和政治上的意义，显然超过了自身的经济地位；而上海的兴盛，地方经济发展的促进作用要超过其政治和军事方面的地位。为什么这样说呢？

　　让我们先看看天津。天津设立行政建置之始，约在金代，史书上见到的关于直沽寨的记载，系于金宣宗贞祐二年（1214）。在这以前，天津一带尚为宋辽两朝军事对峙的前沿阵地。元武宗至大二年（1309年）在直沽设镇守海口屯储亲军都指挥使司，并在附近屯田十万顷。此后不久，也就是延祐三年（1316），元政府改直沽寨为海津镇，由副都指挥使伯颜率兵镇守。从明永乐二年（1404）起，又在直沽设天津卫。但无论是"寨""镇""卫"，都是一种军事建置，是金、元、明等王朝为保护漕运、拱卫京师而设。以"卫"而论，尽管天津卫的管辖范围东至渤海、南沿运河到德州，但除了屯庄，其政令不能越出卫城一隅之地，卫城以外的地方行政，则由武清、静海二县分管。清初，卫所制度废止，清政府先于雍正三年（1725）将天津卫改为天津州（属河间府），同年又改为直隶州；雍正九年（1731）又升州为府。建置不断升格的主要理由是："天津依水陆通衢，五方杂处，事务繁多。"而关于这一时期天津地方农业、手工业不断发达的材料，迄今很少见到。明清以来，每每强调天津"当河海咽喉，为神州牖户"，"地当九河要津，路通七省舟车……江淮赋税由此达，燕赵鱼盐由此给"。有清一代，天津地方官守被政府视为"冲、难、疲、繁"的四字"最要缺"，其指导思想无不源于天津本身在军事和交通的显要地位。元明以降，天津虽有盐、漕之利，但利源全为中央政府所控制，地方在经济上的受益则是一种"折射"的关系。元张翥诗："一日粮船到直沽，吴罂越布满街衢"，说的是元代漕运对直沽地方商业发展的促进作用。明清时期，朝廷准许漕船运军附载私货沿途销售，明李东阳诗："官家货少私货多，南来载谷北载盐"，从而活跃了天津地方经济。这些都是"折射"关系的反映。一旦漕运废止，沿途受益的地方经济必然走向萧条。所以在道光年间，因运河梗阻改行海运，社会上就出现了"木龙断，天下乱"的谣言。由此也可看出，元明时期直沽和天津的地方商业，仅仅形成了为满足城镇消费人口需要的都市零售商业，仍属城市市场范畴。到了清代中叶以后，天津才出现了一些专门执行流通任务的职能商业资本，天津本身也开始由城市市场扩大为区域性市场。

古代的上海则不同，上海是因当地地方经济的发展和内外贸易的兴盛而兴旺起来的。北宋熙宁年间曾在这里置上海务，管理与番商的海上贸易。宋室南渡以后，北方人民大批南移，上海地区的人口由此骤增，南宋咸淳初（1267年前后）因这里"海舶辐辏，商贩积聚"，乃设立上海镇。元初又在上海设市舶提举司及榷场。随着地方经济的发展，上海很快成为官署、佛宫、氓廛、贾肆鳞次栉比的大邑了。到了元至元二十九年（1292），由于上海地大民众，物富财殷，不得不由镇改为更高一级的行政建置——县来管理。上海由镇治到县治，中间只经过了二十五年的时间，可见宋元以来上海地方经济发展的迅速。到了明清，上海进一步繁荣，据弘治年间所修《上海志》记载，"今天下名郡称苏松，松之属邑才二，曰华亭，曰上海"。以明代赋税而论，当时有"江南赋税甲天下，苏松赋税甲江南"之谚，而上海一县所纳之数即占松江府的五分之一。元末，海南岛瑶族人民的棉纺技术由乌泥泾妇女黄道婆带到上海，棉花在上海大量种植，上海很快发展成全国的棉纺织手工业中心，到了明代中叶以后，已出现"木棉文绫，衣被天下""山梯海航，贸迁南北"①的局面，还远销至日本等处。可见，这时的上海已初步成为全国性的跨区域的大市场。

据研究，以棉纺织业为主体的中国资本主义萌芽首先产生在上海地区，如果没有西方资本主义侵略势力的冲击，上海很可能首先发展成一个新兴的资本主义城市。元明以来，上海地方经济比天津发达得多，但筑城却比天津晚一百五十余年，直到明嘉靖三十二年（1553）才因抵御倭寇的入侵而筑城浚池（天津在永乐初年设卫筑城时，被视为"荒石芦荻处"，居民也多是由政府下令自江南及河北一带迁来，"辟而居之"，无法与筑城时的上海相比）。

清康熙二十四年（1685）因海禁开放，上海的港口贸易顿时繁

---

① 见嘉庆年《上海县志》。

荣，"闽广辽沈之货，鳞萃羽集，远及西洋、暹罗之舟，岁亦间至"①。于是在上海设立海关，乾嘉时期，上海已成为全国著名的贸易大港和商品经济极为活跃的都会了。

二、近代的天津与上海

清代中叶以后，西方资本主义势力骎骎东向，位居沿海要津的天津与上海都成为侵略者垂涎三尺的地方，但对于上海，他们主要着眼于其优越的通商地位，对于天津，则特别重视其"畿辅屏障"的作用。经过两次鸦片战争，上海、天津先后被迫辟为通商口岸，在资本主义侵略势力的压迫下，都踏上了半殖民地工商业港口的城市道路，发生了令人瞩目的变化。然而由于各种传统的和人为的因素影响，它们又各具自己的特点。就政治地位而言，天津一度较上海优越；就经济发达程度而言，天津向来不如上海。这种历史的延长，至今在某些方面仍然发生着影响。下面我们分五个方面对这一问题进行粗略的探讨。

1. 被辟为通商口岸后两城市遭受资本主义政治侵略之比较

鸦片战争以后，依丧权辱国的《南京条约》，上海于1843年11月被迫开埠。1845年，英国援引《虎门条约》中允许通商各国在各口岸"租赁"土地的规定，率先在上海强划"居留地"，成为侵略者在中国建立租界之始。此后，美、法两国也分别于1848年和1849年在上海强划租界。为缓和列强在华利益的矛盾，1863年英、美两国租界合并为"公共租界"。列强为了把上海变成侵略中国的南方大本营，先后在租界里建立起各自的统治机构，并取得了行政、立法、警务和部分司法权。公共租界及法租界经过多次扩充，总面积近五万亩。上海的租界之大，在全国十六个设有租界的城市中首屈一指，可见外国侵略者对这个"大本营"的重视程度。

① 见嘉庆年《上海县志》。

对于贪得无厌的西方资本主义侵略者来说，仅仅掌握南半个中国并不能满足他们的野心，不久他们就发现，把炮舰和货船开进黄浦江远不如驶入海河更对他们有利。侵略者发动第二次鸦片战争的原因是多方面的，把天津辟为通商口岸则为其既定目标之一。他们的目标终于达到了，在上海开埠十七年后，天津也被迫向侵略者开放了。因此，在《北京条约》签订不久，也就是 1860 年 12 月，英国即抢先在天津划定租界，接着法、美两国依例而行。随着帝国主义对中国侵略的加深，德、日两国在甲午中日战争后在天津强设租界，俄、意、奥、比四国在 1900 年八国联军侵华后，也分别在天津强占地盘，划定了自己的租界。在天津开埠后的四十年里，先后出现了九个国家的租界地，总面积达二万三千余亩。这虽不及上海租界的一半，但一个城市集中了这么多个外国租界，在全国乃至全世界独一无二。外国人为什么争先恐后地插足天津，这是因为在他们眼里，天津除了作为一个"足以威胁京城的基地"外，还是他们在中国策划各种"阴谋的巢穴"①。例如在李鸿章任直隶总督期间，海关税务司德璀琳（英籍德人）被外国人视为中国"实际上的外交部长"②。在政局不稳的清末民初，天津租界曾为北京策划过一系列的闹剧，以期直接插手中国内政。这一时期，外国侵略者对天津在军事、政治方面的重视程度大大超过了上海。直到 1927 年蒋介石上台，外国人把注意力转移到足以影响蒋家王朝命运的上海，天津才遭到冷落。

2. 作为清政府洋务、外交的南北两大中心之情况比较

经过鸦片战争，清王朝闭锁的门户被打开了。为办理外交和通商事宜，清政府在广州设立了五口通商大臣。可是由于上海有较为发达的商品经济和优越的地理位置，极便于外国商品侵略的进行。因此在上海开埠不久，列强便把侵略的重点由广州移到上海，上海在各方面的重要性也就逐渐超过广州。到了 1868 年，五口通商大臣

---

①② 转引自雷穆森：《天津》，载《天津历史资料》第 2 期。

移设上海，除一任为简派，余则均由两江总督兼任。

第二次鸦片战争后，为管理北方三口的外交和通商事宜，清政府于1861年在天津设立了专职的三口通商大臣。就事情的繁倚程度来看，北方三口远不如南方五口，但三口大臣却设专官，并以勋戚任，可见系出于政治上的考虑。这时，专门负责对外交涉的总理各国事务衙门业已成立，五口大臣和三口大臣实际上又成为总理衙门设在上海和天津的外交代理人。

天津开埠不久，便成为侵略者出入中国北方的门户。从同治初年开始，清政府对外交涉的中心逐渐北移到天津。1870年爆发了著名的天津教案，其原因虽然是多方面的，但在清政府看来，三口大臣没有地方军政的管理权则是不能制止事件猝发的重要因素。于是下令将三口大臣裁撤，改由直隶总督兼领，并加授钦差大臣关防。就经济地位而论，北洋大臣仅仅管理北方三省的三个口岸，而南洋大臣要管辖南方六省的十三个口岸，显然是南高于北。就政治、军事权力而言，北洋大臣不仅在天津有权代奉清政府接见各国使节，签订各种条约，而且负责统率庞大的新式海陆军，其权势可以伸入南洋大臣管辖的领域之内，直隶总督衙门甚至成了中国的"第二政府"，在这一点上，可说是北重于南。

在洋务建设方面，由于南、北洋大臣的积极推广与倡导，上海和天津出现了中国最早的新式工业。上海江南制造局成立于1865年，创办经费约54万两，常年经费为36万～60万两，规模极大；天津机器局建立于1866年，创办经费22万两，常年经费13万～42万两，设备最新。由于天津政治、军事地位的重要，当时很多的洋务建设，如铁路、电报、邮政、矿务、轮船招商局以及各种新式教育，或以天津为中心，或受北洋大臣的直接管辖。从上述某些方面看，天津的地位确实凌驾于上海之上，这也是近代天津较上海优越的地方。

3. 作为近代中国南北对外贸易大港的情况比较

上海开埠以后，对外贸易发展极为迅速。究其原因，主要有如下两个方面：一是便于列强对中国推销过剩商品。上海为江南的交通枢纽，且扼长江之咽喉，溯江而上即可伸入到长江流域各省，江南一带人烟稠密，传统商业发达，对洋货的需求量很大。二是便于列强对中国的商品掠夺。上海地近传统的丝茶产区太湖流域，江浙皖的大宗丝茶由上海直接出口，比绕道广州便捷得多。[①] 在天津开埠以前，上海对外贸易的进出口总额即已超过广州而跃居全国之首，上海港年进出口船舶吨位总量占全国四分之一左右。

天津开埠的当年曾有 111 艘外国商船到港，但贸易额始终不大。当时天津为广大华北、东北和西北地区的唯一口岸，腹地辽阔，可是由于这一带的经济落后，传统工商业不发达，再加上海河的通航能力很差，以致对进口物资的消化能力和可供出口的农副土特产品均不如长江流域。直到辛亥革命前，天津的进出口贸易额不但远逊于上海，而且不如广州，仅与汉口相埒。这时，大连亦开放对外贸易，到 1921 年，大连的对外贸易额一跃而居天津之上，成为仅次于上海的第二大商埠。据严中平等编辑的《中国近代经济史统计资料选辑》，若全国对外贸易总值为 100％，那么，在 1871—1947 年，天津对外贸易总额所占比重最高的一年为 1935 年，仅占全国的11.7％，同年上海占 53.1％，是天津的 4 倍半；最低的年份为1871—1878 年，仅占全国的 1.8％，同期上海占 64.1％，为天津的36 倍弱。上海对外贸易总额所占比重最高的一年是 1947 年，竟占全国的 69.4％，同年天津为 5.6％，上海是天津的 12.5 倍弱；最低的年份为 1919—1921 年，仍占全国的 41.4％，同期天津为 7.4％，上海是天津的 5.6 倍。[②]

4. 作为帝国主义在华投资的南北两大据点之比较

上海开埠不久，城市的经济结构即开始发生变化。首先是外国金融资本的侵入。1848 年，英国东方银行首先在上海设立分行。据

---

① 参见郑祖安《近代上海都市的形成》，载《上海史研究》（一）。
② 详见该书第 69 页。

不完全统计，到 1865 年，上海租界中的外国银行已有 10 家。其次是洋行的建立。从开埠至 1857 年，上海的外国洋行共有 12 家。中国的近代资本主义企业多数是在上海产生和发展起来的。为方便对中国的经济掠夺，1851 年英国资本家在上海开办了耶松船厂，1862 年又办起了祥生船厂，规模都很大。至 20 世纪初两厂合并，资本达五百多万两，成为上海最大的外资企业。甲午中日战争以后，外国人可在中国各通商口岸自由设厂，上海立即成为列强对华资本输出的重点。1897 年，英商在上海开办了怡和纱厂和老公茂纱厂，美商开办了鸿源纱厂、美国烟草公司和美昌机器辗米厂，德商开办了瑞记纱厂。① 此后上海的外国资本日益增多，几乎伸入到了所有工业部门。

天津的外资状况则与上海迥异。天津开埠后，首先出现的是外国洋行。1861 年，怡和洋行在天津设立分行。到光绪初年，天津洋行虽有近 30 家，但规模一般不大。外国资本在天津设厂也很少，甲午中日战争前仅有一些打包厂、印字馆，甲午战后外国资本也没有显著的增加。据孙毓棠《抗戈集》"中日甲午战争前外国资本在中国经营的近代工业简表"，从 1840 年至 1894 年，上海共有外资企业 63 家，最早出现于 1843 年，即开埠的当年；天津只有外资企业 5 家，最早出现于 1885 年，时距开埠已 25 年。②

天津和上海虽然都是港口城市，但外国航运势力在这两大城市中分配也极不均匀。据前引严中平书"主要外轮公司设立情况表"，从 1860 年至 1940 年，上海共有 25 家，天津仅有大沽驳船公司、怡和、太古及开滦矿务局轮船处等 4 家。③

天津的外国金融资本出现也较晚，汇丰银行于 1880 年才在天津设立分行。然而外国人在天津开设银行并不仅仅是为了服务于他们的经济掠夺，主要还是想利用中国中央政府的财政困难，以控制中

---

① 参看郑祖安：《近代上海都市的形成》，载《上海史研究》（一）。
② 见该书第 125—133 页。
③ 见该书第 239—243 页。

国的经济命脉。如汇丰银行为提高天津分行负责人的权限和地位，派驻天津的最高负责人不是分行经理，而是"总行代表"，以便于同中国政府直接交涉。再如汇丰银行天津分行建立以前，该行仅向中国提供过 4 笔贷款，总金额为 1200 万两。但天津分行建立后至 1927 年，共向中国提供了 78 笔贷款，总金额为 33848 万两，并要求以海关关税和盐税担保，这样，中国政府的两大税收存管权便落入了汇丰之手。直到 1927 年北洋政府垮台后，汇丰银行天津分行的这种地位，才逐渐为上海分行所代替。① 再如俄国道胜银行在天津建立分行时，恰值清政府推行"联俄"的外交政策，道胜借机取得了包揽税收、发行纸币、修建铁路等特权。这样的机遇，是鞭长莫及的上海外国金融资本难以得到的。

5. 作为中国民族工业南北发展基地的情况比较

天津和上海两地近代民族工业的产生时间虽不相上下（均在 19世纪 70 年代），但就发展状况而言，天津却远逊上海。

众所周知，在甲午中日战争以前，天津的民族资本企业只有1878 年朱其昂开办的贻来牟机器磨房，1884 年罗三右开办的德泰机器铁厂，杨宗濂、吴懋鼎合办的天津自来水公司等数家。而同期上海由民族资本经营的近代工业则有 38 家。② 从 1895 年到 1913 年，上海的民族资本企业资金在 1 万元以上的有 83 家，资金总额为2387.9 万元；同期天津仅有 17 家，资金总额为 421.9 万元。③

上面讲的是天津、上海民族工业发展的一般状况，下面我们再看一下这两大城市棉纺织业的情况。据前引严中平书来看④，上海的棉纺业出现于 1890 年，天津出现于 1919 年，比上海晚了近 30 年。若将 1890 年除外，上海纱锭占全国比重最高的一年为 1922 年，占41.8%，是同年天津占全国比重的 3 倍多；纱锭数量最高的一年为

① 常南：《英国汇丰银行的经济掠夺》，《天津文史资料选辑》，第 9 辑。
② 孙毓棠：《中国近代工业史资料》第 1 辑（下册），第 166—169 页。
③ 见汪敬虞《中国近代工业史资料》第 2 辑（下册），第 654 页。
④ 选自该书第 107—169 页。

1936 年，达 1105408 枚，是天津纱锭数的 10.5 倍强。天津纱锭占全国比重最高的一年亦为 1922 年，是 12.8％；纱锭数量最高的一年为 1930 年，是 223512 枚，约为上海的 1/4 强。即使如此，天津在北方仍号称棉纺织业的中心，中国南北经济发展不平衡的状况从中可见一斑。

这种经济发展水平的积累，到 20 世纪三四十年代表现得最为明显。以 1933 年为例，在工厂数、工人数、资本额、生产净值方面，上海分别占了全国的 36％、53％、60％、66％，而天津仅分别为 13％、8％、8％、7％。[①]

约而论之，中国的近代工业，一多半集中于上海，天津尚不足 1/10，这是天津始终无法与上海匹敌的一大因素。

三、结论

通过对近代天津、上海两大城市几方面发展的比较，我们可以得出怎样的结论呢？我的看法是：

第一，两城市发展的起步不同。自唐朝末年，中国的经济重心逐渐南移，宋室南渡后，江南一带的经济发展很快，上海镇的崛起正是基于江南地区农业、手工业和内外贸易的发展，并以其"枕江负海"的优越地理位置脱颖而出，一举成为苏松一带的著名县邑的。天津都市的形成，虽也依仗着河海之便，更主要的则是因其地近首都，起着近畿屏障的作用。《津门保甲图说》中说，天津"地无崇山巨险，而襟河枕海，拱卫京畿，且当南北往来之冲，实为切近扃钥"，可谓一言中的。金元以来，天津虽有漕、盐之利，但利柄全操于封建王朝；地方受益大小，需看朝廷对漕、盐的需求程度而定。为了驻兵，才在这里设建置；为了兵食，才在这里搞屯田；为了漕运的方便，才在这里建仓廪，随着人口的增加和社会消费量的增大，

---

① 见严中平等《中国近代经济史统计资料选辑》，第 106 页。

产销间的媒介——商人才逐渐混迹于城厢之中，而这种商人很少具有"商人资本"的品格。总之，天津城市兴起之时，本地区的生产力发展水平还是不充分的，在很大程度上要依靠封建王朝的扶植才能得以维持，这种状况直到清代中叶以后才起了变化，就此而论，古代的天津具有东方城市的特色。

第二，两城市成长的经济、文化条件不同。在很长时间里，长江以南地区的经济发展水平大大高于北方，上海周围更是如此。所以鸦片战争以后，江南一带很快成为列强的主要掠夺对象，而进行这种掠夺的集中地就是上海。近代上海不单是列强进行掠夺贸易和资本输出的主要场所，同时由于帝国主义入侵所引起的社会经济的变化，还促使江南地区把充沛的财力、丰富的物力、众多的人力和人才均集中于上海。所以，近代上海不但在经济发展水平上使天津望尘莫及，而且在文化发展水平上也足与北京相匹敌。

近代天津之所以受到各侵略势力的青睐，主要还是地近中国的首都，加强对天津的侵略和控制，可以直接威胁中国的中央政府。列强在天津所投的政治（包括军事）资本不少，在经济上却不肯下更多的赌注，重要原因之一就是因为天津及周围地区的经济落后，天津的广阔腹地经济也不发达，不能满足侵略者的胃口。由于天津地区历来经济发展水平不高，在近代也就没有能力提供更多的资金，并使之转化为资本，以发展民族工商业。近代天津的民族工业，多半是由官僚、军阀依仗其政治靠山或聚敛的财富而建立的，绝非出于偶然。在近代文化教育方面，天津在北方开风气之先，也培养出不少人才，但由于本地不能提供人才施展本领的舞台，以致流失现象严重，不少有才学、有造诣的人在它处一举成名，在天津反而默默无闻。所以，尽管天津在近代文化、教育方面形成过自己的优势，但不能持续发展，很快就落后于上海，当然更无法与文化名城北京相抗衡，时至今日，天津还往往被人们视为"缺少文化的城市"。这种历史的误解，已经到了非纠正不可的时候了。

第三，影响两城市发展的地理环境不同。如前所述，上海坐落于富饶的长江三角洲冲积平原之上，东临大海，北扼长江，恰值我国南北海岸线之中点，溯江而上，可与苏、湘、皖、鄂、川等富庶、广阔的腹地相沟通。再加上上海地区水源充足，河网密度高，流经上海的黄浦江宽度为 300～720 米，水深 8～18 米，常年不冻，使上海成为江宽水深、四通八达的天然良港，为近代上海的繁荣构建出优越的地理条件。

天津虽"路通七省舟车"，但其地理环境及交通条件均不如江海通津的上海，特别是在近代以后。首先是运河的淤塞，北运河自明末即开始淤浅，1855 年黄河改道，运河山东段因缺水而造成南北断航，自此天津很少再受运河之益。其次是内河航运的衰落，天津地处九河下梢，历史上内河航运曾大大促进了天津与河北各地的经济联系，近代以来随着社会经济的凋敝、水旱灾的频仍，以及铁路运输的兴起，天津的内河航运业受到了极大的打击，通航里程日渐缩短。最后是天津港的自然条件差，由于大沽口外海岸线平缓，回淤问题一直未能解决，在很长时间里天津港口的码头泊位均设在市区及附近的海河两岸。可是海河的干流短、河身窄，吃水量小，再加上洪涝灾害造成的河口与河身的淤塞，自 19 世纪末，轮船只能开到塘沽，再由驳船往返运送货物，后经裁弯治理，情况才有所好转，但仍极大地限制了天津对外贸易的发展。

[原载《档案与历史》，1987 年第 1 期]

天津历史上的盐与盐文化

盐是人们日常生活不可须臾缺少的调味品，也是人们保持身体健康的营养物质，没有盐，人就无法生活，《管子》曰："十口之家，十人食盐。"所以在边远的缺盐地区，盐的价值几乎与金银等同。过去，一个人得了重病，往往会到庙中许愿；待到大病痊愈，要称盐数斤去庙中还愿，这叫作以盐换命。所以，在人类社会，盐在一定意义上乃是生命的组成部分。

盐还是人类社会发展的经济支柱，自古至今，盐的生产和销售一直受到行政力量的干预，一直由政府的职能部门实行专卖，从业人员要登录造册。在当代社会，盐的用途日益广泛，举凡染整、陶瓷、冶金、制革、制冷、洗涤等工业生产都要以盐为原料，政府对盐实行专卖的经济作用虽然有所减弱，但以洁净的食盐保证人们健康的功能却在日益加强。

天津平原产盐历史悠久，特别是在 15 世纪以后，盐在国民收入和天津城市经济的地位日趋重要，不但影响了天津的城市发展，而且影响到天津的文化特质。所以，了解一下天津的盐产与天津盐文化的历史，对我们来说是十分必要的。

北方最大的盐产地

相传，今日的渤海湾一带，早在西周时期就有产盐的记载，《周礼》上说："幽州，其利鱼、盐。"到了汉代，在泉州（大致相当于今天津市武清区）设县，同时设立了盐官，管理盐业生产。公元 4 世纪的魏晋时期，天津平原附近的沿海地区制盐业已很普遍，"北尽漂榆，东临巨海，民咸煮海水，藉盐为业"。古书上说，"天生曰卤，人生曰盐"，以卤制盐，在天津一带已经有了几千年的历史。

据研究，历史上的漂榆即漂榆邑（漂榆津，即漂榆之津），也叫角飞城，系西晋时期赵王石勒（274—333）所筑。史书记载，石勒曾命王述率众"煮盐角飞城"。至于漂榆邑的位置，有人认为是今河北省黄骅市的海丰镇，也有人认为是天津市东丽区的军粮城。解放后，曾在军粮城附近的西南堼发现了汉代建筑遗址和晋代青瓷，这些汉晋时期的文化遗存，证明了天津沿海地区当年确因盐产等要素，开始成为人口和财富集中的地方。

元代的盐产业

今日的天津，在金元时期，泛称直沽；而元代直沽的发展，又与制盐业的开发有着密切的关系。

元代以前，天津地区的盐产地大致在周边的泉州、宝坻、芦台等地。蒙古窝阔台六年（1234），可能因为地层的变动，三汊沽（大约是指后来天津的老三岔河口以下地区）有盐卤自地下涌出。由于当时盐的生产、销售均由政府管理，所以附近的老百姓便把这件事向官府作了报告。经查验确实，在得到朝廷的批准之后，开始设灶熬盐。由这里旧有的居民高松、谢实等 18 户人家负责生产，他们广招熬盐的工人，人口由此迅速聚集。当年即缴纳盐课银五百余锭，几乎比附近盐场缴纳的盐课多了将近一倍。

过了两年，也就是蒙古窝阔台八年（1236），元政府正式在三汊沽和大直沽设盐使司。由于这一带交通运输方便，商贩往来频繁，生产发展很快，经过 30 年的积累，已是"人得安业，盐如山积"。为方便管理，不久又分别建立了两个盐场，即三汊沽场和丰财场。三汊沽场的管理机构设在今天的大直沽，丰财场的管理机构设在今天的葛沽，从此直沽成为供应首都及黄河以北一些省份食用盐的生产基地。

与此同时，当地群众请求建立一座石碑，用以记录这里的盐业生产发展情形，这就是由元代翰林学士王鹗撰写的《三汊沽创立盐场旧碑》。现原碑早已不存，但碑文保存在（康熙）《天津卫志》当中。

明代的盐产业

在中国的五大水系中，海河水系的流域面积虽然不小，但海河干流却不长，只有七八十千米，而且到了 17 世纪初，海河的名字才见于文献记载，这主要是因为海河干流的形成时间较晚。明代以后，随着海河冲积扇不断向海滨延伸，天津的盐产区也不断向海河下游的滩涂地带拓展，到了明隆庆三年（1569），三汊沽盐场并入丰财场。

明代天津的盐业生产，由设在沧州长芦镇的北平河间盐运使司管理，所以天津出产的海盐通称长芦盐或芦盐。因为芦盐质量好，一部分还要作为贡品送到北京，"供郊庙百神祭祀，内府羞膳，及给百官有司"，同时每年缴纳税银 12 万两；淮盐虽然每年缴纳 60 万两税银，但所产淮盐运到北京，只能供给政府机构、太监食用。

从 16 世纪初开始，随着科学技术的进步和商品经济的发展，中国传统的海盐生产、销售和盐课征收都发生了重大的变化。

一是日光晒盐法开始普及和应用，由相沿了几千年的煎煮制盐改进为滩晒制盐。嘉靖元年（1522），滩晒法由福建传入长芦盐产区，即把海水引入盐池，经过日晒蒸发，从中析出盐的结晶体。这种生产方法在很大程度上提高了盐产量，节省了人力，改善了盐工的劳动强度，是原盐生产方式的重大进步。

二是销售制度的改革。自秦汉以来，盐和铁一直是政府的专卖商品，灶户所产之盐必须交给官府，由官府自卖或批卖给商人，再由商人零售；8世纪中叶以后，改为官府收盐后，由官商专卖，即官府收盐，商人缴价领盐。

随着商品经济的发展，从明代中叶开始，盐的销售方法也一改传统的官府垄断制度，万历四十五年（1617）朝廷正式推行"纲法"，具体办法是：由官府发给专门贩盐的盐商特许经销凭证，俗称"龙票"，票面上规定了盐的销量（引额）与行销地（引岸）；盐商按照税率缴纳税款后，到盐场坨地按引额支取盐斤，然后自行运往引地批发和零售，彼此不能越界；由民制官收改为民制商收，这就是所谓的"引岸专商"制度。在这种制度下，天津因有芦盐之利，于是出现了一个新的社会阶层——盐商。

三是课税征收的变化。即盐业生产专业户——灶户由缴纳"本色"（盐），改为缴纳"折色"，也就是直接缴纳税银。本来制盐的灶户是世袭的，出盐的滩地都是世代领有的。课税方法的改革，松动了这种世袭制度，灶户只要按照规定缴纳税银，其他方面不再受到官府的约束，这就调动了他们的生产积极性，促进了盐业生产的发展与灶户的流动。

清代的盐业生产和盐商

清代是天津盐业的大发展时期，不但极大地带动了地方经济的发展，而且促使城市社会阶层发生了显著的变化，主要表现在如下几个方面。

第一，盐的生产和运销制度改革，极大地促进了长芦盐的生产。明代，长芦各场灶户平均年产约一万斤；清代康熙年间全部废煎改晒，平均每户年产 20 万斤，生产量提高了近 20 倍。后来又推广了风车纳潮制卤，进一步减轻了盐工的劳动强度，生产效率再度上升。迨至清代中叶，芦盐年产量猛增至 600 万引（额定每引重 500 斤，但可加上名目繁多的耗损，所以每引大大超过 500 斤之数），纳课税银 70 余万两，相当于清政府全部盐课的 1/10，岁入的 1%。

第二，随着盐产量和利税的大幅度攀升，天津开始成为长芦盐的总汇之地，也就是长芦盐的管理中心。

康熙七年（1668）长芦巡盐御史衙门（长芦盐政）由北京迁到天津，以便督催引课，不久又颁给"巡按长芦盐政监察御史"的印信，以昭郑重。到了康熙十六年（1677），又把长芦盐运使司衙门由沧州迁至天津。乾隆年间，把具体负责芦盐产销的青州分司改为天津分司，从此，天津作为长芦盐管理中心的地位一天天重要。

第三，由于长芦盐的产地距京师甚近，随着社会需求量的不断增加，以及扩大财政收入的需要，清政府十分注意长芦盐的发展，不但号召天津本地的殷商富户投资盐业，而且允许各地商人也来津业盐。由于取得引岸专销权能获巨利，许多外地盐商都因发家而落籍天津。

如：大盐商张霖，原籍抚宁，清初来津行盐致富。著名收藏家安尚义父子，先世本朝鲜人，落籍奉天，因行盐致富，寓天津，曾捐修天津城。大盐商查氏，原籍浙江海宁，北上后，在天津业盐成巨富；嗣因"盐务败归，本逾千万，返里犹一二百万"。诗人金玉冈，原籍浙江会稽；诗人杨光仪，原籍浙江义乌，也都是来津后业盐致富发家的。

第四，在盐的销售政策上，清代也比较宽松，允许盐商在各自的引岸设立盐店，进行直接销售。

比如，行销京引的盐商，在北京城里设有"内四铺"，在京郊设有"外八铺"，村镇中的销售点叫"子店"，可以直接向居民销售盐斤；此外还设有"京盐公柜"，专门负责京城油盐店的批发业务。

第五，盐商为求得生存、发展，为保护自身的既得利益，他们必须取得地方官府的庇护，必须讨好和献媚于当朝的皇帝，他们经常出资赈灾、赞助河工、"报效"军需及万寿庆典，或捐资兴办地方教育和各种慈善事业。

如：捐修天津城。雍正三年（1725）天津卫改为天津州，不久又升为直隶州。这时，大盐商安尚义通过长芦巡盐御史莽鹄立向清廷表示愿意捐修天津城，一年后工竣，并且改动了原来东南西北四门的门额，即把东门的"镇东"改为"镇海"，南门的"定南"改为"归极"，北门的"拱北"改为"带河"，西门则是由雍正皇帝钦定，把原来的"安西"改为"卫安"，有人认为其中含有嘉奖安氏的意思。

"报效"军需。清代中叶，清廷对边陲用兵不断，从雍正十年（1732）起，长芦盐商开始"报效"朝廷的军需，此后凡遇用兵，皆有报效。乾隆十三年（1748）征金川，长芦盐商报效军需20万两；乾隆二十四年（1759）征伊犁，长芦盐商报效军需20万两；乾隆三十八年（1773）再征金川，长芦盐商报效军需60万两。据不完全统计，仅乾隆、嘉庆两朝，长芦盐商共报效军需约3000万两，差不多相当于清廷一年财政收入的一半。

接待皇帝出巡。乾隆是一位生性好动的皇帝，经常以"巡视河工"为名到江南游览，"天津为首驻跸地，芦商供亿浩繁"。乾隆三十年（1765）天津盐商为皇帝南巡驻跸天津，建造了柳墅行宫，并置办皇船九艘，其中乾隆皇帝所乘御舟的安福舻长约26米，宽5米余，同时在天津城东南的海河右岸修建了皇船坞。

由于盐商在地方经济中有着举足轻重的作用，清朝皇帝对他们自然也是另眼相看，"时邀眷顾，或召对，或赐宴，赏赉渥厚，拟于大僚"。1748—1794年，乾隆先后十次巡视天津，有九次"恩恤"长芦盐商，或赐珍品，或减免课税。尽管乾隆是一位十分高傲的皇帝，但对天津的盐商却是从不小觑的。

从盐商看传统时期天津的盐文化

盐商虽然富有，但在中国文化本位年代，他们无法进入"万般皆下品，唯有读书高"的主流社会；要想改变其身份和地位，名垂不朽，只有附庸风雅，想方设法归附于士大夫行列中去。于是天津的盐商竞相修建园林别墅，争揽南北名士，自己也是舞文弄墨，本名之外都起有雅致的别号，还都著有诗文集。一时间，天津园林之盛，冠于蓟北；文运之昌，甲于畿南，绵历数十年而不衰，形成了一种天津特有的盐文化。

盐商张霖一族

张霖（？—1713），字汝作，号鲁庵，别号卧松老衲，抚宁人。其父张明宇在清初来天津经营芦盐，遂落籍天津。张霖出身贡生，风度彬雅，且官运亨通，曾任安徽按察使、福建布政使，最后署理云南巡抚；与权臣明珠（清代第一词人纳兰性德之父）相友善，后被革职抄家，有产业80余万两。

张霖早年丧父，但对母至孝，早年在京任官，以母老告归，筑遂闲堂（据说就是后来查氏水西庄的前身）奉母；母殁，结庐墓侧，名思源庄（清末在此辟为劝业会场，即今中山公园）。靠业盐所得厚利，建别业一亩园、问津园、篆水楼等，"益饰馆池，务极幽胜，法书、名画之属，充牣栋宇"，甲于一郡，在当时的天津无与伦比。同时，延纳著名文人姜宸英、梅文鼎、赵执信、朱彝尊、方苞、吴雯等为座上客，"飞签刻竹，觞咏其间"。

有这样几则故事，最能反映张霖富有与交游的豪爽。张霖与山西蒲州人吴雯最为友善，一天，吴雯谈自己向往的归宿，说："吾家中条山（山西永济）下，环以玉溪之水，若能买田圃、构草堂十余间，贮书其中，有楼有亭，种竹艺梅，面雷首，肘太华（按，即华山），相羊（按，系徜徉、漫步之意）终老足矣。"数年后，吴雯告辞还乡，到家一看，庐舍顿改，原来张霖已经按照吴雯的全部设想，为他建好了一座幽雅的庄园。

赵执信家境清贫，来遂闲堂时落拓不堪，一次外出旅游，对同去的人说，我想回家了。大家都感到很奇怪，赵执信解释说，我说的"家"，就是我现在落脚的地方，也就是想回遂闲堂了。

张霖死后，家道中落，昔日门客、著名古文家方苞仍健在，曾孙张映辰只好徒步至桐城求助。方苞只给他写了一封信，说这位是遂闲公的后代。张映辰手持这封信，走访昔日在遂闲堂做客的江南故旧，结果得到大量资助。张霖被抄没，诗文稿多散失，后辑为《遂闲堂稿》。

其子张坦，字逸峰，号青雨，别号眉州散人。出身举人，生性好学，于书无所不窥，曾从赵执信学习书法，从王士禛学习作诗。著有《履阁诗集》《唤鱼亭诗文集》。

张坦弟张埙，与兄张坦同时在康熙三十二年中举，时称"一门双凤"。工诗，善草书，著有《秦游诗草》，兄弟二人文章收入《二张子合稿文集》。

张霔（1659—1704），张霖从弟，字念艺，号帆史，又号笨仙、笨山，别号秋水道人。因屡试不第，遂绝意仕途，放浪形骸。在三岔河口附近著斗室，名帆斋，自甘寂寞，读书其中。后游大江南北，交结当地名士。诗法李白，书效张旭。著述甚富，"业甲三津"，有《帆斋逸稿》《绿艳亭诗文稿》《弋虫轩诗》《读汉书绝句》《读晋书绝句》《欸乃书屋集》《秦游集》等。

盐商安尚义、安歧父子

安歧（1682—?），字仪周，号麓村，别号松泉老人，系大盐商安尚义之子，筑别业沽水草堂。

安歧工诗，精鉴赏，收藏甚富，是当时著名的鉴赏家和收藏家，而且"鉴赏古迹，不爽毫发"，为时人所推重，其中精品，多于乾隆时流入内府。所著《墨缘汇观》，"所见之广，鉴别之精，实所罕见"，"于宋以前书画多有考证，颇为精当"，论"赵〔孟頫〕、董〔其昌〕书法与夫论诸家书法、画法处，颇多卓识"，至今，《墨缘汇观》仍是书画收藏鉴定的权威性著作。

安歧又以三千金从收藏家梁清标处购得唐人孙过庭《书谱》真迹，后来重摹上石，拓印行世。安氏在扬州亦置有别业，后该石嵌于扬州康山草堂壁上。直到现在，扬州仍留有安家巷之名。

盐商龙震

龙震（1657—1726），号文雷，别号东溟山人。他为人洒脱豪放，放荡不羁，其家业盐致富，自己也有很强的经营能力，却不愿继续从事这一行业。

一天，官府派衙役到龙震家催讨盐税，龙震满脸赔笑，出门相迎，说："我已经筹办好了，明天就送去。"等到衙役走了，龙震当即以贱价将自己经营的盐引售与他人；别人替他惋惜，龙震却笑着说："这么做我才高兴哪！我不业盐，这些奴才还敢向我示威吗？"

也有人说他放弃业盐，是因为自己没有经营能力。这时，恰巧有人准备出让引地的租赁权，龙震向一些小商小贩凑了一笔钱，将引地租下，并赊购了一批盐；及至运到引地，获利三倍。回到天津，他大宴宾客，以前对他持怀疑态度的人也改口夸奖他有能力，龙震回答说："不过是玩了一把（'戏耳'）。"

康熙二十九年（1690），龙震参加乡试，第一场考试，别人尚在构思，他却交了头卷，而且写得非常好；可是到了二、三两场，他不再参加了，从此与科举绝缘，遂隐居一室，自隔于世。唯独与张霆相友善，彼此以诗文为乐；又与香林院道士王聪过从极密，相遇畅饮，久而不厌。晚年建别业老夫村，自居之处叫"枣村"。一生无后，郁郁而终。著有《玉红草堂诗集》《东溟文存稿》等。

盐商查氏一家

大盐商查氏一家，在天津最著名，影响也最大。

查日乾（1667—1741）。字天行，一字惕人，别号慕园，原籍顺天宛平，父早亡，随母寄居江南姊家。稍长，移居天津，助张霖盐业，因善经营，不久即致富。

雍正初，莽鹄立任长芦巡盐御史，税款亏空甚巨，遂慕名召查日乾出谋划策。根据查日乾的建议，莽鹄立进行了为期一个月的整顿，成效立见。从此，查日乾平步青云，很快成为天津最大的盐商和盐商领军人物。

查日乾热心公益事业，不但参与地方水灾赈济，协助修建环城堤岸，而且主持和大力赞助民间消防组织——水会。他一生喜文史、广交游、讲义气、重承诺，"凡四方士大夫及文人名士，偶有经过，周施倾倒无倦色"，并"使不得去"。为此，查日乾在南运河畔修建私家园林，后由其子进行扩建，成为遐迩闻名的水西庄、小水西及介园。

查日乾性至孝，为纪念他的母亲和祖母，他在京北的平谷特建慕园，"园以慕名，志不忘也"。另在京师宛平榆垡修建了别业。著有《左传臆说》《史脦》等。

查为仁（1695—1749），查日乾之子，字心穀，号莲坡。天资聪颖，家中虽财富甚巨，但性喜读书，博学能文，才藻横溢。

康熙五十年（1711）举乡试第一，旋因被劾考试作弊，下狱；八年后获释，赐还举人，遂绝意进取。在乃父创建园林的基础上，扩建大型园林水西庄，有枕溪廊、揽翠轩、数帆台、藕香榭、花影庵、泊月舫、绣野簃、竹间楼、苔花馆、小旸谷、来蝶亭、秋白斋、古芸室、一犁春雨、清机小舍等诸多名胜，园内书画、金石、鼎彝藏贮极富。查为仁于书无所不读，终日与其弟为义为礼等在水西庄切磋学问。

乾隆皇帝为弘扬文治，广开博学宏词，大江南北才俊之士前往京师者多取道津沽。查氏一家则热衷于款接名流，凡"一刺投之，无不延揽"，"四方闻人过沽上者争识之"，"斗韵征歌，日常满座"，查氏与水西庄也因此而声名大噪，成为江北第一私家园林。乾隆皇帝性喜游览，六下江南，四次驻跸水西庄；1771年留止介园时，正值紫芥花盛开，遂将介园赐名"芥园"。

此外，查为仁还在平谷建有百草山庄，"以为他年息影之地"。一生著述甚丰，有自编的《庶塘未定稿》以及《赏菊唱和诗》《花影庵杂记》《莲坡诗话》等；其妻金含英亦善诗文，著有《芸书阁剩稿》。特别是他在水西庄与厉鹗合著的《绝妙好词笺》，流传甚广，因为有"疏通证明之功"，被收入乾隆皇帝主持、纪晓岚编纂的《四库全书》。

查善长，查为仁子，字树初，号铁云，乾隆进士，著有《铁云诗稿》；查善和，查为仁次子，字用咸，号东轩，重振中衰家道，富甲津门，能诗善书，学识广博，著有《东轩诗草》。查诚，查善和子，查为仁孙，乾隆举人，经营园林，博览群书，家业再度衰落，著有《天游阁诗稿》。查呐谨，查诚子，查为仁曾孙，嘉庆进士，官至道员。

查为义（1700—1763），查为仁弟，字履方，号集堂。幼聪颖，八岁即能文，稍长研习经史；少年时曾从名师习剑术。身躯伟岸，二目闪光。时值朝廷用兵西陲，遂投笔从戎，以功授地方官。后因父丧归家，侍奉老母，训课子侄；工诗善画，为时人所重。天津旧无书院，乾隆十六年（1751）长芦盐运使卢见曾倡建问津书院，但地址难觅，查为义乃捐其在鼓楼南之旧居。另修小型园林"屋南小筑"（具体地点不详，一说在城内文庙后，一说系水西庄里的园中园，一说在水西庄附近）。著有《集堂诗草》。查彬，查为义孙，字伯野，号憩亭，进士，外放知县、知州，有政声。著有《湘芗漫录》《采芳随笔》《小息舫诗草》等。

查礼（1715—1783），查为义弟，原名为礼，字恂叔，号俭堂。幼时从其兄查为仁在水西庄读书，得以遍交海内名士，诗文俱佳。后因屡试不第，捐资在户部任职，后任职广西，修竣灵渠；在云南任职，建丽江书院；曾参加大小金川之役，立有战功，最后升任湖南巡抚，入京觐见乾隆皇帝时，死在京师。墓志铭为当时的大学问家纪晓岚所撰。查礼一生喜爱读书，虽在戎马倥偬之际，未尝稍废。著有《铜鼓书堂遗稿》。查淳，查礼子，查日乾孙，曾任湖北按察使，大理寺少卿，为人忠厚宽大，礼贤爱士，有乃父遗风，终年八十有九。

传说，查氏一家曾为沽上首富，富堪敌国，穷奢极欲，挥金似土，"下箸万钱"，世有"阔查"之称。查氏在水西庄招揽各省厨师，"善一技者必罗致之"，每宴宾客，要有 200 名厨师当场献艺，酒数十种，菜百余道，每种由一名侍女手捧专用器皿列队进上，轮流进退，可使菜肴汤碗长时间不冷。用膳时，另有明眸皓齿，冰雪聪明的侍女 12 人伴客，其中的三春：春梅、春桃、春兰，均着汉装，缠足如菱；三夏：夏云、夏荷、夏芰，均着旗装，天足把头；三秋：秋菊、秋月、秋蕙，均着男装，如佳公子；三冬：冬山、冬花、冬松，均着尼装，佛衣带发。此外，还有一名侍女冷艳，足仅寸余，服侍左右。餐厅内遍布唐花，燃奇香；入夜，有侍女手执粗大红烛相照，如入仙境。连皇帝的御膳房也无法与之相比，乾隆皇帝闻之，自叹弗如。

天津盐商查氏，当年曾是京津地区很有影响的家族，即所谓的"北查"。当年，北京著名的剧场广和楼，即为查氏所建；查氏在北京的代表人物是"查三膘子"，即查有圻（小山），其豪宅坐落在宣武门外菜市口、丞相胡同和南半截胡同一带，规模可比王公府第。根据两百多年前（1805 年）日本学者冈田玉山编绘的《唐土名胜图绘》，内中有"查楼图"。查楼始建于康熙年间、重建于 1780 年，地址在北京前门外肉市。该图戏楼前有牌坊，横书"广和查楼"四字（重建前只有"查楼"二字）；牌楼内的戏楼为三面敞开伸出式，雕梁画栋，蔚为壮观；戏台左右的抱柱联为："一声占尽秋江月，万舞齐开春树花"；画面中上演的剧目为《醉打山门》（1900 年查氏倒与王善堂经营，经重修，后来成为富连成科班的演出基地，已与"查楼图"不同。不久前拆除的广和楼是解放后重建的现代剧场，早已失去了昔日的风貌）。

出身盐商家庭的旅行家金玉冈

金玉冈（1711—1773），字西昆，号芥舟，别号黄竹老人，祖上以盐业发家。但金玉冈不喜经营，以家业付诸弟，却"一杖，一笠，恣情名山邃谷"，成为当时著名的旅行家。

金玉冈喜博览群书，又工诗善画，在城西北建杞园，与同里名士往来酬唱，后卒于广东电白。著有《黄竹山房诗钞》及《诗钞补》《田盘纪游》《天台雁荡纪游》等。

盐商诗人李承鸿

李承鸿，字云亭，号秋帆，浙江山阴（绍兴）人，业盐来津，遂定居。他工诗好客，提倡风雅，建寓游园，内有半舫轩、听月楼、枣香书屋等十景，"查氏衰落，承鸿接轸前轨，虽具体稍微，而风流赖以不坠"。

小结

盐商阶层如此众多和活跃，在当时中国的其他城市是不多见的。因此，盐商特别是清代盐商，对传统时期天津地方文化影响至巨。

比如说，盐商社会角色的转换，极大地提高了天津的文化层次，加速了地方文化的积累，从此天津地方性文化成果不断涌现，不少优秀的成果还影响到全国。著名学者王又朴的《易翼述信》，被收入《四库全书》。名画家华琳的《南宗抉秘》，发前人所未发，是中国美学史上的名著，备受中国思想史和学术史大家梁启超的推崇。

与此同时，南北名士也把方方面面的文化艺术带到了天津。汪沆的《津门杂事诗》说："吴老弹棋数第一，柳朱绘事技殊工。黄图他日编方技，掌录人才半寓公。"自注："江南吴来仪，浙江柳维新，江南朱锡鬯（chàng，音倡，古时祭祀用酒），皆流寓天津以老。"换句话说，当年天津的著名文化人有一半来自外地。在一定意义上，正是以盐商为代表的文化摄入，才把传统时期的天津文化推向高峰。

天津传统文化的另一个标志是地方获第者渐多。特别是到了晚清，天津"登乙榜者几占全省中额十分之二，甲榜则占全省中额四分之一"。这也不能不归功于盐商文化的"余荫"。

盐文化衍生的近代杰出人才

前面说过，天津盐文化突出的特点有两个，一是对知识和功名的追求与渴求，二是对文化遗产的收藏、研究与保护。特别是后一点，不能仅仅看成是一种个人的行为，而是数百年来社会传承的一种精神，一种对中国传统文化的珍惜与爱护精神。

盐业银行人才济济

1915年，利用盐款税收筹股建立起来的盐业银行成立，总行于1928年移建天津法租界时，特意把楼道窗户用彩色玻璃镶拼成开滩、晒盐、运盐等全部流程的图案。由此可见盐文化在天津的源远流长和影响之深，以及现代人对盐业生产和天津经济发展关系密切的深刻认识。

当年，盐业银行的主持人大都是有着深厚文化素养的知识分子，他们在操奇计赢、子母相权的同时，对文化事业都有着浓厚的兴趣与贡献。仅举几个荦荦其大的例子：

一是盘购《大公报》。《大公报》是中国现存报纸中历史最长的一家，至今仍然在香港出版。1918年盐业银行董事会成立，根据总经理吴鼎昌的建议，每年由行方拨出三万元作为研究经费。这笔钱日积月累，到了1926年竟将《大公报》盘购，吴鼎昌自任社长，同时他还兼任《国闻周报》和国闻通讯社的社长，从而开创了金融业控制报刊的先例。

二是搜集地方志。曾于民国初年担任交通银行协理的任凤苞（振采），于1928年来天津任盐业银行董事长。任氏平素喜藏方志，是海内方志收藏名家。他在天津的藏书处名"天春园"，所搜集的方志多为珍稀或孤本。解放后悉数献给国家，归入天津图书馆。至今该馆的方志收藏在全国名列前茅，任氏功不可没。

三是珍藏稀世文物。盐业银行董事张伯驹，系该行创始人之一、民初河南都督张镇芳之子，平日喜藏文物。末代皇帝溥仪寓居天津时，曾将大批文玩字画抵押给盐业银行，后来被张伯驹用其父所遗之盐业股票购得，其中的字画全系宋元名人真迹，解放后均捐献给故宫博物院。又，乾隆皇帝为给其母祝寿，特铸金编钟一套，亦为盐业银行贷款给溥仪所收之抵押品。后经该行经理等人设法保存，巧妙逃脱了日本侵略者和国民党要员的觊觎，终于在解放后献给国家。

盐店账房先生之子——大教育家梅贻琦

中国近代大教育家梅贻琦的祖父梅茂先，曾任清丰县训导，病殁于任所。父梅臣，二十余岁时考中秀才，后来两次进京乡试，皆不第，只好去盐店做了账房先生。

梅臣共有五男五女，又赶上1900年的八国联军之劫，举家迁往保定；乱后返津，宅室已被抢掠一空。正是依靠盐店的菲薄收入，梅臣成就了一代教育大家梅贻琦。

梅贻琦于1904年进入敬业中学堂，也就是后来的南开学校，四年后以第一名毕业，保送保定直隶高等学堂。翌年，考取第一批"庚款"赴美留学，1914年获工科学士学位。1915年回国，初到天津基督教青年会任学生部书记，旋去北京清华学校教授数学及英语，后专授物理，并担任了清华的教务长。1921—1922年，利用休假再度赴美，入芝加哥大学研究物理。1928年经国家委派为留学生监督，回国后于1931年底就任清华校长。

这一年，日本在中国东北发动了九一八事变，国难临头，且一天天深重，梅贻琦以一种"沉默的责任感"，在就职演说中提出了赫赫有名的"大师说"，至今为人传颂："孟子说：'所谓故国者，非谓有乔木之谓也，有世臣之谓也'，我现在也可以仿照说，所谓大学者，非谓有大楼之谓也，有大师之谓也。"

另一方面，梅贻琦提倡在大学里实行通才教育，认为造就通才，是大学责无旁贷的任务。所谓"通才"，就是具有通识的人才。梅贻琦先生说："社会所需要者，通才为大，而专家次之。以无通才为基础之专家临民，其结果不为新民，而为扰民。"正是在这种思想的指

59

导下，清华大学为国家培育出一批栋梁之材，因此，梅贻琦至今仍被清华师生认定为"永远的清华校长"。

梅贻琦为人平实真诚，他常用"自强不息，厚德载物"这八个字为清华的毕业生题词，希望青年踏踏实实为国效力。这两句话来自中国古代的经书《周易》："君子以自强不息"，说的是一个人毕生都应不懈地努力向上，而不要中途停止；"君子以厚德载物"，说的是一个人只有培养自己的高尚品德，方能承担起社会赋予的使命。这八个字，直到今天仍然被清华大学奉为校训。

梅贻琦平时沉默寡言，但平易近人，他不止一次告诫学生："我希望大家能有勇气去做一个最平凡的人，不要追求轰轰烈烈。"他自己是这样说的，也是这样做的。他还说："由于各人的机遇、环境和人生观不同，看来好像成就差别很大，其实向远看一点，并没有什么大的差别。赤子之心必须保留。凡是能做的和应当做的，好好去做就行了。"

1962 年，梅贻琦因前列腺癌医治无效，病逝于台北。他的夫人韩咏华女士于 1977 年由美国回北京定居，受到邓颖超同志的热情接待，宴请时，特意由天津请来了"狗不理"的名厨，做了一桌正宗的天津菜。

出身于盐务职员的甲骨文专家王襄

王襄，字纶阁，号簠（fǔ，音府，古代祭祀时盛粮食的器具）室，天津县学生，后入京师高等实业学堂矿科，奖为举人，授知县，分发河南录用。辛亥革命后，辗转于长芦、福建、广东、四川、湖北、浙江等地盐务部门任职，64 岁后退归乡里。当时天津沦陷，生活艰苦，王襄清廉自守，拒绝参加日本东京举办的"大东亚书道节"，而是艰苦度日，研究不辍，在家中自书联说："陋室富破书乱帖；热肠搜冷石寒金。"

王襄自青年时代起即酷爱古文字和古器物的研究。1899 年，在天津与书法家孟广慧（定生）从潍县古董商范寿轩处最早鉴别出殷墟文字——甲骨文，是为发现甲骨文之始。所著《簠室殷契类纂》，均为自藏甲骨之宝贵者，其中珍品，被著名古文字学家罗振玉（叔言）收入《殷虚书契菁华》；王襄另一甲骨专著《簠室殷契文征》，亦具极高的学术价值。不过，王襄限于财力，所购均系零星小片，大片甲骨则由范寿轩携至北京，王襄在天津首先发现甲骨文的事情反倒鲜为人知了。

限于当时的拓印技术，王襄在书中公布的所藏甲骨颇受质疑。身在日本的郭沫若在研究甲骨文时，也断定王襄所藏为伪，而"摒诸视顾之外"。王襄的朋友、学生劝他著文剖辩，王襄却笑着说："塞口易而塞心难，终有河清之日也。"后来郭沫若经多方研究，郑重地承认了自己的错误，并希望王襄把所藏甲骨重加精拓，以嘉惠学林。

抗战胜利后，王襄目睹国民党的黑暗、腐败，开始追求进步。1948年，他得到解放区印刷的《新民主主义论》，读后对子侄辈说"共产主义是真"，"共产党一定会成功"。解放后王襄积极学习马列著作，在一篇读后感里他说："近年读马列著作，遇矛盾之理皆能立解，且合实际，知共产之学造福社会。"

1953年，78岁的王襄被任命为天津文史研究馆首任馆长，并被推举为天津市政协委员，中国科学院历史研究所《甲骨文合集》编委会编委。1956年以81岁高龄加入中国共产党。1960年和1961年，邓颖超同志两次到家中看望王襄，中国科学院副院长陶孟和、语言研究所所长罗常培也先后到王襄家中慰问。

1965年王襄病故，所藏文物连同手稿遵遗嘱悉数捐给国家。时任中国科学院院长的郭沫若亲自题写了墓碑"殷墟文字研究专家王襄同志之墓"。

［原载《天津档案》，2012年第1—3期］

天津开埠前的城市建筑风貌特色

　　若从城市史上考察，中国城市历史之悠久、规模之宏大，在世界上都是无与伦比的。天津在中国的诸多城市中是一座既古老又年轻的城市。说她古老，是因为自六七千年前的新石器时代起，便有我们的先民在这里定居并耕种渔猎了；说她年轻，是因为她作为中国传统社会里晚近成长起来的城市，至今才600年的时间，而跻身于现代国际大都市的行列，不过是近百年的事情。

　　天津最早的聚落大约出现在两千多年前的战国时期，仅津南区发掘出的战国遗址就有四十余处，出土有筒瓦、板瓦和瓦当等高档建筑材料，可见当时的建筑已相当考究。大约在12世纪末到13世纪初，这里有了直沽寨的名称，但直沽寨的建筑形式已无从考察。元王朝定都大都（今北京），为保障首都日常所需，每年要从江南地区通过大运河或海路运来大批粮食和日用品。直沽因为地理上的优势，很快形成为河海联运的枢纽，众多的衙署和仓廒开始在大直沽建成，沿海地区特有妈祖庙也随之出现。

　　明王朝最初建都南京，但直沽作为"海运商舶往来之冲"，地位十分重要，永乐皇帝遂于1404年决定在直沽设卫筑城；又因这里是他当年率兵渡河、夺得皇位的地方，于是赐名"天津"，即天子经过的渡口。天津卫城初为土筑，1491年改为用砖石包砌，并在东南西北四门之上构筑了城楼，分别题为：镇东、定南、安西、拱北；这四门的名称重新出现在今天新建鼓楼的"十字穿心"四座拱门的门额上。1586年，明王朝又对天津卫城重修了一次。入清后，天津先是改卫为州，不久又升州为府，下辖天津、沧州等一州六县。自1653年至1801年先后12次整修天津城垣，其中以1725年由大盐商安尚义、安歧父子捐修的一次规模最大，天津城的东、西、南、北四门，亦分别改为镇海、卫安、归极、带河。天津城是中国传统的州县城池建筑规模，城内干路十字相交，中心建钟鼓楼，四面穿心。明代的天津卫衙署和清代的府、县、镇、道等衙署均建于东西干路以北，以南则为居民区。

天津城市的另一个特点是，早期聚落的出现系自然形成，而不是规划性的。城内主要为官署建筑，繁荣的城市经济中心区集中于三岔河口以西、以南的南运河南岸和海河西岸，这种聚落格局早在元代即已形成。明初规划天津卫城时，审时度势，采用了"局部封闭，总体敞开"、城厢一体的原则，因此城外沿河一带"商贾辐辏，骈阗逼侧"，"素封巨室，率萃河干"，而卫城之内"屋瓦萧条，或为蒿莱"。这种城市格局直到晚清抵御英法联军入侵时仍然如此，"城内民无宿粮，地无井泉，每日水米均恃城外接济。所有富商大贾，百货居集，均在城外"，所以不得不在郡城四周加筑濠墙。

明清时期的天津城厢除了衙署之外，还建有众多的仓廒、庙宇、祠堂、书院、会馆等公用建筑，加之大量的商业建筑，以及考究的民居、著名的私家园林，从建筑形式上讲各类型的房舍与亭台楼阁俱全。此外，还有作为建筑物和街巷标志的牌坊，这些构成传统天津城市的特色。

由于天津居民五方杂处，宗教信仰呈多元化趋势，庙宇极多。1655年荷兰使节在去北京的途中路过天津，说天津"到处被庙宇所点缀，人烟稠密，交易频繁"。

商业建筑多集中于三岔河口以西的南运河南岸的码头东街与码头西街，即后来的估衣街和针市街，以及三岔河口以南的海河西岸，即宫南大街和宫北大街。由于交通便捷，各种专业性的商业街如锅店街、曲店街、洋货街、竹竿巷、茶店口、驴市口、肉市口……在北门外大街两侧纷纷出现，这里"商旅辐辏，屋瓦鳞次"，车船往来不断，百货堆积如山，为"津门外第一繁华区"。

开埠前天津城市建筑风貌的特征是什么呢？

早期天津的建筑风貌，就各类衙署来说，完全是依照传统规定的制式来建造，与其他府、县城市比较，不可能有什么特殊。至于住宅建筑，则多为简易的平房。明清时期随着天津地方富商大贾特别是盐商阶层的崛起，在老城的北门里、户部街，东门里的二道街、冰窖胡同，鼓楼东和鼓楼西，以及宫北大街、针市街、估衣街、西北角等繁华地带建起了不少四五进院落的深宅大院。

天津作为南北的交通枢纽，其大量民居一方面受北方四季分明的自然条件，与生活水平、建筑技术等物质条件的限制，以封闭形态的木结构、庭院式、独户住宅为主，这就是天津人常说的"四合套"。

另一方面，天津民居在建筑风格上又明显地受到了南方的影响，体现了南北交融的特色。如天津的四合院在平面设计上接近北京，但在建筑方法上更类似江南的穿斗结构与"四水归堂"。

天津四合院的另一个特点是有合有分，独立性强，即大门设于正中，进门后为胡同式的箭道，箭道东西为两组不对称的院落。东院为若干进的三合院或四合院，用于合家居住；西院为祠堂、戏楼，罩房多为二层楼，各院的院门均开向箭道，使出入互不干扰。

1793年英国派马戛尔尼使团访华，坐船经过天津的时候，副使司当东亲笔记录了他所见天津住宅的风格："大多是两层楼房。这种建筑式样跟中国通行的建筑式样不一样……它是一个商业城市，靠近码头，接近河边，这种条件促使了这种新的建筑形式的产生。"

又由于天津的富商大贾多来自江南，他们的庭院式住宅多为南式，面积广大，建筑考究，装修豪华，而且多为砖雕、木雕，尽量少用或不用油漆彩画，门窗施以黑漆而不用朱漆。一般群众的住宅虽然也受到南方民居建筑风格的影响，但总体面积狭小，建筑结构简单，仅能躲避风寒雨露而已。

在商业区和繁华区，一般是一至二层的明清时期小式店堂建筑，改造前的估衣街和宫南、宫北大街的一些老字号门脸儿，大都如此。至于街巷牌坊则是天津一道特殊的城市风景线，19世纪中叶，一些外国人初次来到天津，认为"一些横跨街头的雕刻奇妙的木牌坊，是这个城市足以自豪的唯一装饰"。东门里两座二柱三楼式、五脊六兽阿瓦顶牌坊，始建于1575年，造型古朴独特，为国内其他城市所罕见。

从总体上看，开埠前天津的建筑都是中国传统的结构形式，其建筑风貌特征用一句话来说，那就是南北交融的各类传统建筑并存，这在北方的城市中是不多见的。

［原载史晓成：《城市环境管理研究》，天津社会科学院出版社，2001年］

津门琐论

65

天津历史风貌建筑中的文化资源

天津是我国的历史文化名城。

我国现有历史文化名城 99 座，大致分为两大类，一类是古都型或传统时期发展起来的历史悠久的城市；另一类是近代型的，是近代成长起来的大城市，其数量虽然不多，但城市成长速度快，城市规模大，地位非常重要，在许多方面显示出近代中国的历史或文化走向，天津便是其中最具代表性的城市之一。

从地缘特色上看，天津是大运河北端唯一一座依河傍海的城市，"地当九河津要，路通七省舟车"，极便于南北文化、运河文化、海洋文化的兼收并蓄。到了近代，天津又成为中国北方最早和最大的沿海开放城市，中西文化的撞击，造就了城市的独特成长模式；南北交融，东西荟萃，传统与现代和谐并存，构成了天津城市特有的风格与意蕴。大量历史风貌建筑的存在，就是明证。

昨日天津，别样记忆

在一定意义上，天津的历史风貌建筑不但可以"复活"历史，折射出一幅幅逝去的画面，使城市的过去荣光时隐时现，而且能勾勒出许多年代久远的文化记忆，成为承载城市文化的一个特殊平台。

为什么这样说呢？

首先，这些历史风貌建筑代表了天津特有的建筑文化。这种特有的建筑文化，用一句话来表达，那就是"万国建筑博览会"。

天津自19世纪中叶开埠到20世纪初，先后出现了9个国家的租界。各国在天津划定租界后，管理当局均按照自己国家的民族风格与通行惯例制订详细规划和功能分区，确定道路和市政工程系统，以使本国侨民一进入租界就会产生归属感。

19世纪80年代，英、法租界已初具规模，基础设施完善，在北方沿海城市中独树一帜。特别是英租界，"街道宽平，洋房整齐；路旁树木，葱郁成林。行人蚁集蜂屯，货物如山堆垒。车驴轿马，彻夜不休。电线联成珠网，路灯列若繁星。制甚得法，清雅可观"。

进入20世纪，英、法、德、日、意、奥等国租界开发迅速，建筑林立，涵盖了众多的西洋建筑风格与流派。据著名建筑史专家周祖奭研究，这些建筑中包括：

西洋古典复兴式（以银行、办公楼居多，典型的有开滦矿务局大楼、法国公议局大楼、日本横滨正金银行、英国汇丰银行等），西洋古典折中主义式（以商业建筑居多，典型的有劝业场、国民饭店、交通旅馆和早期的中原公司等），哥特式（主要为教堂，典型的有望海楼教堂、安里甘教堂等），罗马风式（典型的为西开教堂），英国都铎式（以建成于1888年的原英国工部局大楼最为典型，惜因1976年地震震损拆除，仅保留了具有都铎式风格的原消防队车库，现为我国唯一都铎式建筑遗存），英国半木料式（以建成于1925年的英国乡谊俱乐部门房最为典型，惜已拆除），意大利文艺复兴式（原热河督军汤玉麟住宅，保持了典型的意大利文艺复兴时期的府邸风格），第二帝国时期意大利式（意式风情区马可波罗广场周围的建筑最为典型），带有孟莎屋顶的法式建筑（典型的有原工商学院主楼、庄乐峰住宅、章瑞庭住宅等），日耳曼式（也叫新罗马式，典型的有原德国俱乐部），简化古典主义建筑及"维也纳分离派"式建筑（以建成于1922年的中南银行及其装饰性的黄铜镂花穹顶最为典型），尼德兰式（以建成于1924年的北洋政府农商总长袁乃宽住宅最为典型），西班牙式（以住宅建筑为主，典型的有孙震方住宅和静园），斯拉夫式（典型的为原俄租界俄国花园内东正教总堂，1939 年易地重建，后拆除），和式（原武德殿，现为日本本土以外体量最大的和式建筑），浪漫主义式（以建成于 1886 年的利顺德大饭店最为典型，沿街的建筑立面为通长的木质走廊，具有北欧田园建筑风貌，十分罕见，重建后立面风格改变），象征主义式（百福大楼象征着一艘航船停泊在海河岸边，原北洋政府海军总长刘冠雄宅像一架双筒望远镜），现代建筑式（典型的有渤海大楼、利华大楼等），以及大量中西合璧式（典型的有原庆王府、原孟养轩住宅、原鲍贵卿住宅等）。真可谓多姿多彩、美轮美奂。

近代意义上的公共园林和绿地这时也在天津出现。如 1880 年建成的法租界海大道公园，1887 年建成的维多利亚花园，1900 年前建成的德国花园，20 世纪初建成的俄国花园、大和花园，20 世纪二三十年代建成的法国花园、意大利花园，以及英租界义路金花园、久布利花园、皇后公园等。华界 20 世纪初建成的有河北公园。一个城市荟萃这么多东西方不同格调的公园，而且用一天的时间即可遍览，真正实现了"坐地日行八万里"的梦幻，实属世间罕见。

传统天津，人杂五方，城居人口大多来自外地；开埠以后，又出现了华洋杂处的局面。应当说，天津建筑的多样性是由于人们的审美情趣、欣赏角度和价值取向的不同而形成的。

其次，这些风貌建筑凝聚了天津丰富的历史文化。

不能认为天津只有近代建筑或西洋建筑。在我国众多的城市中，天津可说是既年轻又古老。天津跻身于国际大都市大行列，虽是近百年的事情，可从六七千年前的新石器时代起，我们的祖先便在这里耕种渔猎、繁衍生息。久远的历史，自然会影响天津的建筑文化。

考古发掘证明，早在战国时期天津一带已是人烟不断，仅津南区发掘出的战国遗址就有四十余处，出土有筒瓦、板瓦和瓦当等高档建筑材料，可见当时的建筑已相当考究。隋唐两代，天津北部山区得到发展，重建于辽统和二年（984）的独乐寺，荟萃了我国 9 项古建筑之最，是我国木结构建筑的代表作，而且符合文化遗产的 3 项定义和世界遗产名录的 6 项标准，已于 1993 年列入申报世界文化遗产预备清单项目。

元王朝定都大都（今北京），为保障首都日常所需，每年要从江南地区通过海路运来大批粮食和日用品。直沽因为地理上的优势，很快成为河海联运的枢纽，众多的衙署和仓廒开始在大直沽建成，沿海地区特有的妈祖庙也随之出现。现存的天后宫奉敕修建于元泰定三年（1326），是天津现存最古老的庙宇，也是全国三大妈祖庙之一。天津庙宇众多，曾是城市一大特色，清顺治十二年（1655）荷兰使节在去北京的途中路过天津，说天津"到处被庙宇所点缀"。

明永乐二年（1404）天津设卫筑城，由于原来的繁华区集中于三岔河口以西、以南的南运河南岸和海河西岸，所以当初规划修建卫城时审时度势，采用了"局部封闭，总体敞开"和城厢一体的原则。几百年来，城外沿河估衣街、锅店街、宫南和宫北大街一带，一直是"商贾辐辏，骈阗逼侧"，代表了天津城市经济的原生态。直到今天，古文化街依然是最能表现天津历史文化的 5A 级旅游景区。

明清时期，天津作为南北的交通枢纽，人口大量聚集，民居建筑受北方四季分明的自然条件的影响，以封闭形态的木结构、庭院式、独户住宅即"四合套"为主。但建筑风格与北京不同，明显受到南方的影响，比如建筑方法更类似江南地区的穿斗结构与"四水归堂"。天津"四合套"的另一个特点是有合有分，独立性强，即大门设于正中，进门后为胡同式的箭道，箭道东、西为两组不对称的院落，东院为若干进的三合院或四合院，用于合家居住；西院为客厅、戏楼、祠堂、罩房多为二层楼，各院的院门均开向箭道，出入互不干扰。庭院住宅装修多为砖雕、木雕，少用油漆彩画，门窗户带施以黑漆而不用朱漆。修建于 20 世纪初期、现存的老城里徐家大院和杨柳青石家大院，依然保持着这样的特色。

此外便是传统的楼房建筑。清乾隆五十八年（1793）英国派马戛尔尼使团访华，乘船经天津时，副使司当东亲笔记录了他所见到的天津民居风格："大多是两层楼房。这种建筑式样跟中国通行的建筑式样不一样……它是一个商业城市，靠近码头，接近河边，这种条件促使了这种新的建筑形式的产生。"

街巷牌坊传统是天津一道特殊的城市风景线。19世纪中叶，不少外国人初次来到天津，认为"一些横跨街头的雕刻奇妙的木牌坊，是这个城市足以自豪的唯一装饰"。现存东门里两座二柱三楼庑殿顶天津文庙牌坊，始建于明万历二年（1574），造型古朴独特，为国内其他城市所罕见。据说，1984年美国费城修建"费城华埠"牌坊时，设计图纸即仿照天津文庙牌坊。

始建于1903年的广东会馆是融合天津与广东岭南两种建筑风格于一体的传统建筑精品。外墙、屋顶采用厚重的青砖、灰瓦，与天津老城的环境协调一致，而门厅、廊柱、梁枋和内装修完全采用岭南风格。会馆正厅悬一巨匾，上书"岭渤凝和"，岭指岭南，渤指渤海，这四个字正代表了南北建筑风格的完美统一。1999年世界建筑师大会在北京召开，会后出版了《20世纪世界建筑精品集》，广东会馆是唯一一座入选的中国古建筑。

最后，这些风貌建筑造就了天津宝贵的景观文化。

自19世纪中叶开埠以来，天津以其特殊的政治、经济地位，一跃成为中国北方最早和最大的开放城市。从此，天津大踏步走向世界，世界也很快迎来天津。在融入世界的过程中，天津迅速成为新兴的国际化大都会，城市的国际性和先进性带来了世界上少有的人文景观的多样性，一时间，能够代表东、西方文化特色的各式风貌建筑林林总总，伫立于津沽大地，世界各国不同风格的建筑艺术以及中西合璧的建筑艺术得以荟萃于海河上游两岸，打造出近代天津城市特有的肌理、尺度与造型。风情万种的天津"小洋楼"，开始与代表古都风貌的北京"四合院"同登寿域，成为天津城市人文景观的最大特色与亮点，也成为令世人津津乐道的长久话题。

现在，天津已经划定了14个历史风貌建筑区，其中海河、估衣街历史风貌建筑区内无历史风貌建筑，而老城厢、古文化街历史风貌建筑区以中国传统建筑形式为主，一宫花园、赤峰道、劝业场、中心花园、承德道、解放北路、五大道、泰安道、解放南路和鞍山道历史风貌建筑区则以西方折中主义、古典复兴主义、现代主义风格为主。特别是后12个历史风貌建筑区，集中体现了天津城市景观文化的精髓，因而显得十分宝贵。

这里特别要提到从20世纪初开始建设的五大道历史风貌建筑区，在当时即已成为现代城市中精心规划和建造、集别墅功能与建筑艺术于一体的居住空间模式，直到现在，依然是现代城市功能复合化居住区的模范和典型，仍不失其科学的宜居价值。2004年，建设部授予五大道近代历史建筑风貌保护项目"中国人居环境范例奖"。最近五大道地区还将接受国际房地产协会的宜居标准考察，作为制订21世纪城市宜居标准的历史参考。

天津的风貌建筑就像一本永恒的书，于今已经幻化成城市独特的历史文化符号和城市独特的文化表情。甚至可以这样认为——保护历史风貌建筑，是打开天津文化之门的一把金钥匙。

记录着诸多的历史瞬间

"百年中国看天津"，是当前流传很广的一句都市关键词。

历史是城市的灵魂，记忆是文化基因。天津风貌建筑之所以能够记录着诸多的历史瞬间，使那些已经过去的现实顺理成章地注入中华民族的历史长河，是有其深刻的政治文化渊源的。我们还是先看看记忆中的天津历史吧。

流淌在天津身边的海河是城市的母亲河，其干流虽然只有七八十千米，但上游的五大支流却可通华北各地和江南地区；自大沽口驶出海，可达南北沿海各省，远达太平洋和印度洋，天然地沟通了天津与各地的交往与联系。1153年金王朝开始在北京建都（2003年是北京建都850周年），1214年天津城市的胚胎——直沽寨始见于历史记载，这半个世纪的时间差，正是天津与首都关系的集中反映。

金元以降，天津一直是首都北京的出海口和东大门，政治地位极其重要。

西方工业革命之后，中国与先进国家出现了传统与现代间的制度落差，落后挨打的局面不可避免。由于天津距离首都北京最近，在历史上，天津一旦不保，北京就会处于风雨飘摇之中。所以在近代中国，没有哪一个城市像天津那样，遭受过如此众多的外来侵略，也没有哪一个城市像天津那样，紧紧地把城市的命运与国家的命运结合在一起。百年间的辘辘历史车轮，在天津轧下了深深的痕迹，比如打开了中国大门的鸦片战争，迫使天津开埠的第二次鸦片战争，把中国带入近代的洋务运动，使中国蒙受巨大损害和耻辱的中法战争、甲午中日战争和八国联军侵华战争，以及后来伪满洲国的炮制与出笼等。换句话说，中国近代史上的每一个重大历史事件，差不多都要通过海河演绎，都要进入天津彰显；天津城市的风云变幻，海河两岸的潮起潮落，在一定意义上说，就是一部中国近代史。

从另一个方面来看，近代天津外交地位和政治地位也因此而陡增，中国传统社会的各种运行机制开始在这里发生变化，人们能够在天津感受到世界文明跳动的脉搏，并用积极的态度去学习、去汲取。中西文化的碰撞，造成了近代天津城市的独特成长模式；一种因南北交融、东西荟萃而逐渐形成的开放、包容、多元文化得到发展和壮大。任凭岁月更迭、时光流逝，至今依然能让我们领略到这种文化的延续价值。

正是因为这种极具先进性的特色文化，方使传统天津蕴藏的经济火花点燃起近代天津的发展之火，世界先进的科学技术和思想、文化得以通过天津这个窗口和跳板传输到中国。正是因为有了这样一种先进文化基础，有了这样一种先进的文化构建的平台，天津才有可能在不到半个世纪的时间，由一个府县城池快速演进为中国北方最大的工商业和港口贸易城市，自然地成为中国现代化旅程中的北方驿站。

辛亥革命以后，天津又成了首都的"政治后院"，出现了名人名居星罗棋布的现象。当时，下野的总统、总理和各省督军、政客纷纷迁入天津，20世纪以来的许多重大历史事件都是在天津预谋或策划的，因此在近代中国又流传着"北京是前台，天津是后台"的说法。据不完全统计，天津的中外名人故居数以百计，这些宝贵的历史和人文资源，不但在中国，就是在世界城市中也是非常罕见的。

的确，光阴是一条永远渡不完的河。虽然各具特色的天津风貌建筑如今大都已成为岁月积淀的档册，但仍是政治史、经济史、生活史和口述史研究的重要依据。用我们智慧的头脑，审视这样一批特殊的文化载体，既是一种研究方法，又是一种研究角度。通过大量历史风貌建筑的考察，甄别天津的社会结构、社会制度和社会文化的主要特征，已经成为当前城市建设、城市文化建设和城市史研究共同探索的方向。

重要的是感受

对于今天的天津人来说，各种风貌建筑，特别是"小洋楼"的形象，似乎已经幻化成某种独特的感情符号。站在这些淡定而优雅的历史风貌建筑前面，无论是谁，缜密的理性都会不可避免地幻化为一种跌宕起伏的浪漫。

深刻的文化记忆，是一个民族、一个地区的特质所在，因此打开层层封存的年轮，感受内心世界的共鸣，就显得十分必要了。

有人说，只有那些回不去的、到不了的、消失不见的，才有资格被称为珍贵。其实也不尽然。

从科学发展观来看，文化，包括建筑文化，在人类历史上是一个积累过程，并且无时无刻不在积累之中。与此同时，文化，包括建筑文化的积累，又是一个社会变迁的过程，其中饱含着旧文化元素的保留和新文化元素的增加；而旧文化元素的保留，又是新文化元素积累的基础。如果没有旧文化元素的保留，文化便会出现断层。因此，许多有价值的历史风貌建筑，我们一定要依法保护、科学整理、合理使用，不要重蹈"失去之后才知道拥有的可贵"这样的覆辙。何况，在社会主义市场经济条件下，历史风貌建筑也会伴随着岁月的消逝不断大幅增加自身的价值。

但同时我们也应看到，文化，包括建筑文化的积累，又是一个社会选择的过程，只有那些能够继续满足社会不断发展需要的旧文化元素才能够被保留下来，并成为新文化的一部分，在人类社会的任何一个历史发展阶段莫不如此。在当今世界上，没有一座历史之城能原封不动地保留到今天。因此，在漫长的岁月里，一些历史风貌建筑由于种种原因受到自然或人为的损害，以致从我们的视野中永远消失，这往往不可避免。分析个中原因，汲取此间教训，"悟以往之不谏，知来者之可追"，使我们的城市永远保持着中国历史文化名城特有的绰约风姿，才是共同努力的方向。

一定要看到，在当今的城市建设中，我们面临着太多的挑战。在保护好历史风貌建筑的同时，如何以面向未来的气势，用不断开拓和创造的激情，寻找城市历史与未来的和谐统一，"努力把天津建设成为富有独特魅力和创造活力的文化强市"，应是一项当前我们最主要的任务。

〔原载《"历史风貌建筑遗产保护与可持续发展"国际论坛论文集》，2007 年〕

天津滨海新区的历史文化底蕴及开发价值

2005 年底，天津滨海新区被纳入国家整体发展规划，滨海新区的开发建设开始由地区发展战略上升为国家发展战略。继 20 世纪珠江三角洲经济特区、长江三角洲上海浦东新区快速腾飞之后，坐落于环渤海地区中心的天津滨海新区，也迎来了属于自己的春天。此举是在新的历史条件下，从中国的经济社会发展全局出发做出的重要战略部署，对提升京津冀乃至环渤海地区的竞争力，促进东部地区率先发展，形成东中西互动、优势互补、相互促进、共同发展的区域协调发展格局具有重要意义。

天津滨海新区的前身和中心，是原来的天津经济技术开发区。

1984 年，党中央和国务院决定在天津等 14 个沿海城市建立经济技术开发区；1986 年邓小平视察天津开发区时，指示说"对外开放还是要放，不放就不活"，同时题写了"开发区大有希望"的题词。经过二十余年的开发与建设，天津经济技术开发区已经成为国家级开发区中综合经济实力居于领先地位的典型，成为以发展工业、利用外资、出口创汇为主和致力于高新技术产业发展的模范，具备了进一步加快发展的条件和基础。

1994 年，天津沿海的塘沽、汉沽、大港三区，以及东丽、津南两区的一部分，与开发区、保税区、天津港等功能区整合在一起，组成了面积达 2270 平方千米的滨海新区。这一切无疑为今天的滨海新区打下了坚实的基础，而开发区则是滨海新区的核心部分。

天津滨海新区的定位是：立足天津，依托京冀，服务环渤海，辐射"三北"，面向东北亚，努力建成高水平的现代制造和研发转化基地，北方国际航运中心和现代国际物流中心，逐步成为经济繁荣、社会和谐、环境优美的宜居生态型新城区。

2006年，天津滨海新区的开发开放将有重大突破，首先是完善新区各个产业功能区的专项规划，同时启动高标准的基础设施建设。

不过，我们若把眼光放在整个滨海新区，那么在这片被认为是滨海斥卤之地的背后，仍然蕴涵着久远和不同寻常的历史文化底蕴，非常值得我们研究和开发。

天津平原成陆的印迹

今日的天津滨海新区在六七千年前还是一片浅海，后来随着大自然的沧桑变化，海水渐渐退去。到了三千多年前的商周时期，中华民族的母亲河——黄河夹带着大量泥沙改道流至这里入海，由于河口泥沙的不断淤积，逐渐形成了平坦的陆地。

由于海浪的冲击和黄河携带泥沙入海时的造陆作用，在天津平原的东部逐渐形成了三条明显的、由海生贝类逐渐堆积而成、走向大致平行的贝壳堤：

第一道约形成于三千七百年至二千七百年前；

第二道约形成于二千年至一千年前；

第三道约形成于八百年至五百年前。

这表明，渤海湾西岸在过去几千年的时间里一直不断向东推移，形成了数十千米宽的陆地和湿地。这最后一道贝壳堤，便是今天滨海新区的海岸线走向。

实际上，这些贝壳堤不但是天津平原成陆的印迹，以及渤海湾西岸古海岸线的遗存，而且构成了滨海一带奇特的自然景观，为我国其他滨海地区所罕见。经调查，这里的贝壳堤与美国圣路易斯安那州的贝壳堤，南美洲东北部苏里南共和国贝壳堤，并列为世界三大贝壳堤。1992年，天津古海岸与湿地被定为国家级海洋自然保护区，这是历史留给天津滨海新区最可宝贵的财富。

滨海地区的富庶聚落

由于黄河千百年来的冲积作用，今天的滨海新区一带成为宜于耕种的农垦区。两千年前，由于铁质工具的使用和推广，促进了社会生产力的发展，移居人口日渐增多，从而进入全面开发的阶段，一改此前"旷芜而不可胜辟"的状况，出现"土狭而民众"的情形。

成陆后的滨海一带，有高敞的贝壳堤可供居住，可防洪涝，加之贝壳沙不会产生毛细现象，以致把咸涩的海水吸引到地面上来，因此能在地表储存足够的淡水供生活使用，所以先民们均把住所选在贝壳堤上。迄今为止，这里发掘出的战国时期居住遗址已达数十处，其中巨葛庄一地在方圆十里的范围内即有九处。特别是大量砖瓦的出土，以及瓦上印制的各种精美图案，说明这里的居住条件已经脱离了茅屋草舍的阶段，先民们有了十分讲究的住宅。

在天津滨海新区的西侧，曾经发掘出多处公元前3世纪战国时期的遗址，出土有大量铁器，包括铲、镢、锄、镰等整套农具，涵盖了松土、播种、中耕、收割等农业生产的全过程，此外还有陶质的网坠等渔具。农业和渔业的发展，促进了交换的发展，作为商业媒介的货币，这里也屡有发现，比如在巨葛庄遗址就发现了二十多枚两千多年前的货币"明刀"（刀状货币）；附近的一处遗址，一次竟发掘出"明刀"万余枚，重达一百多千克，由此可见这一带商业发达的程度。

14世纪以后，伴随着造船、航海及捕捞技术的发展，天津滨海地区的海洋捕捞业异军突起，沿海渔村纷纷出现。渤海湾的对虾、黄鱼、海蟹及唇蛤之属成为著名的地方特产，每至生产季节运到附近的大城市，成为应时海鲜，促进了滨海与周边的物资交流。可以说，今日天津滨海新区的开发史至少在 3000 年以上。

古代的海洋运输的枢纽

公元 6 世纪以后，隋王朝疏浚了贯通南北的大运河，把长江、淮河、黄河与今天的海河连接起来。这使地处运河北端，兼有河海联运之便的天津滨海一带地位日趋重要起来。所以，从 7 世纪的唐王朝开始，这里有了正式名称，即"三会海口"。所指的，大约就是当年运河与海河及渤海湾交汇的地方。

对天津来说，从江南地区海运粮、帛，约始于 8 世纪。当时海运的进行，主要是为了解决地处燕山脚下军事重镇渔阳（今蓟县）防军的军需供应问题。著名诗人杜甫曾经在诗中记录了这种大规模海上运输的状况："渔阳豪杰地，击鼓吹笙竽。云帆转辽海，粳稻输东吴。""幽燕盛用武，供给亦劳哉！吴门转粟帛，泛海凌蓬莱。"

如此众多的海运物资，必须有一个较大的港口进行接纳，据研究，这个港口就是坐落在三会海口的军粮城。《天津卫志》说："军粮城在城东南，去城七十里，元海运为屯粮之所。"至 19 世纪初编写《长芦盐法志》时，"周遭遗址尚存"。

近年来，经过考古调查，在军粮城刘台村西南确有古城遗址一座，始建于 8 世纪的唐代早期，周围分布有丰富的文物（如瓷器、陶器、铜器和各种建筑材料）及众多的墓葬。

这种发现在历史上也曾有过。清末郝福森所写的《津门闻见录》载，军粮城附近"土人刘姓挑濠，掘出石棺一，极大，上以三道铁匝匝之，并有两大瓷人站立，此葬之极贵者也"。

1959 年，考古学家在军粮城附近的刘台村又发现了一座规模庞大的唐代墓葬，中有大理石棺一具，上刻青龙、白虎精美浮雕；随葬器物有铜器、瓷器、陶俑，以及陶制家禽、家畜和日用家具模型等。这说明，当时天津滨海一带的海上运输是发达的，而作为港口的军粮城在当时是相当繁荣的，并且居住着不少富庶之家。

北方最大的海盐产销地

天津滨海新区产盐历史悠久，早在公元 4 世纪的魏晋时期就有滨海地区"民咸煮海水，藉盐为业"的记载。

到了 14 世纪的元代，盐业开发基本集中在三岔河口以东一带，因为当时的海岸线离三岔河口并不很远。由于三岔河口交通运输方便，商贩往来频繁，经过短时间的开发，这里已是"人得安业，盐如山积"。

明代以来，随着海岸线向东推移，盐产区也开始向海河下游的滩涂地带发展。天津的盐业生产，由设于沧州长芦镇的都转运使司管理，所以出产的海盐也叫长芦盐，主要销售到直隶（河北）、河南一带。因为长芦盐质量好，一部分作为贡品送到北京。明代中叶以前，盐的生产方法主要是煎煮；明代中叶以后，日光晒盐的方法得到普及，盐的产量和质量都有了很大的提高。

然而盐的销售此前一直都是由政府垄断，这时，随着商品经济的发展，盐的销售转交商人，办法是：由政府发给制盐人和贩盐人专门的凭证，俗称"龙票"，票面上规定了盐的产量、销量与行销地，彼此不能越界，这就是所谓的"引岸专销"，这种制度一直沿用到 20 世纪初。

在清代中叶，全国的财政收入以白银计，每年约在 4000 万两左右，而全国的盐税约为 390 万两，差不多占全国财政收入的 1/10。而长芦盐税每年将近 44 万两，约占全国盐税收入的 11％。这就是说，如果把天津滨海一带的盐产区看成一个早期的"经济带"的话，那么这个"经济带"每年上缴的课税占到全国财政收入的 1％以上。

天津妈祖文化源头

从 14 世纪的元王朝开始，天津滨海一带开始受到妈祖文化的持久影响，这在三个沿海的国家级开发区中也是独具特色的。

据研究，在北方的各个沿海港口中，直沽（天津）的妈祖庙建立最早。不过在 14 世纪的元代，"直沽"似乎还属于一个较大的地域范围，这从元朝人绘制的地图便可得到证明。元代在直沽究竟修建了多少座天妃宫，今天已经无法统计；可是到了 17 世纪的清代，至少还保存有 16 座，其中的东沽天后宫就在滨海。另据新修的《塘沽区志》调查材料，在北塘、新河、大沽、邓善沽也都建有天后宫。东沽即东大沽，大沽的天后宫和当时东沽的天后宫是否为一处，现在虽然不太清楚，但无论如何，天津滨海历史上的天后宫不止一座。

在长达几百年的时间里，大沽口一直是天津作为内河港的进出海口。如果少了这个进出海口，就不会有天津内河港，妈祖文化也不可能落户天津。因此，说滨海地区是天津妈祖文化的源头并不为过。

天妃（天后）是航海的保护神，一个地区天妃宫（天后宫）的众多，自然说明该地区航海事业的发达。据研究，天津滨海地区的娘娘庙香火一直很旺，渔民在出海前、归航后，以及逢年过节都要给娘娘烧香磕头，至今仍然保存着许多与妈祖文化有关的民间习俗（如农历除夕夜的迎火把、妈祖诞辰酬神唱戏、娘娘庙里挂帆船等，似乎都保留了妈祖文化的原始性），如何保存滨海地区的妈祖文化遗址和传承滨海地区的妈祖文化用于带动和发展旅游事业，是一个亟待解决的问题。

保卫首都的国防前线

大约从 15 世纪起，今天的天津滨海一带开始成为保卫首都的国防前线。

大沽炮台。始建于 16 世纪的明代中叶，当时倭寇骚扰东南沿海，明代的嘉靖皇帝命人加强渤海防务，开始在大沽口南北各建炮台一座。

此后，西方列强骎骎东向，终于在 1840 年爆发了旨在打开中国大门的鸦片战争。当英国舰队北上投书时，清军赶紧修补早已废弃的两座炮台。

在第二次鸦片战争中，大沽炮台得到全面重建，包括大炮台 6 座，小炮台 25 座，可惜于 1858 年和 1860 年两次被英法联军攻陷。1900 年再次被八国联军占领，之后根据丧权辱国的《辛丑条约》，大沽炮台被强行拆除，北塘炮台被炸毁。现在大沽炮台仅存南岸炮台一座，1980 年得到初步恢复，建成"海门古塞"景点，1989 年被评为"津门十景"之一。

中国的电报事业亦始于天津滨海一带。1879 年，李鸿章在北塘海口炮台，经大沽、机器局东局、紫竹林至天津间架设了 60 千米的电报线。1881 年 12 月 21 日，天津至上海的电报全线开通，总局设于天津，另在天津紫竹林、大沽、清江、镇江、苏州和上海设立分局。

中国最早的运营铁路也与天津滨海一带关系密切，由中国人最早自建且具备运营价值的一条铁路，是从开平矿井到胥各庄（今属河北省丰南县）的铁路，全长 9.7 千米，竣工于 1881 年，并且采用了 15 千克/米的钢轨和 4.85 英尺（1435 毫米）国际标准轨距，这个标准至今为中国的铁路系统所沿用，而且到现在这条铁路仍是北京到沈阳铁路的一段。为把铁路展筑到天津，直隶总督李鸿章先行把铁路展筑至芦台，然后借口军事运输的需要，把铁路展筑到大沽口，这个计划很快得到了批准。1888 年 10 月 9 日，唐山经塘沽至天津的铁路全线通车，至今芦台火车站的天桥后保留着初建时的原貌。

中国最早自行架设的电话线同样首创于天津滨海一带，1879 年，轮船招商局便架设了一条从大沽码头到紫竹林栈房的电话线，时距美国人贝尔发明电话仅有三年的时间。1884 年，李鸿章架设了自总督行馆到津海关、北塘、大沽和保定等处的电话线，是为近代中国最早架设的长途电话线。

为使北洋水师能够就近修理，1880年李鸿章奏请在大沽建造船坞一座，此后大沽船坞陆续添建厂房，成为中国北方建立最早的大型现代船坞。1882年增添汽锤、汽剪各一部，这两部机器一直使用到1976年的唐山大地震。坞内设有码头、大木、轮机、熟铁、熟铜、铸铁、锅炉、枪炮检查等厂，以及办公厅、绘图室，供检修的船坞6座，供北洋水师舰船避冻用的土坞数座。全坞共有工人600余人，其中技术工人占一半，大部分来自广东、福建、宁波等地，其余都是临时招募的当地工人。大沽船坞除了船舶修造外，还能制造军火。所造轮船有飞龙、快顺、宝筏、捷顺等，仿造的武器有德国后膛快炮等。

辛亥革命以后，北洋水师大沽船坞先后改为海军部大沽造船所、华北航务局新港工程局大沽造船所，也就是今天的新河造船厂，至今仍然是中国有名的现代化造船企业。

中国海洋化工的摇篮

由于有着丰富的、取之不尽的海洋化工原料，90多年前，这里成为中国自主创新的海洋化学工业摇篮。

1914年，中国化学工业的先驱、著名实业家范旭东与李烛尘率先在盛产海盐的塘沽创办了久大盐业公司，专门从事精盐的生产，这是中国第一家精盐制造厂。此后，各地陆续出现了十几家精盐工厂，精盐制造技术在全国得到了推广。

不久，范旭东又在塘沽创办了中国第一所私立的化学研究机构——黄海化学工业研究社，为开创中国的海洋化工事业做出了积极贡献。

1917年，范旭东、李烛尘等人创建了中国最早、最大的制碱企业——永利制碱公司，这也是亚洲第一家专门制造纯碱的大企业。

在此基础上，1919 年范旭东创办了永利碱厂，聘请留美的化学博士侯德榜主持全厂的技术工作。当时，技术先进的苏尔维制碱法被英国皇家化学工业公司——卜内门公司严密封锁，致使中国的纯碱市场完全为英国人所垄断。但是，侯德榜等人经过几年的艰苦努力，永利碱厂终于掌握了苏尔维制碱法的全部工艺流程，所制出的纯碱品质优良，完全可以和英国卜内门公司的纯碱相媲美。这时，永利碱厂经过精心的设计和思考，决定采用"红三角"作为所产纯碱的商标，红三角中间有一只化工试验用的坩埚，以此表示中国的化学工业从这里诞生和兴起。

1920 年 8 月，"红三角"牌纯碱参加了美国为庆祝建国 150 周年在费城举办的万国博览会，一举获得金奖，从而为中华民族争得了荣誉。从此，"红三角"牌纯碱名声大振，中国纯碱市场 50% 的份额被"红三角"夺回。

此外，黄海化学工业研究社还在研制烧碱、硫酸、硝酸、硫酸铵、钾肥、磷肥，以及化工产品的综合利用方面取得了多项成果，研究并整理出饴糖、粉丝、酿酒等制作技术，培养出了几万个菌种，造就了一大批化工人才，因而被称为永利、久大的"神经中枢"，同时也为中国的海洋化工、农业化学等学科的起步和发展做出了不可磨灭的贡献。

为永久纪念永利碱厂对中国海洋化工的历史性贡献，2001 年 6 月，塘沽修建了滨海新区最大的绿化广场——"红三角"广场，并在主题广场上立有中国海洋化工的两位先驱侯德榜、范旭东的塑像。

*　　　　*　　　　*

天津滨海新区能够积累起如此丰厚的历史文化底蕴，不是偶然的现象。

首先是得益于优越的区位因素。天津滨海新区位于海河流域下游，地处山东半岛和辽东半岛之间，居于环渤海湾的中心。长期以来，这里的经济发展和交通运输能辐射华北、西北及东北三大区域，服务面波及两亿人口；这里与日本和朝鲜半岛隔海相望，是中国北方地区进入东北亚、走向太平洋的重要门户和对外通道。

其次是有着长时间的开发和发展基础。这里一直是海河的进出海口，航海业、渔业、盐业等都是沿海河入海口和附近的海岸线发展起来的，这就为今天滨海新区的"一轴"（沿京津唐高速公路和海河下游的高新技术产业发展轴）"一带"（沿海岸线海洋经济发展带）"T"形结构产业规划打下了基础。

最后是在历史上已经开始融入了环渤海区域经济发展的格局。从历史上看，环渤海地区已不仅仅是一个自然地理区域，而且还是一个经济地理区域。比如17世纪以后，由于山东半岛和辽东半岛所产米谷豆麦有余，天津滨海一带每年驶往山东和辽宁的粮船竟增至"数百艘。不独运至津门，即河间、保定、正定，南至闸河，东至山东登、莱等口，亦俱通贩"。特别是1860年天津的开埠，标志着环渤海地区的传统商品市场开始与世界商品市场联结起来，各种外国商品越来越多地通过天津等口岸输往环渤海地区或更远的腹地。与此同时，中国北方特有的农副土特产品，也因天津出口贸易需求日殷而不断得到开发。

当然，历史上天津滨海一带的经济发展绝大部分还是传统型的、区域型的和自然经济型的，辐射范围小。今后，我们在滨海新区构建的以港口为中心、海陆空相结合的现代物流体系是现代型、全域型和开放经济型的，辐射范围可以达到世界各个角落。

把天津滨海新区纳入国家总体发展战略布局，是我国政府的重大战略决策。回顾悠久、丰富和动人的历史，是为了增强和坚定我们对滨海新区开发、开放的信心，创立具有鲜明特色的发展模式。

与此相匹配的是：亟须制订一整套天津滨海新区近年和长远的文化发展规划，整合滨海新区独特的历史文化资源，树立滨海新区独有的文化精神和文化形象，发展滨海新区特立独行的新兴文化产业，打造滨海新区独一无二的文化品牌。近悉，在不久的将来，天津滨海新区要建成七大功能区，其中之一就是整合自然生态资源、历史文化资源和海滨城区旅游资源，开发建设海滨休闲旅游度假区、海河下游休闲旅游区、生态旅游区、水上旅游度假区等四个旅游集聚区，形成以"大沽烟云"为品牌的海河旅游风景线。现在，天津滨海新区已着手与北京等城市共同培育旅游市场，准备打造出亲海休闲游、爱国主义教育游等八个旅游品牌，形成沿京津发展轴和海岸带相互衔接交汇的、集绿色走廊、人文景观、生态组团、海洋文化于一体的特色鲜明的区域性休闲旅游中心。而这种鲜明特色，最主要的还是要立足于新区厚重的历史文化积淀，真正体现出"人无我有，与众不同"，而切忌"有所不同"。

一、既然天津古海岸与湿地已被确定为国家级海洋自然保护区，而且在世界上名列前茅，那么在新区开发建设过程中一定要特别注重古海岸与湿地的保护，避免任何建设性的破坏（这种破坏在过去是很严重的）；而且这种保护要具有世界级的水平，使之成为真正的世界奇观。如果在天津滨海新区一边建有世界级自然景观的海洋自然保护区，一边建有宜居的生态城区，这在世界上大概也是罕见的自然景观与人文景观的完美结合。

二、根据国家相关的法令法规，联手文物管理部门制订切实可行的办法，对新区范围内的古遗址和遗存等无法再生的历史文化资源进行大力整合与妥善保护。尤其是大沽炮台和北塘炮台，在中国近代史上的重要性超过了中国沿海地区的任何炮台。此外如小站练兵，以及最能代表"百年中国看天津"的历史屐痕，都应统筹恢复。应当充分认识到，在把滨海新区建设成为国际旅游目的地和宜居的新城区的同时，充分展示这里悠久的历史文化、国防文化和海洋文化，应成为不可或缺的内容。

三、在第十一个五年计划期间，滨海地区将续建北塘渔人码头、森林公园动物园区、天津港海湾国际游艇会及扩建潮音寺等工程。其中，一定要抓住"滨海地区是天津妈祖文化的源头"这样的主题，使这些工程丰富多彩、绘声绘色，具有浓郁的海洋文化特色。

四、未来五年，天津滨海新区要完成渤海化工园暨天津碱厂搬迁改造工程的建设。应合理保留和保存天津碱厂有历史文物价值的厂房或厂区，作为开展工业旅游的基地。天津滨海新区作为高水平的现代制造和研发转化基地，工业旅游具有很大的潜力。2006 年 4 月 10 日，天津市第一个啤酒工业旅游项目——面积 100 平方米的啤酒文化展览馆在天津空港物流加工区落成，即将对外开放。这个展览馆通过大量的雕塑、模型、实物、图片及文字，全面介绍了啤酒的起源和发展历史，引导游客追本溯源，了解啤酒文化的来龙去脉，就是一个很好的开端。

天津作为环渤海的经济中心，全境海岸线长 153 千米，仅占全国海岸线总长度的 1/118，但海洋经济总量位居全国前列，约占全国的 1/15，每千米海岸线经济产出居全国第一。我们坚信，只要突出发展特色，发挥比较优势，准确把握功能定位，精心谋划总体布局，不久以后，一个具有高水平的现代制造和研发转化基地，北方国际航运中心和现代国际物流中心，经济繁荣、社会和谐、环境优美、历史积淀丰富和地方文化特色突出的天津滨海新区，就会展现在我们面前。

〔"天津滨海新区可持续发展战略研讨会"论文，2007 年〕

天津渡口沿革记略

天津地处九河下梢，历史上洼淀密布、河网纵横，特别是南、北运河与海河穿城而过，各种船只是连接市内外交通和运输的主要工具，水上交通一直在天津占有重要地位。

为了行船的方便，河面上不能架设桥梁，车马行人跨越河流，只有依靠渡船即摆渡来解决。比如，天津的得名就与渡口有关。1400年朱棣与其侄争夺皇位，率兵从南运河的北码头（今金华桥所在地）出发，取得首战的胜利。他夺得皇位后，决定在直沽设卫，赐名天津，意即天子经过的渡口。

一、20世纪以前天津渡口的历史

明清以来，天津的渡口有私渡、官渡和义渡之分。

1. 私渡：出现最早，但具体时间已不可考。

2. 官渡：出现于明万历十六年（1588年），系天津整饬副使查志隆命令天津三卫经历司置造，经费由整饬副使衙门官银提供，每船设水手一名，每名月给工食银三钱，地方官府为方便驿夫、驿卒往来驿递而设，对一般的行旅则收取费用。据康熙十二年（1673）成书的《天津卫志》记载，最初设有：

北运河上的真武庙渡（在城东北隅）、西沽渡﹝在城北三里，清康熙五十五年（1716）改为浮桥]；南运河上的北码头渡（在城北河下）、晏公庙渡（在河北）；海河上的宝船口渡（在城东南五里余）、大直沽渡（在城东南十里）、寇家口渡（在城东南十余里）等七处。

另据刊行于乾隆四年（1739）的《天津县志》载，在 18 世纪中叶前，又增加了杨柳青渡（在县西南四十里）。

3. 义渡：由僧、道等出家人或地方士绅为方便行人过客，在要路口所办的一种"善举"，对往来行人车马一律免费。如茶叶店义渡，系准提庵僧人岫山于乾隆二十七年（1762）募设；东西窑洼义渡和天后宫义渡，系曾任云南楚雄知府的李锦施设；北仓上下义渡系当地举人曹步青施设等。

到了 19 世纪中叶天津开埠前，随着城市交通的发展，往来客货增加，渡口不断增多。从刊行于道光二十六年（1846）的《津门保甲图说》所绘制的地图上，已标明天津县范围内的渡口有 40 处，但缺少渡口名称。

天津开埠后，于同治九年（1870）续修的《天津县志》中详细记载了当时流经天津的五大河流、73 处渡口的名称，其中有义渡 10 处，约占 14%；光绪二十五年（1899）刊行的《重修天津府志》和编纂于 20 世纪 20 年代的《天津政俗沿革记》（下限为清末）所载大致相同：

北运河——三取书院渡（即真武庙渡）、狮子林渡、金家窑渡、东西窑洼义渡（金钢桥处）、堤头渡、新庄渡、西沽火神庙渡、于王庄渡、席场渡、霍家嘴渡、柳台渡、南仓渡、王家庄渡、北仓上下义渡、桃花寺渡、李家嘴渡、下蒲口渡、上蒲口渡、旱口渡。共 21 处，其中义渡 4 处。

南运河——王白石门前渡、盐院署东渡（改浮桥，裁弯前的金华桥处）、盐院署西渡、大王庙渡、北码头渡（康熙间改为浮桥，即钞关浮桥，南运河裁弯后金华桥移建于此）、茶叶店义渡、肉市口渡、赵家场渡、莲提庵渡、梁家嘴渡、芥园渡、大园渡、福寿宫渡、大稍直口渡、梁家庄渡、杨柳青下渡、杨柳青上渡、碾坨嘴渡。共

18 处，其中义渡 1 处，改为浮桥 2 处。

大清河（淀河）——西沽义渡（康熙间改为浮桥，后改为木桥）、韩家墅渡、三河头渡。共 3 处，其中义渡 1 处，改为浮桥 1 处。

子牙河——新河渡、杨柳青后渡、地里阜渡。共 3 处。

海河——玉皇阁义渡、天后宫义渡、盐关渡（雍正年间改为浮桥，1906 年改建为金汤桥）、龙王庙义渡、小圣庙义渡、马家口渡、火神庙渡、行宫渡（即宝船口渡）、田家庄渡（即贺家口渡，贺本作寇，在河西）、土城渡、陈塘庄渡、何家圈渡、灰堆渡、冯家口义渡、双港渡、白塘口渡、后辛庄渡、郭家庄渡、南羊码头渡、于家庄渡、咸水沽渡、西泥沽渡、盘沽渡、葛沽渡、羊回庄渡、蛮子营渡、邓善沽渡、大沽渡。共 28 处，其中义渡 5 处。

二、20 世纪初至 1949 年天津渡口的历史

从 20 世纪初开始，天津九国租界并立，租界码头日益兴旺，渡口增加，于是以老龙头铁桥为界，分为上河渡口和下河渡口。

1. 上河渡口

摆渡行业的产生。天津开埠后商业日益繁荣，物流大增，沿河一带居民利用自有的小船（帮摇）往来运输各种物资，收取运费，偶尔搭乘渡客。后来一些船主见载运渡客有利可图，特制较大木船专营客货摆渡。由于渡口的增加，专营摆渡的船主也日渐增多，于是产生了摆渡行业。

早期渡船。最初渡口的渡船均为木船，多用撑篙、摇橹的方法把人、车、物或牲畜摆渡过去。河身较窄、水流平缓的渡口，在两岸木桩间架以绳索，船夫拽住绳索不断换把来渡河。

渡口的经营：

独家经营。为减少或避免对渡口岸地的争夺，后来由官府发给营业执照（行话叫"瓦"），其中有堤头姜家、李公祠崔家、辛庄王

家、西沽杨家、梁嘴倪家，柳滩蔺家等等，允许他们世代以此为生，即由本地人世袭经营。

共同经营。也有一些渡口是多家共同经营，办法有几种：一是排次序轮流摆渡，二是每家摆渡一天，三是集资若干股，制造大船，轮流使用。

2. 下河渡口

主要由租界洋行、企业把持，称为"专渡"。也就是供领事馆的洋人或洋行外国人，以及工厂企业专用。个别渡口是本单位职工免费，其他人收费。

3. 行业管理

为避免渡口的无序竞争，加强管理，1936 年成立了"船主联合会"，1946 年改名为"渡口联合办事处"，实际上是一种由把头控制、管理的行业公会。

三、解放后的渡口经营与管理

根据国家相关政策和法规，首先宣布沿河码头土地为国有，不准私人世袭或把持。

其次是加强管理，解散了解放前的"渡口联合办事处"。

1950 年，在海拉尔道（1975 年并入荣吉大街，今北安桥北）设立了全市第一个国营渡口。

1952 年在人民政府领导下，成立了"渡口工人工会"。

1954 年对私人渡口进行了社会主义改造，取消了私人所有制。1956 年人民政府接管了天津所有的渡口，成立了渡口管理所，并对渡口进行了调整，对过于集中的渡口加以合并，如取消了河北李公祠、状元楼渡口，对茶店口和肉市口渡口进行了合并，此后又相继撤销了梁家嘴、席场、三元村、大王庙、太原道等渡口。

1958 年渡口管理所与码头管理所合并，成立了新的码头渡口管理所。

三是改善和提高渡口的经营水平。

解放初期，全市共有渡口 28 处，另有 10 处毁于战火。在人民政府的领导下，关心人民生活，提高服务质量，以安全为第一要务，对渡船全部进行检修，在船上加设安全护栏和凉棚；修建两岸"坡跳"，方便渡客上下船；提高船速；确定开停时间；统一渡资。同时向船只机动化、码头公园化、坡道畅通化发展。

当年，解放桥至杨庄子海河两岸工厂企业集中，以大光明渡口为中心的行人和自行车过渡量很大，据不完全统计，仅北安桥以下的八个渡口每天过渡量达四万人次，改进老旧渡船势在必行。所以，1955 年在大光明渡口率先添置了天津第一艘汽油机渡船——201 号汽油机船，到 1959 年发展到 9 艘。

由于交通繁忙，一些渡口早在清代即已改为浮桥（西沽—拱桥、钞关—金华桥、盐关—金汤桥），后来分别改建为钢桥或开启桥。

解放后，在原来的重要渡口开始建设桥梁，如狮子林桥（1954 建木桥，1974 年改建，后扩建、抬升）、大光明桥（1983 年建成）、刘庄桥（1959 年建为可开启木结构浮桥，1977 年改为钢丝网水泥船、1992 年建成市区第一座斜拉桥）。后来又陆续建成北安桥（1939 年建，1979 年改建）、广场桥（1968 年建柔索桥，1982 年改建）、赤峰桥（1981 年建）、光华桥（1977 年建），等等，渡口随之减少。

随着海河改造工程的大规模实施，许多美丽的现代化桥梁将飞架海河两岸，海河市区段仅剩下最后一个渡口——杨庄子渡口。

天津曾经是水网化的城市，渡口历史悠久、内涵丰富，在大规模海河改造的同时，选择适当地点建立一座集知识性、趣味性、娱乐性和参与性的渡口博物馆是十分必要的。

［原载天津市渡口管理所内刊，2005 年］

"津河"析源

2000 年 9 月 12 日，墙子河改造工程全线竣工，张立昌书记为竣工剪彩并发表讲话，他说："墙子河有着悠久的历史，记载着天津不同时期的发展历程。"

墙子河的历史和发展历程究竟是怎样的呢？这要从墙子河改造工程说起。

这项民心工程是从 2 月 29 日开始的，这一天，市政府召开动员大会，决定自 3 月 10 日起改造西起八里台、东至解放南路湘江道 4.8 千米的墙子河段。4 月 11 日，再次召开动员大会，启动墙子河北段改造工程，南起八里台立交桥，北至三岔河口，包括复康河、红旗河、西墙子河，以及三元村至三岔河口的南运河段，全长 13.7 千米。这就是说，整个工程包括浚治不同历史时期形成的五个河段。

南运河是其中最古老的一个河段，一般认为是 12 世纪末金王朝开凿的，也有人认为是公元 7 世纪初隋炀帝开凿的。因为这条运河是专为历代王朝运送漕粮服务的，所以天津人管它叫"御河"。南运河现指京杭大运河的天津至临清段，全长 414 千米，属国家一级河道。所以，改造后的三元村至三岔河口的南运河段，不在"津河"的范围之内。

只有西墙子河才是真正的老墙子河，但也只是老墙子河西面的一部分。1860 年初，驻防天津的清军统帅僧格林沁为抵御英法联军的入侵，挖土为濠，累土为墙，修筑了一条北起南运河三元村经湾兜折向东南，再经海光寺直到海河梁家园的濠墙，形成了天津城的外郭（外城），并设有营门12座；光绪初年，几度重修，又把营门增为14座。这段版筑的土墙，俗称"墙子"，墙边的壕沟，俗称"墙子河"。自20世纪初，墙子被铲平，墙子河成为市区排泄雨水和污水的明沟。1970年，海光寺至大营门段改建为地铁，剩余部分陆续改为暗渠。20世纪90年代，湾兜以下长江道段也改为暗渠，地面上所剩的只有西墙子河一段了。

所谓的废墙子河，原本是一条灌渠，叫"贺家口引河"，开凿于18世纪的乾隆年间，作用是引海河水以灌溉尖山至童家楼（今佟楼）的大片农田，水量一直很充沛。在20世纪二三十年代，由佟楼乘布篷船，可以驶至八里台观荷花，或到青龙潭（今水上公园）消夏避暑。

与复康路、红旗路平行的复康河与红旗河，相交成L形，都是因路而得名的，原来也是兼排沥涝的农用灌渠。1958年经过整治，一度作为供水河道。20世纪80年代，随着中环线的修筑，进行了清淤，修整了护坡，成为天津市的排水二级河道。

天津市决定在龙年改造墙子河，极大地鼓舞了群众的社会主义建设积极性，普遍认为，这是一件顺应民心的大好事，改造后的墙子河将成为我市一道美丽的风景线。但大家又觉得墙子河的名称已不合适，希望有一个能体现出市委、市政府为人民办好事，体现出天津大都市风貌，体现出时代特点的新名称。

根据群众的要求，有关部门广泛征求了各方面的意见，几次召开专家座谈会，提出了近百个名称。不久又拟定出了11个更名方案，后经反复研究，从中筛选出4个更名方案，最后才确定将废墙子河、复康河、红旗河、西墙子河统一更名为"津河"。

津河，含义丰富，代表广泛，既涵盖了天津的历史，又显示出天津的现实。

"津"在整个古代为"渡口"，或"水陆冲要之地"，显然，这十分符合七八百年来天津迅速成长的历史特点。

天津的最初名称为直沽，1316年元王朝在直沽设海津镇，"海""津"两个字并用，说明天津"河海通津"的重要地位在当时已经确立。今日的天津，有海河贯穿市内，有津河环绕其间，"海""津"并流，自然会诱发出人们浓重的历史感，进一步丰富了天津历史文化名城的内涵。

"津"与"金"谐音。金，贵重，靓丽、辉煌，津河即"金河"。白天，绿水潺潺四十里，青翠掩映，风光旖旎如画；入夜，灯火齐明千百处，流光溢彩，宛若蟠踞金龙。津河难道不是一条"金河"吗？

津河还有更深的寓意。

第一，海河虽然是天津的摇篮，但海河是由五大河流汇合而成，海河水系属于华北地区，而津河才是天津自己的河流。

第二，回眸过去，海河更多地代表了天津的历史；放眼未来，津河则更多地代表着欣欣向荣的新天津。20世纪最后一年，美丽的津河像一幅长卷开始标绘在天津的地图上，她告诉人们，天津从此走向新世纪，走向更美好的未来。

［原载《今晚报》，2000年10月17日］

京津冀协同发展与天津
"依河傍海"旅游优势的构建

京津冀协同发展，是以习近平同志为核心的党中央在新的历史条件下做出的重大决策部署。

2013年5月，习近平总书记在天津调研时提出要谱写新时期社会主义现代化的京津"双城记"。同年8月，他在北戴河主持研究河北省发展问题时，又提出要推动京津冀协同发展。

2014年2月26日，习近平总书记在北京主持召开座谈会，专题听取京津冀协同发展工作汇报并作重要讲话，他指出："京津冀协同发展意义重大，对这个问题的认识要上升到国家战略层面。"他强调："要坚持优势互补、互利共赢、扎实推进，加快走出一条科学持续的协同发展路子来。"

京津冀地缘相接、人缘相亲、地域一体、文化一脉，有天然的合作优势。而"优势互补、互利共赢"恰恰为天津旅游发挥"依河傍海"优势和"览河观海"特色提供了思想支撑和理论支撑，也为京津冀旅游的协同创新发展提供了具有可实践性的路径和方向。所以，"借力京冀，错位发展"，充分开发天津生态、区位和资源优势，应该成为我们当下的努力方向。十余年来，泰达航母主题公园的成功运营，北塘"海鲜节"与出海捕捞游的巨大吸引力，就是典型的例证。

95

一

2018 年对全国、对京津冀、对天津来说，都是非常重要的一年，因为 2018 年不仅是贯彻十九大精神的开局之年，也是实施"十三五"规划承上启下的关键一年。

2018 年，在京津冀协同发展过程中，如何"借力京冀，错位发展"，充分发挥天津生态、区位、资源三大优势？依我看，"依河傍海"和"览河观海"等人无我有的独特旅游宝藏，是其中最为关键的部分。

天津地处海河两岸、渤海之滨。在中国北方的城市中，天津是金元以来出现在大运河北端唯一一座依河傍海的城市，舟车水陆，四通八达。

尤其是海河，干流虽仅 70 余千米，但上游的五大支流——南运河、大清河、子牙河、永定河、北运河，却可通达华北各地或江南地区；自大沽口出海，可驶至南北沿海各省，甚至远达太平洋和印度洋，自然地沟通了天津与世界各地的交往与联系。

1153 年，金王朝开始在北京建都，1214 年天津城市的胚胎——直沽寨始见于历史记载，这半个世纪的时间差，正是天津与首都关系的集中反映。纵观世界，很多国家的首都都建于港口，但北京却离河海较远。因此，自北京建都后的七八百年来，"地当九河津要，路通七省舟车"的天津，一直是北京的外港、出海口和东大门。天津有条著名的街衢叫大沽路，至今犹存，明清时期叫"海大道"，实际上是"京师通往海口叠道"的缩略称呼。这条道路的路名，便是天津作为首都外港的明证。

再举一个例子。为发挥天津对京、冀的港口优势，天津率先开启了邮轮经济。

2010 年 6 月 26 日，位于天津港东疆港区南端，与东疆保税港区毗邻的天津港国际邮轮母港正式开港，可停靠目前世界上最大的邮轮，设计年旅客通过能力 50 万人次。

目前，天津港国际邮轮母港的运营，主要还是填补北京远离港口的不足，到港邮轮乘客的目的地多是北京，很少有乘客在天津进行休闲、娱乐、餐饮等特色消费。京津冀三地旅游部门，虽然共同制订了天津滨海休闲旅游带试点示范区的规划，可目前尚未见到明显的成效。

再有，便是天津港国际邮轮母港虽与东疆保税港区为邻，如何把保税港区货物免税与特殊消费政策用足，为来到天津港国际邮轮母港的旅游人群打造出系列国际一流免税店，也是一个经过长时间呼吁，至今却没有得到解决的问题。这个问题不解决，天津"依河傍海"的人无我有优势便不能得到充分发挥。

现在每年都有诸多国际豪华邮轮到港，但给天津带来的旅游商机并不明显，所有这些都亟待三地旅游部门继续认真研究和解决。

二

从历史上看，天津这座城市非常具有特点。

与古都型的城市不同，天津不是一座规划建立的城市，而是沿运河与海河交汇处自然成长起来的城市，所以天津城市的成长特点是先有"市"，后有"城"。天津早期城市的出现，要比天津城垣的修建早一百多年的时间，而且一直是"市"在"城"外。城墙，对天津来说，始终是装饰在颈上的一条项链，本质上，天津是一座筑有城垣的无城垣城市。

天津作为港口城市，早期是内河港，所以天津城市成长的轨迹，是沿海河源头不断向海河干流的中下游发展，最后在入海口形成新的结点——天津新港，这也就是前些年天津制订"双城双港"城市规划的历史依据。

这一点，一百多年前的清朝咸丰皇帝也看得非常清楚。1858 年，英法联军自广东北上，攻陷大沽炮台，兵临天津城外。咸丰皇帝深惧重蹈鸦片战争的覆辙，他说，英法两国，若"以大沽为香港，而以天津为广州，将来何能驱之使去"。于是赶紧派大学士桂良、吏部尚书花纱纳驰赴天津与侵略者谈判。咸丰在历史上并不是一位十分英明的皇帝，但他把天津与大沽的关系，看成是广州与香港的关系，还是有一定道理的。就当前和未来滨海新区的发展态势看，也证明了这一点。

2010年10月23日，我在国家图书馆"文津讲坛"做了一次学术演讲，专门说天津城市的历史发展。那天小雨连绵，但听众热情不减。讲演结束还与部分听众举行了座谈，大家对距离首都这么近的天津都非常感兴趣。特别是对天津夹河而立、充斥异域风情的城市特色和海河的灯光夜景给予了高度评价，认为比北京的城市特色突出，夜景也比北京好。在现场，我感到这些话绝非客气，而是发自内心的。演讲结束后，车行在返津的路上，我想，这应该就是人无我有的魅力。天津的"小洋楼"堪比北京的"四合院"，也与"依河傍海"、得风气之先不无关系。

目前，天津的"小洋楼"旅游开发还不尽如人意，游人只能在街上见其光鲜的外表，而无法进入其内，亲眼看看或亲身体味一下20世纪二三十年代不同阶层、不同职业的生活和居住状况，不能不说是个遗憾。

现在，大运河申遗成功，以新三岔河口为中心的上下河道共72千米已经成为世界文化遗产。关于大运河的开发，天津一地解决不了，要进行全国性的规划。但是，能不能充分发挥天津"依河傍海"和"览河观海"的人无我有地缘旅游优势，为北京的"四个中心"、为天津与河北省的"一基地三区"服务呢？我看可以。因为天津地处九河下梢，拥有南北运河、与能够通往大海的海河交汇的比较优势，这是北京及河北省都不具备的。

试想，在春、夏、秋三个风景如画的季节，自南北运河来到天津，从天津市区登上精美别致的小型游轮，沿海河顺流而下，直抵大沽口，饱览滨海新区和天津港的壮美丰姿，或登临航母，或驾舟捕鱼，或出海看大沽灯塔，或凭吊文物古迹（顺便说一句，天津滨海新区的历史文化底蕴，相比长三角和珠三角来说是最为丰厚的，只是目前开发得不够；大沽炮台经过规划建设，其历史意义和景观价值将大大超越虎门炮台），将会使人流连忘返。2018年"五一"小长假中，天津泰达航母公园人山人海，屡屡迎来客流高峰，就是明证。

三

说到这儿，我不得不提一下天津滨海新区特有的历史文化资源，也可以说，与珠三角和长三角相比，天津滨海新区的历史文化积淀最为深厚。

一是全国独有的贝壳堤。它与美国路易斯安那州贝壳堤和南美苏里南贝壳堤，并称为世界三大贝壳堤。它是天津古海岸与湿地国家级自然保护区的一部分，天津古林古海岸遗迹博物馆就建在贝壳堤上，馆内地下开掘了垂直于贝壳堤的地层剖面，可直接观察贝壳堤的内部结构。全球贝壳堤有数十处，但渤海湾贝壳堤时间跨度长、分布范围广，是记录这一带沧海桑田地质变化的珍贵遗迹。

二是历史悠久。天津滨海新区的有人类足迹的开发史，至少在三千年以上。1956年发掘的公元前3世纪战国时期的遗址，改写了天津"无古可考"的误读，使天津的历史提前了一千多年。

三是曾为古代的海洋运输的枢纽。公元6世纪，贯穿中国南北的大运河把长江、淮河、黄河与今天的海河连接起来，使地处运河北端、兼有河海联运之便的天津平原成为重要的转运枢纽。军粮城曾是中国古代最为发达的河口港与海港，考古发掘证明，这里的文化遗存非常丰富。

四是盐产历史与盐文化丰富多彩。从公元4世纪开始，这里开始成为中国北方最大的海盐产销地。明代开始，盐产区向海河下游滩涂地带发展，由设在沧州长芦镇的都转运使司管理，所产海盐也叫长芦盐。因为质量好，曾被列为贡品。清代中叶，长芦盐税约占全国盐税收入的 11％、全国财政收入的 1％。一千多年的盐产历史，构成了这里从熬制到滩晒的手工制盐文化遗存。

五是妈祖文化传入北方的源头。公元 14 世纪，妈祖文化最先来到天津滨海。据调查，这里传承的妈祖文化在许多方面保留了妈祖文化传入初期的原始性。海河通航后，大沽口一直是进出天津内河港的海口，因此，元明以来，滨海地区娘娘庙香火很旺，渔民在出海前、归航后以及逢年过节，都要给娘娘烧香磕头，至今保存着许多与妈祖文化有关的民间习俗，诸如农历除夕夜的"迎火把"、妈祖诞辰酬神唱戏，以及往娘娘庙里挂帆船等。

六是曾经的保卫首都安全的国防前线。明代中叶，西方殖民主义者开始骎骎东向，大沽口成为保卫首都的前沿阵地。明嘉靖年间在这里修筑炮台，清代尤其是鸦片战争以后，大沽口炮台屡屡增建，记录了中国人民对侵略者的不屈反抗精神，直到《辛丑条约》签订后遭强行拆除。1980 年得到初步恢复，建成"海门古塞"景点，是"津门十景"之一，也是国家级文物保护单位。存留至今的大沽炮台和北塘炮台，是中国人民反抗外来侵略的历史见证。

七是中国早期国防工业的基地。19 世纪 60 年代以后，天津滨海地区又成为中国早期国防工业基地，近代中国的多项物质文明建设如电报、铁路与电话都与天津有关。始建于 1880 年的北洋水师大沽船坞是中国北方建立最早的大型船坞，它是中国现代化进程的重要遗迹，在今天已属凤毛麟角。1888 年投入使用的塘沽火车站，是中国现存年代最早的火车站，凸显了中国早期铁路建设的历史。

八是中国海洋化学工业的摇篮。1914 年，作为中国化学工业先驱的范旭东和李烛尘，率先在这里创办久大盐业公司，从事精盐生产，是为中国第一家精盐制造厂。不久，范旭东又在塘沽创办中国第一座制碱厂和第一所化学研究机构——黄海化学工业研究社，为开创中国海洋化工事业做出了巨大贡献。

京杭大运河的全线通航，无疑会给未来的天津旅游业带来空前商机。但在当前，发挥天津"依河傍海"的区位优势，做好"览河观海"的旅游文章，仍应成为发展天津旅游业的一项系统工程，内容和层面同样极其丰富，不但可使许多历经繁华与落寂、聚散依依的历史光景重新绽放，而且可以充分展示改革开放以来天津尤其是滨海新区社会主义建设的巨大成就。

通过"览河观海"的"旅游＋"，还可以有力推进旅游市场多极联动，衍生出工业游、体育游、科技游、医药健康游等旅游侧新供给，既为天津旅游业发展拓展了全新空间，也为其他产业发展提供了巨大动能。唯其如此，更需要多个部门联合设计、深度开发，统一安排、协调发展，砥砺奋进、久久为功。

当前，广大群众对美好生活的需求早已超过了吃饭问题，旅游业已发展成为国内人民更加广泛、更加多样、更加多层的美好生活需要。因此，推进旅游宣传，在天津建立一个统一、开放、开拓、竞争、有序的旅游市场体系，发挥旅游产业的自主创造力，把推动"内生性优化"作为重要力量，提升天津的大都会形象和文化软实力，在当前来说都是不可或缺的。

　　　　　　＊　　　　　　＊　　　　　　＊

当代旅游业具有异地性、幸福性与综合性三个基本特点。

发挥天津"依河傍海"的区位优势，激发更多外地人来天津旅游的热情，服务于京津冀和全国各地的旅游人群，应该成为当前天津发展全域旅游、文明旅游，开辟新常态下旅游发展新天地的组成部分，也是提高天津旅游产业社会综合效益，使天津的旅游产业体系日臻完善，成为引导旅游投资、推进产业融合的重要手段，更可视为目前从高速旅游增长向优质旅游发展的着力点。

京津冀协同发展上升为国家战略后，很快与"一带一路"及长江经济带建设，成为我国最具发展活力的三大经济增长极之一。有人做过统计，作为中国沿海三大城市群之一的京津冀城市群，有1亿多的人口，21.6万平方千米的面积，还有近20个5A级旅游景区。所以，在京津冀协同发展国家战略下，旅游合作应成为中国区域发展总体战略部署的重要组成部分，也是我们义不容辞的责任。

可喜的是，近年来按照党中央和国务院的部署，京津冀三省市积极履行主体责任，有关部门强化协作配合，京津冀协同发展正在有力有序有效地推进，各领域不断取得重大进展，不但实现了良好的开局，而且遵照"协同发展、创新融合"的原则，正在把三地的旅游事业向全面纵深发展推进。

5月19日是中国国际旅游节，与旅游业发达的国家、地区和城市相比，我们还有差距，但一定要相信自己，因为在我们的身边就蕴藏着改变自己的力量。

〔"京津冀历史文化研讨会"论文，2018年5月〕

天津身边的流动文化纽带——元明清大运河

——以杨柳青年画的四个"全国唯一"为中心

年画是中国古老的民间艺术，在新的一年到来时用于装饰居住环境，以祈福迎新和营造喜庆、吉祥的气氛。传统年画多用木版水印制作，画面线条古朴、色彩鲜明，节日气氛浓郁，画面情趣盎然。千百年来，每逢新春来临，张贴年画几乎覆盖了从南到北的所有中国家庭，甚至包括皇宫大内。

年画的最初形式是由画家手绘，直到唐宋还是如此；然而到了南宋时期，城市经济发展迅猛，市井文化异军突起，手绘年画已不能满足社会需求；随着雕版印刷技术的日渐成熟，木版年画遂应运而生。

最初的木版年画尚无套版技术，只有墨线，色彩部分需要手工填绘，制作中心是河南的朱仙镇，后来发展到苏州的桃花坞，四川的绵竹，广东的佛山；元明时期由于大运河的全线通航，又北进入山东的潍坊、高密，以及天津城西的杨柳青。

大运河带给杨柳青木版年画的独特优势

杨柳青在天津城西 20 千米，地处南运河畔、子牙河南，是一座水木明瑟的古镇；周围遍地垂柳，每值初春，河水荡漾，柳树发华，

103

颇具江南水乡风貌，因而远近闻名。

关于杨柳青年画的产生年代说法不一，一般认为出现在明代晚期的万历年间。但也有人认为杨柳青年画产生于元末明初，传说当时有一名掌握雕版技艺的民间艺人来杨柳青避难，逢年过节刻些门神、灶王之类赖以谋生，生意兴隆，以致村民争相模仿。

部分原因是，杨柳青出产木质细腻坚硬的杜梨木，特别适合画版雕刻，不仅本地居民、就连外地人也都先后迁入杨柳青，从事木版年画的刻印和经营。由于受到纸张和颜料的限制，最初的木版年画不过是在黄色的土纸上，用木版刷印墨线或朱线而已。

永乐十九年（1421）明朝正式迁都北京。这时，大运河已全线贯通，每年要有五六百万石漕粮经直沽运抵北京。为减少漕运投入，朝廷准许漕船上的运军附载南北方的土特产品，免征税钞；这样，每年至少有200万石以上的土特产品通过运河北上或南下，于是运河成为变相的商路，漕船和运军也就成了变相的商队。南方生产的各色纸张、笔墨、颜料也因此得以运进杨柳青，从而促进了杨柳青年画由单色向彩色及高端的发展。

还有一点必须提及的，就是杨柳青靠近北京。北京是辽、金、元、明、清五朝的文化古都，雕版印刷技术发达，擅长雕版技术的人员较多，随着大运河的贯通，自然也带动了雕版技工和技艺样式的流动。杨柳青有雕版的技艺基础，有雕版技艺人员的发展空间，这种技术环境的优势，为杨柳青年画雕版技艺的发展，提供了他处无法比拟的优越条件。

不少研究者认为，杨柳青年画源于苏州的桃花坞。这是因为杨柳青靠近大运河，得以在桃花坞年画制作基础上得到长足发展。即便如此，杨柳青仍然有着自身的地缘优势，这就是在京都文化圈的影响下，杨柳青年画没有受到桃花坞传统套印模式的限制，而是在创新中得到发展，即制作方法上的半印半画——先用木版雕出画面线纹，然后印在纸上，经过两三次的单色套版，再用彩色填绘，既保持了版画的刀法韵味，又增加了绘画的笔触色调，使木版年画开始脱离了原始的呆板和单调状态，变得丰富多彩、生动活泼，在全国的年画制作技艺中独具一格。

全国唯一进入首都制作和进入宫廷的年画

京杭大运河不但为杨柳青带来了独特的原材料优势和技术优势，还为杨柳青带来了独特的制作优势和经营资质优势。

从清代中叶开始，杨柳青年画进入了大发展的时期。首都北京是京杭大运河的终点，杨柳青地近北京，且有运河之便，因此，北京成为杨柳青年画最大的销售市场，杨柳青著名的大画庄先后在北京建立了生产车间。据调查，使杨柳青年画在全国享有崇高地位并起到奠基作用的有两大画庄，这就是戴廉增和齐健隆。

戴廉增的先人于明代永乐年间自江南沿运河北上，到杨柳青经营木版年画，经过几百年的悉心经营，生产规模已极为宏阔。为方便年画制作以及存储由苏州等地采购的颜料、纸张，戴氏先人沿运河修建了 11 所大的四合院用作年画作坊，内有石碾、石磨以研制颜料，自行调配的各色颜料分别储存在 100 多口大缸内。乾隆后期，戴廉增画庄沿运河进入北京，建立分店，就地生产年画，兼营灯画、扇画及文房四宝，还特制金贡笺，专供皇宫内府使用。

齐健隆的先人于康熙年间自山东沿运河来到杨柳青，初以裱画为业，后与戴廉增结为亲家，并于嘉庆十九年（1814）开办了齐健隆画店。齐氏精于画艺，尤善"揭白传影"，即为人物写真，为死者绘影。店面的规模虽稍逊于戴廉增，但产品之精却有过之而无不及，仅套色一项即可达 20 余版，而且画面细腻，人物传神。到嘉庆末年，齐氏画庄也在北京建立了分店。

另有杨柳青南乡南赵庄的杨永义、杨永成、杨永兴三兄弟，合资在北京开设义成永画店，规模很大，产品精美。当年，北京各大城门楼张贴的巨幅门神，全部出自义成永。由于门神幅大，需要拼接，从雕刻画版到印绘成品，义成永均能做到天衣无缝，堪称一绝。

除此之外，杨柳青在北京开设的年画店尚有忠兴、三益斋等十余家。一个年画生产基地，有条件、有能力在首都开办画店和作坊的，在全国大概也只有杨柳青。

入关前的满族以渔猎为生，进入新春是一年渔猎活动的开始，因此对于祈福全年吉利的新正春节特别重视。入关后这种习俗也带到了关内，每到新春，上自宫廷、下到王府都要布置一新。清代中叶以后，随着杨柳青年画制作水平的不断提高，那些技术高超、构图精美、色彩鲜艳、具有喜庆吉利内涵杨柳青年画，成为皇宫大内、王府乃至达官贵人布置环境的最佳选择，结果使杨柳青年画成为全国唯一一种有水平、有资质进入宫廷内府的木版彩绘年画。

全国唯一有著名文人画家参与创作的年画

杨柳青年画在北京开设作坊以及在北京市场的畅销，标志着年画的用户层次不断提高，最终成为御用的贡品。在这样的市场下，倒逼杨柳青年画制作必须进一步提高水平，创新发展。

流动的运河之水，还带来了流动的人才往来。

当年的北京与今天一样，人才聚集，人文荟萃，一批"北漂"的文人画家为谋生糊口，在画店店主的招徕下，开始为杨柳青年画创作和提供画稿，从此文人画家、其中不乏名家竞相加入到杨柳青年画的画师队伍中来，为杨柳青年画的精细制作、提高质量、向传统的中国画创新发展，提供了它处没有的新生力量。

另一方面，杨柳青一些技艺精湛的画师也因年画进入宫廷而声名日隆，于是奉旨进入皇家画院"如意馆"当差，如杨柳青著名画师高桐轩，就曾经到宫里给慈禧画过写真。当年，如意馆内聚集了许多著名画师，通过耳濡目染，使原本画艺精湛的杨柳青年画画师的技艺水平，又得到了进一步的提高。

与此同时，一批有影响的江南地区著名画家，有的从如意馆出来后受聘到杨柳青，有的径直受聘到杨柳青，聘期往往长达十余年，他们为杨柳青年画创作了很多不同题材的画稿，为年画创作带来了独特的高雅气息，大大提升了杨柳青年画的艺术水平和审美情趣。如上海著名海派画家钱慧安，于光绪中叶来到杨柳青，服务于齐健隆等画店，创作出著名的画稿《南村访友》《风尘三侠》《桃园问津》《钟馗嫁妹》以及红楼故事《刘姥姥醉卧怡红院等》，使杨柳青年画的题材和制作水平迈上了新台阶。江苏画家吴友如长期在上海为《点石斋画报》进行创作，来到杨柳青后，把现实主义的创作手法融入年画中，为丰富杨柳青年画的内容创作带来了新的思潮。此外，浙江籍海派画家朱梦庐，江苏画家尹铨等，对杨柳青年画的创新发展，也都做出了相应的贡献。

到了清代乾隆、光绪年间，杨柳青年画由于有了一批文人画家的"加盟"，精心制作的那些精品"细活儿"，无论创作水平或印制水平，不但传承了传统工笔画的风格，保持了构图严谨、描摹传神的特点，而且脱离了一般年画的"匠气"，在全国范围内达到了构图水平最高、制作最精致、画面最唯美的境界。这些，都是他处木版彩绘年画望尘莫及的。

全国唯一传播范围最广的年画

文明、文化，总是伴着水的源流而诞生、发展和传播的，举世闻名的杨柳青年画亦是如此。

杨柳青年画是中国民间版画艺术的瑰宝。几百年来，为人们的除旧迎新和日常生活增添了无数的喜庆与欢乐，代表了人们对美好生活的憧憬和向往。即便是在今天，欣赏和读取这些丰富多彩的画面时，仍会使人感到其中充满着值得回味的鲜活场景。

由于杨柳青地处海河水系的下游，附近河流纵横，水陆交通发达；又因京杭大运河的关系，所产年画得以方便地销售到全国各地，甚至漂洋过海，流传海外。至今，我国的港、澳、台地区，以及俄、日、德、法、英、美、澳等国，均藏有杨柳青年画的精品画作。

有人统计，杨柳青年画的全盛时期，全镇操此业的多达三四十家，从业者四五千人。著名的戴廉增画店，平时有家族从业人员近百人，雇工 200 余人，聘有名师专事创作画稿，从事雕版印刷、手绘、装裱的住店画师也有上百人；后来业务扩展，又建立了美丽和廉增利两家分号，并将年画运抵奉天（沈阳）批发，嗣后在归化（呼和浩特）建立分号。自乾隆至光绪年间，戴廉增共建画店 19 处，一举成为北方画业的巨擘。

另一家著名的画店齐健隆的生产规模也不小，杨柳青镇有齐健隆胡同，胡同里均为齐家作坊，雇有画师及雇工 250 多人，各种工序齐全、配套，是杨柳青年画的第二大作坊。后来也因业务量过大，分别成立了惠隆与健惠隆两家分号，在丰润县东丰台建立分店，也在奉天设庄批发。

即便如此，由于年画销量的迅猛增加，各家画坊感到难以承受费时费力的着色工序，于是便将这道工序分散到南乡 36 村进行加工，一时间杨柳青附近出现了"家家点染，户户丹青"的壮观局面。

当年，杨柳青年画的"粉本"（即画样，据说这是因为，画稿画好后先用特制的钢针沿墨线刺出小孔，上撒墨粉，于是墨粉便漏在了下一张纸上，成为画样；这种做法，似与山东高密的"扑灰"年画做画样有异曲同工之妙）至少有几千种。到了清代中后期，仅戴廉增画店一家，一年生产的年画就达 2000 件，每件 500 张，高达 100 万幅。由于南运河从杨柳青穿过，从而为杨柳青年画的外运、批发提供了有利条件。每年秋后为杨柳青年画的销售旺期，大批年画通过大运河进入海河流域的其他河道。杨柳青的各色各档年画，不仅销售到直隶、山东、河南、安徽，还远销到山西、陕西、东北和蒙古地区，遂使杨柳青成为中国北方最大的年画生产和集散市场。

占有如此广泛的销售区域，保有这样巨大的销售量，可以说，全国的木版彩绘年画生产基地中没有一处可与杨柳青相比。

全国唯一快速跟进时尚的年画

滔滔的运河之水，同样带来了信息的流动。

天津曾是中国北方最早和最大的开放城市，杨柳青距天津不过40里之遥，运河之水不但滋养了杨柳青人的天才和灵感，而且因为信息的流动，能使他们能够近距离地感受着城市的发展，注视着时代的变迁，聆听和反映城市的近代文明，并勾画出令人难忘的时代气息，最终杨柳青年画成为全国唯一内容不断发展并能够快速跟进时尚的木版彩绘年画。

19世纪末的天津，在北方通商各埠中已是天翻地覆、头角峥嵘。齐建隆的一幅《天津图》年画跋语说："天津府城，自昔即为各省仕商荟萃之区。中外互市以来，建设通商口岸，督宪亦行辕移住。交涉日繁，商贾云集；近益增建洋楼，电线、铁路、火车次第创办，倍形热闹。凡足迹未履是地者，不免兴一览为快之思。兹特绘此图，以备卧游之助焉。"

天津是近代中国最早兴办铁路的城市。杨柳青年画《铁道火轮车》，忠实记录了天津通车伊始，火车站内贩夫走卒、华洋杂处，车厢里满载乘客，车头由洋人司机、添煤，以及站外中外建筑并立的场景。

自行车作为一种大众化的交通工具于19世纪末进入天津。《新刻天津紫竹林跑自行车》的画面中，两辆自行车上有三名中国青年男女表演双人和单人车技，中外观众齐声喝彩，叹为奇观，生动反映出天津人接受外来新鲜事物的程度和速度，以及对车技的创新和贡献。

1905年清王朝进行了大刀阔斧的教育改革，各级和各类学堂纷纷建立。《女学堂演武》集中表现出女学堂把军事训练纳入正式课程、以全面提高学生素质的情形。画面中的学堂女生英姿飒爽，不让须眉，非常具有视觉冲击力。

辛亥革命后，中国传统婚礼的繁文缛节，在华洋杂处的天津率先出现了改革，香车宝马开始取代花轿和仪仗，并成为时尚。《文明娶亲》中的婚礼马车与迎新花轿并存，如实地表现出传统婚俗逐步迈向现代的演进过程。正如画面所写："改良维新去娶亲，香车彩轿对迎门。从今文明成婚礼，富贵荣华满门庭。"

杨柳青年画的快速跟进时尚，是处于近代社会的一种古老民间艺术对当代内容的表达和提炼；在艺术史领域，则代表了一个时代文化产生力的转型，以及中华民族对于新文化的包容与感悟。

余　论

500多年来，杨柳青木版彩绘年画的产生和发展，与运河文化关系至为密切。新中国建立后、特别是改革开放后，学术界对杨柳青年画的研究和价值认同有了非常大的提高，但杨柳青年画在中国年画史上究竟占有怎样一种特殊的位置，目前尚缺乏站在全阈视角下进行全面、综合的考量与定位。

滔滔的运河之水，会不断诱发人们灵感，会使人们顿悟哲理，然后寻迹溯源，并进行永无终极的追求。本文远未达到这样的要求，只不过是站在前人的研究基础上，稍微作了一些不成熟的思索而已。

2015.6.22

［原载《运河记忆：非物质文化遗产保护与论坛论文集》，2015年］

中国戏法艺术的传承与交流

——以天津为中心

明清时期，天津一直是北方"地当九河津要，路通七省舟车"的水旱码头和通俗文化的"聚处"。近代以来，天津又成为北方最早和最大的开放城市，以及中外文化交流的前沿阵地。中国传统表演艺术——戏法，一方面在天津得到传承和创新发展，一方面又由天津走向世界，进而奠定了天津在中国戏法艺术传承与交流的中心地位。

一

中国的戏法起源甚早，据说夏代最后一位君主夏桀，就经常在宫中欣赏"奇伟之戏"，分析认为，这"奇"大概就属于杂技戏法一类。

到了秦汉时期，戏法艺术已相当成熟。元丰三年（公元前 108 年），汉武帝曾在建筑豪华的露天舞台平乐观欣赏"杂技乐"，其中包括戏法"吞刃吐火"和大型幻术节目"鱼龙曼延"[1]。

---

[1] 据研究，"鱼龙曼延"系由"鱼龙"和"曼延"两套节目相对演出："鱼龙"是先由瑞兽"含利"出场，舞罢，跳入池中化成比目鱼，跳跃戏水，然后喷出蔽日的水雾，顷刻一条八丈长的黄龙跃出水面；与此同时，对面的巨兽"曼延"背后出现了一座仙境缥缈的海上"神山"。参见傅起凤、傅腾龙：《中国杂技》，天津科学技术出版社，1983 年第 24—25 页。

就在这时，安息国派使臣来汉，并将"黎轩善眩人献于汉"①。"黎轩"就是埃及的亚历山大港，当时属于罗马帝国；"善眩人"是当时对戏法表演者的称呼。这是中外戏法艺术的第一次大交流。当时汉武帝正在山东滨海封禅求仙，这些善眩人前去表演了吞刀、吐火、种瓜植树、屠人杀马（魏晋时演变为杀马剥驴，以及"须臾之间皆得食"的植枣种瓜）、自缚自解等新奇的惊险节目。汉武帝看后非常兴奋，回到长安，立即在平乐观组织了一次中外艺人的联合演出。②

东汉末年，中国传统戏法艺术已经相当成熟，成为出色的表演节目，曹操手下谋士左慈就是这样一位杰出的表演艺术家。据《后汉书·左慈传》说："左慈字元放，庐江人也。少有神道。尝在司空曹操坐，操从容顾众宾曰：'今日高会，珍馐略备，所少吴江鲈鱼耳。'放于下坐应曰：'此可得也。'因求铜盘贮水，以竹竿钓饵于盘中，须臾引一鲈鱼出……"，旋应曹操之求，一连钓出几条，接着又为曹操变出烹鱼之姜。某日，"操出近郊，士大夫从者百许人，慈乃为赍酒一升、脯一斤，手自斟酌，百官莫不醉饱……欲杀之，慈乃却入壁中，霍然不知所在。"③

据专家研究，左慈变的这套戏法，就是流传至今的"空竿钓鱼""金盆种姜""取酒不竭"和"遁人不见"，除了"金盆种姜"类似此前的"种瓜"，余均为第一次见诸历史记载的创新表演。④

佛教传入中国后，西域僧人开始来到中国，一些戏法艺人也随之而至。东晋时期的干宝写了一本《搜神记》，专载各种奇闻逸事："晋永嘉中，有天竺胡人来渡江南。其人有数术，断舌复续，吐火……

---

① 见《史记·大宛列传》，"黎轩"一作"犁靬"，韦昭"索引"解释"善眩人"："变化惑人也"；又引《魏略》："犁靬多奇幻，口中吹火自缚自解。"中华书局标点本第3173页；又《后汉书·陈禅传》："永宁元年（120年），西南夷掸国王献乐及幻人，能吐火，自支解，易牛马头。"中华书局标点本第1685页。
② 前引《中国杂技》第20—22页。
③ 中华书局标点本第2747页。
④ 前引《中国杂技》第43—45页。

其断续，取绢布，与人各执一头，对剪，中断之；已而取两断合视，绢布还连续，无异故体……。又，取书、纸及绳、缕之属，投火中，众共视之，见其烧爇了尽；乃拨灰中，举而出之，向故物也。"①

"断舌复续"因血腥残忍而流传不广；据研究，"断绢还原"后来发展成传统的"张公接带"及各类剪绳表演，"烧爇复原"也不时见于各种场合的戏法演出中。②

唐代是中外文化交流的高峰时期，许多由国外传入的戏法节目，经中国艺人消化吸收，增加了难度，得到了发展，如"吐火"可将一道道火焰连续喷出，"吞刀"能将刀子分成六段入口；新罗乐"入壶舞"，在两张矮脚方桌上各置一坛，演员从一坛钻入，余下半身，而上半身则由另一坛钻出；印度传入的"卧剑上舞"，表演者可以横卧在竖放的刀剑尖锋处。本土的戏法表演此时也大大丰富，著名文学家韩愈的族孙韩湘可以表演"顷刻酿酒"和"火缸栽莲"；"嘉兴绳技"可将长绳抛至空中二十余丈，表演者缘绳上爬，至高空突然消失，这种戏法直到 20 世纪才有人将其破解；此外尚有"吞枪""吃针""藏人"等。一些中国的传统戏法如"种瓜""植树"等，则在这一时期传入日本。③

宋代的城市经济特别发达，随着城居者对文化消费需求的增长，戏法艺人大量增加并开始结社（如云机社），撂地演出也出现了，特别是在首都开封和临安，戏法表演几乎随处可见。

宋代戏法的行当分类日趋明朗，还出现了一批高手，奠定了传统戏法表演的基础。如手法幻术"泥丸"的著名表演家有王小仙、施半仙、章小仙和袁承局；"泥丸"后来发展成"仙人摘豆"。"撮弄"类小幻术的著名表演家有林遇仙、赵十一郎、女姑姑（女演员）等十九人，节目有"撮米酒""撮放生"等。宋理宗过生日，"撮弄"高手表演了"寿果放生"。"撮弄"后来发展成戏法中的"磨子活"。

① 中华书局 1979 年标点本，第 23 页。

② 前引《中国杂技》第 56—57 页。

③ 前引《中国杂技》第 83—85 页，第 90 页。

搬运幻术"藏擫"这时也出现了，前人解释说："藏擫，幻人之术，盖取物象而怀之，使观者不能见其机也。"这就是后来的"古彩戏法"，即"堂彩"的前身。[①] 幻术师杜七圣，擅长演"杀人复活"等刺激性节目，名噪一时，称"七圣法"。

明清时期，随着城市经济的发达，传统戏法的表演节目继续得到丰富，如"筒子"就产生于明代，明人刘侗的《帝京景物略》中记载说："筒子者，三筒在案，诸物械藏，示以空空。发藏满案，有鸽飞、有猴跃焉。已复藏于空。捷耳，非幻术也。"后来简化为两个套筒，易名"罗圈"，行话"罩子"[②]；能变的东西也由活物发展成整桌的水果、筵席，乃至比筒子还要粗大的酒坛。

到了清代，戏法艺术巧妙融入了传统的喜庆文化，遂以其多姿多彩和变化无穷受到社会的普遍欢迎。李斗的《扬州画舫录》翔实记录了虹桥堤上撂地戏法的各种门类："长剑直插喉嗓，谓之'饮剑'；广筵长席，灭烛罨火，一口吹之，千碗皆明，谓之'壁上取火，席上反灯'……以巾覆地上变化什物，谓之'摄戏法'；以大碗水覆巾下令隐去，谓之'飞水'；置五红豆于掌上，令其自去，谓之'摘豆'；以钱十枚呼之成为五色，谓之'大变金钱'。"[③]

特别是应富裕人家的堂会，更给戏法艺人开拓了展示技艺水平的机会，如古彩戏法能够当场变出十三盘寿果点心（"十三太保"）、三载瓶（"四海升平"）、珠子宫灯、大碗清水（"大清二清"），甚至变出大盆夹竹桃，最后脱去长衫，翻一个跟头变出两碗清水，是为著名的"跟斗月"。

19世纪初的清嘉庆年间，坊间刊印了一本小书，叫《更岂有此理》，中有"嘲戏法"一篇，把流行于民间的传统戏法描写得活灵活现：

"逢场作戏，秘传障目之方；见景生情，功演隐身之法。矜齿牙

---

① 前引《中国杂技》第116—119页。
② 北京古籍出版社1983年标点本，第191—192页。
③ 中华书局1960年标点本，第264页。

之便利，夸心手之玲珑。扇子随身，毡毯覆地；掩人耳目，扮就形容。……剪双环之带，露尾藏头；变五色之线，移花接木。玉臂传书，无半点可疑（之）形迹；金门对策，有两头巧合之机关。空杯遁于土中，鲜果藏于帕底。吞剑舞刀，半虚半实；飞钱飞水，如假如真。运四将推壶之力，惊三仙归洞之奇。采豆来去之便，会者不难；传丹出入之神，熟能生巧。抬花间童子，翩跹雾鬓云裳；献灯下美人，隐约玉钗金粉。合只樽而盈盈酒泛，画四壁而袅袅烟生。八仙寿图绘精奇，暗藏花色；九莲灯辉煌照耀，本地风光。画符捻诀，不如彩袋之灵；曲带盘钩，所恃羊肠之巧。防未到之眼风，出其不意；试争先之手法，确有可观……"① 可以说，中国传统戏法发展到清代，已进入其顶峰时期。

二

19世纪中叶以后，随着社会变化的加剧，中外文化撞击日渐激烈，文化交流也日渐频繁，中国的古彩戏法开始传到国外，国外的魔术也开始传入中国。天津以其地缘优势，首当其冲成为中外艺术交流的前沿阵地。

最早走出国门、把传统戏法带到国外的，是天津杨柳青戏法艺人朱连奎（Chee Ling Qua，1854—1922）。相传他说话口吃，人称"朱磕巴"，所以表演时扬长避短，很少讲话（"使口"），而是特别注重各种绝活的演出效果。他于同治元年（1862）出国，同治十三年（1874）回国，然后在上海黄浦江畔停靠的外轮上进行演出。

光绪二十五年（1899年），他在天津组建"朱连奎戏法班"，先赴江南地区表演，后到美国参加国际博览会演出，其中"口吐百丈""空竿钓鱼""碎纸还原"等节目引起轰动，特别是"大碗飞水"，转瞬间变出了一只装满80磅水的大碗，再一探手，又从水中拎出一名

---

① 前引《中国杂技》第170—172页。

小孩来。演出结束前，他将毯子扔在地上，随后扯起毯子一角，抛向空中，这时台上立即出现了一只金鱼大水缸，上面还漂着苹果。这种装水的道具被外国人称为"Foo Can"即"Ching Ling Foo Can"。

朱连奎的绝技引起了美国某杂耍团经纪人霍普金斯的注意，不久即与霍普金斯签订了在该团演出的合同。当时美国政府正在执行排华法案，博览会结束后朱连魁及其戏法班应立即回国，但经美方运作，朱连魁等属于表演艺人而不属于中国劳工，可以继续留在美国。

朱连奎戏法班在美国巡演期间，取艺名"金林福"（即"金陵福"，Ching Ling Foo），与美国魔术界多有交流，美国魔术师威廉·罗宾逊（William Robinson）向朱连奎学习了许多中国传统戏法，如"空竿钓鱼""九连环"等；并特意取了一个与"金林福"极相似的艺名——"陈灵苏"（Chung Ling Soo，一译"程连苏"）。在英国伦敦演出时，罗宾逊在戏报上宣传他是一位"不可思议的中国魔术师"；在舞台上，他梳着辫子，身穿长袍马褂，假装不懂英语，并聘请了一个翻译做助手。

朱氏在美国打开局面后，推荐了一批戏法同行去国外演艺，不少演员均获得成功。朱连奎晚年曾带回一批国外的马戏节目，成为国内提倡现代马戏的先驱。

朱连奎的另一贡献，是制作了近代中国第一部纪录片、也是唯一一部记录武昌起义的新闻片《武汉战争》。这部影片成为中国纪录片的开山之作，拉开了中国纪录片发展的序幕。

朱连奎在美、法、德、英等国演出时，正值欧美各国电影事业蓬勃兴起，这使朱连奎眼界大开，购回了一套电影摄制设备，训练了拍摄人员，将一些戏法艺术精华拍成影片，以供放映。十余年后，他从国外巡演归来，到达汉口。这时，震惊中外的武昌起义爆发，朱连奎萌发了拍摄灵感，在征得起义军领导同意后，决定与美利公司合作，用摄影机抢拍了大量起义军与清军的交战镜头。

不久，朱连奎将胶片带到上海，经过冲洗、剪辑，编成一部名为《武汉战争》的新闻片，并于1911年12月11日在谋得利戏园演出戏法的同时进行放映。观众从银幕上观看到了起义军强渡长江天堑与清军激烈拼搏，占领汉口、汉阳的情形；起义军与清军在汉口大智门车站附近、球场内外至散生路一带的激烈争夺战的情形，以及起义军自汉阳反攻，冲至居仁门、散生路，二次光复汉口的情形。革命党人在上海办的报纸《民立报》为此刊登了专门广告，说观看这部纪录片，"能与亲临战场无异"，可以"振奋发之精神"，"增发起义之雄心，报国之热血"。影片一直放映到1912年1月底，每张票最高卖到大洋6块，最低也要5角，但观者络绎不绝。

2011年是中国纪录片的百年华诞，12月23日，由中国传媒大学和中国纪录片研究中心合办的"光影纪年——中国纪录影像世纪盛典"晚会在北京人民大会堂举行，会场揭幕了三座铜像，分别为朱连奎、孙明经和伊文思。

由天津走出的另一名技艺高超的戏法艺人韩秉谦，出身晚清魔术世家，曾长期在京津一带和东北地区组班演出，久负盛名，被称为"北方魔王"。光绪三十年（1904年），韩秉谦率其侄韩敬文等组建"文武魔术班"到北京天桥献艺。后因参加清末的南洋劝业会演出，引起轰动，受到清王朝的奖励，赏穿官服，取得荣誉。1910年，韩氏叔侄又组建"彩庆堂班"取道上海出国，演出时就穿这套赏赐的官服表演古彩戏法，取得了极好的效果。十余年间，他率团辗转新加坡、南洋群岛及欧美等19个国家，深受各国欢迎。韩秉谦发明的"韩秉谦钱币魔术"（Han Ping Chien Coin Trick）即"韩秉谦钱币移动法"（Han Ping Chien Coin Move），至今仍被国外魔术界采用。

韩秉谦思想开放，提倡门徒系统学习西洋魔术，所到之处，与杂技魔术同行交流技艺，收集西洋魔术幻术、小丑艺术及各式乐器，购置西洋魔术道具，回国后将西方魔术介绍给中国观众，成为中西戏法艺术交流的使者。其侄韩敬文创办的韩家班——"亚细亚大魔

117

 the

术团”，成为近代中国的新型魔术团。

韩秉谦弟子众多，特别是在演出中培养的一批“敬”字辈人才，如侄韩敬文，门徒张敬扶、赵敬熙等后来都成了著名的魔术家或表演滑稽节目的人才。解放后做出贡献的前辈戏法艺人杨葆宗、傅天正、王俊武、蒋九如，以及邓文庆等“庆”字辈的演员，和杜少义等“少”字辈的演员，都出身“韩”门或与“韩”门有关。[①]韩秉谦对中国现代魔术的发展，产生过深刻影响。

辛亥革命爆发后，籍贯山东的宫廷戏法大师、曾在清宫内务府掌仪司任职的四品顶戴张宝清离开北京，来天津献艺，组织戏法艺人建立了中国第一个戏法行业协会——“义和堂”，后来成为戏法界“四大堂”之首。[②]张宝清还在天津广收门徒，培养出五位大师级的戏法艺人，这就是被称为“五大文”的罗文涛、穆文庆、闫文锦、刘文治和王文韶。

罗文涛，著名古彩戏法艺术家，起初在明地演出，手法干净利索，能在众目睽睽之下把戏法演得天衣无缝，让围观者拍手叫绝。进入杂耍园后，演出稳健潇洒、落落大方。由于武功根底深厚，能在演出的顷刻之间，把各种具有吉祥、喜庆含义的道具，以及带有游动金鱼的鱼缸和熊熊燃烧的火盆，乃至五六尺高整盆的夹竹桃从身边变出，摆在台上，令人赏心悦目，因此获得“罗满台”的称号。

穆文庆（约1870—约1936），天津北郊天穆镇人，回族。早年师从张宝清学习传统戏法，是张最为得意的弟子。

---

① 前引《中国杂技》第170—172页。
② 在“戏法大师王殿英先生从艺75周年艺术研讨会”上，承蒙戏法界老前辈杨小亭（回族，天津人）之子、穆派戏法第三代传人、海政歌舞团国家一级演员杨宝林（1942—2020）先生相告，清同治年间，年轻的山东人张宝清在北京前门瓮城关帝庙前撂地卖艺，因技艺超群，得到“神力王”（僧格林沁?）的赏识，遂荐入清宫，在掌仪司执掌銮驾卤簿；后来又为慈禧太后表演戏法，但盛装演出道具的圆笭进出宫需要检查，特赏四面龙旗，插在圆笭两旁，作为免检标识。此外，杨宝林先生还指出了文中的一些误传，现据杨先生的指教，一一做了订正。在此，谨向杨宝林先生致以深切的谢意。

自 19 世纪 80 年代始，日本松旭斋魔术团多次来华；班主服部松旭（1852—1912）在日本魔术界威望甚高，被尊为"天一师"，其优秀的女弟子称"天胜娘"，可以世袭。光绪十三年（1887），松旭斋魔术团到北京演出，穆文庆作为临时乐师在团中助演。20 世纪初，穆文庆自行挑班，活跃在津京一带和东北地区。1926 年去朝鲜、日本，并在日本拜识了天一师的传人天佐、天右和天胜娘。为与日本魔术师切磋技艺、取长补短，穆文庆不但加入了松旭斋魔术团，而且娶日本人村下为妻。

不久，穆文庆离开该团回国，为自己起艺名"大天一"，又改班名为"神州大天一魔术团"，将东洋西洋魔术手法融入古彩戏法。1926 年和 1929 年，穆文庆两次出国到北美洲和东南亚地区演出；20 世纪 30 年代，他购置一批洋魔术道具，从东南亚返回天津，演出后引起轰动，穆派戏法风靡一时，许多爱好魔术的年轻人纷纷拜师学艺。穆文庆弟子众多，如嫡传弟子戏法大师和魔术师杨小亭（1909—1981），义子穆成义，以及陈亚南、徐剑秋、杨发清、郭新民、谢启福、吕启山、刘启福、小天敏、刘凤莲（艺名天凤娘，1936 年与师兄杨小亭结婚，自行挑班，组织"天凤魔术团"，是彼时首屈一指的女戏法演员）等。解放后，国家组建的多个艺术团体中，古彩戏法演员有不少大天一的弟子或再传弟子。由于穆文庆对中国戏法的继承、发展做出了巨大的贡献，被尊为穆派"天一门"的创始人。2012 年，穆派传统戏法被列为天津市北辰区非物质文化遗产保护名录，现为天津市非物质文化遗产。

古典戏法艺术家王文韶，曾收出身于曲艺世家的王殿英为徒，解放后成为古典戏法的北派代表人，2008 年古典戏法列入天津市和平区非遗项目，翌年入选天津市非遗项目，2010 入选国家非遗名录。2010 年王殿英不幸去世，生前曾将全部技艺传授给天津市曲艺团的高徒肖桂森。2010 年上海世博会期间，肖桂森等在世博园"天津周"连演 6 天，受到空前欢迎。目前，肖桂森正向王殿英之孙、年轻的王迎（王殿英之孙）传授技艺。

三

天津还是中国戏法艺术研究的中心城市。

国内现存最早研究传统戏法的著作，当属苏州人唐再丰（字芸洲，号桃花仙馆主）编写的《鹅幻汇编》了。是书共 12 卷，刊行于光绪十五年（1889 年），签题"增注中外戏法图说"。由于作者"素好杂技，于戏法犹属倾心"，于是物色秘诀，遍访名师，收集达三十年之久，编成《鹅幻汇编》一书；此后又陆续编出《鹅幻续编》及《鹅幻余编》，记录了传统戏法 320 多个，并对各种技法做了总结。这部书图文并茂，记录了一批濒临失传的古代幻术，是研究中国魔术史的重要资料；其不足，则是对中国传统戏法缺乏纵向的，也就是"史"的研究。

1983 年，天津科学技术出版社出版了《中国杂技》，这部书是由韩秉谦亲传弟子、魔术大师傅天正的哲嗣傅起凤、傅腾龙姐弟共同完成的，其中的魔幻部分，可说是研究中国古典戏法历史的开山之作。

傅天正（1907—1972），四川长寿人，早年就读上海中国公学，毕业于北平大学法商学院，后在重庆办环球幻术学社，解放后任上海魔术团演员和编导。傅天正家学渊源深厚，其父傅志清是日本留学生，曾与欧阳予倩等共同创办"春柳社"，热心学习和传播西洋魔术。傅天正少年时代就对中国戏法甚感兴趣，得戏法大师韩秉谦真传，技艺精湛，并对中国传统戏法有着深入的研究，曾以四十年心血搜集整理出七八十万字的中国杂技和戏法史料，立志写出一本信史。这一遗志，最终由其子女实现；并由傅天正生前友好、曾在文化部艺术局杂技处工作的冯光泗作序。

《中国杂技》一书以朝代为时序，专业、权威、系统地阐述了自先秦至明清时期，中国杂技艺术的发展历程和中外交流过程，内容丰富、资料珍稀、论述到位、图文并茂，许多观点已成为当前中国杂技艺术史研究中的不移之论，至今仍然保持着学术上的前沿地位。《中国杂技》被翻译成多种文字，并在日本出版发行。

傅腾龙还是中国著名集表演、设计、理论研究于一身的魔术表演艺术家，著述丰富，被称为"中国魔王"。其姐傅起凤曾任《魔术与杂技》杂志副主编，有四十多年魔术研究经历，现为中央电视台多档魔术节目顾问。

傅腾龙之子傅琰东为傅氏魔术第四代传人，自 2000 年起，多次参加央视春晚魔术节目，在 2011 年央视兔年春晚中，36 岁的傅琰东第 7 次登台，演出了傅腾龙参与策划的"年年有鱼"，该节目在一夜之间红遍全国。同年 8 月，"傅式幻术"汇报演出暨傅腾龙先生从艺50 周年纪念活动，在北京文联礼堂隆重举行。傅琰东现已加盟陕西卫视，并于 2014 年 5 月在曲江楼观景台景区凭空变出一匹价值连城的汗血宝马，完成了加盟后的首秀。

关于天津本土戏法艺术的权威性研究成果，当属 2005 年由天津古籍出版社出版的，胡青、艾彬所著的《沽上百戏》了。①

两位作者都是出生于 20 世纪 20 年代的老一辈业内人士，胡青曾任天津市杂技团团长；艾彬曾是中华马戏团的演员和编导，1950年随团来天津演出，遂落户津门，翌年即被评为天津市劳动模范。两位作者在长期的艺术实践中，不但积累了丰富的专业知识，而且耳濡目染，掌握了大量"亲见、亲闻、亲历"的宝贵资料，这是他人所不能企及的。

《沽上百戏》的最大特点是用纵横交错的篇章架构，一方面纵向详述了自清代中叶至改革开放以后，天津杂技和戏法艺术的发展历程；一方面横向列举了解放后精彩纷呈的天津杂技艺术经典节目，以及天津杂技精英的传略。其中的许多研究成果，纳入《天津通志·文化艺术志》。② 就目前来讲，有关天津杂技和戏法艺术的研究

---

① 天津古籍出版社，2005 年。
② 天津社会科学院出版社，2007 年。

成果，尚无出其右者。

2007 年，中国体育大学出版社出版了传统戏法艺术老艺人万子信与胡秉俊合写的《怎样变戏法：传统魔术表演指导》一书。万子信，朝鲜族，出身于魔术世家，6 岁随父学艺，8 岁即在京津一带摆地演出，13 岁时又远赴日本、朝鲜等处，因技艺超群，被日本长光马戏团吸收为演员。九一八事变后，万子信基于爱国情怀毅然回国。1935 年带艺投师，被穆文庆义子穆成义、大徒弟杨小亭代师收为艺徒。

解放后万子信加入国营艺术团赴全国各地演出，他的精湛技艺受到广大观众的热烈欢迎。不久，自行组建新都杂技魔术团到东北演出，1955 年改组为长春市杂技团，任副团长；先后出访苏联、波兰、朝鲜和越南等国。改革开放后，万子信焕发了艺术青春，深感继承和挖掘古老艺术的重要，于是带徒写书。后在演出中心脏病突发，经抢救无效，于 1990 年与世长辞。

因此，万子信也可视为正宗的穆派戏法的传人，并且是由天津走上舞台表演之路的。

［原载《杂技与魔术》，2013 年第 4—5 期］

中国北部政治运动的中心

——辛亥革命时期的天津

中国是历史悠久的文明古国，可是步入近代，却因远离世界的封闭与自身保守，招致了重重灾难。19世纪中叶以来，经历了两次鸦片战争、中法战争、中日战争和八国联军的侵华，中国被推进殖民地和半殖民地深渊的谷底。即便如此，腐朽的清王朝还是拒绝任何符合时代潮流的改革，先是扼杀了戊戌维新变法，后又镇压了立宪请愿运动。一般人对这样的政权失望已极，用暴力改变中国政体已不可避免。

武昌起义爆发前，中国的社会矛盾已空前激化。天津作为中国北方最早开埠的城市，地位非常特殊，常驻于此的直隶总督兼北洋大臣是皇帝的钦差，手握重兵，一言九鼎，形同中国的第二政府。又由于得风气之先，1905年开始的"预备立宪"，天津推行最力，进展最快，竟成为全国推行地方自治的模范。天津府设立了自治局，以天津县为试点，试办县议事会和董事会两次选举，成为中国历史上空前的创举。

1908年，清廷颁布《钦定宪法大纲》，但预备立宪期长达9年。各省谘议局成立后，先后3次组织联合请愿，要求缩短预备立宪期，于一年之内召开国会，但均遭拒绝。天津作为距北京最近的直隶省城，进行得最为激烈和激进。1910年11月，天津学界发起组织"旅

123

津全国学界请愿国会同志会"，通电全国，指出："国势危机，非即开国会不能救亡。津全体学界停课，已举代表晋京请愿，特电贵省，速起以为后援。"① 12 月 20 日，罢课学生 3800 余人到直隶总督衙门请愿，布政使凌福彭代表总督陈夔龙表示，要把请愿要求"即日电奏"。然而清廷决意对请愿运动严厉镇压，遂给请愿学生加上了"不服劝谕，纠众违抗"的罪名，下令立即"查拿严办"②，然后把旅津全国学界请愿国会同志会会长、普育女子学堂监督温世霖发配新疆。

革命先驱李大钊彼时正在学运中心北洋法专读书，据其回忆，学生中亦分革命、立宪两派，且多数属立宪派。及至立宪运动被镇压，"革命派进行越发有力，从此立宪派的人也都倾向革命派"③。这种形势，显然对辛亥革命期间天津革命运动的开展十分有利。

一

武昌起义爆发前，天津革命派已有蓄势待发的迹象。沿海地区渔民，因不堪官府的敲榨勒索而"聚众暴动"；社会上掀起了男剪辫发、女放缠足的风潮。④ 又因距首都近在咫尺，且有各国租界的存在，革命党人多把秘密机关设在天津。再加上地方革命势力的活跃，当时的天津已成为"中国北部政治运动的中心"⑤。

1906 年，同盟会总部外务部干事、正在日本早稻田大学读书的廖仲恺，受孙中山委派潜来天津，联络正在天津活动的法国社会党人，以争取国外对中国革命的同情与支持；同时作为主盟人，在天津筹建同盟会。行前，何香凝写诗勉励廖仲恺说："劝君莫惜头颅

---

① 《大公报》1910 年 11 月 21 日。
② 《宣统政纪》卷 45。
③ 李大钊：《十八年来之回顾》，载《直隶法专十八周年纪念特辑》"讲演"第 5 页。
④ 参看辛公显：《辛亥革命时期天津的革命活动》，《天津文史资料选辑》，第 16 辑。
⑤ 前引《十八年来之回顾》。

贵，留取中华史上名"①，充满了热血青年的革命激情。天津同盟会成立后，设据点于毗邻法租界的老西开一条胡同里，负责人为胡伯寅。②

天津曾是北方戏曲最为发达和普及的城市，1908年革命戏剧家王钟声来到天津，准备用戏剧宣传和组织革命。

王钟声（1874—1911），浙江上虞人，早年留学日本，回国后被聘为广西法政学堂校长和洋务局总办。但王钟声思想进步，倾向革命，决心从事群众喜闻乐见的戏剧工作，用以宣传群众。他曾说："中国要富强，必须革命，革命要靠宣传，宣传的办法，一是办报，二是改良戏剧。"③ 1907年，他在上海组织了中国第一个话剧（时称"新剧"）团春阳社。翌年来天津，结识了戏剧界知名人士、移风乐会创始人刘子良，二人在北马路合办大观楼舞台文明戏园，组织了一个月的文明戏演出，剧目有《孽海花》《林文忠公焚烟强国》《爱国血》等7个，由于题材新颖，又富有爱国精神，深受观众欢迎。1911年，为配合日益高涨的革命形势，王钟声又在同乐茶园颂扬革命志士、宣传武装起义的文明戏《热血》《鸣不平》《秋瑾》《徐锡麟》等，引起极大反响。在受到社会普遍欢迎的同时，王钟声也引起了警方的注意，1911年9月被京师警察厅逮捕，解递回籍监管。

武昌起义爆发后，王钟声参加了上海武装起义，成为沪军都督府12名领导成员之一。但他深知天津地位的重要，不久他即辞去职务，化装潜来天津，准备亲自策划天津的武装起义。王钟声来到天津后，居住奥租界于家大院刘子良家中。孰料王钟声下车后，即遭暗访局便衣跟踪，因南部警察总办提前串通奥地利驻津领事，他于1911年12月2日被捕，其后迅即引渡给中方，交天津镇总兵张怀芝

① 《双清文集》，人民出版社，1985年，第3页。
② 参看刘清扬《天津国民捐和同盟会活动的回忆》，《近代史资料》，1955年第2期。
③ 转引自蒋原寰：《辛亥革命烈士、剧坛人杰王钟声》，《天津师范学院学报》，1981年第5期。

发落。审讯时，王钟声依法申辩："上谕大开党禁，非据法律，不得擅以嫌疑犯逮捕。我是革命党，你们把我怎么样！"直隶总督陈夔龙无奈，只得请示清廷如何处置。次日得到内阁总理袁世凯"尽法惩治"的回电，于是被绑缚疙瘩洼营地。行刑前王钟声提出"革命党人非畏死，但斩首野蛮，请改为枪击"，然后高呼"驱逐鞑虏，光复大汉"等口号，身中 13 枪方倒下，年仅 31 岁。[①]

二

武昌起义的消息传到天津，形形色色的小革命团体竞相活跃起来，其中以北方共和会发动和领导的滦州起义规模最大。

北方共和会创始人为中国近代地理学奠基人张相文与白雅雨。张相文（1866—1933），字蔚西，江苏泗阳人。曾就读于上海南洋公学，从青年时起就抱着救国救民的志向潜心研究金代地理学，并秘密加入同盟会。1907 年，张相文应直隶提学使傅增湘之聘，来天津任北洋高等女学堂教务长。当时，天津新办的各级各类学校甚多，但地理教员甚少，于是张相文便把革命同志与挚友白雅雨请到北洋女师和北洋法专任教。白雅雨（1868—1912），名毓昆，江苏南通人，与张相文为南洋公学校友，后受聘于澄衷学堂。从青年时起即矢志献身革命，以地理学救国，也是同盟会会员。到达天津后，张、白二人在任教之余，经常探索进行革命的办法，"暗结团体，待机而发"。

1909 年，在张相文的倡议下，近代中国第一个地理学学术团体——中国地学会在河北第一蒙养院（天纬路天津美术学院旁）成立，借以联络革命同志。据白雅雨之子白一震回忆说："我父对清末各界吁请清廷召开国会运动，认为无异于与虎谋皮，拒不参与，决意组织武装起义，推翻帝制，乃网罗青年，策动革命。时我在南开

---

① 前引《辛亥革命烈士、剧坛人杰王钟声》。

中学读书，每逢假日回家，常见女师及法政两校同学纷来我家，同我父密谈。天津地接京畿，信息较多，师生议论时局，往往言辞激昂，声溢户外。"① 由于来往人员频繁，引起了暗访局的注意，大门被人用粉笔画上白圈。白雅雨自知身处危境，不得不迁居侯家后，然后遣妻、子携密信，赴上海投奔沪军都督府的钮永建。

武昌起义爆发后，天津的革命青年深感"势非团结前进不能立足，由凌钺、王法勤、李大钊、张良坤、汪瀛、胡宪、于树德等密约至日租界荣华里开会，公决实行严密组织，广求革命同志。又以同盟会易引敌探之注意，特取避人耳目之手段，组织北方共和会，总机关设于法租界生昌酒店"②。

白雅雨认为："京津一带是清室的根本之地，京津不动摇，南方革命军恐难持久……我们应该尽快在京津举义。"③

为此，他首先利用第一蒙养院中国地学会会址，创办了中国红十字会天津分会，准备组织人力开赴前线，为义军做战地服务。然后身先士卒，在河东大王庄设弹药制造所，制成炸弹后，"披广氅，携短铳"，亲自带领把炸弹绑在身上、假充孕妇的女生，往来于北京、张家口之间，准备举行暴动。不幸的是，机密泄露，行动受挫。但白雅雨并未因此而气馁，紧接着他开始策反驻防京东的清新军第二十镇在滦州举义，并联络任丘、沧州、静海及山东曹州府的民团进行配合。为此，白雅雨与张相文拟订了"北方行动计划"，由白雅雨带领共和会员，迅速去滦州策动第二十镇营长王金铭、施从云、冯玉祥等举义；张相文则去上海上书黄兴，请求派民军由烟台北上，至秦皇岛登陆，占领山海关，里应外合，直捣津京。

值得注意的是，这时天津的立宪党人也支持白雅雨去滦州策反，并表示，如二十镇宣布起义，经过天津，组织政府，全部军饷由顺

① 白一震：《记我的父亲白毓昆》，《天津文史资料选辑》第16辑。
② 凌钺《辛亥滦州起义记》，《中华民国开国五十年文献汇编·各省起义》第275页。
③ 前引《辛亥革命时期天津的革命活动》。

直谘议局筹措。①

白雅雨密抵滦州后，力劝施从云反正，"一可以先发制人，二可以为民军之声援，于是滦州大街小巷遍贴起义反正文告"②。清廷闻讯，忙派通永镇总兵王怀庆前往镇压。1912年1月1日晚，清军开抵滦州；当晚，王金铭亦发出起义通电。1月3日，北方军政府在滦州成立，王金铭为大都督，施从云为总司令，白雅雨为参谋长兼外交部长，同时电告各国公使。驻津各国领事接电后，公推俄使为代表前往滦州，表示承认义军为交战团体，并与军政府负责人合影留念。翌日，军政府举行誓师大会，当晚即乘火车向天津进军。

车行至雷庄，起义军遭清军狙击，双方激战4小时。清军见不能取胜，伪装停火，将王金铭、施从云诱至阵前捕获，随即杀害；白雅雨"知事不济，脱身逃，思回津再谋大举，伏匿古刹竟日，旋易服潜行至古冶，卒被逮"。审讯时白雅雨怒斥王怀庆："我为革命，自当为国死，今被逮，何问为！"面对王怀庆左右的清军，大声说："我死不足惜，惟诸君为满奴，异日将为外人牛马，痛何如之！"行刑时立而不跪，喝道："此身可裂，此膝不可屈！杀则杀耳，何辱为！"③因无辫发可揪，刽子手先砍其一腿，再倒悬其身，斫其头。

三

滦州起义失败不久，天津又有铁血会天津军部准备发动起义。

铁血会创始人丁开嶂（1870—1945），字小川，直隶（河北）丰润人，京师大学堂第一班毕业生。

日俄战争爆发后，丁开嶂在东北地区组织抗俄铁血军，专门袭

---

① 参看前引《天津国民捐和同盟会活动的回忆》；王葆真：《滦州起义及北方革命运动简述》，《辛亥革命回忆录》，中华书局，1963年。

② 张海珊：《记张相文、白雅雨的革命活动》，《天津师院学报》，1982年第1期。按，张海珊为张相文之侄。

③ 前引《记我的父亲白毓昆》。

扰沙俄侵略军；不久，又组织华北救命军。1906 年，丁开嶂加入同盟会，并把华北救命军改名革命铁血会，总部就设在他的家乡丰润青坨庄。武昌起义爆发前，丁开嶂即以天津为活动基地，奔走于京津冀，设立支部，结交绿林豪杰，准备于 1911 年秋清廷新军秋操之机，乘京师空虚，在京东发动起义，由关东、边外、京北 3 个支部进行支援。不料秋操前夕武昌起义爆发，形势大变，丁开嶂的起义计划未能实现。

不久，丁开嶂被鄂军都督府任命为铁血军长，"立军部于法租界"，准备组织"榆关东西，长城南北"的革命力量，重新部署武装起义。① 滦州起义爆发，他率军往援，因受阻退兵。滦州起义失败后，铁血军的一些成员企图刺杀镇压起义的王怀庆，不料事泄被捕，其他成员准备搭救，但未成功。1912 年，铁血军得知南京组建民国政府的消息，自动宣布解散；丁开嶂则被铁血会成员推为行军都督，不久又在天津举行军事会议，被选为中华民国军政府北部民军临时大元帅。

就在铁血会天津军部准备发动起义未成的同时，鄂军代表办事处领导的起义亦惨遭失败。

武昌起义爆发后，湖北军政府决定委派曾在北方从事革命活动的胡鄂公潜来天津。胡鄂公（1884—1951），湖北江陵人，名新三，号南胡，曾就读于北京江汉学堂及直隶高等农业学堂。

为开展反清革命活动，胡鄂公于 1910 年联络了京津两地部分同学成立共和会，并亲任干事长。武昌起义爆发后，出任湖北军政府侦探科长及鄂军水陆军总指挥。1911 年 11 月 24 日，胡鄂公奉派从汉口经上海来到天津，寄居法租界紫竹林长发栈。不久，便以湖北军政府代表的名义，召开京、津、保、滦、通州、石家庄等地革命团体负责人会议，决定在天津设立鄂军代表办事处，各地设立总指挥部和总司令部。为协调各团体的行动，胡鄂公又在英租界小白楼

---

① 参看丁开嶂：《辛亥革命时期的铁血会》，《近代史资料》，1955 年第 2 期。

召集同盟会、铁血会、振武社、女子革命同盟等组织的代表，成立北方革命协会，公推胡鄂公为会长，丁开嶂为评议。

1912 年 1 月，胡鄂公假道秦皇岛去上海，见沪军都督陈其美，得知孙中山正在筹划北伐，于是又转赴南京，由陆军总长黄兴陪同面见孙中山。孙表示"北方革命运动，固重于目前一切"；并责令黄兴从陆军部拨款 20 万元，作为胡鄂公活动经费。[①]

胡返津后，立即于 1 月 27 日上午在法租界西开召集紧急会议，传达了孙中山的指示，决定成立北方革命军总司令部。为避人耳目，下午的会议改在法租界吉祥里 14 号举行，专门研究起义方案，议决 1 月 29 日 24 时兵分九路发动起义，攻占直隶总督衙门等中枢和要害部门，成立津军都督府。散会当夜即开始制作义军所用的旗帜、胸章、臂章，并缮写起义成功后的文告，翻译准备发给各国驻津领事的照会等，然后向各路义军分发了枪械及炸弹。

据载，因组织工作进行得不甚严密，信号弹提前 2 小时（也就是当夜的 22 时）误发，各路义军没有准备就绪，有的尚未集合队伍，及至见到信号，不得不仓促上阵。第 1、6 路军临时集合了 120 余人，腰系白带，攻打直隶总督衙门，遭到守军顽抗，最后被来援的清军包围；第 7、8、9 三路义军的司令均在战斗中牺牲，起义失败。

1912 年 2 月 9 日晚，胡鄂公得知清廷接受优待条件，宣统皇帝将于 2 月 12 日宣布退位，临时参议院已决定推举袁世凯为总统，于是召集在津的北方各革命组织负责人开会，宣布解散北方革命军总司令部及各地的司令部。

四

辛亥革命前在革命派中出现了一股暗杀风，当时尚是青年人的

---

① 参看胡鄂公：《辛亥革命北方实录》，中国近代史资料丛刊《辛亥革命》六第 307 页。

汪精卫曾便是个中的代表。

汪精卫（1883—1944），广东番禺人，名兆铭，字季新。1903 年进入日本法政大学学习，1905 年在东京加入同盟会，被推为评议部评议员，还一度担任同盟会机关报《民报》的主编。

1910 年 3 月，汪精卫在北京刺杀摄政王载沣未遂，被判死刑；旋经民政部尚书善耆奏请，改判终身监禁。武昌起义爆发，清廷故示怀柔，释放汪精卫出狱，拟交两广总督张鸣岐试用。事为正在组阁的袁世凯闻知，遂奏请留京，希图把汪精卫作为与南方政府谈判时穿针引线的一个工具。

汪精卫由此因祸得福，得以经常出入袁宅，并与袁世凯长子袁克定结拜金兰。不久，汪精卫又接受了 50 万元活动经费，以立宪党与革命党的两党代表自居，于 1911 年 11 月中来天津，组织了"国事共济会"，宣称该会系"两党之人，联合发起"，以"调和南北"为主旨，实际上是设法阻挠北方地区革命斗争的不断爆发。不久，该会即因汪精卫的声誉不佳而自行解散。

半个月后，汪精卫以老同盟会会员名义，在天津意租界召集部分同盟会员成立京津保同盟会支部，自任支部长和暗杀队长，彭家珍任军事部长，先后出版了机关报《民意报》和《民国报》。其后，设在法租界的《民意报》机关成为京津一带革命党人进行暗杀活动的秘密联络点。[①] 1912 年 1 月 26 日，彭家珍在北京以炸弹行刺宗社党首领、军谘使良弼，当场牺牲；良弼炸断左腿，不久亦死去。此时的汪精卫，则因南北议和正在进行，遂以同盟会会员的身份，充当南方总代表伍廷芳的参赞；同时又因袁世凯的关系，暗中充当北方总代表唐绍仪的参赞，从中捞取政治资本。汪精卫这种两面手法，最终决定了他耻辱的一生。

天津暗杀活动的另一组织，以 1911 年 11 月 20 日成立的天津暗

---

① 参看刘民山：《汪精卫在辛亥革命前后的破坏活动》，《历史教学》，1985 年第 4 期。

杀团为代表。

薛成华（1893—1912），字友棠，直隶（河北）无极人，毕业于无极县高等小学堂，后任保定盲哑学堂的青年教习。

薛成华思想进步，矢志反清，后在天津秘密加入革命组织共和会。武昌起义消息传到天津，薛成华约集革命同志尹渔村、樊少轩、张在田、周希明等人，于1911年12月组成天津暗杀团并任团长，专门从事革命暗杀活动。当时南北和谈正在举行，但时任北洋巡防大臣、直隶镇守使、天津镇总兵的张怀芝反对最力，促使薛成华下决心除掉张怀芝。

1912年1月26日，也就是彭家珍在北京行刺良弼的同一天，薛成华决定组织暗杀团全体成员，在天津新站（今北站）刺杀由京返津的张怀芝。薛成华组织此次暗杀，已报定必死的决心，行前在枕边留下一首绝命诗："男儿死尔果何悲？断体焚身任所为。寄语同志须努力，成功早建荡夷碑。"[1]

当天上午，薛成华等人暗藏手枪和炸弹，潜伏在站台的人群中。11时许，张怀芝走出车厢，薛成华立即迎上前去，扔出一枚炸弹，炸中车厢，炸伤一名卫兵，张怀芝也被震昏倒地。这时，薛成华又扔出一枚炸弹，他的几位助手也连连向张怀芝开枪，但都没有击中。附近的军警闻声赶来，当场将薛成华包围；薛成华用手枪打伤两名军警，最后被捕；尹渔村、樊少轩等人见事败，趁乱弃枪而逃。当晚，薛成华即被凌迟处死，刑前骂不绝口，牺牲时年仅19岁。

为悼念薛成华的英勇就义，时人作有一副挽联："让盲者见光明，教哑子能言语，舍己为人，一方慈悲善士；炸民贼于下车，痛权奸之窃国，粉身取义，千载革命英雄。"

五

辛亥革命期间，在此起彼伏的层层革命浪潮下，天津还潜伏着

---

① 前引《辛亥革命时期天津的革命活动》。

一股抵制革命、妄图拥袁独立的暗流。

武昌起义爆发后，清廷摇摇欲坠，不得不起用已被罢黜但手握兵权的袁世凯。1911 年 11 月 1 日，清廷免去内阁总理奕劻的职务，任命袁世凯为内阁总理大臣。

此时的袁世凯已非昔日清廷彀中的曾国藩、李鸿章可比。他反对革命，又盼望清廷迅速解体，然后取双方而代之。这一野心引起了朝中满族权贵的极大忌恨，有人甚至主张把袁世凯除掉。

天津是袁世凯的发家之地，党羽散布各处。袁世凯出道时，经好友徐世昌的推荐，曾拜在晚清大学士、同治帝老师李鸿藻的门下，且与其次子，曾任户部侍郎、奕劻内阁邮电部右丞的李焜瀛过从甚密。袁世凯出任内阁总理时，李焜瀛正在天津。有鉴于各省"独立"之风甚炽，袁世凯又身居险境，于是由李焜瀛出面，联络北洋女子师范学堂监督、状元刘春霖，密谋于直隶总督陈夔龙，希望袁世凯以威慑革命党人活动为借口到天津巡行，"照方抓药"，实现直隶省的"拥袁独立"。

这一阴谋得到陈夔龙的赞同，并在河北地区为袁世凯准备了行辕。可老奸巨猾的袁世凯这时已经看到，南北双方均已处在自己的股掌之中，无须再到天津屈就直隶"独立"的领袖。于是借口"计未万全"，屡遣长子袁克定到天津与刘春霖等密议，终使"拥袁独立"的阴谋付诸东流。①

    *   *   *

辛亥革命时期，作为中国北部政治运动中心的天津，革命浪潮风起云涌，呈现出明显的特点。

首先是革命组织的众多。武昌起义爆发后，大批革命党人因天津离北京极近，且有各国租界掩护，易于栖身，于是蜂拥麇集。据不完全统计，辛亥革命期间天津的革命团体有同盟会、共和会、铁血会、振武社、急进会、光复会、天津暗杀团、北方共和团、共和

133

----

① 参看尚秉和：《辛壬春秋》第 23 "直隶"。

革命党、北方革命总团、女子北伐队、女子革命同盟等，可说是林林总总，数不胜数。如此众多的革命组织，短时间内集中在一个城市里，同时准备进行革命活动，大有箭在弦上、不得不发的势头，这在当时的中国城市中是不多见的。

其次是革命势力的活跃。各种革命势力集中到天津，无不跃跃欲试，在武昌起义爆发后的两个多月中，革命宣传、武装起义、武装暴动、进行暗杀……此起彼伏，几乎无日无之；有的革命党人为牵制开赴山西镇压革命的清军，甚至赶到附近的任丘、雄县发动起义，从而给摇摇欲坠的清王朝造成极大的威慑，惶惶不可终日。在舆论宣传方面，天津也占有一定的优势，比如同盟会的外围组织光复会创办了《克复学报》，在青年学生中很有影响。又如京津保同盟会支部创办的机关报《民意报》，一直出版到辛亥革命以后；到了民国初年，一度被视为由同盟会改组的国民党的喉舌；1912 年该报创刊周年纪念时，孙中山手书祝词，以示庆贺。

应当说，在武昌首义后的南北和谈中，清室很快接受优待条件宣布退位，不能不说与近畿天津的形势极其严峻有密切的关系。

既然天津的革命组织众多，革命势力又十分活跃，为什么所有革命活动几乎全遭失败或未克实现呢？

这主要是因为当时天津的革命力量过于分散，且于仓卒中缺乏周密可行的计划和准备。这一时期多数的革命暴力活动，总体上看，均属乘势而上，或互不统属，各自为战；或缺乏经验，指挥失当。面对余威尚存的清廷反动势力，自然不是对手。

除此之外，彼时天津的革命组织固然甚伙，但每个革命组织中的人员却极为有限，少者数人，多者十数人、数十人。而天津作为直隶首府，反革命力量一直蓄势强大，相比之下，革命力量显得既脆弱又分散，而且无法集中力量，实现重大突破。有的革命领导人虽然试图对众多的革命力量进行整合，终因缺乏权威性的领导，种种暴力活动先后失败不可避免。再加上众多的革命组织多系临时麇集天津，在地方上缺乏深厚的群众基础；革命活动若缺乏群众的广泛支持，稳操胜券、一举成功的可能性自然很小。

　　总之，全面考察辛亥革命时期天津迅速出现的斗争激烈、你死我活的革命形势，证明20世纪初的中国大局已经到了非变不可的程度。可是，在一个具有几千年封建传统的国家里，要与根深蒂固的封建势力临军对垒，力量十分薄弱和脆弱的资产阶级与中产阶级，至少在年龄和资质上显得先天不足，自然不是对手。这说明，要与根深蒂固的封建势力进行较量，取得民主革命的彻底成功，在中国绝非一朝一夕的事情。所以，辛亥革命虽然推翻了清王朝，但没有、也不可能打倒或铲除几千年来封建的传统与思想根基，实现真正的民主与共和。

　　辛亥革命爆发8年之后，也就是1919年，高举科学、民主大旗的五四运动爆发。这场深入人心的群众性运动，既是辛亥革命引发的民主革命的延续，也是科学、民主与专制、愚昧的一次新较量。历史从此出现了大的拐点，旧民主主义革命不得不因其软弱无力而退出历史舞台，新民主主义革命开始以其强大的声势，成为时代的主角。

　　　　　　　　　　［原载中央文史研究馆：《纪念辛亥革命一百
　　　　　　　　周年学术论文集》，广东人民出版社，2011年］

辛亥革命时期京津两地革命活动之互动

　　明清以来，天津一直是首都北京的门户和外港。永乐初，以"直沽，海运商舶往来之冲，宜设军卫"，乃有天津卫之设。入清后，先是废卫为州，同年升直隶州；不久，又以天津直隶州为水陆通衢，五方杂处，乃开州为府，附郭置天津县；天津府为冲、繁、疲、难四字"请旨缺"，天津县为四字"最要缺"。能与天津府、县地位相比的，全国只有武昌府和汉阳县，由此可见明清两代对天津的重视。

　　天津自 1860 年开埠到 1902 年，先后有英、法、美、德、日、俄、意、奥、比九国租界之设；租界不受中国法律制约，犹如"国中之国"。常驻天津的直隶总督兼北洋大臣，是皇帝的钦差，有权进行对外交涉和统率近畿新式武装，因而造就了天津特殊的政治地位，在诸多方面成为吸纳先进生产力和民主思想的窗口与跳板。20 世纪初的大规模国会请愿运动在北京爆发，其中，设于天津、以天津立宪派为核心力量的顺（天府）直（隶省）谘议局最为活跃，不会是偶然的现象。

顺直谘议局与京津地区的国会请愿运动

　　国会请愿运动缘起　经过 1900 年的义和团运动，以及八国联军强迫签订的《辛丑条约》，清王朝已如大厦将倾。为解决生存危机，不得不于 1905 年宣布试行君主立宪，允准各省成立谘议局；1908 年又颁布了《钦定宪法大纲》，规定了长达 9 年的预备立宪期。

清廷知白守黑的政令，引起了立宪党人的强烈不满。从 1910 年 1 月开始，各省谘议局代表、旗籍代表齐集北京，公推直隶议员、天津人孙洪伊出面，呈请都察院代递"请于一年内召开国会"的奏折，清廷却答以"俟九年预备完全，再行降旨"。这种虚应事故的敷衍，造成各省代表的极大愤懑，于是通电全国，说明原委；同时在北京成立国会请愿同志会，创办刊物《国民公报》，准备再次请愿。

以天津为中心的国会请愿运动不断深入　1910 年 2 月，顺直谘议局召集各县议事会代表举行会议，代表们携来有 20 余万人签名的"拥护国会请愿签名册"。3 月，又在天津成立了"国会请愿同志会分会"。6 月，各省谘议局代表组建了 10 个请愿团进京，其中两个是由顺直谘议局组织的：一是以孙洪伊为首的直隶省议员代表团，一是以李长生为首的直隶省绅民辑旗籍绅民代表团，可见当时京津两地立宪党人配合之紧密。

对于这次请愿要求，清廷再次拒绝，并令毋得再行渎请。各省谘议局闻讯，纷纷致电在北京的代表，要求继续请愿。

1910 年 10 月，资政院在北京行开院礼，在京各省代表请资政院代呈请愿书。在强大的舆论压力下，资政院奏请速开国会，清廷不得不宣布于 1913 年开设议院和预行组织内阁，但同时令民政部，将各省代表即日解散。这种"未足以餍人心而……尤乖民意"的倒行逆施，引起各省不满，"东三省人民，召集万余人，要求即开国会，迫东督代奏。天津各团体三千八百余人，联名要求直督代奏"[①]。天津学生还发起组织"全国学生请愿同志会"，公推普育女子学堂监督温世霖为会长，准备罢课，同时通电全国请求各地支援。清廷对于学生加入请愿队伍，既恨又怕，谕令直隶总督陈夔龙"严饬开导弹

---

① 伧父：《立宪运动之进行》，《中国近代史资料丛刊·辛亥革命》（六），第 8 页。

压，如不服劝谕，纠众违抗，即行查拿严办"。此后不久，温世霖被捕，押解北京，被"发往新疆，交地方官严加管束"①。

在三次国会请愿运动中，以顺直谘议局及议员孙洪伊最为活跃。1911 年 7 月，孙洪伊联合各省议员在京组织宪友会，引起清廷极大恐慌，甚至准备将孙捕杀。

国会请愿运动对京津地区革命活动的影响　武昌起义爆发后，清廷如坐针毡，忙下罪己诏，颁布宪法十九信条，同时依直隶总督陈夔龙之请，"从前有因热心政治逾范围者，虽禁锢于当时，宜赦免于此日……相应仰恳天恩，准将温世霖即行释回"②。由此可见，以京津地区为主的顺直谘议局组织的一系列请愿活动，对清廷的压力之大和对形势的影响之深。

不过这种梧鼠技穷的做法，早已失去作用，清廷的倾覆已是指日可待。而立宪派中的许多人，亦因此倾向革命。后来，自天津来北京参加暴动的敢死队员、辛亥烈士李汉杰（1879—1911），就是因目睹天津国会请愿运动的失败，而"深信非革命不足以救中国"③ 的典型。

王钟声用戏剧宣传、组织革命

王钟声其人　北京和天津，均为传统戏曲最发达、最普及的城市，1908 年，革命戏剧家王钟声（1874—1911）④ 来到京津，力图用戏剧宣传和组织革命。

王钟声，浙江上虞人，早年留学德国，回国后被聘为广西法政讲习所教官。王钟声思想进步，倾向革命，反对立宪，决心从事群

---

① 《宣统政纪》卷 45。
② 《宣统三年九月十二日直隶总督陈夔龙奏折附片》，《中国近代史资料丛刊·辛亥革命》（四），第 93 页。
③ 参见黄真等：《辛亥革命北方英烈小传》，北京出版社，1984 年，第 39 页。
④ 关于王钟声的生平，记载不一，此处依前引《辛亥革命北方英烈小传》。

众喜闻乐见的戏剧工作，用以宣传群众。他尝言："中国要富强，必须革命，革命要靠宣传，宣传的办法，一是办报，二是改良戏剧。"[①] 1907 年，他在上海组织了中国第一所戏剧学校——通鉴学校，以及中国第一个话剧（时称"新剧"）团——春阳社。

在北京的革命戏剧演出 为传播革命舆论，王钟声决心把具有革命内容的新剧推广到京津地区。1908 年，他来到北京，在北京鲜鱼口天乐茶园、地安门外德泉茶园和天和茶园进行演出。为便于观众接受新剧这种表演艺术，演出前先请名角演唱一段京剧。他在北京演出的新剧剧目有《禽海石》《爱国血》《血手印》等，很受观众喜爱。

在天津的革命戏剧演出 不久，王钟声又来到天津，结识了戏剧界知名人士、移风乐会创始人刘子良，二人在北马路合办大观楼舞台文明戏园，组织了一个月的新剧演出，剧目有《官场现形记》《孽海花》《林文忠公焚烟强国》《爱国血》等，由于题材新颖，又富有爱国精神，深受观众欢迎。从 1911 年开始，为配合日益高涨的革命形势，王钟声又在同乐茶园演出颂扬革命志士、宣传武装起义的新剧《热血》《鸣不平》《秋瑾》《徐锡麟》《革命家庭》等，在地方上引起极大反响，王钟声也因之引起警方注意，1911 年 9 月被京师警察厅逮捕，解递回籍监管。

重来天津　不幸遇害 武昌起义爆发后，王钟声巧妙逃脱监管，参加了上海武装起义，成为沪军都督府参谋长。他担任该职仅 9 天，便奉沪军都督之命，化名王宗成潜回天津，准备在戏剧界策划武装起义。

王钟声来到天津之时，正值北京武装起义失败，同盟会会员、新军第六镇统制吴禄贞在石家庄准备发动起义时被刺，滦州起义亦在酝酿当中，致使天津布防严密，形势极为紧张。王钟声下车后，隐居奥租界于家大院刘子良家，但遭暗访局便衣跟踪。12 月 2 日夜，

津门琐论

139

---

① 前引《辛亥革命北方英烈小传》，第 31 页。

王钟声正与刘子良、白逾桓（即北京同盟会会员吴友石，办有《国风报》）等7人秘密开会，天津警察局串通奥地利驻津领事，当场将众人抓捕，旋引渡中方，交北洋巡防大臣、天津镇总兵张怀芝发落。翌日，王钟声即被枪杀。

鄂军政府与同盟会对京津地区革命活动的领导

胡鄂公、汪精卫主持下的京津地区革命活动　吴禄贞被刺后，鄂军政府大都督黎元洪与京津保革命团体代表就如何发动北方地区革命问题磋商，时任职于鄂军政府的胡鄂公说："袁世凯自暗杀吴禄贞后，彼已统一近畿军政大权，可与革命军势均力敌。故为革命安全计，惟有运动京、津、保、滦、通军民同志，响应革命，推翻清室，动摇袁氏根本，实为目前迫切要图。"① 于是他奉派为鄂军政府全权代表前往京津一带，主持北方革命。1911年11月24日，胡鄂公抵津，住法租界紫竹林长发栈，开始与同盟会员白雅雨、凌钺等讨论策反驻防滦州新军等问题。

当时，天津有男女同盟会会员60余人，有散布于近郊的共和会、铁血会成员50余人，租定机关住宅10余所。11月27日，汪精卫等在策划了29日北京的暴动之后亦来到天津，但此次暴动终因组织不善而失败。

津军司令部、同盟会京津保支部与鄂军代表办事处的建立　11月30日津军司令部成立，在津的革命志士白雅雨、白逾桓、汪精卫、薛成华、张先培等20余人出席。12月1日，汪精卫组建的中国同盟会京津保支部在天津意租界成立；会后，又成立了以汪精卫为队长的暗杀队。翌日，京、津、保、通、石（家庄）共和会代表齐集天津，一致议决加入同盟会。下午，各地代表在北洋医学堂开会，

---

① 胡鄂公：《辛亥革命北方实录》，《中国近代史资料丛刊·辛亥革命》（六），第274页。

为集中力量，统一指挥，决定在天津设立鄂军代表办事处，下设京津保滦通石总指挥处，总指挥由鄂军代表兼领；同时成立京津保滦通石任（丘）总司令部，设总司令1人，指挥数人，选定钱铁如为北京总司令，孙谏声为天津总司令，施从云为滦州总司令，蔡德辰为通州总司令。当时，北京等地武装暴动使用的武器，均由天津提供。①

北京暗杀团与天津暗杀团的成立　12月9日，京、津、保、滦、通、石、任等地革命党人在保定开会，决定18日在任丘举义，其他各处响应；张先培、薛成华组织暗杀团，分头去北京刺杀袁世凯，去天津刺杀张怀芝。不久，北京暗杀团在龙泉寺宣誓成立，由张先培、黄之萌、杨禹昌等19人组成。天津暗杀团在英租界小白楼成立，由薛成华等5人组成；成立之日，张先培特意由北京赶来参加。

张先培（？—1912），字先栽，贵州贵筑人，出身于清军高级武官家庭，北京贵胄学堂学员，1911年春，加入共和会北京分会。为从事革命活动，经常往来于京津之间，曾作为天津共和会的代表，参加了中国同盟会京津保支部的成立。② 黄之萌（？—1912），字继明，原籍直隶，后落籍贵州贵定，曾就读于贵州省立中学堂。1910年夏，来北京参加革命组织。南北议和期间，黄之萌看出袁世凯准备篡夺政权的野心，决意除袁，他说："大奸贼不除掉，革命就不能成功！袁世凯今天对清朝可以不忠，将来他难道能忠于革命？"杨禹昌（？—1912），字敏言，四川资州人，得同乡资助，到北京读书；后受聘于保定师范学堂，经常接触进步学生，决心参加革命。③ 薛成华（1893—1912），字友棠，直隶无极人，毕业于无极县高等小学

---

① 胡鄂公：《辛亥革命北方实录》，《中国近代史资料丛刊·辛亥革命》（六），第283—285、287页。

② 胡鄂公：《辛亥革命北方实录》，《中国近代史资料丛刊·辛亥革命》（六），第282页。

③ 前引《辛亥革命北方英烈小传》，第55—58页。

堂，后任保定盲哑学堂的青年教习；因思想进步，矢志反清，在天津秘密加入革命组织共和会。

北方革命协会与任丘起义　12 月 14 日，同盟会、铁血会、振武社、急进会、克复堂、北方革命总团、共和革命党、北方共和团、女子北伐队、女子革命同盟等团体代表在英租界小白楼集会，决定联合建立北方革命协会。15 日，胡鄂公等亲赴滦州，说服驻滦新军营长施从云、王金铭；旋又组织关内外振武社 28 路有枪会员千人拟赴滦支援。18 日，任丘起义爆发，适因南北议和代表开始接触，汪精卫担心起义影响议和，在他的阻止下，京、津、保、通、石等地无法响应。翌日义军退守雄县；20 日清军以大炮轰城，义军牺牲百余，起义失败。

北方革命协会策划的滦州起义

组织京津地区革命活动的两种意见　就在这时，集中于天津的革命党人内部发生意见分歧。汪精卫认为，"现当停战议和之时，吾党京津保一带同志，自宜遵守诺言，不可有所行动。惟于暗杀一事，在必要时仍需执行"。而胡鄂公认为，"所议停战范围，仅及于湖北、山西、陕西、山东、安徽、江苏、奉天诸省，而无京津保等地，我虽停止行动，彼仍逮捕枪杀"①。因此继续组织京、津、保、滦、通武装力量，准备同时起义。12 月 27 日，汪精卫暗中以南方议和代表参赞名义南下上海，京津一带革命阻力始减。

12 月 29 日，滦州驻军官兵全体通电，主张共和。30 日，北方革命协会在天津法租界生昌酒楼召集各革命团体会议，传达滦州新军"电请天津同志赴滦指导革命、组织政府诸情形"，决定由白雅雨等 10 人分批前往滦州，吴若龙、程芝田前往京、通、保，策动各地驻军响应。

---

① 前引《辛亥革命北方实录》，第 294 页。

白雅雨（1868—1912），名毓昆，江苏南通人，同盟会会员，与中国近代地理学奠基人张相文同为南洋公学校友。从青年时起即矢志献身革命，以地理学救国。到达天津后，张、白二人于任教之余，经常探索进行革命的办法，"暗结团体，待机而发"。

白雅雨是位坚定的革命者，据其子白一震回忆说："我父对清末各界吁请清廷召开国会运动，认为无异于与虎谋皮，拒不参与，决意组织武装起义，推翻帝制，乃网罗青年，策动革命。时我在南开中学读书，每逢假日回家，常见女师及法政两校同学纷来我家，同我父密谈。天津地接京畿，信息较多，师生议论时局，往往言辞激昂，声溢户外。"① 由于来往人员频繁，引起暗访局注意，大门被粉笔画上白圈。白雅雨自知身处危境，不得不迁居，并遣妻、子携密信赴上海，投奔沪军都督府的钮永建。

北方行动计划 武昌起义爆发后，白雅雨在第一蒙养院创办中国红十字会天津分会，准备组织人力开赴前线，为义军做战地服务；又在河东大王庄设弹药制造所，制成炸弹后，"披广氅，携短铳"，亲自带领把炸弹绑在身上、假充孕妇的女生，往来于北京、张家口之间，伺机暴动。不幸机密泄露，行动受挫。

白雅雨并未因此而气馁，而是积极接受赴滦重任，同时与张相文拟订"北方行动计划"：白雅雨赴滦策反，张相文去上海，请求黄兴派革命军由烟台北上，至秦皇岛登陆，占领山海关，里应外合，直捣津京。

值得注意的是，顺直谘议局中的立宪党人也支持白雅雨去滦州，并表示，如第二十镇宣布起义，经过天津，组织政府，全部军饷由顺直谘议局筹措。②

白雅雨与滦州起义 白雅雨秘密抵滦后，说服施从云尽早行动，"一可以先发制人，二可以为民军之声援，于是滦州大街小巷遍贴起

① 白一震：《记我的父亲白毓昆》，《天津文史资料选辑》第 16 辑。

② 王葆真：《滦州起义及北方革命运动简述》，《辛亥革命回忆录》，中华书局 1963 年。

义反正文告"①。清廷闻讯，忙派通永镇总兵王怀庆前往镇压。1912年1月1日晚，清军开抵滦州；当晚，王金铭亦发出起义通电。1月3日，北方军政府在滦州成立，王金铭为大都督，施从云为总司令，白雅雨为参谋部长兼外交部长，同时电告各国公使。驻津各国领事接电，公推俄使为代表前往滦州，表示承认义军为交战团体，并与军政府负责人合影留念。翌日，军政府举行誓师大会，当晚即乘火车向天津进军。

车行至雷庄，起义军遭清军狙击，双方激战4小时。清军见不能取胜，伪装停火，将王金铭、施从云诱至阵前捕获，随即杀害；白雅雨"知事不济，脱身逃，思回津再谋大举，伏匿古刹竟日，旋易服潜行至古冶，卒被逮"②，后遇害。

通州起义的策划与京津两地的暗杀风

蔡德辰与通州起义　为配合滦州举义，吴若龙等到北京，经与钱铁如、蔡德辰商议，决定于1912年1月12日在通州发难，攻打北京。

具体部署是：蔡德辰、吴若龙等率部分驻防通州毅军与退伍毅军300余人组成敢死队，午夜进攻北京；与驻防南苑毅军会合于永定门，直趋东城外务部，包围内阁官署；另一支由西直门外禁卫军第四标组成的义军，攻入西直门，攻打西华门；钱铁如、张先培等率领内外城毅军与洋车夫千人会合后，环攻紫禁城。刘仙舟等联合保定西关路警与东关驻军千人举义，遥相呼应。旋因滦州起义的失败，这次起义不得不延期进行。

蔡德辰（1894—1912），字振民，湖北蕲春人，幼年来京，就读于鼓楼西大街豫文中学。1910年冬，16岁的蔡德辰与革命党人钱铁

---

①　张海珊：《记张相文、白雅雨的革命活动》，《天津师院学报》，1982年第1期。按，张海珊为张相文之侄。

②　前引《记我的父亲白毓昆》。

如等在北京组建共和会北京分会。1911年蔡德辰进入通州协和书院读书，并以书院为掩护，联络革命同志，秘密组织共和会通州支部。在此期间，他设法与驻防通州的毅军和地方士绅广泛联系，遂使不少官兵同情革命，而通州的共和会机关和义军司令部，就设在张家湾之革命志士王治增家中。①

张先培刺杀袁世凯　1月15日，设于张家湾的义军司令部被清军破获，蔡德辰等人被捕。由于情况紧急，钱铁如、张先培等在北京宣武门外荆州会馆举行会议，决定利用次日袁世凯早朝机会，分四组出发，暗伏于王府井、东华门一线，伺机行刺。16日，第一组张先培等匿于东安门附近的三义茶叶店楼上，第二组黄之萌等匿于祥宜坊酒楼，第三组杨禹昌等潜伏在东安市场前，第四组吴若龙驶车马游弋于东华门、王府井大街间。

16日午11时45分，袁世凯乘坐的双马车在前拥后护下出东华门，行至东安门外大街，张先培扔下炸弹一枚，行至祥宜坊时，黄之萌等再扔炸弹两枚，炸翻袁世凯马车；三、四组闻炸弹声，以手枪、炸弹威胁沿街夹立之军警，使之不敢赴援。在卫兵的救护下，袁世凯改乘坐骑，并下令还击搜捕。张先培追袭袁世凯，不幸头部中弹；黄之萌搀扶张先培，与袁世凯卫队枪战，因寡不敌众，张、黄等8人当场被捕。17日张先培、黄之萌、杨禹昌等3人在北京被斩决，蔡德辰等7人在通州被斩决。

薛成华刺杀张怀芝　1月24日，得天津保卫警察队长刘应福的密报，说是张怀芝将于26日上午由京返津，薛成华等当即决定实施刺杀行动。

26日上午，薛成华等暗藏手枪、炸弹，潜伏于站台的人群中。11时许，张怀芝走出车厢，薛成华立即迎上前去，扔出一枚炸弹，炸中车厢，炸伤一名卫兵，张怀芝也被震昏倒地。这时，薛成华又扔出一枚炸弹，他的几位助手也连连向张怀芝开枪，但均未击中。

① 前引《辛亥革命北方英烈小传》，第61—62页。

145

津门琐论

附近军警闻声赶来，当场将薛成华包围；薛成华用手枪打伤两名军警后被捕；同行者见事败，趁乱弃枪而逃。当晚，薛成华即被凌迟处死，年仅 19 岁。

彭家珍刺杀良弼　同一天，清新军第二十镇天津兵站司令部副官、同盟会京津保支部军事部长彭家珍，抱定"共和成，虽死亦荣"的决心，刺杀坚决反对革命的清廷宗社党首领良弼。当日，彭家珍身着军服，假借清军标统崇恭之名，"谒良弼于北京红萝厂。适良弼由外归，甫下车，家珍投以弹。弹发，爆下马石，良弼应声腾空而起，断一足。家珍当场被碎石裂脑以殉，良弼亦以重伤继家珍而死。"①

北方革命军总司令部领导的天津起义

孙中山的重要指示　1912 年 1 月，胡鄂公假道秦皇岛至上海，见沪军都督陈其美，得知孙中山正筹划北伐，于是转赴南京，由陆军总长黄兴陪同面见孙中山。陈其美表示，"北方革命，现在亟宜推动，不可有所瞻顾"；孙中山态度更为明确："北方革命运动，固重于目前一切"②。

北方革命军总司令部的建立　胡鄂公返津后，于 1 月 27 日上午在西开织布局召集紧急会议，传达孙中山指示，决定成立北方革命军总司令部，以胡鄂公为总司令，白逾桓为津军都督。为避人耳目，会议下午改在法租界吉祥里 14 号举行，专门研究起义方案，议决 1 月 29 日 24 时，闻号炮响声，即兵分九路发动起义，攻占直隶总督衙门等中枢要害部门，成立津军都督府，以汪精卫为都督，京、通、保同时响应。散会当夜即开始制作义军所用旗帜、胸章、臂章，并缮写起义成功后的文告，翻译准备发给各国驻津领事的照会等。

146

---

① 前引《辛亥革命北方实录》，第 312 页。
② 前引《辛亥革命北方实录》，第 307 页。

其后向各路义军分发了枪械及炸弹，力图"一举而将天津全镇占领"①。28 日，胡鄂公等再次召开会议，研究占领天津后应办的各项事宜。

这次起义，因组织工作疏忽，号炮提前 2 小时即 22 时误发，各路义军尚未准备就绪，及至听到号炮，不得不得仓促上阵。"多者三十余人，少者才十余人，然亦有以联络中断而自动集合者。"② 第一、六两军临时集合百二十余人，攻打总督衙门，遭守军顽抗，并被来援的清军包围；第七、八、九三路义军司令均在战斗中牺牲，起义失败。

京津地区革命活动的结束　1912 年 2 月 9 日晚，胡鄂公得知清廷接受优待条件，宣统皇帝将于 2 月 12 日宣布退位，临时参议院已决定推举袁世凯为总统，于是召集在津的北方各革命组织负责人，在吉祥里 14 号开会，宣布解散北方革命军总司令部及各地的司令部。2 月 21 日，汪精卫在天津北洋医学堂召集北方各革命团体，宣布除参加同盟会者外，一律资遣回籍。辛亥革命时期京津一带的革命活动遂告结束。

京津革命活动的互动原因及重要意义

北方革命运动重于一切　武昌起义爆发后，南方各省先后独立，革命党人尤其是北方的革命党人深知京津一带地位的重要，一致认为，"以目前形势论，推动北方革命，实有迫切必要"③。而"京津一带是清室的根本之地，京津不动摇，南方革命军恐难持久……我们应该尽快在京津举义"④。即使后来南北议和进行，京津地区对于革

①　前引《辛亥革命北方实录》，第 316 页。
②　前引《辛亥革命北方实录》，第 319 页。
③　前引《辛亥革命北方实录》，第 271 页。
④　转引自辛公显：《辛亥革命时期天津的革命活动》，《天津文史资料选辑》第 16 辑。

津门琐论

147

命的重要性也未尝稍减，连孙中山也认为"北方革命运动，固重于目前一切"。在这样的共识下，京津一带自然成为各色革命党人集中活动的地区，起义及暗杀活动蜂起。

天津的重要地位　当时，京津两地的革命活动几乎是连在一起，密不可分的；两地的革命志士互动密切，往来频繁。天津因有租界之设，领导两地革命运动的组织，大都设在天津；而革命经费的筹集，起义和暗杀使用的武器、炸弹，也大都由天津购买或制造。加之清廷新军后勤部门多设在天津，许多官佐，如第二十镇天津兵站司令部副官彭家珍，韩柳墅清军营副孙炎生、军需龚善之都是革命党人，对革命活动的进行支持极大（孙、龚二人曾将营饷6000元移作天津起义经费），所以就当时北方地区的革命形势而言，"天津地位重要，其影响与北京同"①。

失败原因及历史意义　京津地区革命活动由于力量的分散和弱势，成功极少，或谓失败之原因，"不在响应之无人，而在发难时主力之不充实"②。更重要的，则是因为这里"专制威力所集中，当事者防范之严，侦察之密，过于他省。故当鄂事既起，非无各地志士密谋运动，终屈伏而不得逞"③。然而，京津两地革命互动的声势之大、活动之繁，极大地影响和动摇了清朝的统治根基及统治信心。"当此滦州、开平、通州、北京、东华门、红萝厂、天津车站事变之余，人心偾张，为北方从前所未有。"④特别是暴动的此起彼伏和暗杀的风行，致使"谣警日异"，"京师人心惶惶……辇毂之下，一日

---

① 转引自辛公显：《辛亥革命时期天津的革命活动》，《天津文史资料选辑》第16辑，第314页。

② 转引自辛公显：《辛亥革命时期天津的革命活动》，《天津文史资料选辑》第16辑，第321页。

③ 郭孝成：《直隶革命记》，《中国近代史资料丛刊·辛亥革命》（六），第268页。

④ 前引《辛亥革命北方实录》，第314页。

数惊"①，许多达官显贵逃亡外地，迫使岌岌不可终日的清廷不得不尽快接受"优待清室条件"，促进了共和的实现。

［北京文史研究馆、天津文史研究馆："纪念
辛亥革命 100 周年"学术研讨会论文，2011 年］

---

① 《宣统三年九月十九日御史赵熙奏折》，《中国近代史资料丛刊·辛亥革命》（六），第 374 页。

三津人物

天津教案中的曾国藩①

在一个动荡不安的环境里，社会冲突引发的种种机遇，往往容易使人脱颖而出，其中，被视为晚清"中兴重臣"的曾国藩（1811—1872），大概也算得上是其中典型的一人。

有人认为，爆发于晚清的两件大事，决定了曾国藩的一生：一件是太平天国起义造成的社会大动乱，另一件便是天津教案。镇压太平天国起义的成功，曾使他跻身于"中兴重臣"之首，威望达到了极点；办理天津教案的苦果，又使他本已不堪重负的衰朽之躯，蒙上了难以洗刷的历史耻辱。千秋功罪，至今难以评说。

因为就曾国藩本人来说，他不过是中国传统社会中一名典型的

---

① 本文是 20 余年前的一篇旧作。1996 年秋，湖南省双峰县县委宣传部点名要我去那里参加曾国藩的学术研讨会，力辞不成，遂只身赴会。期间，至荷叶乡毅勇侯第考察，恰值出版社组织专家约写《曾国藩评传》，有关天津教案部分，义不容辞，由我承担。当时，唐浩明先生积数十年功力，搜集整理、精校精编的《曾国藩全集》31 册（奏稿 12 册、批牍 1 册、诗文 1 册、读书录 1 册、日记 4 册、家书 2 册、书信 10 册）刚刚由岳麓书社出版，承蒙唐先生允准，以折扣价购得一部，珍藏至今。有了新的第一手资料，撰写并不费力，不数月，文稿即行交付并顺利通过，但此后再无出版消息，当有其原因也。两年后，我亦离岗退休，此稿乃藏诸箧笥。2020 年为天津教案爆发 150 周年，念及此，遂于日前将此稿重新录入电脑，几乎一字未动。150 年来，中国和世界都发生了翻天覆地的变化，但对天津教案的评说却始终未能一致，是耶非耶，只能留待后世再说吧。

读书人。假如生活在"康乾盛世"，他会是一位有德行、有造诣并享有高官厚禄的著名理学家或文学家。可惜，命运没有这样安排他——在他而立之年，一场把中国抛进世界资本主义漩涡的鸦片战争爆发；方届不惑，中国历史上一场规模最大的农民起义又以山奔海立之势扑面而来。作为清王朝统治集团中的一员（这时的曾国藩已是内阁学士兼礼部侍郎），在统治者与被统治者两大集团的较量中，他的思想，他的立场，只能让他站在统治者一边而没有选择的余地，最终，他胜利了。然而在与西方资本主义国家不期而遇的斡旋中，由于他无法超脱传统文化对他的束缚，也无法超脱他赖而生存的专制王朝，致使他的智识、才学和经验都显得是那样的苍白无力，因而深感"旁皇（彷徨）无计"。这时，他只能不顾一己的毁誉，尽力去维护他的王朝、他的利益集团，"外惭清议，内疚神明"的下场是不可避免的。这不能仅仅归咎于他个人，而是历史，也是当时那个社会，回报给他的悲剧结局。

病假未满　力疾赴津

教案，作为中外交往与冲突中产生的严重症结，并非始自鸦片战争之后。

自从明万历九年（1581）意大利传教士利玛窦把耶稣教带进中国，到万历四十四年（1616）便爆发了一场规模颇大的南京教案①，致使不少来华的传教士被捕。由于中西文化传统的巨大差异，彼时，一般人均视耶稣教与被官府严厉禁止的白莲、无为诸教无异，所以不能容忍来自国外的异端存在。

---

① 明万历四十四年（1616），署理南京礼部尚书的沈榷写信给万历皇帝，历数了耶稣教在南京违背中国文化传统和道德秩序，并与白莲教有染，图谋不轨等"罪恶"行径。结果教堂被毁，一些传教士在南京被逮捕，有的则由北京押解到澳门，传教士墓地也遭破坏。是为西方传教士在华遭遇的第一次重大挫折。

迨至五口通商，特别是第二次鸦片战争以后，外国传教士可以在中国自由传教，以致各地教案迭起。究其原因，显系不平等条约所赋予外国人和外国传教士的特权过多、过滥。比如，传教士可以任意进入中国内地各省传教，且"租买田地，建造自便"①。传教士非但可以享有领事裁判权而不受中国法律的制裁，而且传教士的传教工作还要受到中国官府的保护，而不得受到"欺辱凌虐"或"骚扰"。

由于有不平等条约的庇护，造成传教过程中出现的诸多事项，已远远超出了单纯的宗教范围，而成为严重的政治问题。所以，曾国藩把天津教案初步议结之后，在给清廷的奏折中特别指出："凡教中犯案，教士不问是非，曲庇教民……虽和约所载，中国人犯罪由中国官治以中国之法，而一为教民，遂若非中国之民。"② 及至两江总督马新贻被刺，曾国藩调任两江，于进京陛见之时，他又提出了这个问题："教堂近年到处滋事，教民好欺不吃教的百姓，教士好庇护教民，领事官好庇护教士。明年法国换约，须将传教一节加意整顿。"③

其次是西方的耶稣教文化与几千年的中国传统文化在许多方面格格不入。周秦以来，地处中原的汉族政权一直受到北边少数民族的觊觎；汉代以来，"罢黜百家，独尊儒术"，在统治阶级的倡导之下，春秋大义和孔孟之道成为人们头脑里唯一的是非和价值判断标准，养成狭隘的排外心理。社会上普遍认为，"非我族类，其心必异"，只有儒家学术和程朱理学，才算得上是"仁之至，义之尽，天理人情之正"的"圣学"。"自天子以至于庶人，未有不从尧舜禹汤

① 见中法《续增条约》第六款，《中外旧约章汇编》（1），第 147 页，生活·读书·新知三联书店，1982 年。按：这两句话为法文本所无，是担任谈判翻译的法国传教士在签约时私自加上的。

② 《曾国藩全集》"奏稿·十二"，第 706 页，岳麓书社，1994 年。

③ 《曾国藩全集》"日记·三"，第 1787 页。

文武周公之教者；出于尧舜禹汤文武周公之教外，即入乎禽与兽之中。"①

在这种"万古不变"的思维定式笼罩下，自清咸丰末年以迄天津教案的发生，各种斥耶稣教为异端邪说，举教中的种种仪轨诡秘邪术和伤风败俗的檄文、公启、告示、揭帖等，在民间和社会上广泛流传。甚至编为歌谣，绘成图画，对耶稣教攻讦抵制，且不遗余力。

同治元年（1862）春，湖南绅士聚议，呈请驱逐天主教，同时发布了"公檄"，列举出天主教的十大"恶行"，其中就有持银钱诱人入教、用迷药佐以符咒迷骗童男，以及将从教将死之人剜出其目、剖去其心等耸人听闻的内容。影响所及，江西不久亦发布反教"公檄"，南昌还刊印有《扑灭异端邪教公启》广泛流传，公开号召群众共伸义愤，"锄头扁担，尽作利兵，白叟黄童，悉成劲旅，务将该邪教等斩除净尽，不留余孽。杀死一个，偿尔一命；杀死十个，偿尔十命。其有中国人投习彼教者，经各乡族长查出，不必禀官，公同处死"②。这些，均不啻为天津教案爆发的先声。

同治九年（1870）春夏之交，天津一带亢旱异常，民心浮动，谣传甚多：有谓教堂用迷药迷拐幼童者，有谓义冢内幼孩尸骨暴露系教堂所弃者，有谓天主教挖眼剖心者。适值天津府、县拿获迷拐幼童犯张栓、郭拐，讯明正法。未几，桃花口居民又拿送迷拐犯武兰珍，供词牵涉天主教堂王三，于是民情汹汹，闾阎欲动；沿街沿巷查拿迷拐、查拿教民之风亦由此而起。

当年五月二十三日（6月21日），天津道、府、县押带武兰珍前往教堂对质，未得结果，遂传主教谢福音到三口通商大臣衙门，议明：嗣后教堂中若有病故人口，应报地方官验明，跟同掩埋；堂中读书及收养之人，亦应报官，任凭查验，以期民教相安。

谢福音回到教堂后，正值教堂中人与围观群众口角相争，引发

---

① 蒋敦复《拟与英国使臣威妥玛书》，见葛士濬《皇朝经世文续编》卷104"洋务"。载《近代中国史料丛刊》。

② 《筹办夷务始末》（同治朝），卷12，第1267页。载《近代中国史料丛刊》。

抛砖斗殴事件。法国领事丰大业闻讯，随即带领秘书西蒙，持刀携枪闯入三口通商大臣衙门，并向三口通商大臣崇厚开枪，未中；在返回领事馆途中，路遇天津知县刘杰，丰大业气急败坏，竟然开枪打伤刘杰的随从高升。在场群众见状怒不可遏，遂群起将丰大业及西蒙殴毙；"水会"（天津民间自发组建的救火组织）闻讯，传锣聚众，将望海楼教堂及仁慈堂烧毁，杀死谢福音以及传教士、修女共18人，救出仁慈堂收养的妇女、儿童153人。在这场骚乱中，误毙俄商3人，误毁英国教堂4处，美国教堂2处。

由于此案事出紧急，且津郡地近京畿，清廷接崇厚奏报后，立即于五月二十五日（6月23日）谕令刚刚再行赏假一月、尚处在"淹病滞疾"中的直隶总督曾国藩，由省城保定赶赴天津查办。

曾国藩身膺直督，处置此案本属责无旁贷，但清廷考虑到他的健康状况，上谕用的乃是留有余地的商量口吻："此案关系紧要，曾国藩精神如可支持，着前赴天津与崇厚悉心会商，妥筹办理。"①

五月二十六日（6月24日），曾国藩接到这份"廷寄"，思想斗争十分激烈，始因"病未痊愈，踌躇不决"；翌日，"思往天津查办殴毙洋官之案"，但又"熟筹不得良策"②。及至定期启节，他的僚属依然是"阻者、劝者、上言者、条陈者纷起踏进"，多数人主张不可前往，以养威望。主持发审局的幕客史念祖，更为他献出上、中、下三策，认为亲自赴津办案乃下下策："仓猝前往，逗留不回，进退无据。一朝横逆之来，受之则有伤国体，争之则自我开端，稍强则受制于总署（按：指总理各国事务衙门），稍弱必大失民心。人主其谋，我当其任，非惟毕生威望在此一行，国家大计尤关此举。略一失足，千古无底。"③此时的曾国藩完全有条件不去天津，何况史念祖所言又非无见地。

但是，曾国藩作为那个时代塑就的"公忠体国"的忠臣，作为

① 《曾国藩全集》"奏稿·十二"，第6070页。
② 《曾国藩全集》"日记·三"，第1753、1754页。
③ 《俞俞斋文稿》"初集"卷三，第545页。载《近代中国史料丛刊·续辑》。

朝廷特别倚重的封疆大吏，他没有也不可能这样去做。尽管他凭借自己丰富的政治经验和种种直觉，已预感到前途的险恶，但他仍旧不顾身上的沉疴，甚至准备拼却一生的功名，立即前往处置这件毫无把握的棘手案件。在由省启行的前两天，他抱着将来可能构怨兴兵、激成大变，自己也"邂逅及难"的隐忧，写信给两个儿子说："余此行反复筹思，殊无良策。余自咸丰三年（1853）募勇以来，即自誓效命疆场，今老年病躯，危难之际，断不肯吝于一死，以自负其初心。"① 事实证明，曾国藩在处置天津教案的过程中，大体是沿着这条道路走下去的。

曾国藩启节赴津之前，清廷已为他初步划定了处理此案的基调，他自己也做了比较周密的安排。注意到以下几个方面，对于我们了解天津教案中的曾国藩，会有帮助。

一是五月二十五日（6月23日）命他赴津查办事件的上谕。对于处置天津教案，清廷提出了三个方面的要求：一，迷拐人口、挖眼剖心，如查有实据，应与洋人指证明确，按律惩办；二，百姓聚众，殴死领事，焚毁教堂，拆毁仁慈堂，着将为首滋事之人查拿惩办；三，地方官如有办理未协之处，亦应一并查明，以顺舆情而维大局。② 后来，除了第一条因事涉虚妄而毋庸议外，后两条都被曾国藩没有什么折扣地执行了。

二是六月初七日（7月5日）曾国藩在《恭报启程赴天津日期折》中所提出的，对于误伤性命、误毁教堂的各国与法国分别处理的原则，即"拟先将俄国误伤之人及英、美误毁之讲堂，速为料理，应赔偿者先与赔偿，不与法国一并议结"③。提出这个原则，是因为可以避免案中牵涉之各国"协以谋我"，第二天便得到了清廷的首肯，认为"所见甚是，着即会同崇厚妥为商办，以免掣肘"④。

① 《曾国藩全集》"家书·二"，第 1369 页。
② 《筹办夷务始末》（同治朝），卷 12，第 1267 页。载《近代中国史料丛刊》。
③ 《曾国藩全集》"奏稿·十二"，第 6975 页。
④ 《曾国藩全集》"奏稿·十二"，第 6987 页。

三是曾国藩向清廷提出了办理天津教案的总方针："立意不与之（按：指法国）开衅"①——这是他分析了中国与外国兵力对比之后得出的结论。六月初一日（6月29日），他写信给江苏巡抚丁日昌说："中国此时之力，何能遽与开衅？纵令要挟百端，止有曲求和好之一法。"②这也就是当时所谓的"论势"。曾国藩在给清廷的奏折中也一再强调这一点，并承认："臣此次以无备之故，办理过柔，寸心报疚。"③

　　四是曾国藩认为，在此次对外交涉过程中自己应谨言慎行。"人臣无外交"，是春秋以来的古训，再加上天津教案中的谣传妄语，殴毙洋官，"滋向来未有之祸，事端浩大"④，更让他加倍小心。他在写给常驻天津的三口通商大臣崇厚的信中说："国藩于中外交涉事件素未谙究，一切仍请阁下定夺。惟祸则同当，谤则同分，不敢有所推诿。"⑤在写给主持总理衙门对外交涉的恭亲王奕䜣的信中说："国藩于中外交涉，素所未谙，一切轻重缓急之宜，仍求随时指示机要。"⑥在上报清廷的奏折中说："臣智虑短浅，此次赴津，深惧措置乖方，失机偾事……俟到津后，随时奏明请旨遵行。"⑦这些，绝不是曾国藩的虚应故事，而是他在办理天津教案过程中为自己确定的言行准则。

釜底抽薪　干冒清议

　　曾国藩于六月十二日（7月10日）抵达天津，他发现，事件虽

　　①《曾国藩全集》"奏稿·十二"，第6967页。
　　②《曾国藩全集》"书信·十"，第7202页。
　　③《曾国藩全集》"奏稿·十二"，第6998—6999页。
　　④《曾国藩全集》"书信·十"，第7202页。
　　⑤《曾国藩全集》"书信·十"，第7196页。
　　⑥《曾国藩全集》"书信·十"，第7199页。
　　⑦《曾国藩全集》"奏稿·十二"，第6975页。

然已经过去 20 天了，但"百姓尚激愤不已，满城嚣嚣，群思一逞"①。绅民拦舆递禀者阗街溢市，"当时每收一禀，其衣冠而来者必数十或数百人"②。而且街头巷尾到处传言，说皇上调曾国藩来天津是为了驱赶洋人。

甫经坐定，官绅纷纷进谒，"或欲借津人义愤之师，驱逐洋人；或欲联俄、英各国之交，专攻法国；或欲劾崇厚，以伸士民之气；或欲调兵勇，应敌之师"③。这一切使曾国藩深深感到，"天津士民与洋人两不相下，其势汹汹"④。

为了稳定局势，曾国藩只好"出示弹压，但言奉命查办，决计不开兵端，稍靖津人跃跃欲试之心"⑤。紧接着，曾国藩又遵照崇厚的要求，违心地将道、府、县三官撤任。

因为早在天津教案爆发的次日，英、法、俄等 7 国公使就已经照请清廷严办此案，并威胁说："此事责有攸归，国家有应尽之分，若不妥筹善法预保将来，倘再生事端，贵国将何以对各国耶！"至是，曾国藩为了缓解矛盾，"平外国之气而释外省之疑"，决定采用釜底抽薪之策。他参照英使威妥玛照会拟一咨文，力辩外国无挖眼剖心之事。僚属阅后多不以为然，认为此文语太偏徇，"将来必为清议所讥"⑥。曾国藩考虑再三，最后还是力排众议，"不惮干冒清议"，于六月二十三日（7 月 21 日）会同崇厚将此咨内容上奏，同时列举了教堂、仁慈堂所为引发天津士民疑窦的五个原因：

> "教民迷拐人口一节，王三虽经供认授药与武兰珍，然尚时供时翻……亦无教堂主使之确据。至仁慈堂查出男女一百五十

---

① 《曾国藩全集》"书信·十"，第 7214 页。
② 《曾国藩全集》"书信·十"，第 7231 页。
③ 王之春《国朝柔远记》卷 16，第 754 页。《中华文史丛书》第一辑。
④ 《曾国藩全集》"家书·二"，第 1372 页。
⑤ 《曾国藩全集》"书信·十"，第 7210 页。
⑥ 《清季教案史料》一，第 35 页。故宫博物院印，1937 年。

余名口，逐一讯供，均称习教已久，其家送至堂中蓁养，并无被拐情节。至挖眼剖心则全系谣传，毫无实据。

臣国藩初入津郡，百姓拦舆递禀数百余人，亲加推问，'挖眼剖心'有何实据？无一能指实者；亲询之天津城内外亦无一遗失幼孩之家。控告有案者……盖杀孩坏尸，采生配药，野番凶恶之族尚不肯为，英法各国乃著名大邦，岂肯为此残忍之行？以理决之，必无是事。

至津民之所以积疑生愤者，则亦有故。盖见外国之堂终年扃闭，过于秘密，莫能窥测底里。教堂、仁慈堂皆有地窖，系从他处募工修造者。臣等亲履被烧堂址，细加查勘，其为地窖，不过隔去潮湿，庋置煤炭，非有他用。而津民未尽目睹，但闻地窖深邃，各幼孩幽闭其中，又不经本地匠人之手，其致疑一也。

中国人民有至仁慈堂治病者，往往被留，不令复出……因谓有迷药丧本心，其致疑二也。

仁慈堂收留无依子女。虽乞丐、穷民及疾病将死者亦皆收入。彼教又有'施洗'之说。'施洗'者其人已死，而教主以水沃其额而封其目，谓可升天也。百姓闻其收将死之人，闻其亲洗新尸之眼，已堪诧异；又由他处车船致送来津者，动辄数十百人，皆但见其入而不见其出，不明何故，其致疑三也。

堂中院落较多，或念经，或读书，或佣工，或医病，分类而处，有子在前院而母在后院，母在仁慈堂而子在河楼教堂，往往经年不一相见，其致疑四也。

加以本年四五月间，有拐匪用药迷人之事，适于是时堂内死人过多，其掩埋又多以夜，或有两尸三尸共一棺者。五月初六日河东丛冢有为狗所发者，一棺二尸。天津镇中营游击左宝贵等，曾经目睹死人皆由内先腐，此独由外先腐，胸腹皆烂，肠肚外露，由是浮言大起，其致疑五也。"[1]

161

---

[1] 《曾国藩全集》"奏稿·十二"，第6980—6981页。

这份奏折，除"野番凶恶之族尚不肯为，英法各国乃著名大邦，岂肯为此残忍之行"一句，系有意引用威妥玛致总署照会中"野番尚不肯为，奈何疑及大国"，以正外国人之视听外，其余论断，均出自曾国藩到天津后连日的查询与分析，词气平和，基本符合当时的实在情形。据曾国藩自己说，为天主教辩解，并非出自本意，但"威使才智足以煽诱各国，激动祸机。敝处咨通商大臣文件及'查明大概'一折，亦即代为剖析，欲为釜底抽薪之计"①。

可是，就在曾国藩拜发此折的同一天，清廷也给曾国藩发出了两道密寄，一道是"风闻津郡百姓焚烧教堂之日，由教堂内起有人眼、人心等物，呈交崇厚收执。该大臣于奏报时并未提及，且闻现已消灭"，另一道是"迷拐一案究竟有无确据，此系紧要关键，即着该督迅速具奏"②。这两道密寄从表面上看，虽属"天津士民及各处公论所力争"的问题，但对曾国藩来说，无异是一个信号，说明清廷中枢还在"论理派"和"清议派"的包围之中，对于天津教案爆发的原因，仍处在懵懂无知的状态。同时也预示，他于六月二十三日（7月21日）会同崇厚所发的奏折一到北京，必定在朝中引起轩然大波。因此，曾国藩在接到这两件密寄后"闻之郁闷之至"③，无奈，只好再次在六月二十八日（7月26日）分别将这两件事情穷原竟委，据实作答。④

回过头来再说清廷接到曾国藩、崇厚奏折后的情况。

两宫太后接到二人奏折，立即于六月二十五日（7月23日）在乾清宫西暖阁召见了诸王、军机大臣、御前大臣和总理衙门诸臣一干人等，专就天津教案如何处置一事征询办法。醇亲王奕譞、惇亲王奕誴、大学士倭仁及翁同和等"论理派"，与恭亲王奕䜣、总理衙门大臣宝鋆、董询等"论势派"，进行了长时间的激烈辩论，其中有

① 《曾国藩全集》"书信·十"，第 7215 页。
② 《曾国藩全集》"奏稿·十二"，第 6993—6994 页。
③ 《曾国藩全集》"日记·三"，第 1761 页。
④ 《曾国藩全集》"奏稿·十二"，第 6991—6992 页。

因年龄过大而"跪不能起者";"惇、醇两邸持论侃侃,恭邸持之坚",双方各不相让,以致两宫不得不"分解之。因言夷人是我世仇,尔等若能出一策灭夷,我二人虽死心甘。且皇帝幼冲,诸事当从长计较"①。这一番话果然触到了双方的痛处,对于如何万无一失地处置天津教案,双方是无论如何也拿不出办法来的。所以最后只好依曾国藩等所奏,以"从长计较"了事。论势一派虽然处处讲求实际,但论理一派坚持的某些原则,也不能说完全没有道理。因此,在这次召对之后,清廷又给曾国藩发出了一道态度较为强硬的上谕,作为对"论理派"的一点儿"精神补偿"。上谕说:"曾国藩此次陈奏各节,固为消弭祸端、委曲求全起见,惟洋人诡谲成性,得步进步,若事事遂其所求,何所底止?是欲弥衅而仍不免起衅……和局固宜保全,民心尤不可失。曾国藩总当体察人情向背,全局通筹,使民心允服,始能中外相安。"②

　　然而曾国藩处置天津教案奏折所引发的风波,尚不止于朝廷之上。就在内阁抄发这份奏折的时候,不知是出于有心,还是因为无意,竟将原折中的"具陈津人可疑者五条"——即前引教堂、仁慈堂所为引发天津士民疑窦的五个原因——删去。结果是京城内外,谤议丛积,认为曾国藩媚外卖国,结果是"益为正人所不与"③。就连北京湖南会馆里的同乡也将他手书的匾额砸毁,还要公议开除他的本乡籍贯。所以,曾国藩在他以后的奏折中,对那些涉嫌袒护教会、不惬舆情之处,不得不稍事转圜,说什么"挖眼剖心一事,世间原有此等折割惨毒之人……教中既多收莠民,即难保此等人不溷入其中"④。

　　世间大概没有不受环境制约的人。这种补苴罅漏的违心做法,在平时,也许曾国藩不屑一为,但在此时,他却不得不为了。

① 《翁同和日记》第二册第784页,中华书局,1989年。
② 《曾国藩全集》"奏稿·十二",第6999—7000页。
③ 《曾国藩全集》"书信·十",第7308页。
④ 《曾国藩全集》"奏稿·十二",第7096页。

罪轻法重　负疚神明

在处置天津教案的过程中，特别是在六月二十八日（7月26日）的奏折里，曾国藩自认为办了一件最为负疚终生的事情，那就是"曲徇所请，将该府、县奏交刑部治罪"①。

曾国藩在接奉上谕、查办津案之初，并未考虑此案与府、县有何重大干涉。他在是年五月二十九日（6月27日）给崇厚的信中说："结案之法，终不出赔偿教堂器物，法办煽乱正凶二事，而赔款尤重。"② 同一天写给奕䜣的信中也认为："只能酌议赔款，以还教堂器物；缉拿凶手，以备抵偿各命。"两天后，在写给李鸿章的信中再次申明："办结之法，终不外诛凶手以雪其冤，赔巨款以餍其欲。"③ 均可视为明证。如果说府、县有什么过错，曾国藩认为，至多也就是在证据不足的情况下"操之太切"，杀了两名拐犯。他在前引给崇厚的信中说："此事起于百姓之无知，并非中国臣僚有意挑衅，该使及各国当亦共谅。"

六月十九日（7月17日）法国公使罗淑亚到天津，翌日见曾国藩。与曾、崇初晤时，词语尚属平善；讵料两天后，罗淑亚竟出言无状，谓天津之案系府、县帮同行凶，主使动手，必将府、县及总兵陈国瑞三人抵命，被曾国藩严词拒绝。然而崇厚恐法国将借此大兴波澜，因此力求曾国藩将府、县奏交刑部，"冀罗酋或可转圜，且云交刑部轻重或可自由"④。六月二十二日（7月20日）罗淑亚发出照会，坚持把府、县及陈国瑞立即在津正法，不然，"该国水师提督到津，即令便宜行事"⑤。

---

① 《曾国藩全集》"奏稿·十二"，第6992页。
② 《曾国藩全集》"书信·十"，第7197页。
③ 《曾国藩全集》"书信·十"，第7198页，第7200页。
④ 《曾国藩全集》"奏稿·十二"，第7223页。
⑤ 《曾国藩全集》"奏稿·十二"，第6979页。

曾国藩最初认定，府、县之咎，仅为事先不能予为防范，事后不能迅速缉凶而已。所以，曾国藩原拟在即将发出的六月二十三日（7月21日）的奏折中提出，将府、道、县三员先行撤任，听后查办，也就可以了。孰料此时的崇厚，"慑之以强敌兵威，惑之以不便开衅，更重之以两宫受惊"①。这时，曾国藩考虑到事关全局，且当初与崇厚立下"有祸同当，有谤同分"之约，不欲过执己见；尽管罪轻法重，也只得勉徇崇厚所请，在该折后另附一片，讲明事之原委："该府、县等实不应获此重咎，惟该使要求之意甚坚，若无以慰服其心，恐致大局决裂……相应奏明，将天津府知府张光藻、天津县知县刘杰二员即行革职，请旨饬交刑部治罪。"② 陈国瑞因在京城，交总理衙门就近查办。及至此折发出，曾国藩悔愧不已，以为忍心害理，莫此为甚，"外惭清议，内愧神明，六洲铁不能铸此错"③。

曾国藩何以这样真心实意地站在天津府、县一边呢？一方面固然是因为府、县均系朝廷命官，其中有维护清王朝的尊严和主权、"为国权衡利害"的本意；另一方面，则是因为张光藻等极具民望，惩治府、县会大失民心。这反映了曾国藩在对待外国强权方面所持的民族主义立场。

六月二十七日（7月25日）罗淑亚再次照会曾国藩，坚持府、县及陈国瑞三员抵命，同时派翻译官德威里亚前来交涉。曾国藩坚持不允，并反问：法使称府、县主使，究有何据？德威里亚不能答，旋又"复照驳之，渠亦无辞以对"。与此同时，法国水师提督都伯理到津，崇厚亲赴紫竹林与之会晤，都伯理所言与德威里亚无异。德威里亚还代表罗淑亚宣布，如果到下午4时仍无切实回信，他即去北京，将在北京的法国人带到天津，由罗淑亚携同上船，撤至上海，

---

① 《曾国藩全集》"日记·三"，第1754页。

② 《曾国藩全集》"奏稿·十二"，第6979页。按：此片及上片实际上应附于《查明天津教案大概情形折》之后。片附折后，是当时奏折的通例，不知该"全集"中缘何多处将片置于折前？

③ 《曾国藩全集》"奏稿·十二"，第6979页。

"其绝裂情形，露于辞色"。

崇厚见状不知所措，又值曾国藩病重不起，崇厚遂径行奏请朝廷另派重臣。清廷亦知局势刻不容缓，乃外派江苏巡抚丁日昌，内派工部尚书毛昶熙，驰赴天津会办教案；并令湖广总督、正在督办陕西军务的李鸿章移缓就急，带兵赴近畿驻扎，以备不虞。

七月初五（8月1日）毛昶熙来到天津，当即会见了英国公使威妥玛、法国公使罗淑亚；罗淑亚坚持不再谈判，并于七月初九（8月5日）赶回北京。其实，罗淑亚匆匆回京是有原因的，当时法国并非不想和清王朝断交，然后诉诸武力，扩大侵略。但六月二十一日（7月19日）法国已向普鲁士宣战，七月初六（8月2日）两国正式交战，此后法军节节失利。这时，曾国藩已在天津得到普法战争的确切消息，他估计，"渠内忧方急，亦无暇与我求战，或可轻轻解此灾厄"①，然而清廷对此却全然不知，因恐罗淑亚到京后亲赴刑部听看审讯天津府、县，于是忙饬曾国藩着将张光藻、刘杰解津候质。

办理案件期间，张光藻、刘杰何以胆敢离开天津？原来，此前曾国藩已从美国公使卫廉士处得悉，罗淑亚拟将张光藻、刘杰非法拘禁在法国军舰之上。为避免天津府、县在交涉过程中受到牵连或凌辱，曾国藩在二人撤任后，私下允许他们回籍远避。因此，张光藻回顺德就医调治，刘杰回密云安置眷属。不久，清廷得知这一情形，忙发上谕，斥张光藻等"视谕旨如弁髦"，斥曾国藩率行给假，"不知缓急"，并派员星夜迅解，勒限催提。七月二十七日（8月23日）刘杰解津，两天后，张光藻解津。七月三十日（8月26日）曾国藩开发审总局，府、县各递亲供，当夜曾国藩即将二人供词交幕僚推敲改订，以免言语疏漏，授人以柄。同一天，曾国藩收到总署来函，内称："法国翻译德威里亚递洋文照会，大意言，府、县及陈国瑞指使证据，现饬同文馆速行翻译。该府、县亲供，应俟所译洋

---

① 《曾国藩全集》"家书·二"，第1379页。

文寄津后，按照所指各节，逐一详细质询，叙入供折，方免歧舛。"①真可以说，举朝上下，面对此案是慎之又慎也。

　　八月初九日（9月4日），曾国藩亲自提审府、县。十一日（9月6日）会审府、县，过堂讯供，据说，在会讯时，刘杰"谈吐详明"，张光藻"有傲岸之气"；府、县二人心态镇定，显然是因为背后有曾国藩为他们撑腰。翌日（9月7日），府、县供词经曾国藩幕僚反复改讫，据参与其事的李兴瑞说："毛、丁二帅深以改供为不然，其实，关系府、县性命，官话殊打不去。"② 十四日（9月9日），曾国藩将府、县亲供并折禀一并发出，向清廷详细报告了审讯过程，以及反复核实与驳诘的必要，即可免"授洋人吹求之柄"，他的结论是："该府、县等临时失于弹压，事后不能缉凶，揆其情势，虽亦不无可原，唯地方酿成如此大变，边衅几从此开，自非寻常因案被议者可比。相应请旨，饬下刑部核议具奏，其应如何定谳之处，伏候圣裁。"③ 从而为他日后请旨"从轻定议"预留了地步。

　　其实，曾国藩为给府、县打通关节，早在将府、县革职，交刑部治罪一片发出不久，他便致书刑部尚书郑敦谨，请求此案到刑部后各方予以关照，从轻发落。法使若提出重拟府、县之罪，亦请"力持正论，曲为保全"。"如不得已而发军台，则下狱之费，军台之费，由敝处量为筹措，稍表歉衷。至该府、县入狱之后，恐有狱吏过求需索，亦求严为防范。"④

　　八月二十一日（9月16日），清廷发出将府、县解交刑部，听候核办的上谕。曾国藩深惧解部后情况有变，又急忙写信给恭亲王奕䜣，请求奕䜣从中通融，让府、县免于解部，而是据亲供定案。八月二十三日（9月18日），曾国藩奏报了第一批津案"人犯"分别定拟的名单，在附片中提出将府、县暂缓解部的要求，企图用定拟

　　① 《曾国藩全集》"奏稿·十二"，第7039页。
　　② 《李兴瑞日记》第33页，中华书局，1987年。
　　③ 《曾国藩全集》"奏稿·十二"，第7071页。
　　④ 《曾国藩全集》"书信·十"，第7222页。

"人犯"来拖延对府、县的惩治。第二天，曾国藩又与幕中诸人研究救府、县之法，诸幕僚踌躇良久，竟无一善策。及至曾国藩接到八月二十五日（9月20日）"着曾国藩等仍遵前旨，迅将该革员等解交刑部听候核办"的上谕之后，他仍继续在《恭报已革天津府县派员解部起程日期折》的附片中，为张光藻和刘杰辩解，认为"崇厚统率数千之众，不能预为弹压，以微臣办理两月之久，不能速缉正凶，今欲专责之区区之府、县，亦属苛论"。因此，"相应请旨，饬下刑部，细核该员等亲供，从轻定议"①。八月二十七日（9月22日），曾国藩接总署来函，谓洋人声口已松，决不至办重罪。至此，他才深深地松了一口气，"余前奏交刑部，愧悔无已，今始放心矣"②。

八月二十八日（9月23日），曾国藩嘱幕僚汇银三千两，作为府、县下狱之费。九月初一日（9月25日），复派人至天津西关以北之西沽，送府、县入都。不久，曾国藩听说刑部拟将二人从重发往新疆，又赶紧写信给主持刑部的贺寿慈，以"张守无子而妻病，刘令无妻而子幼"为由，请求发至甘肃，或留营效力，且万勿改发黑龙江。

等到府、县被刑部判为"从重改发黑龙江效力赎罪"之后，曾国藩无奈，只好分别写信给张光藻和刘杰，大意谓：自己办理津案，实昧机宜，致二人受此无妄之祸。前闻部中有发往新疆之议，虽曾数函部堂，勿改发黑龙江，此固由廷议别有深意，究系敝处初奏过重所致。"此次中外无不知此狱之冤，其议令远戍，全系曲徇洋人。"③ 现拟致书盛京将军、吉林将军，沿途予以照料；再函达黑龙江将军，到戍后加意优待。向例，遣戍以三年为限，到戍后可由家属赴户部具呈，捐资收赎，四品官赎银四千五百两，七品官赎银一千五百两。现已筹得银一万一千两，其中有二人收赎银六千两，又外存五千两，拟设法汇兑戍所；倘有不敷，仍可从容筹补。曾国藩

① 《曾国藩全集》"奏稿·十二"，第7095—7097页。
② 《曾国藩全集》"家书·二"，第1389页。
③ 《曾国藩全集》"书信·十"，第7284—7285页。

对受到"罪轻法重"处置的天津府、县的特殊关照，可谓无微不至，而张、刘二人亦对曾国藩的眷注感恩戴德。不久，曾国藩调任两江总督，赴京请训，二人亲去寓所，踵门拜别。曾国藩之所以这样做，自认为只是力赎前愆，稍释隐忧，以缓解办案过程中的巨大心理压力，求得一些心理上的慰藉而已。

杀之怜之　从权办理

当时，曾国藩自认为，在办理天津教案过程中，最愧夙心并遭远近唾骂的，是他误从崇厚之言，将府、县参奏革职，交部治罪。殊不知，在查拿"凶犯"问题上，其自身所遭时人之忌与后世之诟，远远超出了对府、县的处置。对此，曾国藩似乎很少察觉，这真是一个悲剧。究其原因，就在于他不得不站在维护清王朝统治的立场，用"严办凶犯"当手段，以"曲求和好"做目的，为此而不顾一切。

在刑求"主犯"过程中，曾国藩曾写信给他人说："吾辈身在局中，岂真愿酷虐吾民以快敌人之欲？徒以边衅一开，则兵祸连结，累岁穷年而未有已。"① 也正是基于这一点，曾国藩才不惜附会罗织，草菅人命，但又不得不为。曾国藩在给其子曾纪泽的信中说："日内竭力拿犯，已获者近四十人。将来除释放外，计抵偿者二十人内外，军徙者十人内外。如果保定和局，即失民心，所全犹大。但恐和局不成，枉令斯民系敲榜耳。"② 他在给曾纪泽的另一封信里，甚至为这种滥杀无辜的凶残行为进行自我辩护："拿犯八十余人，坚不吐供，其认供可以正法者不过七、八人。余皆无供，将来不免驱之就戮。既无以对百姓，又无以谢清议，而事之能了不能了尚在不可知

---

① 《曾国藩全集》"书信·十"，第 7247 页。
② 《曾国藩全集》"家书·二"，第 1383 页。

之数。乃知古人不容于物议者，不尽关心术之坏也。"① 这些，都应是他的心里话。

彼时朝中的"论理派"和清议诸人，之所以能够喧嚣一时，并有着相当的阵容，也是因为他们抓住了"论势派"只顾和局而不计其他的软肋。

早在六月二十五日（7月23日）两宫太后召见群臣时，惇亲王奕誴说"民为邦本，民心失则天下解体"，醇亲王奕譞说"民心宜顺"②，都是对此而发。曾国藩认为，这些人系专门就"理"而言，他自己则偏于衡"势"，而"理""势"是不能兼顾的。因此，他在处理津案中，为免开边衅，维护大清国摇摇欲坠的统治，对"宁可错杀，不能不杀"的做法，照行不误。

其实，还在奉旨查办津案之初，曾国藩心里已经有了一条既定方针，这就是"酌议赔款，以还教堂器物；缉拿凶手，以备抵偿各命。彼虽兴波助澜，亦惟忍默处之"③。及至了解到天津教案的爆发过程之后，曾国藩才发现，"缉凶"一事远非他想象的那么简单，这可以他写给恭亲王奕䜣等人的信件为证："当时事起仓猝，初非有倡乱之民预行纠集，正凶本无主名。教堂挖眼剖心之谣，民间万口一声，方谓动于公愤，未肯遽尔屈服。现虽安堵无事，若骤行查拿凶手，更肯再生事端。访查名姓已难确凿，指令交出尤难遵循。日来反复筹思，缉凶殊无良策。"他在写给崇厚的信中也说："缉凶为目前第一难事，查拿为首之正凶已极棘手，该使欲首从并获，尤难交

① 《曾国藩全集》"家书·二"，第1381页。

按：此信应写于八月十二日（9月7日）夜，而非七月十二日（8月8日）夜，因信中有"余七日辞江督之疏"一语。调曾国藩任两江总督接替被刺之马新贻一谕，系八月初四日（8月30日）所发，八月初七日（9月2日）曾国藩具折谢恩并恳辞江督一职，八月十二日（9月7日）上谕未准，故信末有"顷接上谕，已不准辞"一语。且"拿犯八十余人"亦系八月中事，八月十四日（9月9日）曾折有"滋事凶犯，现已拿获八十余人"之语，见《曾国藩全集》"奏稿·十二"，第7071页，可为佐证。

② 《曾国藩全集》"奏稿·十二"，第6999—7000页。

③ 《曾国藩全集》"书信·十"，第7198页。

卷。"因此，当前只能"密饬府、县，暗访姓名，以便将来缉捕，不识能否确访"①。

然而，实际情况比曾国藩预料的还要难办。

他来天津不久，便写信告知曾纪泽："天津人心汹汹，拿犯之说，势不能行"②，他虽坚嘱府、道，专"拿混星子及水火会"，并甄别审问，但获者不肯供认，逃者难于缉捕。当时，民情极为浮动，"有邀集豪绅往见罗使者，亦有撕毁教堂告示者"③。在将近20天的时间里，仅拿获11人。曾国藩有鉴于此，准备先用这11个人应付局面，"或可以平洋人之气。如再要挟不已，余惟守死持之，断不再软一步"④，以免引发新一轮的群众性骚乱。

不过曾国藩在办理津案过程中，需要面对的不仅仅是洋人。就在此时，他接到了清廷六月二十九日（7月27日）上谕："天津府、县等正法一节，既难照办，而为首滋事之犯，自应赶紧缉拿。如首犯缉获，则据理辩驳，一切自易转圜。"⑤ 见此上谕后，曾国藩不得不从原有的立场上向后退步，他先是写信给李鸿章征询意见："拿犯一节，为目前第一要义。鄙意拟查出二十一人，一命抵一命，便可交卷。"他又写信给总理衙门大臣宝鋆说，已获之犯，"狡供坚不承认，则鄙意早经虑及者，将来或当从权办理，不尽凭供定案"⑥。

曾国藩"一命抵一命"的意见，首先遭到来津会办此案的工部尚书毛昶熙的反对，毛昶熙认为，"抵命之数宜略增于伤毙之数，否则我欲一命抵一命，恐彼转欲一官抵一官，将来更费周折"⑦。李鸿章则径函总署，从反向角度提出了不同的看法："向来办案情节不等，尽有一人杀两三命者，原不可拘执'一命抵一命'之说。况罚

① 《曾国藩全集》"书信·十"，第7208、7209、7210页。
② 《曾国藩全集》"家书·二"，第1373页。
③ 《曾国藩全集》"奏稿·十二"，第6992页。
④ 《曾国藩全集》"家书·二"，第1376页。
⑤ 《曾国藩全集》"奏稿·十二"，第7003页。
⑥ 《曾国藩全集》"书信·十"，第7237、7236页。
⑦ 《曾国藩全集》"书信·十"，第7239页。

不加众，政贵安民。"①

清廷和曾国藩急于缉拿"正凶"还有一个原因，就是期望将下手滋事之人按律惩办后，能减轻法国方面坚持府、县抵命的外交压力。七月十七日（8月13日）上谕说："此时如将下手滋事之犯讯出切实供词，按律惩办，则洋人不致节外生枝，再归咎于府、县。"七月二十六日（8月22日）上谕："所最吃紧者，缉拿正凶。如能将为首滋事及下手之人严拿缉获，讯取确供，按律议抵，大局似可粗定，否则了难就绪。"可是，此时曾国藩所获人犯仅十余人，且皆系悬赏购线所得。对此清廷亦显得焦躁不安，七月二十九日（8月25日）上谕直斥曾国藩在"缉凶"上迁延、迟逾，认为只有"议抵之后，彼时在我有词。而各国以贸易为重，则因势利导，所议各事，或不难一气呵成"②。面对上谕，曾国藩也不得不表示认可，只好顺水推舟说："以安外国之心，即以纾中国之难。"③

七月二十五日（8月21日），具有处理教案经验的江苏巡抚丁日昌奉旨到津，他遵照上谕精神，认为"缉凶"一事已属刻不容缓，因此采取了一条从重从快、"专以拿办凶犯为急"④的方针，具体办法是：严令道、府、县、将、镇，五衙门限四日内各获四人，违者摘顶。这样做难免出现滥捕之弊，所以不久又加了一项规定：五衙门所捕案犯，若无供，亦摘顶。天津镇总兵陈济清，即因拿犯无供而被摘去翎顶。面对各方面的窘境，曾国藩也只好向清廷自限，津案定于八月二十三日（9月18日）了结。

对于清廷的血腥镇压，天津绅民则表现得异常坚定和团结。曾国藩向恭亲王奕䜣报告说："此案关系混星子起事，及至事后，平民亦与誓同生死。""百姓团结一气，牢不可破。已获之犯，人人为之串供；未获之犯，家家为之藏匿。官府万分棘手，而百姓仍复自鸣

---

① 《李文忠公全集》"译署函稿"，卷一。
② 《曾国藩全集》"奏稿·十二"，第7043，7035—7036，7045—7046页。
③ 《曾国藩全集》"书信·十"，第7207页。
④ 《李兴瑞日记》第30页。

得意。近将杀人烧堂等事，画图刻板，印刷斗方、扇面，到处流传，并闻有编成戏曲者。虽经查禁，而其气焰嚣张如故。"专门为津案所设之发审局，"日日购线缉捕，日日审犯求供"，亦不能使被审之人吐实定谳①。

曾国藩不得不承认，在办案过程中，拿犯与办案之事本俱棘手，而二者相较，则审供较拿犯尤难。承审各员千方百计，严刑峻法，始能得其供认之一语，然亦时供时翻。所有被审者几乎众口一词，谓："只要杀我便能了事，将我杀了便是，何必拷供！"又谓："官办此案，为的是国家的事，我等虽死亦说不得，但不能令洋人来凌辱我！"②

天津民众这种宁死不屈的大无畏精神，使曾国藩在办案时"节节棘手，愈办愈窘"。八月初四日（8月30日），曾国藩曾向总署报告说，讯明应正法者七八人，可办罪者有二十余人；可是事隔十余天，到了八月十六日（9月11日），案犯不但没有多添一人，可办罪者反而日见其少。与此同时，廷寄迭至，命曾国藩将未获之犯勒限严令，已获之犯认真研鞫，不得稍事宽纵。总理衙门也是迫于星火，一日一函，催促办凶，而且"又要速，又要实，又要多，又要机密"，连曾国藩的幕僚也认为，这是"信笔豪言，何异痴人说梦，更不解其近日惮夷，何以至此"③。

时近八月下旬（9月中），津案拿犯已至八十余人，据曾国藩日记八月十九日（9月14日）所记："天津陈镇及委员二人在余寓审案，敲榜之声，终日不绝。"④ 紧接着，曾国藩、丁日昌又将一干人犯提至三口通商大臣衙门，亲自"审问至夜，仅有两人众供确凿，本人则尚未承认"。如前所述，"案犯"捕后无法讯取确供的主要原因，是天津民众基于爱国情义，上下同心，坚不吐实。早在天津教

---

① 《曾国藩全集》"书信·十"，第7232、7234页。
② 《曾国藩全集》"书信·十"，第7244、7264页。
③ 《李兴瑞日记》第33页。
④ 《曾国藩全集》"日记·三"，第1775页。

三 津 人 物

案爆发的次日，天津知府张光藻便传令水会各局会首，饬令指交凶手，但各会首始终不肯言出一人。至是，曾国藩又遣幕僚李兴瑞于八月十八日（9月13日）晚走访天津绅士杨春元，"细讯夷案及真正凶犯，坚不实指"①。

因为缉凶和研鞫困难重重，清廷似乎也显得有些不耐烦了。八月十五日（9月10日），用带有责备的口气给曾国藩密寄上谕一道："政府虽有立限结案之说，若不赶紧认真办理，率以奏结了事，图卸责于目前，而洋人不能折服，必致事机决裂，或开衅端，谁执其咎?!"翌日再发上谕："若正犯仅讯出七八人，此外任其漏网，恐无以折服洋人之心。且此案为日已久，若不赶紧办结，必致节外生枝。着李鸿章驰赴天津，会同曾国藩、丁日昌、成林，督饬承审各员，将案内得有正供之犯，认真研鞫，勿任时认时翻，及早拟结。"②

等到曾国藩接到上谕之时，距离自限之期八月二十三日（9月18日）已很接近。他只好别出心裁，向清廷提出："若拘守常例，实属窒碍难行，有不能不变通办理者。"③所谓"变通办理"，大致包括以下三层含义：

一是结案时间的变通。由于续得要犯甚难，且自限期满，拟先将应行正法或军徒者奏结一批，余犯续拿续讯，稍迟再奏结第二批。但两批应行正法之人犯，一次处决。

二是量刑标准上的变通。这是变通办理的核心与关键。常例，群殴毙命，以最后下手伤重者当其重罪。此案因当时众忿齐发，去如鸟散，不能辨其孰先孰后，因此，确系下手者，不复究其殴伤何处，即为"正凶"。常例，断狱决囚，必以本犯画供或众证确凿为定；此案则本犯无供，但有二三人指实具结，即可定案。

三是抵偿首从各犯人数上的变通。这项变通，最为伤情害理。曾国藩因急于结案，打算在第二批人犯奏结前，先与洋人议定抵偿

① 《李兴瑞日记》第 34 页。
② 《曾国藩全集》"奏稿·十二"，第 7082、7091 页。
③ 《曾国藩全集》"奏稿·十二"，第 7084 页。

首从各犯之数目，中国如数办到。无确供即行定谳杀人，这在传统的专制制度下也是罕见的，更何况由对方指定杀人的数量，更属旷古未有。因此上奏后，清廷对此也感到十分惊讶，认为曾国藩所奏"殊属拘泥"，"衡情定罪，惟当以供证为凭，期无枉纵，岂能预为悬拟，强人就案"。这最后一项"变通"，终被清廷否定。

八月二十三日（9月18日），曾国藩将第一批津案"要犯"32人分别定拟，奏报清廷，其中可正法者15人，拟办徒罪者17人，此外尚有可科轻罪者21人。九月十五日（10月9日）在第二批奏结时，又续报"要犯"9人，5人拟办正法，4人军徒。这时，李鸿章业已来到天津，曾国藩则于九月二十三日（10月17日）晋京请训，准备赴两江总督之任。中经李鸿章与俄国领事反复协商，将拟办正法人犯中的4人暂予缓决，其余16人则于九月二十五日（10月19日）绑赴天津西关外，按名"正法"。

据说，这16名无辜均系"顶凶"，"顶凶者，代人充凶手之谓。津中混混甚多，甲杀人，乙顶凶，甲出资畀乙，乙善于刁刑，率不偿命"[1]。孰料本案中的"顶凶""刁刑"皆因曾国藩的"变通办理"而未起作用，凡顶凶者，一律被视为正凶，不足则另觅他人充数。以曾国藩久历封疆之通透，何尝不明白这是滥杀无辜？这位平时以一个"诚"字自诩的"中兴第一名臣"，此时此刻竟用虚设的骗局，上答清廷，下谢洋人，其内心的种种矛盾情形，可想而知。他料到世人是不会因此而轻恕他的，但他横下一条心，"但令大局不致从此决裂，即为厚幸，一身丛毁，实由智浅不能两全，亦遂不复置辩"[2]。

关于津案被杀16人的善后，据幕僚李兴瑞说，依照曾国藩的安排，"人给恤家银五百两。杀之而又怜之，以此案不同寻常，虽曰乱

---

[1] 戴愚庵《沽水旧闻》，第48页，天津古籍出版社，1986年。关于天津混混顶凶、刁刑之种种，可参考李然犀《旧天津的混混》，载《文史资料选辑》第47辑，文史资料出版社，1987年。

[2] 《曾国藩全集》"书信·十"，第7263页。

民，亦因义愤，不过从保存大局起见，为此曲突徙薪，就案办案耳"①。

诸形棘手　尘冗羁牵

曾国藩晚年奉旨办理天津教案之所以如此棘手，还有更深层次的原因，这就是历史形成的强权社会制度，与这种制度掩盖下错综复杂、相互疑忌和缺乏互信所造成的重重矛盾，差不多完全集中到了曾国藩一人的身上。就连曾国藩的幕僚李兴瑞也认为："此次办理夷务，无一顺手，被谤受气，不一而足，可发一叹！"②

这些矛盾包括：

曾国藩与清廷。清代的中央集权较明代尤甚，总督作为皇帝派赴行省统辖文武、总治军民的大吏，除日常行政外，举凡大事，无不仰仗朝廷随时发出的上谕相机办理。曾国藩虽系奉旨查办津案，但因事关对外交涉，实际上并无全权，甚至一言一行都要"请旨办

---

① 《李兴瑞日记》第39页。

关于曾国藩"变通办理"所造成的冤假错案，从以下几例，可窥一斑：被杀诸人中有大锯匠崔秃子一人，事起时正在赶修僧格林沁祠，"督工者戏之曰：'昨杀洋人，汝时如何？'曰：'我曾杀过几个。'天津人好胜，未必实有其事也。至是捕获被戮。要此推之，可知其他矣"。家居河东天安会所附近之郭万有，因住处离望海楼教堂不远，曾随众"入教堂，没看着什么就回来了"。据其母说："哪里知道火烧河楼以后，就有当地地方来到我家，指名找郭万有……竟被他们抓走"，最后被杀。事载王斗瞻《1870年天津教案》，《近代史资料》，1954年，第4期。

津案"正凶"行刑时众人不服，监斩官只得欺骗他们说："此是爱国举动，且杀人偿命，中外皆然，中国如无人偿命，外国则笑中国无英雄矣。且天津为生产英雄之地，岂得因贪生而失嘉名耶？"乃为诸人扮作剧中英雄如黄天霸、贺仁杰等，"一时梨园剧箱中武生所用之罗帽、大氅，为官中买尽"。见《沽水旧闻》第48页。

此外，死囚中尚有范泳一名，是顶替另一名死囚穆巴的，由于穆巴的祖母系一女混混，到大堂拼老命向曾国藩据理力争，曾国藩怕事情闹大，不得不改变原奏，将穆巴开释。

② 《李兴瑞日记》第28页。

理"，即便如此，清廷还会不时通过上谕对曾国藩进行督导和制约。

曾国藩办理天津教案期间，平均三四天就要收到一份上谕。许多事情要由曾国藩去做，但怎样去做，他只能看朝廷的脸色行事，而不允自作主张。幕僚史念祖说他来津办案，是"人主其谋，我当其任"，"略一失足，千古无底"，丝毫不过分。即便如此，清廷对曾国藩也不是完全放心，还要不时通过"清议"对他进行牵制和监督。这样的政治环境，造成曾国藩"无日不在忧恐之中"①，如何能够集中精力，运用他的全部聪明才智把事情办理好呢？

曾国藩与总署。总署是代表清王朝进行对外交涉的机构，主持总署的恭亲王奕䜣在朝中亦有举足轻重的地位。总署办理对外交涉，许多事情要依靠各地的封疆大吏。天津教案发生后，总署闻讯，立即"婉言于法国公使罗淑亚，嘱令保全和局，勿调兵船来津，许杀天津启衅之百姓，许惩办天津不力保教堂之官员，失者照偿，毁者照建"②。而这一切，又无不需要曾国藩去亲自办理。

曾国藩虽然身膺封圻，但在办理教案过程中，总署形同"第二朝廷"，许多事情要由总署去疏通，要靠恭亲王为奥援，因此，曾国藩对总署虽谦卑之至也在所不惜。如罗淑亚到津前，曾国藩把会见的原则和方式，都向总署作了详细的交待："国藩与之相见，自应按照条约，分庭抗礼，该使不欲常来敝处，国藩亦不便常往渠馆。以后商办一切，或在公所相会，或遵来示，另行派员时赴该使寓所，总期接待尽礼，不亢不卑。"③虽然曾国藩对总署在细微之处也如此尊重，但总署仍时常怀疑曾国藩迫于众论与"清议"，对津案不能切实办理。以致曾国藩在致李鸿章的信中抱怨说："日来总署之意，颇以府、县之未即到案，要犯之未能速办，皆系国藩惑于众论，挠于

---

① 《曾国藩全集》"家书·二"，第1373页。

② 芍塘居士《津事述略》，《防海述略》卷下，附，第27—28页，同文馆印，光绪二十一年（1895）。

③ 《曾国藩全集》"书信·十"，第7211页。

清议，不肯切实办理，不能深知此中之委屈也。"① 他的幕僚李兴瑞也说："此次夷务，众论咎侯不善处分，君子小人，如出一口。"② 连曾国藩一向依为靠山的总署，尚不能体谅他的委曲求全，来自其他各方的压力和误解，也就可想而知了。

曾国藩与崇厚。崇厚是总署派驻天津负责对外交涉的最高代表，也是唯一的一任三口通商大臣，因为不是直隶的官员，不受曾国藩统辖。所以清廷派曾国藩来天津查办案件，要他与崇厚"悉心会商，妥筹办理"，可是曾国藩内心并不以崇厚为然。他到天津不久，便写信给曾纪泽说："崇帅事事图悦洋人之意，以顾和局，余观之，殊不足恃。"③ 由于曾国藩也拿不出什么更好的办法，而且崇厚与总署关系密切，既是满员，又系勋戚，所以曾国藩对崇厚又不得不格外青睐，曲事所请。"崇帅欲余撤道、府、县三官以悦洋人，余虽知撤张守即大失人心，而不得不勉从，以顾大局。"④ 事后，他对此举非常懊悔，并发誓说："以前为崇公所误，失之太柔，以后当自主也。"连他的幕僚也责他"不应随人作计，名裂而无救于身之败"⑤。

崇厚表面上日日赴曾国藩处议事，实际上欺他既老且病，重大问题往往自行做主，不使与闻。如开释拐犯王三、安三一事，曾国藩写信给总署说："王三屡经翻供，其原供不足深惧。安三供词虽未确实，要系同被拐之人一并到案，不应遽释。地山宫保因该使索之愈坚，遂允释放。国藩亦在病中，未及与闻。"以致"为津郡士民所诟"⑥。再如，奏请另派重臣来津一事，系崇厚见曾国藩病重，而法使罗淑亚又连施恫吓之计，崇厚以为大局势将决裂，遂径行发出另派重臣之奏："敝处闻言，欲止令勿上，而已无及矣。"这两件事，

---

① 《曾国藩全集》"书信·十"，第 7237 页。
② 《李兴瑞日记》第 28 页。
③ 《曾国藩全集》"家书·二"，第 1375 页。
④ 《曾国藩全集》"家书·二"，第 1373 页。
⑤ 《李兴瑞日记》第 28 页。
⑥ 《曾国藩全集》"书信·十"，第 7231 页。

被曾国藩讥为"以忙致恚"①。

　　还有一事足以反映曾、崇间矛盾之交错。天津府、县革职后，天津府一缺，由崇厚推荐马绳武署理，曾国藩只能徇情上奏。但马绳武政声欠佳，供事"素为缙绅所不齿"②。适值丁日昌奉旨来津，微服至天津府衙求见，司阍者竟索门包洋银二十元，号包制钱五百枚，仍不为之纳刺。丁日昌遂"愤愤而去，以告爵相，即欲禀参。金以松圃（马绳武字）人品虽不见佳，虽权府系崇地山大臣所荐，然总由爵相保禀，现在夷务事事棘手，爵相方以用人办案大于清议，若将松圃劾去，里面更觉污糟"。最后定以津案了结之后，再令马绳武回晋州本任，"爵相韪之"③。这种煞费心机、相互间猜忌和防备的内耗，无疑极大地牵扯、损害了办案的速度和精力。

　　曾国藩与"清议"。"清议"，是历代王朝用以掣肘重臣、平衡内外权势的重要手段。津案事起，朝中"清议"哗然，一时间在舆论上掀起轩然大波，形成了一个专门高谈大道理的"论理派"，对曾国藩在天津的所作所为，攻讦不遗余力。"论理派"认为：一，木兰北狩，淀园被焚，国仇不可不雪；此时高文宿愤未纾，不应弃怨修好。二，天主教流毒中华，侮辱孔孟，士民切齿，因此异端不可不攘。三，府县贤声素著，不应罪守令以谢洋人，须力争以全国体。四，津民出于义愤，不应过事摧抑。五，联众国之交专攻法国，津案应成为中国办理夷务"一大转机"。就连当年在京与曾国藩相互砥砺理学道行、且交谊甚厚的大学士倭仁，这时也不容于曾国藩。

　　面对舆论的压力，不允许曾国藩无动于衷，因为他毕竟不是个"懵然无见"的人物。曾国藩认为，"论理派"就道理而言，或许不为无见，然而这些见解毕竟属于"局外无识做浮议，稍达事理，无不深悉其谬"④。至于曾国藩自己，则偏于"衡势"，他认为，当前的

---

① 《曾国藩全集》"书信·十"，第7223—7224页。
② 《翁同和日记》第二册第784页。
③ 《李兴瑞日记》第29—30页。
④ 《曾国藩全集》"书信·十"，第7235页。

英、法诸邦，与汉之匈奴，宋之辽、金，迥不相侔；欲持汉、宋之"清议"，来定今日之大局是完全不可能的，于此，"天下后世，必另有一段论断"①。

再说，津案殴毙洋人多名，"彼直我曲"，且中国兵力此时不能与彼族交锋，更不足以制取洋人，眼下对外交涉，只能委曲求和。在对外关系方面，或"可偶结一国之小怨，而断不可激各国之众怨"。他根据自己多年与各国交涉的经验中体验到，"泰西各国内虽猜贰，其于中国则又狼狈相从"。法、布（普鲁士，即德国）构兵，而布使于津案仍支持法国，便是一例。"议者多谓炳贵伐交，宜厚结英、俄，以专制法国，而不知英、法之交，固于胶漆，英国威使（指威妥玛）之求逞于我，其毒计有数倍于法国罗使（指罗淑亚）者。"②

曾国藩认为，"隐忍以全和议者，就'势'而言者也"，"曲全邻好而仍不忘防御，乃为完策"③。曾国藩的这些看法，虽亦不无可指摘之处，但比起"论理派"那些不识时务的虚妄之言，至少要实际得多。

曾国藩与津郡绅民。天津教案之所以能够成为中国近代史上规模最大的一次反洋教斗争，重要原因之一，就是其中蕴含着深厚的群众基础。对于这一点，曾国藩并非没有察觉。他说，此案"虽由谣言肇衅，而百姓之聚众滋事，实缘（法国驻津领事）丰大业之对官放枪，仓猝致变。未经放枪以前，该领事怒责巡捕，趋赴商署，持械出入，百姓并皆让路，任令行走，初无伤害之心。若使丰大业不两次放枪，必可安然无事。迨至滋事以后，则众人汹汹，已成不可禁遏之势"④。这些，均属实际情形。

曾国藩奉旨莅津之初，津郡绅民对他的到来报着极大的希望，

① 《李兴瑞日记》第 28 页。
② 《曾国藩全集》"书信·十"，第 7236、7238、7262—7263 页。
③ 《曾国藩全集》"书信·十"，第 7245、7248 页。
④ 《曾国藩全集》"奏稿·十二"，第 7071 页。

以为必可力反崇厚之所为。但曾国藩到天津后，为了保全和局，他只能把自己摆在与津郡绅民对立的位置上，执行了一条"严拿凶手以惩煽乱之徒，弹压士民以慰各国之意"的方针，结果使津郡士民大失所望，认为曾国藩的做法是"诬罔津民，曲徇彼族"。暗中在曾国藩贴出的"奉命查办，决计不开兵端"的告示上，挂了一缕缕白麻，表示曾国藩是洋人的孝子贤孙。此后谣言丛生，哄传津案办理，系由崇厚挟持曾国藩，与总署通同作伪，欺骗清廷。以致物议沸腾，民心大失。曾国藩自持"平日颇知畏清议而持正论"，但为了维护摇摇欲坠的大清王朝，"可以曲志求和，不恤失民心而为之"①。这种矛盾的心理和行为，正是由于他始终站在当权者的立场上而决定的。

曾国藩与洋人。在如何对待洋人的问题上，曾国藩基本上没有超出春秋以来"夷夏之防"传统观念。除官方文件上因有"条约"的限制外，曾国藩的私家文牍里，依然称外国人为"该夷"，称罗淑亚为"罗酋"，说各国公使驻京是"诸酋麇集都门"，把赔偿外国说成是"柔远之道"。对外国的情势，曾国藩亦不甚了解，如认为"洋人性情躁急"，而不懂这是因为中国官场办事的迁延拖沓；对当时正在进行的普法战争，认为是"法主老而厌事，其意主和不主战"②，完全不了解普法战争是拿破仑三世一手挑起的。由于文化保守而造成的对中外情形了解的巨大隔阂，时刻影响着他对津案的处理。

即便如此，不少国人仍责骂曾国藩办理津案是"媚外卖国"。而当时的总税务司赫德带给曾国藩的消息却说，外国人"每疑国藩素恶洋人，不愿中外通商，久已传播各口，屡见诸新闻纸。此次天津滋事，曾国藩与其谋，故不肯切实拿犯"；法使罗淑亚在照会中，攻击曾国藩"庇护"天津府、县，英使威妥玛甚至造曾国藩的谣言，说天津府、县解津后，"承审各员有以酒食款留"③ 者，甚至将谣

① 《曾国藩全集》"书信·十"，第 7219 页。
② 《曾国藩全集》"书信·十"，第 7207、7228 页。
③ 《曾国藩全集》"书信·十"，第 7235、7253 页。

言张扬到北京，清廷闻言，赶忙发上谕，对曾国藩进行责问。其实他在天津的这种窘境，正是由于中外间的不同制度与文化鸿沟所致。

然而在与津案各国的交涉过程中，曾国藩凭借着他的政治敏感，已经察觉到日后中国隐藏的国际危机和险境，他说："从此幸获无事，而海国环伺，隐患方长。"① 这是他办理天津教案之后的结论，也是他在观察国际关系方面高人一筹的地方。

＊　　　　＊　　　　＊

曾国藩在办理天津教案过程中曾为自己立下了一条行为准则，这就是绝不会为了"顾惜一己之毁誉"而"不问大局之成败"②。诚然，一个人在许多情况下，可以置别人的评价于不顾，但无法阻止别人对自己的评价。更何况对历史来说，判断和评价，尤其是一个无法回避的问题。

在晚清，曾国藩无疑是统治阶级成员中，最为强健的中坚力量，在当时的历史条件下，以他的身份和地位，本能地要维护清王朝这个已经落伍和腐朽的政权。在历史为他提供的舞台上，他必然要竭尽全力，一方面挽狂澜于即倒，一方面想方设法，使他所依附的王朝能够适应新的变局。在维护旧的礼教和传统制度上，无论从哪一个方面来讲，曾国藩都是成功的；但如何使这样一个老大的清帝国转向以适应新的"变局"方面，他似乎仅仅隐约感到了时代变化的脉搏，却束手无策。在曾国藩的身上，由于传统的包袱背得太重，使他很少有应激、应变的能力，也无法应对和超越现实社会给他造成的种种无奈。

曾国藩的一生，面对国内，不曾被一个个的遭遇所征服，也不曾被一个个的强劲对手所击败。但在办理天津教案的过程中，在不得不面对世界的时候，他的思想，他的精神，他的力量，都因种种

① 《曾国藩全集》"书信·十"，第 7273 页。
② 《曾国藩全集》"书信·十"，第 7260 页。

不足而开始萎顿，开始枯干。在人生的最后旅程中，他只能为历史负重，再也无法从心底扶起一个坚强的自我。及至他离开天津，才感到当初未听史念祖之言，"而悟矣，而悔矣，而悔已晚矣"①。仅仅一年多的时间，他便在巨大的痛苦中永远地倒下了。

［原载天津文史研究馆：《天津文史》，2020年第1期］

---

① 《俞俞斋文稿》"初集"卷三，第423页。

近代中国第一大学人——严复

自称"卅年老天津"的严复，是鸦片战争之后全面向中国介绍西方思想的第一人，是近代中国的著名思想家，曾被时人誉为"哲学初祖"和"新道德"的启蒙者。

作为中国早期海军留学生，严复在欧洲期间，正值西方资本主义全盛阶段，欧陆各国经济发达，大思想家、大学问家辈出。在中西两种不同社会制度的巨大位差刺激下，严复在学习海军战术及枪炮营垒诸法的同时，兼习了哲理、政治、经济、社会诸学。

回国不久，严复即来到天津水师学堂主持教学工作。中国在甲午中日战争中的失败使严复大受刺激，积蓄多年的忧国忧民之情沛然而发，在报纸上发表了一系列指斥时敝的治论文，创办了《国闻报》，翻译了《天演论》，一时间严复名声大噪，天津也因此成为呼吁维新变法的舆论中心。

戊戌政变发生后，严复继续从事西方社会科学名著的翻译工作，并使他成为中国第一位将西方社会科学名著作为一套完整理论介绍到中国的大学问家。

特别值得一提的是，严复一生中最有作为的黄金时代是在天津度过的，他在自己61岁生日所作的一首诗中说："鼹饮津沽水，燕居二十年"；"裘成千腋集，书及万言陈"，这正是当时情形的真实写照。在此期间，他用自己熠熠闪光的思想，为中国人民照亮了一条向西方寻求真理的道路，为近代天津增添了霞光般的异彩。作为近代中国、近代天津的第一大学人，严复是当之无愧的。

马江海军学堂毕业的"国士"

清咸丰三年（1853），在福建福州侯官县（入民国后与闽县合并，改为闽侯县）南台阳歧乡的严氏家族里诞生了一名男孩，单字取名为"复"。及长，取字几道，又字又陵，亦作幼陵。晚号俞懋老人，别号天演宗哲学家。

阳歧本是个山清水碧、林幽泉清的地方，居民多以耕读传世。严氏家本寒素，学历最高的是严复的曾祖严焕然，明嘉庆十五年（1810）进士，官至县学训导，大致相当于县教育局局长。严复的祖父和父亲均以行医为业。严复诞生那年，父亲严振先33岁，母亲陈氏21岁。

严复自7岁开始上学，11岁起拜本省宿儒黄宗彝（黄少岩）为师，治经史之学，汉宋并重，并从老师那里饫闻了历代名儒的道德学问，打下了扎实的旧学根底。

不幸的是，严复14岁那年父亲去世了，家中断绝了收入来源，只好由母亲陈氏支持门户。这时严复再也无力从师，母子二人只好茕茕相对，在织机前燃灯课读。

好在天无绝人之路，恰在这时，船政大臣沈葆桢（民族英雄林则徐的女婿）在附近的马江创办海军船政学堂，招考英俊子弟，严复前往应试，试题为《大孝终身慕父母论》。当时严复刚刚丧父，内心沉痛之至，见此题目，遂振笔疾书，成文数百言以进。沈葆桢读后大加赞赏，名列第一，翌年入堂肄业。后来严复忆及此事，写有"尚忆垂髫十五时，一篇大孝能称奇"两句诗，自注说："同治丙寅（1866），侯官文肃公开船厂，招子弟肄业，试题《大孝终身慕父母》，不肖适丁外艰，成论数百言以进，公见之，置冠其曹。"指的就是这件事。

翌年春，严复正式入堂学习，所学者均为西方近代自然科学，如算术、几何、代数、解析几何、割锥、平三角、弧三角、代几微、动静重学、水重学、电磁学、光学、音学、热学、化学、地质学、天文学、航海术等。这些课程今日看来颇为一般，但在当时国内却无人知晓，课本亦无中译者，所以全用英文讲授，这对严复日后的留学生涯以及译述西洋名著，具有莫大的裨益。

严复入堂学习时，共有学员 105 人，中途有 6 人亡故，60 人退学，到毕业时只剩下 39 人，其中仅 14 人完成了堂课、船课等全部学业，卒业大考时，严复名列第一。这段学习生活给严复留下了深深的屐痕，晚年他在一篇文章里回忆说："不佞年十有五，则应募为海军生。当是时，马江船司空草创未就，借城南定光寺为学舍。同学仅百人，学旁行书算。其中晨夜伊毗之声与梵呗相答。距今五十许年，当时同学略尽，屈指殆无一二存者，回首前尘，塔影山光，时犹呈现于吾梦寐也。"于此可见他对这段生活的留恋。

同治十年（1871），19 岁的严复被派赴"建威"练船作练习生，游历南洋及北方各海口。嗣后，马尾船政局自制之"扬武"轮船告成，严复又被派赴"扬武"舰，巡历黄海及日本各口岸。彼时日本也开始筹办海军，"扬武"舰到达长崎、横滨各港口时，聚观者达万人空巷之况。

那时"扬武"舰的舰长为延聘的英国海军中校德勒塞，聘期三年，与严复相处甚洽。及至期满回国时，曾满怀深情地对严复说："盖学问一事，并不以卒业为终点。学子虽已入世治事，此后自行求学之日方长，君如不自足自封，则新知无尽。望诸君共勉之。"严复听后非常受感动，这些话对严复一生致力于向西方寻求真理影响至钜。

同治十三年（1874），日本借口台湾民众杀害琉球船民，出兵台湾，清廷命沈葆桢率轮船兵弁前往调查，严复随同前往。当时，琉球为中国属国，此事纯属中国内政，日本并没有权力干涉，但腐败的清王朝竟与日本议定台事专约，向日本赔款，进一步助长了日本的侵略野心。这时举国上下深感有大治海军的必要，于是严复又奉调至北洋，前往英国接运守口炮船驶至大沽。翌年，严复被派赴英国学习海军。

这次由马尾船政学堂派往欧洲留学的共有30多人，凡是前学堂毕业的，因学的是造船专业，都到法国去学造船；后学堂毕业的12人，因学的是管轮专业，都去英国学驾驶，有的直接到英国军舰上实习，有的先进学校，后上军舰实习。严复因毕业于后学堂，遂于光绪二年（1876）被派赴英国海军学校学习海军驾驶，先在英吉利抱士穆德学校学习近五个月，然后转入格林尼茨皇家海军学院，肄习海军战术、海战、公法及建筑海军炮台诸术。肄业期间，严复曾去法国游历一次，其余两年多的时间均埋头治学，始终未上军舰。毕业时，考课均列优等。

两年多的时间虽然不长，但对严复一生的思想影响至深至大，甚至决定了他对人生道路的选择，也决定了他日后一定会对中国思想界和学术界做出巨大贡献。

严复留英期间，正值西方资本主义的全盛阶段，"无论一沟一塍一廛一市，莫不极治缮葺完"；"反观吾国，虽通衢大邑，广殿高衙，莫不呈丛脞抛荒之实象"。一次，严复旁听英国法庭的审判情形，见原告、被告和法官均同坐一室，且各有律师为双方辩护，全不似中国审案之野蛮与落后。这件事给了他极大的刺激，"归邸数日，如有所失"。

当时的英国和法国，还是西方先进思想最活跃、最发达的地方，达尔文的《物种起源》已发表20年，欧美各国正在为进化论学说所震撼，大思想家、大学问家辈出，诸如达尔文、赫胥黎、亚当·斯密、斯宾塞尔、卢梭、孟德斯鸠等人都成了严复的崇拜对象，促使他在业余兼习了哲学、政治、经济、社会诸学，思想大开。

当时的驻英公使、自号玉池老人的郭嵩焘也是一个思想十分开通的人，严、郭二人虽然年龄相差很远，但旨趣相投，"每值休沐之日"，严复"辄至使署，与郭公论述中西学术政制之异同"。两人兴之所致，往往谈论得"穷日夕弗休"，并由此结成了忘年之交。这让严复逐渐接受郭嵩焘学习西方有本末之分的思想，跳出洋务思想的局限去追求西方富强之本，也使严复的思想逐步迈入了一个新的天地。

当时，郭嵩焘对严复非常推崇，他曾写信给上司说："出使兹邦，惟严君胜其任，如某者，不识西文，不知世界大事，何足以当此？"

光绪十七年（1891），郭嵩焘病逝，严复失去良师挚友，内心十分悲痛，遂作联挽郭："平生蒙国士之知，而今鹤翅蒙童，激赏深惭羊叔子；惟公负独醒之累，在昔蛾眉谣诼，离忧岂仅屈灵君。"这里严复自比晋杜预，枉受羊怙之举，而郭氏则如楚之先贤屈原，竟因头脑清醒、卓识远见而遭举世谣诼。

光绪五年（1879），严复结束了留学生活，回到母校福建马尾船政学堂任教。第二年，直隶总督李鸿章在天津创办了北洋水师学堂，这时的严复已小有名气，经人推荐，来到天津，担任北洋水师学堂的总教习（教务长）。这一年，严复仅 28 岁。

当时社会风气未开，一般人均认为进入水师学堂不是正途，极少有少年学子报考，学堂只好大幅度提高助学金，除免费供给食宿外，每个学员每月给银 4 两，据说这些银子在当时可供八口之家糊口。尽管如此，报考者仍然很少，于是不得不一再降低录取标准，只要年龄在 14 岁以上 17 岁以下，读书数年，能写半篇文章，即可报名，而且随到随收。所以，学员入堂之初，不仅对西方语文学识咸所未闻，即便对中国文字亦仅粗通。但严复并未因此而气馁，他想方设法，督同全堂的中外教习，认真开导，循循善诱，促使学员争相奋勉，数更寒暑，未尝稍辍。一日之间，中西兼学，文武共习；至于枪炮使用，轮机原理，船帆升降，大洋驾舟诸课，量晷分时，也安排得井井有条，学员因此进步甚速。

光绪十年（1884），李鸿章饬令北洋水师营务处负责人（海军后勤部长）罗丰禄邀同英、俄两国海军军官进行堂会考，成绩颇佳，咸谓课堂教学水平达到或超过欧洲同类院校。罗丰禄亦称，堂中所授繁难诸学，多为马尾船政学堂洋教习所未讲授。驾驶头班学生谢葆璋（当代散文大师谢冰心之父）等30人当年毕业后，全部登上练船深造。

当年留学生的社会地位与今日大相径庭，凡言及洋文及西学者，多为官场与士林所齿冷。严复在天津水师学堂虽然是总教习，实际上干的却是总办（校长）的工作。但是由于严复不是科举出身，没有官衔，资格仅为武职的都司，所以总办一职总是任命他人。直到37岁那年，他连捐代保，弄到一个"选用知府"的官衔，才升任为会办（副校长）。又过了一年，升任总办。不久，又从"选用知府"升为"选用道员"，直到40岁，严复才成为四品官衔的学堂总办。即便如此，这些职务在当时人看来，也无非是个高等兵弁而已。所以在这一期间，严复非常苦闷，为了补上科举这一课，33岁那年他回福建参加乡试；36岁和37岁时两次赴北京参加顺天乡试，都没有考中。他十分后悔"当年误学旁行书（指洋文），举世相视如髦蛮"；以致"四十不官拥皋比（皋比，带虎皮的座席，这里指官场的最高负责人），男儿怀抱谁人知"。是啊，严复力图用自己的才学拯救中国的抱负，当时有谁能够理解呢？

那时的严复意气风发，出于爱国之心，"极喜议论时事，酒酣耳热，一座尽倾，快意当前，不能自制，尤好讥评当路有气力人，以标风概"。但那时官场与社会的专制积习非常浓厚。尽管严复是位饱学之士，但李鸿章听到风言风语，便开始对严复不满，而且始终未把他放在眼里。他见严复吸烟，竟当面训斥说："汝如此人才，吃烟岂不可惜！当仰体吾意，想出法子革去。"而且不让严复在学堂里参预机要，仅只"奉职而已"。

更不能令人容忍的是，当时虽是强邻环伺，国事日非，但当轴者仍以箝口钳羽为能事，不准人们任意对朝政发表议论。严复在中西两种制度巨大位差的刺激下，经常痛心地对人说，如果这样下去，再过三十年，中国的领土与藩属将被吞灭殆尽，那时候中国就会像老牛一样，让外国侵略者牵着鼻子走了。这些话说的本是实情，可是传到李鸿章的耳朵里，却认为是过激之言。一天，严复向李鸿章面陈西国政教的优长，说中国要想富强，非用西法不可。李鸿章一边抽水烟，一边听，认为这不过是书生放言高论，漫无顾忌，遂反驳说："你说的话很有道理，你们留过洋的自然是一通百通，可是对中国的事情还不大通！"于是顺手拿起点水烟的火纸捻问道："这在西洋叫什么？"严复一时不知所措。李鸿章见状哈哈大笑，说："可不是，我说你们留洋的就不懂中国的一套！"从此，严李间芥蒂日深。

及至光绪十年（1884）甲申中法战争爆发，清王朝昧于形势，虽然取得了镇南关大捷，却是不败而败，与法国签订了丧权辱国的和约，致使朝野大哗，李鸿章也因此受到舆论攻击。可是李鸿章非但不自责，反而怀疑严复参预其事。严复得知后，愤而以读书自谴。后来北洋海军规模日益扩大，需人甚殷，李鸿章不得不起用严复为天津水师学堂总办，但对严仍耿耿于怀，严复亦因学不见用，开始殚心译述事业。

"西洋留学生与本国思想界发生关系者，严复其首也"

梁启超在《清代学术概论》中说过："西洋留学生与本国思想界发生关系者，严复其首也"，事实正是如此。

光绪二十年（1894），中日甲午战起，先是北洋水师衄于黄海大东沟，接着援朝之陆路各军又大败于辽东，京师震动，朝野大惊。军人出身的严复亦因此大受刺激，他深感"国祸益深"，而清王朝的当权者多数不过是"偷活草间，苟延残喘"者而已；何况，"中国吃亏，固不自今日而始有"。于是自回国后积蓄多年的忧国忧民之情沛然而发，他在给长子严璩的一封信里说："中国今日之事，正坐平日学问之非，与士大夫心数之坏。由今之道，无变今之俗，虽管、葛（指管仲、诸葛亮）复生，亦无能为力也。"这种针砭时弊之论，正是此后他"痛心切齿，欲致力于译述以世"，和发表宏篇巨帙，力主维新变法的先声。

撰写振聋发聩的政治论文

这时，严复已陆续把英国生物学家赫胥黎的《天演论》选译出来，同时在德国人汉纳根办的《直报》上接连发表了《论事变之亟》《原强》《辟韩》和《救亡决论》等既凄怆沉郁又慷慨激昂的政治论文，指陈朝廷与社会风气的种种缺失，阐发变法维新的刻不容缓，表现出强烈的爱国激情。

严复认为，当今的世事变化，已达到了周秦以来从来没有过的地步，这种变化是潮流所趋，即便是圣人再世也阻挡不了。对于挽救当前的民族危亡来说，传统的程朱之学"徒多伪道"，而陆王之学"师心自用"，至于考证、词章之学更是"无实""无用"。因此，必须提倡"西学格致"。但朝廷中的一些人为了自身的既得利益，坚持守旧，甚至逆流而动，"与天地之机为难"，甚至妄想"老死不与异族相往来"。他在《论世变之亟》一文中愤慨地说："士生今日，不睹西洋富强之效者，无目者也。谓不讲富强，而中国自可以安；谓不用西洋之术，而富强自可至；谓用西洋之术，无俟于通达时务之真人才，皆非狂易失心之人不为此。"

中国怎样才能适应这种世事变化的潮流呢？

严复认为，要适应"变"的历史趋势，就要维新，要维新，只有向西方学习，学习令人"一新耳目，更革心思"的达尔文的进化论，和"以大阐人伦治化之事"为主要内容的斯宾塞尔的社会学，才能浚智慧、练体力、励德行。此外，还要用西学来批判那些既"无用"又"无实"的旧学。尤其要改变八股取士制度，因为这种办法锢蔽智慧、束缚思想，使人堕于蒙昧之中，长人虚骄，昏人心智，无救于当前的危亡，也不能使中国摆脱"亡国灭种，四分五裂，而不可收拾"的厄运。

与此同时，严复又写了《辟韩》一文，通过反驳唐朝韩愈的《原道》，猛烈抨击封建的君主专制，宣传"尊民叛君"的民权思想。

191

他说："自秦而来，为中国之君者，皆其尤强梗者也，最能欺夺者也"，"正所谓大盗窃国者"，"国谁窃，转相窃之于民而已"。因此，中国要救亡图存，就要推行西方的政治制度。因为在西方，"国者，斯民之公产也；王侯将相者，通国之公仆也"。值得注意的是，严复在这里最早提出了官员应是群众公仆的观念。他还认为，要想使中国政治"无相欺相夺而相患害"，就应当使人民享有充分的自由权。

《辟韩》一文是中国近代史上第一篇猛烈抨击封建专制和提倡民主理论的文章，较之清初黄宗羲的《原君》，和同时人谭嗣同的绌君排满，尤为激烈透彻。严复能在清王朝的专制淫威之下，大胆发表尊民叛君、尊今叛古的震世骇俗之论，足以证明他的激进与爱国。不久，梁启超在上海的《时务报》上以"观我生室主人"的笔名，全文转载了《辟韩》。

此论一出，极大地震怒了当权的顽固派，以"卫道"自居的湖广总督张之洞亲自披挂上阵，写了一篇《辩辟韩书》，用顽固派士人屠仁守（屠墨君）的名义发表，对严复大张挞伐，张之洞甚至准备对严复下毒手，后经人从中劝解，严复方免于难。

严复提出的改造政治、改造社会和救亡图存的维新变法方案，集中体现在"鼓民力，开民智，新民德"这九个字上。严复认为，一个民族的强盛与否，主要表现在其民力、民智和民德如何；中国若想保种自强，必须效法西方国家，"以自由为体，以民主为用"，改革旧制度，变换人心、风俗。所谓鼓民力，就是要使全民有一个健康的体魄，严禁鸦片和缠足，"练民筋骸，鼓民血气"。所谓开民智，就是要废除八股取士制度，设立学堂，讲求西学，尤其是西方的科学技术，同时要注意学问的实际应用。所谓新民德，就是要在首都设立议院，"天下郡县各公举其守宰"，也就是地方官吏实行民主选举，用西方式的君主立宪制度，代替中国的封建专制。只有做到这些，中国才能逐步走向富强。

译介《天演论》

严复虽因在《直报》上连续发表超凡脱俗的战斗性政论文章使

他名声大噪，但真正让他享誉中国思想界与学术界的，还是因为他在这一期间翻译和出版了具有划时代意义的学术名著《天演论》。

《天演论》原名《进化论与伦理学及其他论文》，是英国著名生物学家赫胥黎于1894年（光绪二十年）出版的一本论文集。这本书并非专门介绍其挚友、进化论创始人达尔文学术观点的著作，而是一部以进化论为基础来阐述社会伦理的著作。严复为了从理论上支持他的维新变法观点，特意选译了原书的前两篇，"未数月而脱稿"，改名《天演论》。

严复之所以要翻译《天演论》，是有其深刻思想根源的。当他20余岁留学英国时，正值达尔位的《物种起源》出版不久，而且很快震动了欧西各国。严复曾在《原强》一文中最早向中国人介绍了《物种起源》及其对欧美的巨大影响："自其书出，欧美二洲几于无人不读，而泰西之学术政教，为之一斐变焉。"严复本人也因此成了进化论的崇信者。

严译《天演论》分上、下两卷，共35节，每节几乎都有他根据自己对该书的理解而加的按语，有的按语甚至比译文还要长。《天演论》阐发的主要论点是，世界上一切生物都是进化的，而不是不变的。生物之所以能够进化，是由于"物竞"和"天择"。所谓"物竞"，就是生存竞争，"物争以自存也"。所谓"天择"，就是自然淘汰，"以一物与万物争，或存或亡，而其效则归于天择"。严复认为，"动植如此，民人亦然。民人者，固动物之类也"。这就是说，严复翻译《天演论》的目的，是想借助于"物竞""天择"的理论来证明，中国如果能顺应"天演"的规律，紧跟世界潮流，实行维新变法，就能在竞争中立足；否则便会亡国灭种，为"天演"所淘汰，所以"天演"是一件关乎"自强保种"的大事。

《天演论》初稿译成于中日签订《马关条约》的光绪二十一年（1895），由于严复的译介，流行于西方的进化论很快传入中国，他的译稿也不胫而走。当时，维新派领袖康有为等人正在宣传变法学说，但他们的立论基础，不过是传统经学中的"三世"说，即由

"乱世"而"升平世"，而"太平世"；他们捧出的偶像，仍然是孔老夫子，这就是当时所谓的"孔子改制"。严复则不同了，他用西方进化论的新观点，鼓吹变法维新和自强保种，反对复古守旧，骇世惊俗，使人感到耳目一新。康有为在当时本是自视甚高、目空一切的人，但读了严译《天演论》之后，也不得不承认严复是"中国西学第一"。

严译《天演论》的核心，是阐发了"物竞天择""保群进化"和"与强者争生存"的斗争哲学，给甲午中日战争以后处在民族危亡严重关头的中国人敲起了警钟，鼓起了中国人"自强保种"的勇气，也在思想上武装了主张维新变法的仁人志士。在当时的历史条件下，《天演论》在反对封建专制、反对帝国主义侵略方面，确有着不可低估的作用。

为什么这样说呢？因为中国自鸦片战争之后，虽然风气渐通，倡导西学之事也日益增多，而且译书首当其冲。但最初的译书，以"格致"（自然科学）之类居多。因为那时的士大夫，只知道西洋各国的船坚炮利，以为"彼邦所精不外象数形下之末"，"所务不超功利之间"，而论及修齐治平的经邦济世大道，则远不如中国。直至经历了甲午中日战争，和严译《天演论》的问世，多数士人才知道，西方的政治、学术、文化深合于"天演"趋势，中国为求存求强，不能不适境自变。从此不少知识分子开始走出"中国文化本位"的误区，"知道西洋人除了枪炮兵舰之外，还有精致的哲学思想可以供我们采用"。诚如经过"天演旋风"的学人胡适所言，"《天演论》出版之后，不出几年，便风行全国，竟作了中国学生的读物了。在中国屡次战败之后，在庚子、辛丑两大耻辱之后，这个'优胜劣败'的生存公式，确是一种当头棒喝，给予无数人绝大的刺激。这种思想像野火一般，延烧着许多少年人的心。"甚至还可以说，《天演论》的最大功绩，在于使许多人觉悟到，中国如不发奋图强，便不能在地球上立足。所以，在辛亥革命前十多年间，竟有 30 多个不同的《天演论》版本在社会上流传，这在当时的思想界和出版界是罕见

194

的。鲁迅先生在《朝花夕拾》的"琐记"中，回忆他在南京读书时，曾利用"星期日到城南买了来，白纸石印的一厚本"《天演论》，虽然受到本家长辈的训斥，但仍是"一有闲空，就照例吃侉饼、花生米、辣椒，看《天演论》"。从此，"物竞天择之理，厘然当于人心，而中国民气为之一变"。

在学术上，《天演论》的问世，标志着近代中国在学习西方的潮流中，进入由感性到理性、由具体到抽象、由形式到内容、由现象到本质的新阶段。严复最先以西方的进化论为武器，向专制和顽固思想进行尖锐的斗争，使他成为近代中国的著名启蒙思想家，同时也为中国近代文化史开辟了一个崭新的时期。

创办《国闻报》

严复在维新运动中，对中国近代文化事业的又一贡献，是在天津创办了第一份由国人自办的报纸——《国闻报》。

严复的政治论文在《直报》刊出后，反响极大，从而使他深深感到有自办报刊的必要。光绪二十二年（1896），维新运动领袖梁启超在上海创办《时务报》时，他曾助款百元，予以支持。此后经过一段时间的筹备，严复联合了志同道合的挚友王曾植、夏曾佑和杭辛斋等人，于光绪二十三年十月初一日（1897年10月26日）创办了易为社会各阶层所接受的《国闻报》。不久，又在严复的倡导下，于当年十一月十五日（12月8日）创办了专为士大夫和知识分子阅读的旬刊《国闻汇编》。不过，到了翌年正月二十五日（1898年2月15日）《国闻汇编》便停刊了，一共只出版了六册。但严复的《天演论悬疏》和《斯宾塞尔劝学篇》（也就是介绍斯氏名著《社会学研究》一书文章）等就是在《国闻汇编》上最先刊出的。起初几个人的分工是，严复与夏曾佑主持旬刊，王修植和杭辛斋主持日报。旬刊停办后，他们四个人大都集中到《国闻报》来了。

王修植，字菀生，浙江定海人。光绪六年（1880）进士，由翰林外放道员，旋任天津北洋大学堂总办。王氏学兼中西，尤擅算学，且讲求时务，曾主持设立北洋西学官书局。当时人说他"经史词章，

三津人物

195

擅名夙昔，而于天文、历、算、声、光、化、电之学，亦俱研讨有年，心通其意"。著有《行军工程测绘》《俨庵文稿》等。

夏曾佑，字穗卿，浙江杭州人。光绪十六年（1890）进士，与维新派人士谭嗣同、梁启超等人相友善。光绪二十二年（1896），夏氏应天津海关道孙宝琦（慕韩）的约请，来天津育才馆任教（育才馆是当时的直隶总督王文韶创办的）。夏氏因与严复比邻而居，一见如故，"动辄过谈，谈辄竟夜，微言妙旨，往往如意"，从此成为莫逆。晚年醉心佛学，灰心世事，日唯纵酒，每至烂醉荡地。

杭辛斋，字慎修，浙江海宁人。少年饱学，旋游京师，师从于大学问家李慈铭（莼客）门下。后肄业于北京同文馆，习天、算、理、化，学问大进，但拒绝参加科举考试，而是"以天下之重自任……除奸去恶，直声振海内"。与严复交游甚深。

至于《国闻报》的宗旨，严复等人在该报的发行"缘起"中已说得很明白："阅兹报者，观于一国之事，则以通上下之情；观于各国之事，则足以通中外之情。上下之情既通，而后人不专私其利；中外之情通，而后国不专其制。人不专私其利，则积一人之智力为一群之智力，而吾之群强；国不专其制，则取各国之政教以为一国之政教，而吾之国强。"这就是说，只要上下之情通了，人民的参政意识才能加强，才能发挥出民主政治的威力。只有中外之情通了，当政者才会主动效法西方先进国家的政治体制，国家才有可能强大。这样一份以"求通"为目的、以"自强"相号召的报纸，很自然地适应了当时举国上下要求维新变法的形势，不但是"华人独立新闻事业之初祖"，而且很快成为宣传维新变法的强大舆论阵地。

《国闻报》为日刊，用约等于八开的毛边纸单面铅印，对折成四页，第一页为"告白"（包括广告、启事等）、上谕、直隶制台辕门抄、英国路透社电报等；第二页为全国性的重要新闻及社论；第三页、四页为地方新闻，首天津，依次为京师、保定、山东、河南、西藏、东南各省及外国。社论性的议论文几乎每天一篇，大部分出自严复之手。此外，还译载了不少"泰西名论"，包括有政法、学术、宗教等方面。

严复一开始便以极大的政治热情，积极投身《国闻报》的编辑出版，时值维新变法期间，他利用这份报纸，揭露帝国主义的侵略和清王朝的腐败。当德国侵占胶州湾时，严复立即在报上发表了《驳英〈太晤士报〉论德据胶澳事》《论胶州章镇高元让地事》和《论胶州知州某君》等文章，指出德国的行径无异"海盗行劫，清昼攫金"，而各列强之间却狼狈为奸，协以谋我；而面对国难，不少官吏却"奢华靡丽，日事酣嬉"，因此中国必须变法改革。

严复还利用这份报纸对科举制度和八股文章大张挞伐。他在一篇名为《道学外传》的文章里，讽刺那些醉心科举的人，"面戴大园眼镜，手持长杆烟筒，头蓄半寸之发，颈积半寸之泥，徐行偻背，阔领扁鼻，欲言不言，时复冷笑"。这些人除"四书五经"、《纲鉴易知录》《古文观止》以及《时务大成》以外，一无所知。反认为报纸是"天下之乱民"，民主为"部落简陋之习"。此外，对那些头戴扁眼镜，嘴叼纸烟卷，身穿窄袖衣，行乘钢丝车的"有维新之貌而无维新之心"的假维新派，严复也写有专文，给予辛辣的讽刺。

对于实行维新变法的官吏，严复则利用《国闻报》予以热情歌颂。如湖南巡抚陈宝箴在任内积极推行新政，但地方劣绅却纠集京官妄行参劾。《国闻报》对此事当即揭露，并公开支持陈宝箴，说他是"今日督抚中忠荩爱国、勇于任事之人，必不为此等谤言所惑"。《国闻报》对维新变法期间朝廷的种种新政举措，大量进行报道。如议开制度局，筹办京师大学堂，奖励工艺制造，设立农工商总局，拟开懋勤殿以议新政，以及日本首相伊藤博文访华和他与朝廷要员的问答，等等。时至今日，这些报道均已成为研究戊戌变法史的重要文献了。后来有人评论说："《国闻报》者，侯官严几道先生纠合海内闳达，建设于天津者也。当戊戌年间，西人评骘中国报界，以为第一，而《时务报》不与焉，亦可以见其价值矣。"

由严复等人组成的《国闻报》编辑部，实际上还是一个具有小团体性质的政治"沙龙"。由于王修植在天津是一位很活跃的官吏，

197

所以聚会地点总是在王氏的寓所。当时号称"思想开通"的袁世凯正在小站练兵，每次来津办事，必先一日到王修植寓做彻夜长谈。"斗室纵横，放言狂论，靡所羁约。"一次，杭辛斋"谓项城（即袁世凯），他日必做皇帝"。袁世凯回答说："我做皇帝必首杀你。"言罢，"相与鼓掌笑乐"。及至政变发生，《国闻报》被查封，时局屡变，这一班人"遂相契阔去"。后来袁世凯果真复辟帝制，杭辛斋时为国会议员，因反对帝制被逮入狱。旋因帝制失败，杭辛斋侥幸得免。

光绪二十四年正月初六日至十四日（1898 年 1 月 27 日～2 月 4 日），《国闻报》分九次刊登了严复写的《拟上皇帝书》。新政期间，严复经吏部举荐，光绪皇帝于当年七月二十九日（9 月 14 日）在乾清宫召见了他其间情形，俱载于八月初四日之《国闻报》：

> 光绪帝问："本年夏间，有人参汝在天津国闻报馆主笔，其中议论可都是汝的笔墨乎？汝近来尚在国闻报馆主笔否？"
>
> 严复答："臣非该馆主笔，不过时有议论，交于该馆登报尔。"
>
> 光绪："汝所上报之文，其中得意文章有几篇？"
>
> 严复："无甚得意者，独本年正月间有《拟上皇帝书》一篇，其文颇长，当时分作六、七日登报，不知曾蒙御览否？"
>
> 光绪："他们没有呈上来，汝可录一通进来，朕急于观之。"
>
> 严复："臣当时是望皇上变法自强，故书中多此种语。今皇上圣明，业以见之行事，臣之言论已同赘梳。"
>
> 光绪："不妨，汝可缮写上来。但书中大意是要变什么法？"
>
> 严复："大意请皇上于未变法之先，可先到外洋一行，以联各国之欢；并到中国各处，纵人民观看，以结百姓之心。"
>
> 光绪微叹说："中国就是守旧人多，怎好？"

此外还向严复询问了办理海军及学堂等许多事情，奏对约进行了 45 分钟。严复回到天津后，加紧修改这份"上皇帝书"，不料七天后政变发生，以致该书未及进呈。

在这段时间里，严复还以极大的政治热情，协助直隶总督王文韶办起了新式学堂——俄文馆；协助维新派人氏、刑部主事张元济在北京创办通艺学堂，这"通艺"两个字便是严复代取的。通艺学堂中有教员二人，教授英语和数学，其中一人就是严复的侄儿严君潜。严复还两次到该校为学生"考订功课，讲明学术"。后来，严复因光绪帝的召见前往北京，就住在通艺学堂，并亲自登台"宣讲西学源流旨趣，并中西政教之大原"。消息传出，"除本堂肄业诸生外，京官之好学者，相约听讲，不期而聚者数十人"；严复讲得非常认真，"口讲指画数点钟之久，孜孜不倦"，大家感到非常满意。"有闻其绪论者，退而语人曰：西人之精义妙道，乃至如此，此真吾辈闻所未闻，或者严君别有心得，托之西人，亦未可知。"

百日维新期间，京师大学堂成立，不少人主张以张元济为总办，严复为总教习。这件事虽因守旧派的反对而未能实现，但也可以看出严复及西学在人们心目中的地位。

总之，自甲午中日战争之后，到戊戌政变发生前的三年时间里，维新运动在各地蓬勃发展。严复以西方的先进思想和经典理论为武器，批判封建专制，宣传变法维新，提倡新学，反对旧学，成效颇大，影响至深，使他在这一时期超出了其他的维新运动倡导者，成为饮誉全国的提倡变法的理论家与宣传家。所以这一时期，实在是严复一生中最为辉煌壮丽的时期，而这种辉煌与壮丽又是在华洋杂处的天津绽发出来的，这应是近代天津的光荣与骄傲，是永远值得我们纪念的。

近代中国社会科学基础理论的奠基人

严复是中国最早系统介绍西方社会科学基础理论与学术思想，宣传"西学"和"新学"的代表人物，自从有了严复，近代社会科学才在真正意义上来到中国。严复对近代中国的文学、历史学、哲学、经济学、政治学、社会学、法学、教育学、翻译学等诸多领域都做出了巨大的贡献，中国的社会科学能够发展到今天，严复的启蒙之功是不可埋没的。所以有人把他比作英国的哲学家、经济学家、法学家，一生从事经济学、伦理学和哲学研究与著述的著名学人边沁（1748—1832），甚至说他是中国的边沁。下面，我们就分门别类地介绍一下严复在近代中国社会科学各学科领域的崇高地位。

文学

严复在文学方面的贡献，主要表现在文学观念、文学理论和文学创作上。应当说，在19世纪末和20世纪初的中国文坛里，严复在这些方面的作用是无人可以替代的。

在19世纪末叶以前，中国文人的积习是"薄今爱古"，无论学问、文章、事业，"皆以古人为不可及"。及至严译《天演论》的问世，开始为中国的文学界送去了进化论的武器，开始使文人们认识到"世道必进，后胜于今"的道理，为他们摆脱崇古拟古，追求文学的进步与发展，开辟了一条理论上的通道。并由此引发了由黄遵宪、梁启超等人倡导的、具有强烈求新意识的"诗界革命""文界革命"、"小说革命"和"戏剧改良"，进而掀起了中国文学整体性变革的浪潮。

在文学理论和文学批评方面，严复也有着卓越的建树。光绪二十三年（1897），《国闻报》创刊不久，便发表了他写的文学论文《本报附印说部缘起》，有的研究者认为，这是站在人性论和进化论历史哲学的高度，从广阔的文学视野来研究小说的一篇专论。文章认为，小说"入人之深，行世之远，几几出于经史之上"；"且闻欧美、东瀛，其开化之时，往往得小说之助"。这些观点，正是后来"小说革命"的先声，对近代新派小说的发展起了重大作用。

在文学创作方面，严复也有着自己的贡献。他写的许多具有战斗性的政论文章充满激情，从文学角度审视，都是出色的散文。往复顿挫，深美可颂。不但能摆脱传统古文学派——桐城派的束缚，而且能结合新事物来表达新思想，写出自己的个性和品格。在写法上，严复既继承了古典散文善用比喻和对比的传统，又具有西方式的严密的逻辑论证力量，很能打动人心。后世名家在论及"逻辑文学"或"欧化的古文"时，总要先提到严复。

此外，严复的讽刺性小品和诗作，也都写得很好。他写的诗虽然不多，但感情充沛，情真意挚，多收入《渝懋堂诗集》（上、下卷）及"补遗"。如著名的《戊戌八月感事》："求治翻为罪，明时误爱才。伏尸名士贱，称疾诏书哀。燕市天如晦，宣南雨又来。临河鸣犊叹，莫遣寸心灰。"便是其中辗转相抄、脍炙人口的一首。当时不少著名的诗论家如梁启超等，对严诗均有很高的评价，所以在近代诗坛上，严复亦有其一席之地。

历史学

近代以前的中国传统史学，和文学界一样，总认为历史是越古越好，上古三代是中国历史的黄金时代，越到后来，历史越退化。自19世纪末，严译《天演论》风靡于世，进化论开始为中国学术界所接受，甚至奉为圭臬，大大促进了当时进化论历史观的形成。著名史学大师顾颉刚在评论这一转变的巨大意义时说："过去人认为历史是退步的，愈古愈好，愈到后世愈不行。到了新史观输入以后，人们才知道历史是进化的。后世文明远过于古代。这整个改变了国人对历史的观念。"

当时，随着中国政治上的变革，和西方历史学的影响，大学者梁启超等人明确提出，历史是前进的运动，历史学是"叙述人群进化之现象而求得其公理公例（所谓公理公例，是指运动和变化的规律）者也"。不久，梁启超又提出了"史学革命"的主张，他说，旧的史学有"四弊"和"二病"——所谓"四弊"，就是知有朝廷而不知有国家，知有个人而不知有群体，知有陈迹而不知有今务，知有事实而不知有理想；"二病"，即铺叙而不能别裁，因袭而不能创作。因此，他认为，"史界革命不起，则吾国遂不可救，悠悠万事，唯此为大"。

另一大学问家章太炎也提出，历史应"以发明社会政治进化衰微之原理为主"，应能"鼓舞民气，启导方来"。

严复的挚友夏曾佑更是身体力行，用章节体和浅显的文字，撰写了《最新中学中国历史教科书》（后改名《中国古代史》），这是中国第一部新式历史教科书，其史观主要是历史进化论。

此后的中国一代历史学家，无不信从进化史观，并以此作为他们研究历史的出发点，从而结束了中国传统史学和史体独占史坛的局面，使中国近代历史学出现了具有划时代意义的进步。

哲学

严复对中国哲学的最大贡献，乃是通过译介《天演论》，有所取舍地介绍了达尔文、赫胥黎和斯宾塞尔的进化论学说，并与中国固有的唯物主义传统和变异思想结合起来，阐发了进化论的哲学思想。

严复认为，世界上进化是普遍的，宇宙间的天体，是从星云逐渐演化而来的；地球上种类繁多的生物，也是长期进化的结果。这种由简单到复杂的进化过程，遵循着物竞天择的规律。人类也是从动物进化而来的，是生物进化过程的一个阶段。当时严复已经看到，赫胥黎在《天演论》里讲"天人之争"，实际上是注重人为的作用，因此把它翻译过来，以激发中国人救亡图存的精神。所以，严复的进化论已经超越了达尔文的生物进化论范畴，具有了世界观的意义，并由此形成了他的"天演哲学"。

其次，在社会历史观方面，严复也主张进化论。他认为，"世道必进，后胜于今"。他批评了赫胥黎关于物竞天择的进化原则不适用于人类社会伦理关系的说法，认为社会伦理关系的建立，正是不断进化的结果。他还认为，人类社会是由个人组成的，社会历史的进化，是通过人的活动实现的。个人是群体的基础，个人的智、德、力状况，是社会和国家的根本；只有把民智、民德、民力提高了，社会和国家才能前进。因此，只要人们积极奋斗，鼓民力，开民智，新民德，"与天争胜"，国家和民族就可以转弱为强，屹立于世界之上。严复还主张把社会的进化与发挥个人、群体的作用结合起来，这对鼓舞国人争取参加民族解放的斗争，具有积极意义。

此外，严复十分重视认识论和逻辑方法。为了在学术上"黜伪而存真"，他经常宣传赫胥黎的一句话："读书得智，是第二手事"，只有把科学的方法学到手，才是真正的学问，所以他大力提倡逻辑归纳法和演绎法。他认为，"格物穷理之用，其涂不过二端，一是内籀（指逻辑归纳法），一曰外籀（指演绎法）"。他对英国哲学家培根的经验归纳法尤为重视，称之为"实测内籀之学"，即从实际经验出发，在实践中总结归纳出规律性的东西，这显然属于唯物主义思想范畴。严复特别反对迷信古人和师心自用，他说："不实验于事物，而师心自用，抑笃信古人之说者，可惧也夫！"

我们知道，达尔文的进化论在欧洲长时间保持着自然科学状态，后来虽然也有进化哲学形态的出现，但其影响和作用却远逊于中国。然而严复的"天演哲学"，却在19世纪末和20世纪初期中国社会的大变动中，形成了一股强大的思想潮流，成为近代中国哲学的主要派别，尤其是他的经验论认识方法，在近代中国哲学领域独树一帜。

维新志士梁启超在戊戌政变发生后一度流亡日本，其间，他写了一首仿杜甫的《广陵诗中八贤歌》，列举了他所羡慕的八个人，其中之一便是严复，内中有这样两句："哲学初祖天演严，远贩欧铅与亚椠。"散原陈三立，也就是近代史学大师陈寅恪的尊翁，在读了严译《群己权界论》在后，于所写诗中亦有"萌芽新道德"之句。这样的评价真是一点也不假。正是有了严复，中国哲学才开始摆脱了传统的经学形式；严复也因此成为把中国哲学建立在近代科学基础之上的划时代的代表人物。

经济学

严复对中国近代经济学的贡献，主要是他最早把西方近代经济理论介绍到中国来；而严复的经济思想又主要体现在他所译《原富》的"译事例言"和"按语"里。

为促进中国近代工商业的发展，严复最先以亚当·斯密的经济自由主义为思想武器，批判清王朝压制工商业发展的种种"迷谬"。严复认为，只有个人最了解自身的利益，只有给个人从事经济活动的自由，才能"利民"，才能使国家富强。而清王朝的官办或官督商办企业，只是对人民进行掠夺，也给国家资财造成极大浪费，最终只能使经济"仰鼻息于西人"。严复特别主张发展近代农业和近代工商业，比如他认为"地是百产之宗"，只有农产品极大丰富，工商业才有独立发展的基础；同时，工商业又是维持人们生活必不可少的部门，对农业发展也有促进作用。如果工商业不发展，农产品卖不出去，农民就会破产，甚至抛弃土地另谋出路，所以农业和工商业"于国为并重"。

严复还主张，在经济发展的同时，应当正确处理消费和积累的关系。他说，"俭"之所以可贵，主要在于可以把消费之余的财富积累起来，作为扩大再生产的资金，使资本增殖。另一方面，消费又可以扩大对商品的需求，有利于商品的生产和资本的积累。因此他反对传统的"黜奢崇俭"论，主张"母财（资本）支费（消费）相酌剂为盈虚"的"理富之术"。

严复还认为，在那时的中国应当发展资本主义的生产关系，因为一定量的货币积累，只有在"相督"（役使和剥削雇佣劳动）时，才能保持和增殖，否则会"坐食立尽"。

严复的经济学思想和理论，代表了近代民族工商业者用西方经济思想发展国民经济的强烈要求。而严译《原富》则是该原著的第一个中译本，也是西方古典政治经济学著作的第一个中译本，最先引起了人们对近代西方经济学理论的注意。由于这本书宣扬了"任民自由"的思想，和由此使国家财富增加的途径，使当时的人耳目一新，从而对近代中国的经济和社会发展产生了极大的影响。

政治学

一般认为，政治学是研究社会政治现象的一门科学。中国历史上对政治问题的研究虽然源远流长，但直到鸦片战争之后，这种研究才出现了重大的转变。为了挽救民族危亡，不少先进的中国人多方求索，寻找救国之道，并希图从西方的政治研究中找到民族振兴的道路。这样，代表西方政治研究和政治学说最高水平的一批代表作，如赫胥黎的《天演论》，斯宾塞尔的《群学肄言》，甄克斯的《社会通诠》，孟德斯鸠的《法意》便首先被严复译介到中国来。严复通过译介这些名著，表达了自己先进和尖锐的政治观点和政治主张。比如：

以进化论为依据，力主变法图强。严复通过阐释物竞天择、适者生存和优胜劣败的进化论，结合中国实际，指出彼时的中国已经危机重重，再加上侵略中国的西方国家比中国先进，按照优胜劣败的规律，中国将要亡国。不过根据适者生存的原则，中国只要适应剧烈变化的世界形势，努力奋斗，与天争胜，变法图强，国家就可以得救，民族就不会灭亡。所谓"变之而必强"，不变则亡。

宣扬近代民主、自由思想，主张实行君主立宪。科学和民主，也就是五四时期出台的"赛先生"和"德先生"，论者多以为是激进民主主义者陈独秀的首倡。其实，早在陈氏 20 多年前，严复就已经提出来了。当时严复主张"于学术则黜伪崇真，于刑政则屈私以为公"。这里所说的"黜伪崇真"，指的就是科学；"屈私为公"，指的就是民主。严复认为，西方的政治制度，"上下之势不相悬隔"，君主和人民都有权；其特点则是"以民主为体，以自由为用"。他根据西方的"天赋人权"说，认为人的自由权是天赋的，他人不得侵犯，"侵人自由者斯为逆天理，贼人道"，"虽国君不能"。而要讲自由，又不可不讲平等，有了平等才有自由，有了自由才能实现民主。但同时严复也认为，一个人自身享有自由，他人亦享有自由；对自由若无限制约束，便会因爆发冲突而进入强权世界。所以"人得自由，而必须以他人之自由为界"。这些话确为至理名言。

严复主张国家是民众的公产，百姓立国君，是要国君为民办事，民众才是真正的主人。然而在中国却是君贵民轻，君有权而民无权。所以维新变法的前提，便提倡民主，抑君权而伸民权。专制体制本质上既无可取，功用上亦无可资。中国要想适应世界的竞争形势，必先除专制而行民权。人民只有获得自由自治之权，才是由弱变强的根本。"斯民也，固斯天下之真王也。"因此中国必须实行君主立宪制度，其前提是推行鼓民力、开民智和新民德三大要政，使人人能够自主自立。但严复同时也认为，在中国推行君主立宪不能太快，"以今日民智未开之中国，而欲效泰西君民并主之美治，是大乱之道也。"他深信斯宾塞所言："民之可化，至于无穷，惟不可期之以骤。"但同时他也深信："民主者，治制之极盛也。使五洲而有郅治之一日，其民主乎！"

提倡西方新文化，反对封建旧文化。他指责孔孟之道和三纲五常是僵死的教条，宋明理学无实，考据、词章无用，八股文必须废止。为此，严复特别反对那种貌似尊重中国传统，实则暗中抵制西学的"中学为体，西学为用"说，并斥之为非牛非马的怪物。他说："有牛之体，则有负重之用；有马之体，则有致远之用"，"未闻有牛之体，有马之用"。所以中学有中学的体用，西学有西学的体用。严复特别提倡研究西方各国，他认为西学"先物理而后文词，重达用而薄藻饰"；而中学却"繁于西学而无用，过于西学而物实"。国人不虚心求知西方真相，不过是"徒塞一己之聪明以自欺"。他率先对中西文明进行了全面的比较，其中包括思想之比较，制度之比较，政权观念之比较，财政之比较，军事之比较，教育之比较，（服装、娱乐、婚姻等）之比较，体用一致之比较，等等。他的结论是，中西文明的主要差异就在于自由二字，"自由既异，于是群异丛然以生"。"如中国最重三纲，而西人首明平等；中国亲亲，而西人尚贤；中国有孝治天下，而西人以公治天下；中国尊主，而西人隆民；中国贵一道而同风，而西人喜党居而州处；中国多忌讳，而西人重讥评。其于用财也，中国重节流，而西人重开源；中国追淳朴，而西人求欢虞。其接物也，中国美谦屈，而西人务发舒；中国尚节文，而西人乐简易。其于为学也，中国多夸识，而西人尊新知。其于灾祸也，中国重天数，而西人恃人力。"

严复认为，产生中西文化差异的根本原因，主要在于中国历史上是大一统的国家，一统则需安定而不尚竞争，宗法社会也因之得以延续；表现在思想上便是尊古贱今，政治上、社会上重等级而贵服从，务求相安相养，以致君王成了国家的主体。而西方却因列国的纷争，不得不相互竞胜而谋求改进，其结果是对宗法的破坏，进而造成了思想上的尊今贱古，贵新知而薄旧闻；政治上、社会上贵平等而重自由，务求社会的进步，民主成为国家的主体。由于专制与民主的不同，演绎出中西各方面的差异。这种深刻的观察和对比研究，在当时不啻石破天惊，至今亦不减其超常和巨大的学术价值。

社会学

严复是中国第一位把西方社会学系统地介绍到中国来的学者，他不但向中国人确切地介绍了西方社会学的渊源和内涵，而且有着自己独特的社会思想体系。

早在光绪二十一年（1895），严复便在他写的《原强》一文中介绍了英国著名社会学家斯宾塞尔，并将社会学一词译为"群学"，"群"的概念源于《荀子》"王制"篇。严复在这篇文章里说："斯宾塞尔者，亦英产也，与达尔文同时，其书于达氏《物种起源》为早出，则宗天演之术，以大阐人伦治化之事，号其学曰'群学'，犹荀卿言人之贵于禽兽者，以其能群也，故曰群学。"三年后，严复又选译了斯宾塞尔《社会学研究》中的"砭愚"和"倡学"两章，刊登在《国闻汇编》上，题名"劝学篇"，其中介绍了社会学研究是一种专门的科学，以及社会学可以成为科学的观点和道理。后来严复又给"群学"下了明确的定义，"群学何？用科学之律令，察民情之变端，以明既往、测方来"；而且可以"明治乱、盛衰之由"。光绪二十九年（1903），严复将所译斯氏之《社会学研究》定名为《群学肄言》正式出版，这部书出版后在学术界引起了极大的反响，对社会学在中国的传播起了重要的推动作用。

严复社会思想的核心，是社会改革论。他认为，社会犹如生物有机体，所以"物竞天择"是人类保存自己的必要条件。中国要避免亡国灭种，只有遵循"适者生存"的规律，适应潮流，进行改革。改革必须向西方学习，不仅要学习西方的物质文明，更要学习西方的政治和社会制度。西方文明的基础，是"自由为体，民主为用"，即自由西方社会的实质，民主只是自由在政治上的表现。个人是社会的单位，个人自由和自由竞争乃是社会存在的必要条件，社会进化最终要归结为个人的自强。因此，中国要想自强保种，必须变法维新，实现自由与民主。

此外，严复还主张改变中国的种种不良传统，如多妻制、早婚和媒妁婚姻等，因为这些陋习容易形成"谬种流传，代复一代"的恶性循环。严复还提出，强国不在人多，而在于强种，即提高人口的素质，这才是国家的"富强之原"。这些闪光的思想，即使在今天看来，也有其可宝贵之处。

法学

严复对近代中国法学的最大贡献，主要在于他以西方先进的进化论、三权分立和天赋人权为武器，提出了改革中国传统法制的必要性，力图建立以西方国家为模式的近代化法制系统。

严复认为，中国几千年来的旧法律，无不是"为上而立"的，是帝王用以压迫臣民的工具，因此历代帝王无不"超乎法之上"，法律是为帝王一己服务的。中国的旧法，十之八九属于"坏民之才，散名之力，漓民之德者也"，并由此阻碍了社会的发展，造成中国在与列强竞争中必然失败的格局。

严复主张，中国要富强，首先要变法，其中"法典（立法）居其最要"，而且法律要"为民而立"，这样才合乎"天理人情"，才是"治国之法"，也符合法律产生的初意。严复还以"民约论"为依据，认为立法的出发点是保护天赋人权，特别是"天之所界"的自由权。"故侵人自由，虽国君不能，而其刑禁章条，要皆为此设耳。"只有人权有了保障，才能够提高民智、民德和民力。

严复在西方社会的影响下，提倡重法制。他认为，只有懂得以法治国的人，才算得上是"知治之要"。严复说，从治国历史上看，实行"人治"，只能是"乱世多""昌世少"，不利于国家的长治久安。为推行法制，他主张效法西方的三权分立原则，首先使君权与民权分立，"有民权之用，故法之既立，虽天子不可以不循"。因此，要设议院，使议院掌握立法大权。其次，司法机关应独立进行审判，法官裁判曲直，只能以国家法典为依据。只有如此，才会有持平之狱，国家和人民的利益才能受到保护。

严复虽然主张法制，但同时也重视道德教化的作用，认为不可专用刑罚。他说，人之所以犯罪，主要在于"计短"，即不明事理，或缺少羞耻之心，归根到底，是由于民智不开，民德不新；要防止犯罪，应从教育入手，要"急急于教育"，提高民智、民德，使"细民知自重"，这样便会耻于犯法，"其效深于以刑"。

后来，严复将孟德斯鸠的《论法的精神》译名《法意》出版，对当时中国的政治和法律建设产生了相当的影响。

教育学

严复一生中的大部分时间从事中国近代教育工作，是近代中国的著名教育家。无论在教育实践上，还是在教育理论上，严复都有着卓越的贡献。

甲午中日战争后，民族危亡迫在眉睫。严复大声疾呼，要挽救中国，不能依靠旧的法制，也不能单纯依靠兴办洋务来治标，教育是国家和民族生死存亡的根本，因此要从文化教育入手。传统的教育和科举制度，给中国造成三大祸害，即"锢智慧""坏心术""滋游手"。要使国家富强，多出胸有实学的人才，非"废八股、试帖、策论诸制不可"，"救亡之道何如？曰：痛除八股而大讲西学"，"东海可以回流，吾言必不可易"。

严复主张教育应发挥社会效益，为社会发展服务。他特别推崇斯宾塞尔的《群学肄言》，以为智育之义，舍此莫由。为此，中国应设立新式学堂，建立新的教育制度，尤应把自然科学和工程技术等教学内容引进学校的课程中来。他说："求才、为学二者，皆必以有用为宗。而有用之效，征之富强；富强之基，本诸格致（指自然科学和工程技术）。"所以，自然科学和工程技术对教育来说是非常重要的。

光绪二十八年（1902），严复凭借自己多年从事教育工作的经验，并参照刑罚教育制度，写了一份《与〈外交报〉主人书》，为当时的中国规划了一个比较详细的学校教育制度蓝图，并对各级学校的教学内容和教学方法，提出了自己的主张与要求。严复认为，"西学为当务之急"，因此，对初等教育来说，主要是能使学生写出"条达妥适之文"，读一些用浅显文字翻译出来的普通西学书籍即可；在教学方法上，应"减其记诵之功"，而"益以讲解之业"。对中等教育，应以西学为重点，"洋文功课居十之七，中文功课居十之三"，并建议"一切皆用洋文授课"。中学堂毕业后，"可升入高等学堂为预备科，三四年后，便可分治专门之业"，学习各种专门知识，接受本科教育。教学内容主要是西学，特别是各种西文原著。这是因为西学书籍众多，且日新月异，中国翻译者不啻九牛一毛，因此必须"倾张耳目，旷览博闻"，直接采用西国之书。严复在这封信的最后说："中国此后教育，在宜著意科学……庶他日学成，有疗病起弱之实力，能破旧学之拘挛，而其于图新也审，则真中国之幸福矣！"这就是说，只有新式教育和教学内容的实施，才是救国救民的良方。辛亥革命后，严复以其在教育界的巨大声望，被聘为北京大学首任校长。

翻译学

严复对近代中国学术的另一个突出贡献，便是翻译学。自19世纪90年代中开始，严复致力于西方社会科学名著的译介和译述工作，他是第一位通过自己的译介和译述，系统地把西方学术思想和科学知识介绍到中国来的学者，不但开创了中国先进知识分子向西方寻求真理的新阶段，而且在翻译学理论上也有着极大的贡献。

严复从事翻译工作目的性极为明确，这就是努力译介和译述近代杰出思想家的著作，用以表达自己的政治主张和社会思想，用翻译来为自己国家的变法图强服务。最著名的为：

赫胥黎的《天演论》。这本书原名为《进化论与伦理学》，是严复所译的第一部世界名著。其中最能代表严复翻译思想和政治见解的，是《天演论》的"按语"部分。按语的内容包括：评议、归纳、阐释、诠补、辩难等。如他在"察变"的按语中明白指出，"物竞、天择二义，发于英人达尔文"，接着便简要地介绍了达尔文的进化论。在"趋异"的按语中，严复最早向中国人介绍了马尔萨斯人口论及其与"物竞"学说的关系，指出"资生之物所加者有限，有求者既多取之而丰，无具者自少取焉而啬；封者近昌，啬者即灭。此洞识知微之士，所为惊心动魄"。因此，一个国家必须注重"保群进化之图"。在"善败"的按语中，他盛赞西方各国"其民能自制治，知合群之道胜"。在"制私"的按语中，他指出，"天演之事，将使能群者存，不群者灭；善群者存，不善群者灭"。这里的"群"指的就是社会，可引申为只有全社会团结一致，才能保种自强。

　　严译《天演论》早在光绪二十一年（1895）就有陕西未经售书处的重刊本，据研究，这不是严译的定本，可能是当时人将严复的初译稿拿去擅自刊印的。《天演论》正式出版于光绪二十四年（1898），系沔阳卢（木斋）氏所刻的慎始基斋刻本，同年严复又自印了嗜奇精舍本。后因销路日增一日，版本竟多达 30 余个，其中以光绪二十七年（1901）富文书局的石印本比较好。

　　其次是亚当·斯密的《原富》。是书原名《国民财富的性质和原因的研究》，简称《国富论》。严复在其所译的《原富》卷首，写有"斯密亚当传"，藉以阐发《原富》一书的实用价值。当时正值英法战争和北美独立战争，使得英国财政左支右绌，但由于英国当局采纳了《原富》一书的理论，发展自由经济，结果"尽变英之财政"，"顾英国负虽重，而盖藏则丰。至今之日，其宜贫弱而反富强者，夫非揢琐国门，任民自由之效欤"。实际上是希望中国也采用《原富》的理论，推行自由经济，用以扭转贫弱的地位而日趋富强。

　　严复始译《原富》在光绪二十三年（1897）初，原拟名《计学》，光绪二十七年（1901）译定后改是名，翌年由南洋公学译书院出版。商务印书馆于 1972—1974 年出版有当代著名经济学家郭大力和王亚南的重译本。

　　再次是约翰·穆勒的《群己权界论》。是书原名《论自由》，严

211

译时拟名为《自繇（由）论》，译稿于光绪二十六年（1900）八国联军入侵天津时遗失，后为某西人所得，复于光绪二十九年（1903）邮还严复，改是名后，于同年由商务印书馆出版。

第四是约翰·穆勒的《穆勒名学》。是书原名《逻辑体系》，是一部专门介绍方法论的西方名著，严复极为推崇。始译于光绪二十六年（1900），复因世事变乱，精力不逮，两年间只译就了前半部，凡8篇，光绪三十一年（1905）由金陵（南京）刊印行世。

第五是斯宾塞尔的《群学肄言》。是书原名《社会学研究》（一译《社会学原理》），严复始译于光绪二十三年（1897），其中的《砭愚》《倡学》两篇发表在翌年出版的《国闻汇编》上，题为斯宾塞尔《劝学篇》。光绪二十八年（1902）全书译就，翌年由上海文明编译局出版。光绪三十四年（1908），商务印书馆又出版了《订正群学肄言》。

第六是甄克斯的《社会通诠》。严复于光绪二十九年（1903）译就，翌年由商务印书馆出版。

第七是孟德斯鸠的《法意》。是书原名《论法的精神》，光绪二十八年（1902）有张相文等根据日译本出版的转译本，名《万法精理》，该译本虽经两次翻译，但只译了全书的一半，译文也不尽正确，且印数极少，后收入张氏文集《南园丛稿》。严复据英译本于光绪二十六年至三十一年（1900—1905）间或稍后陆续译成，1913年由商务印书馆出版。50年后，也就是1963年，商务印书馆又出版了当代著名翻译家张雁深（日本著名人类学家和汉学家鸟居龙藏之婿；其妻绿子，女散文家）据法文校订本重新翻译的《论法的精神》，这个译本于20世纪80年代又列入"汉译世界学术名著丛书"重版。

第八是耶芳斯的《名学浅说》。严复因未能将《穆勒名学》全书译就，感到十分内疚，于是又选择了《名学浅说》，译介给中国读者，以完成他把西方逻辑学方法引进中国的心愿。是书于光绪三十四年（1908）译成，翌年由商务印书馆出版。

这八部译作对中国近代社会、思想、学术影响至钜，因而被尊称为"严译八经"。1931 年，商务印书馆把这八部译作辑印为"严译名著丛刊"，并收入"万有文库"。1981 年，商务印书馆又出版了该"丛刊"的新版本。

除此之外，严复还翻译了瓦尔特的《格致治平相关论》和密克的《支那教案论》。

严复在翻译这些具有代表性的西方名著时，为便于中国人接受，每每加上按语。这些按语，除少数为诠释名物外，其余均为借题发挥，提出他自己的见解和主张，这在客观上缩短了当时中国人对西方社会科学名著的距离，较容易地使中国人懂得了"物竞天择"的道理，以及人在社会中的地位，人民与政府的关系，理财的基本手段，研究哲学的途径和方法等。

当代学人贺麟认为，严复在选译西方原著时，眼光十分精审，第一，严复以他对西洋文化的深刻观察，所选之书都是在学术思想上有真知灼见的；第二，认定先后缓急和时势之需要，所译每一种书都含深远的用意；第三，所译的书都是他精心研究过的，凡与原书有关系的著述，他都涉猎过，不然，他的按语便不能旁征博引，解说详明；第四所选译之书，均需了悉该书与中国固有文化之关系，与中国古代学者思想的异同。

还有一件事我们不应忘记，这就是作为长期从事翻译工作的著名翻译家严复，首先在中国译坛上提出了信、达、雅的翻译原则。他在《天演论》的"译例言"中说："译事三难：信、达、雅。求其信已大难矣，顾信矣不达，虽译犹不译也，则达尚焉。"

"信"是忠实原著，使读者感到可信；"达"是译文通达顺畅，准确表达原著者的思想或情感；"雅"是要使译作有文采，除了译作的思想价值和学术价值外，还要使译作有文学价值。近代著名古文学家吴汝纶高度评价严复译书的文字，他说："自吾国之译西书，未有能及严子者"，严复以前之译书，"大祇陋不文，不足传载其义"；"文如几道，可以言译书矣"。当代著名学人贺麟指出，严译斯宾塞尔《群学肄言》第五章中的一段："望舒东睇，一碧无烟，独立湖塘，延赏水月，见自彼月之下，至于目前，一道光芒，晃漾闪烁，皆细浪沦漪，受月光映发而为此也。"其文反较斯氏原文为美。究其原因，诚如翻译家王佐良所言，严译诗、文中的"雅"，并非单纯追求典雅，"而是一种努力，要传达一种比词、句简单含义更高更精致的东西——原作者的心智特点，原作的精神光泽"。

严复在译书时态度的确十分严肃，往往"一名之立，旬月踟蹰"。

如"天演"二字，源于英语"Evolution"，今人多译为"进化"，其实赫胥黎在该书的导言中已经申明，"Evolution"不仅指"进化"，还兼有"退化"之义，所以不少翻译名家以为"天演"二字更符合赫氏本义。

又如"liberty"，严复初译为"自繇"，因一般人难解其义，乃改为"自由"。这两个字取自柳宗元诗："破额山前碧玉流，骚人遥驻木兰舟。东风无限潇湘意，欲采苹花不自由。"借用得十分贴切。

严复说自己在翻译时"字字由戥子称出"，他自信，"有书数部，非仆为之，可决三十年中无人为此者"。这就是说，如果把中西学术和中西文字水平进行一次总的评估，严复认为自己是全国第一人。这些话即使在今天看来，吾人亦应知此语之不我欺。

正是因为严复最早为中国译介了大量西方名著，从而奠定了他在近代中国翻译界才望俱隆的崇高地位，他提出翻译原则"信、达、雅"，至今被译坛奉为信条。他率先译介西方名著的功绩，曾被戏称为"专营进口货的"；与当时"专办出口货"的辜汤生（即辜鸿铭，用英文写《中国人的精神》，刊于1914年的《中国评论》，1915年更名《春秋大义》在北京出版，很快被译成德文，一时轰动西方。书中极力阐发中国传统思想对西方文明的价值。在当时中国文化面临歧视、中华民族饱受欺凌的情况下，意义尤为突出），和"专门推广国货"的林畏庐（即林纾，在白话文开始普及之时，坚持用文言译西洋小说，并达到了出神入化的地步，为文言树立了新风格。胡适认为"古文的应用，自司马迁以来，从没有这种大成就"），并称为"译坛三杰"。

尽管后来有人对严复的译书提出了不少批评和责难，像著名史学家傅斯年就说过："严几道先生译的书中，《天演论》和《法意》最糟，假使赫胥黎和孟德斯鸠晚死几年，学会了中文，看看他原书的译文，定要在法庭起诉，不然，他要登报声明，这都是严先生不曾对于作者负责。"其实，当时中国社会正处在大变动时期，为使这些书和自己的思想能被更多的人所接受，严复这样做，也自有他的道理。还是鲁迅先生在《二心集》中说得比较公正："那时的留学生没有现在这么阔气，社会上大抵以为西洋人只会作机器——尤其是自鸣钟——留学生只会讲鬼子话，所以算不了'士'人的。因此他便来铿锵一下子，铿锵得吴汝纶也肯给他作序。这一序，别的生意也就源源而来了。于是有《名学》，有《法意》，有《原富》等。但他后来的译本，看得'信'比'达雅'都重一些。""他的翻译实际是汉唐译经的缩图。中国之译佛经，汉末质直，他没有取法。六朝真是'达'而'雅'了，他的《天演论》的模范就在此。"张雁深先生在翻译《论法的精神》时，也指出了严译本的不少缺点和错误，这无疑是应该的，但考虑到严复所处的那个时代，以及当时西学与新学的总体水平，我们也就没有必要苛责于严复了。

严复晚年的思想"回归"

光绪二十六年（1900），义和团反帝爱国运动爆发，当时英、法、美、德、俄、意、奥、比等八国联合出兵中国镇压，占领了天津和北京，水师学堂也被联军焚毁。义和团围攻天津租界时，严复困居于租界中一月有余，万不得已，携眷颠沛南下，栖息上海。彼时上海各界正在组织救国会，并于味莼园召开大会，公推中国第一位留美学生容闳和严复担任正、副会长，负责救济津、京一带流落到上海的难民。

在与八国联军交涉过程中，李鸿章重新被任命为直隶总督，负责与各国谈判。在签订了丧权辱国的《辛丑条约》后不久，李鸿章

215

就去世了。严复曾作联挽李："使生平尽用其谋，其成功或不止此；设晚节无以自见，则世论又当何如。"这样的评价在当时总还算是公平。

八国联军占领天津期间，中国的官办企业开平矿务局被英国的墨林公司诈骗而去，重新组建为开平矿务有限公司，原任该局督办张翼因此被直隶总督袁世凯奏劾。张翼虽然仍有督办之名，但矿权不再属于中国，万般无奈，只好于光绪二十七年（1901）以每月五百洋元的薪俸，请出严复为公司的华总办，以帮他设法向英国交涉。严复因此回到天津，赴局办公。到任后严复才发现，他名为总办，实际上无事可办，因为公司一切理财、用人之权，都掌握在洋人手里。他在写给朋友的一封信中说："开平矿务，自夏间合办议定，其中用人理财一切皆在西人掌握，鄙人名为总办，实无所办。"

光绪二十八年（1902），严复又被管学大臣张百熙聘为京师大学堂译书局总办，他在任上亲手厘定了《京师大学堂译书局章程》。几经挫折，这时的严复阅历已深，对中西文化的观察比较，已较年青时深刻多了。当时，他与学堂总教习吴汝纶同居北京，吴的思想十分保守，深惧因新学的传播而使中国的传统文化归于寂灭。严复却不以为然，他说，新学愈发达，传统文化愈能得到发扬，因为新学只能起到"他山之石"的借鉴作用。后来严复在一首诗里，写下了"乾坤整顿会有时"的话，证明他对中国前途还是充满希望的。

在这一年，严复还写下了著名的《与〈外交报〉主人书》，在这封信里，严复除了为中国规划出新的教育体制外，还精辟地阐发了他的中西文化观。他认为，中国当前要解决的主要问题是愚、贫、弱，而不是中、西和新、旧的争论，以及用什么或不用什么的问题。只要能够解决愚、贫、弱，我们就可以"竭力尽气、皲手茧足以求之"，"虽出于夷狄禽兽（顽固派对西人的蔑称），犹将师之，等而上焉者无论已"，更不要计其中、西、新、旧。不能改变愚、贫、弱的，"虽出于父祖之亲，君师之严，犹将弃之，等而下焉者无论已"。为什么要这样做呢？因为中国目前的处境实在太可悲了，中国四万万人的遭遇太令人痛心了。这些话曾被认为是中西文化折衷主义的金玉良言。

光绪三十年（1904），开平矿问题经多方交涉无效，张翼只好央严复帮他去英国打官司。当年冬，严复随同张翼去了伦敦，在劳伦斯法庭打了一场国际官司。英国法院在审理此案过程中，严复与张翼因故发生分歧，以致无法继续在英工作，遂取道欧洲回国。后来，清廷方面表面上胜诉了，但判决书只是"无法强制执行"的一纸空文，清政府根本无法收回开平煤矿。

严复在英国时，孙中山先生也在英国，中山先生慕严复之名，前去拜访。在谈话过程中，严复认为，要挽救中国，改变民智低下的状况，需从教育入手，不然的话，即有改革，害之于甲者，将见于乙，泯于丙者，将发于丁。为今之计，惟从教育上入手，庶几逐渐更新。中山先生不同意严复的看法，乃婉转地说："俟河之清，人寿几何，君为思想家，我乃执行家。"

光绪三十一年（1905），严复抵达上海，应上海知交之邀，在青年会讲演政治学，后将讲演稿整理为《政治讲义》，于翌年出版。彼时，复旦公学（复旦大学的前身）在上海创办，首任监督（校长）为马良（相伯）。光绪三十二年（1906），马良赴日本，监督一职由严复继任。不及一年，严复即因学校经费无着，向两江总督端方辞职。旋应安徽巡抚恩铭的邀请，前往安庆就任安徽高等师范学堂监督，不久又因学生无端闹事，向安徽提学使沈曾植说明情况后，辞去职务。

光绪三十四年（1906），严复又应直隶总督杨士骧之聘，回到天津。在旅途中手批《王荆公（安石）诗集》以消磨时光。

严复研究王安石是有所为而发的，他认为王安石的"变风俗"，就是自己所说的"开民智"。王安石虽然是历史上有名的改革家，但失败得比商鞅、王莽都惨。究其原因，主要是社会上的苟且习惯不易袪，而人们又有妒嫉之性，以致权与名常成为众矢之的。主观上，则是王安石不懂得适用于一郡一州的政策不一定适用于全国，如同今天适用于甲国的办法不一定适用于乙国一样；再者，是王安石不了解反对新政而提出另一套办法的人，不一定就是坏人，而支持你、为你唱赞歌的，不一定就对你有利。这种看法，无疑是深刻的。后来，严复又把眼光扩大到宋代历史上。他提出，研究历史应留心观察社会之异同。古人好读前四史，主要是读其文字。"若研究人心、政俗之变，则赵宋一代历史，最宜究心。主观所以成于今日现象者，为善为恶，姑不具论，而为宋人之所造就什之八九，可断言也。"可惜的是，严复提出的这一重大课题，直到约半个世纪后，方为国内外的史学家所注意而研究。

从宣统元年（1909）开始，严复似乎交了一点儿好运。这一年，清廷增设学部，尚书荣庆聘严复为审定名词馆总纂；开资政院，严复以"硕学通儒"被定为资政院议员，后来又当上了宪政编查馆督议官。令人啼笑皆非的是，过了不久，清廷又钦赐严复这位屡试不第的 57 岁老人，为"文科进士出身"。其实，严复对此早已麻木了，这一天，严复写了一首诗《初七见邸抄作》，内有"生平献玉常遭刖（古代的一种刑罚，砍去双脚），此日闻诏本不图"之句，他那无所谓的心情，于此表现得是再清楚不过了。第二年，清廷增设海军部，再授严复为海军协都统及海军部一等参谋官。

未几，改元民国，袁世凯窃得大总统职位，根据著名教育家蔡元培的建议，京师大学堂改名北京大学，任命严复为北京大学的第一任校长。当时北大共有学生五百余人，于 1912 年 5 月 15 日正式开学。严复就任后，于北大的规制颇有更张。如将经学、文学两科合并为一，改为文科，还自任文科学长。后来蔡元培在评价这一改革时，认为严复所为，与德国之"新大学不设神学科相类"，可见其意义之重大。

1914 年第一次世界大战爆发，当时严复任总统府外交、法律顾问，还应邀参加约法会议和政治会议，每天都要把战事情形译送总统府备览。帝国主义之间的你争我夺，动摇了严复对西方文化的信仰。这时他已明白看出，"彼族三百年之进化，只做到'利己杀人，寡廉鲜耻'八个字"。"西国文明，自今番欧战，扫地遂尽。""平等、自由、民权诸主义……乃至于今，其弊日见，不变计者，且有乱亡之祸。"这就是说，中国若再盲目取法西方的自由、民主、平等，只能是自取祸乱。

就在这时，袁世凯上演了一出复辟帝制的丑剧，严复也因此一度陷入泥潭。

关于严复与袁世凯的关系，历史上便有些瓜葛。袁世凯出任直隶总督期间，慕于严复的大名，曾再四相邀，屡致延揽之意。但严复深知袁的为人，采取了萧然自远的态度。袁对此很是不满，说："严某纵是圣人复生，吾亦不敢再用。"光绪三十四年（1908），慈禧太后和光绪帝先后死去，由光绪帝的侄子溥仪继位，其父载丰辅政，称摄政王。载丰对袁世凯在戊戌政变时出卖其兄光绪的事一直衔恨在心，所以上台后便把身膺内阁总理大臣兼外务部尚书的袁世凯开缺，要他回籍养疴。对于袁世凯的能力，严复是了解的，彼时新君继位，用人孔殷，严复认为"项城（指袁世凯）乃朝廷柱石，奈何自毁栋梁"。这些话传到袁世凯的耳朵里，被认为是知己之言，遂使前嫌冰释。所以，袁世凯一上台，严复就当上了北大校长，并非出于偶然。

及至帝制议起，时为袁世凯心腹的杨度奉命组织筹安会，网罗社会名流，为复辟制造舆论。当时严复以硕学高才，名满都门，自然是首选的对象。对于那时国体的变更，严复是有看法的，他曾说过："人民程度不及，徒有共和之名而无其实。"无奈说者无心，听者有意，有人遂把此话告诉了杨度，说："此人若为我用，则帝制增色不浅。"于是杨度屡赴旧刑部街严复家中，表示"非得公为发起人不可"。甚至不待严复同意，即属名为筹安会的六位发起人之一，且名列第三，并很快见诸报端，这就是所谓的"洪宪六君子"。严复得知这一情况，预感到大势不妙，想逃回天津租界，但门外早为荷枪实弹的军警所监视，只好杜门谢客，拒绝与外界往来。几天后，梁启超在报上发表文章《异哉！所谓国体问题》，在社会上引起极大轰动。袁世凯乃密令总统府内史夏寿田携支票四万元前往严府，请严命笔反驳，为严所拒，最后只好改由孙毓文代笔。

帝制运动失败后，惩办祸首之议，盛倡都下，不少人劝严复外出躲避，但此时他的态度却很坦然，说：于复辟一事，"吾一言未发，一字未写，俯仰无愧，虽被刑，无累神明，庸何伤？"不过严复究竟是个有自知之明的人，他在事后检讨此事时，给了自己十六个字的评价："当断不决，虚与委蛇，名登黑榜，有愧前贤。"

岁月老人，时不我待。晚年的严复，从一生的奋发努力和坎坷经历中，在爱国的良知与他年青时所崇尚的西方文明的斗争中，得到了太多太多的感悟。这时，他终于认识到，一个国家要想推行近代化的政治体制，需以全社会的智识和文明程度为转移。即使西方一切都好，如果无条件地搬到中国来，也是非常危险的。要想拯救纷乱的中国，首先需要建立一个历史有过的那种强有力的中央政府。这一观点，就是后来流行于西方反过来又为不少中国学者所接受的"新权威主义"。其次，是要用时代的眼光，重新审视中国固有的文化传统和儒家学说，"鄙人行年将近古稀，窃尝究观哲理，以为耐久无弊，尚是孔子之书。四子五经，故〔固〕是最富矿藏，惟须改用新式机器发掘淘炼而已。"严复说这些话的时候，已是 64 岁的人了。

晚年的严复，身体和精力日渐不逮，自感"精神益断，喘亥支离，每执笔临纸，则昏沉欲寐，万不能如往日之神思锐猛，其可哀也"。即便如此，他也没有停止那终身都在迈进的脚步，这就是不断的向前追求。严复虽然没有了年青时的激进与激烈，但他毕竟回到现实中来了。1921 年秋，69 岁的严复自觉病深，手缮遗嘱，交与儿孙。其中有三句话，是他一生经验与阅历的总结，说得十分恳切：一、中国必不亡。旧法可损益，必不可叛。二、新知无尽，真理无穷。人生一世，宜励业益知。三、两害相权：己轻，群重。不久，便病逝于福州郎官巷寓所。

严复属于最早一批向西方寻求真理的中国人，可惜的是，他没有找到马克思主义，没有找到社会主义，所以中国没有也不可能跟着严复的思想走，而是严复最终迁就了中国的现实。大学人严复一生对中国的学术、对中国的思想文化贡献是巨大的，但他所走过的曲折道路，又是非常值得今人回味的。

［原载中国人民政治协商会议天津市委员会文史资料委员会：《近代天津十二大学人》，天津人民出版社，2011 年］

试论严复暮年的思想"回归"

严复是最早一批向西方寻求真理的先进中国人之一。

若把严复的一生做一个纵向的观察，以甲午中日战争和义和团运动为界，可以大致划分为两个阶段，即45岁以前的严复和45岁以后的严复。45岁以前，严复属于激进型的爱国思想家和学问家，强烈希望用他所见到、所了解的西方思想和文化，彻底改变中国贫困与落后面貌。45岁以后的严复不同了，人到中年，虽然声望日著，并开始步入主流社会，却渐渐脱离了"往日之神思锐猛"，也就是一改过于激进的一面，逐步演进为务实的爱国思想家和学问家。

深入研究严复一生的思想转变，对于我们深刻理解中国近代社会的历史发展，研究那些"先进中国人"的思想发展规律，加深对于今日倡导的社会主义制度与核心价值观的理解与认识，我以为都是有帮助的。

急切希望中国彻底改变的严复

1880年，中国第一批海军留学生、27岁的严复奉调令来到天津，任教于天津水师学堂，直到义和团运动爆发，前后共20年的时间。

这20年是严复把自己的思想推向光辉巅峰的时期，同时也是严复一生中人格最压抑、最痛苦、最愤懑和仕途最不如意的时期。由于他不是科举正途出身，又屡试不第，只好走"捐班"之路，以致被人看成是读书人中的异类。尽管后来他成为水师学堂最高负责人，也是"不预机要，奉职而已"。当时严复对于自己年轻时的选择非常后悔："当年误学旁行书（指洋文），举世相视如髦蛮"；深感怀才不遇，所谓"四十不官拥皋比（皋比，带虎皮的座席，这里指官场的最高负责人），男儿怀抱谁人知"。

作为一名热血青年，严复不但思想激进，藐视一切，而且极力打算用自己的单纯想法，尽快改变落后、腐败的中国面貌。

抨击中国落后。严复从维多利亚全盛时代的英国，回到老大腐朽的中国，两相比照，一时感到中国处处不如人。以城市建设而论，认为英国"无论一沟一塍，一廛一市，莫不极治缮茸完"；"反观吾国，虽通衢大邑，广殿高衙，莫不呈丛脞抛荒之实象"。

肆意放言高论。这时的严复虽然意气风发，但不时放言高论，讥讽当道。他回忆说，当时自己"极喜议论时事，酒酣耳热，一座尽倾，快意当前，不能自制；尤好讥评当路有气力人，以标风概"。在创办《国闻报》之后，严复与三五知己"斗室纵横，放言狂论，靡所羁约"。实际上是借诳言以浇胸中之块垒。

批判封建专制。中国在甲午中日战争中的失败，给了严复毫无保留地抨击旧制度的机会，他说："自秦而来，为中国之君者，皆其尤强梗者也，最能欺夺者也。""正所谓大盗窃国者。""国谁窃，转相窃之于民而已。"严复通过《辟韩》一文，猛烈抨击封建的君主专制，宣扬"尊民叛君"的民权思想。严复能在专制主义的淫威下，大胆发表尊民叛君、尊今叛古的震世骇俗之论，足以证明他的激进与爱国。

倡导欧西学问。严复指出，当今的世事变化，已达到了周秦以来从未有过的地步，这种变化是潮流所趋，即便是圣人再世也阻挡不了。传统的程朱之学"徒多伪道"，而陆王之学"师心自用"，至于考证、词章之学对于挽救当前的民族危亡来说更是"无实""无用"。因此必须提倡"西学格致"。

鼓吹维新变法。严复认为，中国要想救亡图存，只能推行当时的西方民主和政治制度。严复指出，一个民族的强盛与否，主要表现在民力、民智和民德；中国若想保种自强，必须效法西方国家，改革旧制度，变换人心、风俗。严复把改造政治、改造社会和救亡图存的维新变法方案，归结为"鼓民力，开民智，新民德"。所谓鼓民力，就是要使全民有一个健康的体魄，严禁鸦片和缠足，"练民筋骸，鼓民血气"。所谓开民智，就是要废除八股取士制度，设立学堂，讲求西学，尤其是西方的科学技术，同时要注意学问的实际应用。所谓新民德，就是要在首都设立议院，"天下郡县各公举其守宰"，也就是地方官吏实行民主选举。

实际上，语言的背后是一种思维方式，一种思想内核。这就是说，思想是通过语言来表达的，若没有新的语言，新的思想将会无所附骥。所以，那时严复的言论之所以震撼人心，给人耳目一新的感受，不仅是逻辑的力量，还有语言的力量。这种新的语言如同一股清新的空气，扑面而来；如同一束奇异的亮光，刹那照亮黑暗。如果说权力是有权者的语言，那么语言便是无权者的权力。这时的严复，正是动用了自己的话语权，为自己争得了威望和威信。

必须把中国希望建立在尊重国情基础上的严复

其实，一种思想能不能成为可行的政令或制度，必须通过实践的检验；一种制度的好坏，不能仅看其表象，而是必须观察其实质。严复自戊戌维新失败后，几经挫折，阅历渐深，特别是对中西文化和中国前途的观察与认识，已较年青时深刻多了，而且逐步回归到了现实生活当中。

对西方文化信仰的动摇。戊戌维新期间，严复极力主张以西方国家为老师，但事实使他逐步看清这些国家的本质。19世纪末德国侵占胶州湾，严复非常气愤，立即在《国闻报》发表《驳英〈太晤士报〉论德据胶澳事》等文章，指出德国的行径无异"海盗行劫，青昼攫金"；列强面对德国的强盗行径非但不予制止，反而狼狈为奸，协以谋我。

1914年第一次世界大战爆发，当时严复任总统府外交和法律顾问，还应邀参加约法会议和政治会议，每天都要把战事情形译送总统府备览。帝国主义之间的你争我夺，动摇了严复对西方文化的信仰。这时他已明白看出，"彼族三百年之进化，只做到'利己杀人，寡廉鲜耻'八个字"。"西国文明，自今番欧战，扫地遂尽。""平等、自由、民权诸主义乃至于今，其弊日见，不变计者，且有乱亡之祸。"这就是说，中国若在这时还盲目取法西方，很可能是自取祸乱。

实施民主政治需要一个过程。严复一贯主张，中国要想适应世界的竞争形势，必先除专制而行民权。人民只有获得自由自治之权，才是由弱变强的根本。他深信："民主者，治制之极盛也。使五洲而有郅治之一日，其民主乎！"但这时的严复同时也看到，由于文化和教育程度的普遍低下，在中国推行立宪制度需要一个漫长的过程而不能太快，"以今日民智未开之中国，而欲效泰西君民并主之美治，是大乱之道也"。他深信斯宾塞所言："民之可化，至于无穷，惟不可期之以骤。"

一个人的自由以不妨害他人自由为前提。严复曾对中西文明进行过全面的比较，其中包括思想之比较，制度之比较，政权观念之比较，财政之比较，军事之比较，教育之比较，以及服装、娱乐、婚姻等的比较。他的结论是，中西文明的主要差异就在于"自由"二字，"自由既异，于是群异丛然以生"。他根据西方的"天赋人权"说，认为人的自由权是天赋的，他人不得侵犯，"侵人自由者斯为逆天理，贼人道"，"虽国君不能"。而要讲自由，又不可不讲平等，有了平等才有自由，有了自由才能实现民主。但同时严复也深刻认识到，一个人自身享有自由，他人亦享有自由；对自由若无限制约束，便会出现无政府主义而爆发冲突，所以"人得自由，而必须以他人

225

之自由为界"。

倡导中西文化的折中。 1902 年严复写了著名的《与〈外交报〉主人书》，他认为，中国当前要解决的主要问题是愚、贫、弱，而不是中、西和新、旧的争论。只要能够解决愚、贫、弱，我们就可以"竭力尽气、皲手茧足以求之"，"虽出于夷狄禽兽（那时顽固派对西方国家的蔑称），犹将师之，等而上焉者无论已"。不能改变愚、贫、弱的，"虽出于父祖之亲，君师之严，犹将弃之，等而下焉者无论已"。因为中国的处境太可悲了，中国人的遭遇太令人痛心了，所以，没有必要盲目讨论中西文化的孰优孰劣。这些话被认为是"中西文化折中主义"的金玉良言。

同年，严复又被聘为京师大学堂译书局总办。当时有人害怕新学的传播会使中国的传统文化归于寂灭。严复不以为然，他说，新学愈发达，传统文化愈能得到发扬，因为新学只能起到"他山之石"的借鉴作用。后来严复在一首诗里，写下了"乾坤整顿会有时"的话，证明他对中国前途还是充满希望的。

推行现代政治体制必须以社会的智识和文明程度为转移。 1906年，严复应直隶总督杨士骧之聘，回到天津，工余之暇，开始研究宋代王安石的变法，以为借鉴。严复认为，王安石的"变风俗"，就是自己所说的"开民智"。他同时指出，王安石虽然是历史上有名的改革家，但失败得比商鞅、王莽都惨。究其原因，主要是社会上的苟且习惯不易祛，而人们又有妒嫉之性，以至成为众矢之的。主观上，王安石不懂得适用于一郡一州的政策不一定适用于全国，如同适用于甲国的办法不一定适用于乙国一样；其次是王安石不了解反对新政而提出另一套办法的人，不一定就是坏人，而支持你、为你唱赞歌的，不一定就对你有利。由此严复进一步认识到，即使西方一切都好，如果无条件地搬到中国来，也是非常危险的。由于全社会智识和文明程度的关系，要想拯救纷乱的中国，首先需要建立一个强有力的中央政府。这样的观点，就是后来流行于西方、反过来又为不少中国学者所接受的"新权威主义"。

一个人的能力，一半靠知识的储备，一半靠情绪的管理，所以在很多情况下，思考和感悟往往比知识更重要。

晚年的严复，身体和精力日渐不逮，即便如此，他也没有停止向前迈进的脚步而是继续不断地追求。严复这时虽然没有了年青时的激进与激烈，但他毕竟回到现实中来了。当一个人无法改变周围一切的时候，他必须改变自己。严复从一生的奋发努力和坎坷经历中，在爱国的良知与他年青时所崇尚的西方文明的不断辨别中，得到了太多太多的感悟和启示。简言之，就是要用时代的眼光，重新审视中国固有的文化传统，"鄙人行年将近古稀，窃尝究观哲理，以为耐久无弊，尚是孔子之书。四子五经，故〔固〕是最富矿藏，惟须改用新式机器发掘淘炼而已。"

1921年秋，严复自觉病深，手缮遗嘱，交与儿孙。其中有三句话，是他一生经验与阅历的总结：一、中国必不亡。旧法可损益，必不可叛（即传统可批判继承，而不可丢）。二、新知无尽，真理无穷。人生一世，宜励业益知。三、两害相权：己轻，群重（个人微不足道，应以国家民族为重）。说得十分恳切。不久即病逝于福州郎官巷寓所。

不忘历史才能开辟未来　善于继承才能善于创新

历史是已经过去的现实，而现实又是值得回味的鲜活历史。

今年，是孔子诞辰2565周年，习近平总书记在纪念孔子诞辰学术讨论会暨国际儒学联合会第五届会员大会上的讲话中深刻指出，不忘历史才能开辟未来，善于继承才能善于创新。

习近平总书记说，要解决世界性的难题，不仅需要运用人类今天发现和发展的智慧和力量，而且需要运用人类历史上积累和储存的智慧和力量。这就是说，只有坚持从历史走向未来，从延续民族文化血脉中开拓前进，我们才能做好今天的事业。

纵观严复的一生的思想变化，不仅给了我们一种感动，而且给了我们一种借鉴，一种守望。严复的血液里流动的，始终是中国的血；严复的睿智目光，始终深深地注视着自己的国家；严复的思想，始终具有批判锋芒和反省精神。终严复的一生，始终没有被动地跟着时代的脚步走，而总是力图站在时代的前面。因此严复对于我们来说，就像一株情愫缠绕的长春藤，永远值得怀念和纪念。

［原载天津文史研究馆：《天津文史》，2014 年第 4 期］

矢志不渝的维新志士——严修

世事艰难少不更，悔从纨绔度生平。
宴安况味真无赖，剽窃工夫浪得名。
知耻方能成大器，有才便不畏虚声。
男儿胆气须磨练，要向风波险处行。

这是范孙先生在 25 岁那年写的一首诗，诗题虽为《口占留别陈奉周》，咏的却是自己的襟怀，尤其是后四句，很能代表先生生活在国危家难之中，立志磨炼自己，为社会做出一番事业的气概。

范孙先生的一生真可以说是国难当头的一生。出生那年，英法联军攻陷了京津，举家到天津附近的三河县躲避战乱，范孙先生就出生在那里。11 岁时，震惊全国的天津教案爆发。25 岁，也就是写上面那首诗的时候，甲申中法之战正在进行，翌年中国不败而败，向法国签约议和。35 岁，中日战起，范孙先生以翰林院编修奉饬提督贵州学政，赴任期间，所得均为清军败绩议和、割地赔款之消息，凡稍有血气者能不大恸乎？41 岁那年，拳变起于肘腋，八国联军借机入侵，京津再陷；辛丑和议，辱国丧权，堂堂中华几被亡国灭种。52 岁，武昌事起，国体变更，自此内战连绵，未有宁日。56 岁，洪宪帝制；58 岁，张勋复辟。60 岁，以巴黎和约签字事引发了五四运动。68 岁，第一次国共合作失败，新军阀代替了旧军阀，直到 70 岁范孙先生仙逝。"生逢多难"，此之谓也。

古人说："知耻近乎勇。"这样的社会环境没有使胸怀大志的范孙先生消沉沮丧，反而磨炼了先生的志向与胆气，使先生能够不畏风波艰险，身体力行，毕生致力于中国的维新改革、特别是教育事业的维新改革。范孙先生不但是19世纪末叶以来涌现出的我国著名的维新志士，而且还是维新志士中的先驱人物。2010年适值先生诞辰150周年，爰书此文，以志纪念。

身体力行　倡西学于边远省区

严先生修，字范孙，祖籍浙江慈溪，后世以业盐卜籍天津。光绪癸未（1889）进士，旋入京供职，历任翰林院编修，国史馆协修，会典馆详校官，直省乡试试卷磨勘官。至光绪二十年（1894）八月授贵州学政，经两次召见后，只身赴任。

清制，各省除设督抚"总治军民，统辖文武"，藩、臬两司分掌钱粮、刑名外，均设有学政一员，三年简任，负责省内学校、士习、文风之政令，考核全省府、州、县的学官，以及生童的岁、科二试。品级虽仅五品，但体制极崇，在任所与督抚平行，不但设有专署办公，而且举凡通省较重大的兴革事宜，学政均参加会议，与督、抚、藩、臬会商以行。掌理岁、科二试时，学政要依次巡历，按临考试。届时，各府、州皆设考棚，府以知府为提调，直隶州以知州为提调，经理收发文移，催买供应，究治不法诸事；提调、教官等不得私谒学政，有事则当堂面议；学政不得收接私书，非公事不得接见官吏师生，不准泛受民词，不得对无关学政之事投文发告，试毕不得探望乡绅亲故。

与翰林院仅为虚衔有着绝大不同的是，学政在地方文教建设上具有相当的实权，范孙先生终于在这里得到了逐步施展自己抱负的机会。先生尝言，"朝廷当旁求俊乂之时，学臣有教育人才之责。""设书局，创书院，立学会，人才为异日所必需。树木十稔，收效犹迟，求艾三年，后时便悔。"所以范孙先生一到任，便脚踏实地、按部就班地实施自己的抱负，当兴者兴，当革者革。因此也可以说，先生矢志不渝走上维新道路，就是从出任贵州学政开始的。

筹设官书局。先生莅任伊始，即就商于贵阳知府，议定仿天津官书局例，设立贵州官书局，并亲自拟定官书局章程草底五款，及拟购之书目、价目，且"捐廉千金以助成之"。当地士子闻风鼓舞，"颇有兴起之机"。先生认为，黔省地居边远，运书甚难，虽出重价，亦不可得。于是设法先由督署申请得木活字板一套，以备排印书籍之用。再援照广西成案，请饬各省有书局者，择经、史、子等部最切要之书，各印 10 部，作为翻印底本。书局新书一到，先生即率先检齐过目，并以贱价售予士子。同时还将自己由京中携来的 14 大箱书籍凡 65 种，置于学舍，以供士子观览。这些书无疑是经过先生精心挑选的，先生认为，"虽不能备，聊胜无也"。先生之孙仁曾说："书虽不多，而已纵贯古今，横及四部。窥其内容，于考证、义理，无间汉宋；于诗、赋、骈、散，不持偏依。启迪士子，于文章之外，兼及经世之学……当时对边僻之贵州学界，影响特大。"特别值得一提的是，范孙先生谋及长远，为书局开出了购买西学书单，其中包括风行一时的《西学书目表》和《读西学书法》，还协助书局翻译和刻印有关算学的各种书籍，"实开都中强学会改官书局之先"。

"代派"《时务报》。《时务报》是戊戌变法时期宣传维新改革、救亡图存最有影响的一份报纸，主笔就是彼时舆论界的骄子梁启超。自光绪二十二年（1896）七月在上海创刊后很快风靡海内，"为中国有报以来所未有"。范孙先生阅后极为赞赏，遂于翌年三月以贵州官书局作为《时务报》的"代派处"，也就是担负起了《时务报》在全省的代理发行工作。先生不但自己按期披览《时务报》，同时还通饬全省府、州各学，劝谕诸生购阅《时务报》，以增学识、广见闻。这在全国其他省份是不多见的。

实行中、西学并课。《马关条约》的签订，给予国人极大的刺激，咸知世变日亟，而旧有的教育制度和内容或空谈讲学，或溺志词章，或专摹帖括，皆无裨实用，不足以育人。所以先生莅任之初，就发布告示，要求各地生员"敦品励学，讲求实用"。在各地所出之科考、面试或考优题，亦多能切合实际，如《曾文正公日记书后》，《论西学之用与用之之法》，《论洋务》，《戒吸食洋药〔按即鸦片〕说》，《论东西各国强弱》等等。

当时不少有识之士倡议变通书院章程，兼课中西学术，仅光绪二十二年（1896），就有山西巡抚胡聘之奏请变通书院章程，刑部侍郎李端棻奏请推广学校，翰林院侍讲学士秦绶章奏请整顿各省书院等疏轮流上达，地方上还出现江西酌裁书院童卷，陕西创设格致实学书院等举动。范孙先生认为，方今时势，非自强不能自存，非人才不能自强，非讲学不能育才，非合众不能励学；尤非尽人皆冥志朴学，不能有成而济时艰。先生说，士生今日，不通中学则体不立，不兼西学则用不周；是以讲中学以通经致用，讲西学以强国富民。是年秋，在先生主持下，贵州急起直追，首先在全省最有名的学古书院（南书院）实行中、西学同时并课制度，并为书院捐廉，购置中西学书籍80余种；同时创立科条，按当时贵州的乡试定额，选调48名高材生入院肄业。书院聘请绥阳著名宿儒雷廷珍（玉峰，于经学造诣甚深，著有《经义疏证略例》）主讲经学，先生亲自主持西学。嗣于光绪丁酉二月二十八日（1897年3月30日）举行了开课仪式，三月初一日（4月2日）先生到堂讲授了首次算学月课，此后无间风雨寒暑，按月授课，且捐廉重奖成绩优秀者，以开风气。直到卸任时，十越月如一日，未尝稍辍。先生讲解算学时，循循善诱，有请质者，皆假以辞色。自己亦每于课读之暇，不时披览算学诸书或演算课题，以期教学相长。"既兼经师人师之望，而又能诲人不倦。"从此，当地士林蒸蒸向风，见闻为之一变。这批肄业生中的不少人，后来都成了事业有成的专门之才。根据范孙先生的建议，这批肄业生还在经师的带领下，仿效各省设立学会之先例，在学古书院组织起黔学会。

据统计，有清一代，出任贵州学政的约90人次，但真正能够培育人才、转移一代学风、而为世所称的，仅有乾隆朝的洪亮吉，道光朝的程恩泽和光绪朝的严范孙三人而已。所以先生督学贵州，被黔人称为"二百年无此文宗"。

行古志今　"开新政最初之起点"

在一定意义上，中国的维新思想，是鸦片战争以来，伴随着列强侵略的不断加重和清王朝日趋腐败、专制危机不断加深而发生发展起来的。而在此基础之上真正形成为政治和社会领域的维新变法运动，则是在《马关条约》签订之后，以康有为领导的"公车上书"为起点。自此以后，举国上下群情激奋，要求实行维新变法的呼声日甚一日。对当时的中国来说，这无疑是一股强大的社会潮流，即使在边远的省区，也会感受到它的汹涌澎湃。

当时，范孙先生非常支持朝中的种种洋务举措，诸如电报、铁路等等，尝谓铁路不兴，百事便不可作。迨修建京津、芦汉铁路议起，先生亟盼两路之速成，以及各省的相继兴办，认为举凡关卡驿站、漕运仓政、开采制造等当输转而流通者，无铁路则苦口而无功，有铁路则藉手而可为，中国的"强弱之几，在此一举"。政暇，先生还经常阅读各种维新名著，如《盛世危言》《时事新论》等。这些传颂一时的佳作，使先生受到诸多启迪。

光绪二十二年（1896）秋，范孙先生已深深察觉到"近来时局月异日新，泰西诸学俱为当务之急"。因此，特意找来了康有为的《公车上书》认真阅读；读后深受鼓舞，并给予了极高的评价。先生在一封给友人的信中满怀激情地说："寻读康户部万八千言书，忠肝义胆，一掬而出，五洲利弊，了了纸上。循讽一通，便如事已施行于吾身亲见之者，顿忘其为未上之疏草也。康君本粤东奇士……规模魄力，冠绝古今。今观其书，其说史事，若数其家珍；说洋学，若观指上之纹而操筹计也。"但先生对于其中的迁都、变法等建议却有着不同的看法，认为"迁都一议，本为主战而发，然果用其策，

233

内变将作。试事之法，变通其利，然仍不脱科举旧式，亦非久而不弊之法。此两条微有可商，馀则横天地、亘古今，开辟以来无是作也。"先生在另一封信里还说："康长恕〔素〕之疏，真卓识也，而以入手太晚为恨。"由此可见先生对中国的维新事业是多么钟情和翘首以盼！

然而范孙先生同时也以他的慧眼明白看出，贵州地处偏远，士绅虽颇知变通之义，当事者却幸地之僻处，无通商交涉事件，暂图一日之安，大以洋务为讳。以此，先生的内心十分焦急："待此间风气渐开，恐世事已不可问矣。"

先生说过："天下事莫难于发难。"到了第二年的八月（1897 年 9 月），先生知道瓜代之期已届，乃决心于中秋之日（9 月 1 日），与同僚陈维彦（劭吾）商议奏设经济专科以挑战八股取士一事。因先生平日对陈的印象颇佳，称他是"博洽，能古文，通时务，尤留心义理之学，庶乎有体有用者"。陈得知此事亦大以为然，于是先生下决心向清廷喊出这要求维新变法的第一声。

翌日，经与友人商榷后，先生即开始拟折草。为审慎起见，先生历时月余，五易其稿，至九月二十四日（10 月 15 日）方将《奏请设经济专科折》拜发。在折中，先生指出，"今人才凋乏，患伏无形，而科举既未能骤变，学额又未能遽裁"。"为今之计，非有旷世非常之特举，不能奔走乎群才；非有家喻户晓之新章，不能作兴乎士气。"同时提出了新科宜设专名，去取无限额数，考试仍凭保送，保送宜严责成，录用无拘资格，赴试宜筹公费等六条具体措施。建议从全国甄拔内政、外交、律算、格致、游历、测绘六类人才，设立年限，永为定制，"统立经济之专名，以别旧时之科举"。

由于这个奏折是当时同类上奏中最具代表性的一个，所以奏折递上，很快得到朝中反响。光绪二十三年十一月二十三日（1897 年 12 月 16 日），也就是先生发折的两个月之后，由军机处呈给光绪皇帝，不久光绪帝面谕军机大臣："着总理各国事务衙门会同礼部妥议具奏。"旋经有关枢臣共同商酌，认为"既曰特科，其事固不能岁举；而岁举之例，行之科目，亦断不能概加超擢，与以破格之迁"。实际上这是不愿也不敢触动科举的"定制"，时任礼部尚书的许应骙本系守旧大臣，会议时，故意以经济特科归于八股，且强加限制，规定50人准中1名，但因慑于舆论，未获通过；所以总署与礼部最终议定了"特科""岁举"二法。所谓"特科"，是饬京官三品以上，外官督、抚、学政，推荐内政、外交、理财、经武、格物、考工等六个方面的专门人才，无论疆域，不限人数，悉填姓名籍贯，已仕未仕，何所专长，咨送总理衙门，定期考试。然后钦命试题，在保和殿试以策论。录取者再进行殿廷复试，详定等第，量才擢用。或十年、或二十年一举，统俟特旨，不为年限。所谓"岁举"，是允许新增算艺的书院、学堂中的高等生监，以"策问"参加乡会试，初场试专门题，次场试时务题，三场仍试《四书》文。中试者另为一榜，名为经济正科举人贡试。但复试、殿试、朝考，仍与寻常举人、贡士合为一场，同试一题。仅于卷面另编字号，不责以楷法，不苛其讹脱，一以学问为高下，三年一举。据此，光绪皇帝于二十四年正月初六日（1898年1月27日）发布上谕："着照所议准行。"范孙先生抗疏请举经济特科并得到批准，在戊戌维新时期具有划时代的意义，时人梁启超高度评价了这件事，他说："当时八股未废，得此亦足稍新耳目，盖实新政最初之起点也。"

其实，在当时那种守旧空气的笼罩之下，得到这位无权皇帝的批准是一回事，在全国贯彻施行又是一回事。诏下数月，内外臣工皆迁延观望，竟不肯荐一人。迨至这一年的四月二十三日（6月11日）光绪帝"诏定国是"，"以变法为号令之宗旨，以西学为臣民之讲求"，一场自上而下的维新运动在全国蓬勃开展，举经济特科方又成为新政的焦点之一。四月二十九日（6月17日）御史宋伯鲁上《请改八股为策论折》，附片请催举经济特科。五月十二日（6月30日）宋伯鲁再上《奏请经济岁举归并正科并各省岁科试迅即改试策论折》，当即获准实行。五月二十五日（7月13日）总理衙门、礼部奏经济特科章程六条，奉谕颁行。复命三品以上京官及各省督抚学政各举所知，于三个月内咨送总理衙门，会同礼部奏请考试，以后定期举行。此诏下后，湖广总督张之洞，工部侍郎李端棻首举数十人，自是举者纷起，旬日间达数百人。俗话说，道高一尺，魔高一丈。经济特科方兴未艾，朝中便有保守势力出来阻挠，御史郑思以"瞻徇情面，滥保私人"，"为佼幸之徒，开营谋之路"做借口，迫使光绪皇帝于六月二十日（7于13日）又下了一道"严定滥保处分"的上谕。未几，政变发作，八月二十四日（10月9日）慈禧太后谕令停策试，复科举，说什么"设论说徒工，心术不正，虽日策以时务，亦适足长嚣竞之风。……经济特科，易滋流弊，并着即行停罢"。结果，竟使范孙先生的这一疏请"胎死腹中"。

义和团运动后，清廷流亡西安，为缓和矛盾，笼络人心，不得不发布推行"新政"的上谕。不久，又成立了统筹和推行新政的专门机构督办政务处，并再次诏举经济特科。至光绪二十九年（1903），内外臣工共推举 370 余人，由政务处议定考试办法，遂于当年闰五月十六日（7月10日）试于保和殿，与试者共 186 人，以张之洞等 8 人为阅卷大臣，取一等 48 人、二等 79 人准予复考，是为正场。正场取一等 9 名，二等 18 名。据说张之洞原拟取百人以上，嗣因庆王奕劻传旨，不得过 30 人（主要是害怕革命党人混入京僚，所以录取者亦均发往各省），一等前五名原为张一麐，梁士诒，杨度，李熙，宋育仁。可笑的是，拆卷进呈后，发现张一麐原无官阶，这不免会给作为煌煌大典的特科减色，只好另易他人。此外，又疑梁士诒与梁启超为同族；杨度为湖南师范生，疑其与富有票和唐才常为同党，最后仅取了张一麐一人，以第二名发往直隶，以知县补用。

中国的历史，似乎总是在倒退中才能发展，在迂回中才能前进。鲁迅先生曾把中国比作一间秽气冲着鼻子、四面没有一个窗户的破小屋，里面的人要求开个窗子，主人不许；等到强盗要来毁屋，主人才认可在墙上打个窟窿。其实，到了这样的地步，岂止是墙上打窟窿就能解决问题的呢？

筚路蓝缕 奠近代教育之基础

说范孙先生是近代中国的维新志士，绝非仅指先生在贵州学政任内的种种举措，或率先奏设经济特科。应当说，先生自青年时代起，毕生都在追求维新，追求进步，直到走完了人生之旅，其间从未停步。

先生自贵州学政卸任、回京陛见之后，因抗疏举经济特科事，惹怒了座师徐桐（荫轩），徐竟在门房悬挂"严修非吾门生，嗣后来见，不得入报"。而且，先生在翰林院的职务，除一空头编修外，其他悉被免去。在京既无事可作，只好于戊戌八月初五日（9月20日）率全眷回津。

政变发生后，先生知大事暂不可为，但自己的维新之志不可稍减，于是开始在自宅设立学馆，延请水师学堂毕业生张寿春（伯苓）教子侄五人和收养的贫家子弟陶履恭。半日读经书，半日读洋书，其中包括英文、数学、理化等课。实际上这就是近代小学的雏形。三年后，又让长子和次子赴日留学。不久，先生亦赴日本考察。回国后，先生复在家设女塾，开设国文、算术、英文、日文、音乐、手工织布等课，先生亲授作文。这在当时被称为"改良家塾"。在先生的带动和参与下，天津建起了官立和民立小学多所，成绩斐然。

为培育师资和提高教学质量，先生又创办了补习所，师范讲习所，研究所，或派人出洋，或于晚间及每周末召集各校教师，研究改进课程及教学的方法；搜集国内外地各种课本，缺者组织教师自行编写、出版；事毕还要举行各种体育运动，范孙先生则是每次必到。这些在全国都是少有的。先生曾在一封信中自谦地说："敝邑风气虽未大开，较诸旁郡犹为差胜。修近与同志商办蒙小学堂，已有十余处……时艰太巨，非备之平素，则不可以为世用。"由此可见先生对社会的责任感是多么强烈。著名学者卢弼（早期留日生，毕业于早稻田大学，著述甚丰，以《三国志集解》一书闻名海内外；藏

237

书极富，解放后悉数捐赠当时的中国科学院，时为该院所属历史研究所辟有"他山室"，以藏其书）高度评价了范孙先生在乡梓的所作所为。他说："由小学以至南开中学、大学，由天津一邑推及于直隶全省，其始皆由严氏家塾而扩充之，假而风靡于全国。"千里之行，始于足下，正是创始性的涓滴工作的不断积累，终使先生为近代中国的教育事业做出了不可磨灭的贡献。

光绪三十年（1904），范孙先生以其在教育界的声望，被聘为直隶学校司的督办。翌年，更名学务处，并由保定迁至天津办公。其间，先生再度赴日，回国后，依然锐意维新，锐意兴学，于天津创办私立中学堂，后来发展成赫赫有名的南开中学。在保定和天津分别设立教育研究所，创办《学务报》，改保定大学堂为高等学堂，并准备在天津设立大学堂。不久又在天津创办客籍学堂和保姆讲习所，此外在津、保两地，建树颇多。在直隶各县设立劝学所，是为全国之首创。《清史稿·选举志》记载此事说："劝学所之设，创始于直隶学务处。时严修任学务处督办，提倡小学教育，设劝学所为厅、州、县行政机关。仿警察分区办法，采日本地方教育行政及学校管理法，订立章程，颇著成效。〔光绪〕三十二年，学部奏定劝学所章程，通行全国，即修呈订原章也……又奏定各省教育会章程，省会设立者为总会，府、州、县设立者为分会，以补助教育行政，与学务公所、劝学所相辅而行。皆普及教育切要之图。"

光绪三十一年（1905），清廷诏废科举，事虽出于直隶总督袁世凯与江、楚二督之会奏，然先生之功亦不可没。早在贵州学政任内，先生即对八股取士深恶痛绝，尝言："科举法之蔽，人才之衰，至今斯极。若一无变通，似于作育之道亦有未尽。"至是，先生又与候补知府卢靖（卢弼之兄，曾任直隶提学使，并接范孙先生督办直隶学务处）面谒袁世凯，力陈科举之弊，言非罢废不足以言兴学。这才促使袁下定决心，约江、楚二督入奏，遂使千百年来锢蔽民智之举，一旦廓清。

是年底，先生以三品京堂候补，署理学部右侍郎。翌年又兼署左侍郎。彼时学部刚刚设立，先生为之筹划一切。如代学部拟教育宗旨上奏，最早明确指出，振兴中国教育的关键，在于发展普通教育。改学政为提学使，与布政、案察二使同，归督抚一体节制；且不必翰林出身，但须出洋考察后方能赴任。制订教育会章程十五条，使热心教育的地方士绅得以发挥其积极性，做到上下相维，官绅相通，借绅之力，辅官之不足，发展地方学务。制订游学生考验章程，按所习学科，分门考试，酌拟等级，分别给予进士、举人等出身，但仍将某科字样加于其上，以为标识而资奖劝。制订女子师范学堂章程三十六条，女子小学章程二十六条。修订大学堂章程，设大学堂总监督一员，三年一任，以学部左、右丞或各省提学使为应调之缺。于学部设图书局，以编辑教科及参考诸书。及至宣统改元，奏请筹建京师图书馆，筹办京师大学堂分科。至宣统二年（1910），先生见国事日非，遂告病开缺，此后即专心乡梓教育及公益而不复出矣。

1913 年先生游欧，1918 年先生再次赴日，并由日抵美，年底经日本回国。1928 年夏，先生自北京西山归，写有奉答友人诗一首，其中有这样两句："晚年事事不关心，犹念神州怕陆沉"，可见先生虽年届迟暮，仍然忧国忧民，心系国家的命运。先生毕生孜孜以求的，是革故鼎新，是用新的教育方法和教育制度振兴民族与国家。因此，在一定意义上也可以说，至今，我们仍在秉承着先生的志向，上下求索，不断前进，继续大力振兴我们的国家和民族。

忠厚坦诚　襟怀博大之志士仁人

范孙先生为人，外宽厚而内精明，自治严而待人厚，学而不厌，诲人不倦，人品学术，中外推崇。这不是偶然的。

先生自幼接受了中国传统道德文明的优秀部分，讲求慎独，律己极严。光绪十二年（1886）秋，先生入都供职，翌年上元节，与同人"至清秘阁听唱，酒后欢呼，丑态百出。既回会经堂，复为赌局，式号式呼，俾昼作夜。醒后思之，不可以人齿"。先生从此立志，"自今日始，饮酒不得逾十杯，不得赌博浪唱"，警告自己要过好生死关、人禽关。先生时年为 28 岁。后来先生回忆说，自己"三十戒赌，四十戒烟，五十戒酒"。宣统年间，高阳李石曾写有戒烟一书，先生亲写序言，推己及人："余年未冠，便嗜烟草，四十以后，乃始戒除。吸烟之甘与戒烟之苦，皆亲尝之。所谓戒烟之苦，不过数日间小不适耳。耐此数日之小不适，而为吾身去无形之害，为吾身吾家吾国并世之人造无疆之福，志士仁人，诚何惮而不为耶？"

光绪二十一年（1895），先生在贵州学政任内反省自己日间之过："有轻心，有躁气，有矜心，有惰气。"于是决定以此四字为功过格（相传，明人袁黄〔了凡〕把自己每天行事按善、恶分别记录，善则记，恶则除，称功过格），每日填写。时年 36 岁。

先生一生嗜戏剧，且十分重视戏剧的教育功能。但自青年时起，即不断告诫自己对这一嗜好要有节制。1912 年，在先生的倡导下，南开学堂编演新剧甚多；先生自身亦感到，日来亦耽恋观剧，奔走于各剧场，数十夜而不止。于是开始检讨自己，认为如此下去，不仅废时耗神，且非所以表率后学，也就是无法以身教人，"遂矢志自今伊始，非关公益组合，及真有关于戏曲改良者，决不涉足剧场"。不要忘记，此时先生已是 53 岁的人了。

先生一生能够追随时代不断进步的重要原因之一，便是讲究学贵应用，以至求知若渴。先生在 20 岁至 40 岁间，四次致力于历算之学，尤以代数、几何用力最深。特别是把算学带给贵州士子，功莫大焉。在贵州学政任内，先生尝写信示儿："西洋格致诸书及近事汇编、岁计政要之类，当常看也。""西洋各式之图，各类之表，当备检者也。"这应是先生自己的读书经验。同时，先生始从祁祖彝（字听轩，中国首批留美学生）学英文，每天发奋早起，且读且抄，手口并用。自此，学习英文不辍。旅英期间，每天自造单句，试说英语，就正于女房东。年逾六十，犹延师于家，读英文极勤。庚子后，宁河人王照（小航）创制"官话合声字母"（俗称国音字母），是为中国最早的汉语拼音方案，于读、识汉字，帮助极大，备受时人赞誉。先生与王照"纵谈竟夕"，然后带头推广，以身体之，除自己认真学习外，还动员严府上下，一齐学习，当时传为佳话。先生供职学部，每于政暇，究心格致、理化，旁及法政、经济，虽非精通，但均能明其大意。所以对学部图书局或各省所编的教科书，都能做到亲自细读审订，或提出意见。这些足以称得上是"力行近乎仁"了。

先生心胸豁达，雍容大度，有容人之量。这与先生平素注重自身的修养是分不开的。先生认为，遭他人之反对，苟无正当理由，均可不必措意。"若因语言失检，招人疑忌，则不可不自检。"先生强调，"不揣本末之议论，不负责任之议评，徒遭忌恨，无补实际。"这些道理，也许人人都懂得，但绝非人人都能做到。我想，这也许正是先生一生坦诚忠厚、超凡脱俗的关键。

先生于事无私，故能一身正气。宣统二年（1910），南开中学学生以速开国会事罢课请愿。直隶总督陈夔龙（筱石）命人托先生从中开导，先生正颜厉色，答以："开导学生事尚不难，但朝廷宜从根本上着手。此次风潮之起，固以请愿速开国会为言，实则本月十七日之朱谕（指资政院劾奏：军机大臣责任不明，难资辅弼，请设立责任内阁。朝旨却答以'朝廷自有权衡，非院臣所得干预'）有以激动之……筱帅（指陈夔龙）即宜乘间电请，将成立责任内阁期限于资政院第二次弹劾军机奏上之日，明白宣布。既可补救十七日朱谕语气之罅漏，且可使海内人心不致嚣动，不特天津一隅学界之关系而已。"这一番话，既明白指出了问题的所在，又提供了解决问题的办法，义正词严，只说得来人称诺而去。

性格的力量同样是伟大的。范孙先生的一生旨趣高远，襟怀博大，踏实，诚恳，勤而有恒，具有内在的坚毅、韧性和自制力，对周围一切的热情、友善和同情心，这一切，使先生有条件，也有能力鼓起事业的风帆，取得令世人瞩目的成就，成为万世之师表。

作为范孙先生的受业弟子，周恩来同志高度评价了先生的一生，

241

说先生是那个时代的"好人"。谁人不知，在中国的特殊社会文化环境里，要做一个真正的"好人"，并得到极为广泛的首肯，受到人们的普遍尊重，是件相当不易的事情。唯其如此，我们今天纪念范孙先生就愈发得有意义了。

［原载天津文史研究馆：《天津文史》，2010 年第 1 期］

读书一得

把国学融入中华优秀传统文化

——兼谈国学的现代应用与价值

今年 1 月，中共中央办公厅和国务院办公厅联合下发了《关于实施中华优秀传统文化传承发展工程的意见》正式公布（以下简称两办文件）。这是中华人民共和国成立后，第一次以中央文件的形式，专题阐述中华优秀传统文化的传承发展；对于当下大家正在议论或研读的国学来说，无疑也是一个纲领性的文献。

关于国学的产生以及国学的内涵与外延，至今仍不清晰，要想了解这个问题，我想，还是先从历史上考察考察吧。

国学是怎么出现的？

辛亥革命以后，中国虽然建立起亚洲第一个共和政体的国家，实际上只是赶跑了一个皇帝；1912 年，原来的清王朝内阁总理大臣袁世凯就任中华国民政府临时大总统。

辛亥革命本来就是一场不彻底的旧民主主义革命，所以中华民国建立不久，思想文化领域便率先出现了乱象。在这样的紧要关头，多数执政者主张"向后看"，开历史的倒车，结果造成了思想文化领域中复古主义大肆抬头。

1912 年，著名教育家蔡元培在全国临时教育会议上提出"学校不应拜孔子案"，未获通过，而教育部却公布了每年 10 月 7 日为孔子诞辰纪念日，全国各校都要举行纪念活动。1913 年，袁世凯颁布

《整饬伦常令》，下令"尊崇伦常"，提倡"礼教"。1914 年，袁世凯为配合复辟帝制，颁发了《祭孔令》，公开恢复清代的祭孔规定，并亲临孔庙，行三跪九叩大礼。此外，冬至那天还去天坛祭天。孔子的儒家思想一时成了恢复帝制的理由和复辟者的思想武器。显然，这与共和政体下中国要走的民主化、科学化道路是背道而驰的。

不过，这时的社会环境已经发生了不容逆转的变化。政治方面，经过辛亥革命，民主共和思想已经深入人心；经济方面，一战期间得到新的发展，资产阶级强烈要求实行政治民主，以更好地发展资本主义；思想文化方面，随着新式学堂的建立和留学风气日盛，西方启蒙思想进一步扩散到中国，袁世凯的尊孔复古的逆流已为民主知识分子所不容。最终，在满布阴霾的天空上响起一声春雷，爆发了一场崇尚科学、反对封建迷信、猛烈抨击几千年封建专制思想的文化启蒙运动，这就是五四新文化运动。

运动中首当其冲的，显然是孔子的思想体系。因为这一体系的核心历来就是"尊君"，是与王权、帝制相适应的，目的就是使专制政权的统治者如何更好地治理老百姓。一批思想激进的民主知识分子，在探索新思想、新道路的同时，全盘否定了以孔子为代表的传统观念和传统价值，"打倒孔家店"成为新文化运动的一面旗帜。

诚然，五四新文化运动的思想解放功绩不可磨灭，但也有不足。这就是毛泽东同志所说的，走的是一条"形而上"的道路。好，就是绝对的好；坏，就是绝对的坏，对于中国的传统文化采取的是一棍子打死的办法。

孔孟之道等传统文化不能再作为整个国家和民族赖以生存的基础了，但把传统文化留下的诸多学问作为有根基的遗产来传承行不行呢？一些知识分子不但这样提倡，而且身体力行，并做出了成绩。所以，五四新文化运动对传统文化的全盘否定，是促使国学出现的根本原因；换言之，国学的出现，乃是对五四新文化运动的一种反思。

什么是国学？

对于国学，至今还没有统一的、确切的定义。一般来说，作为中国传统文化组成部分的国学，指的是传统的学问、治学方法及基本知识。最初，国学是不包括童蒙读物的。

中国传统的学问和治学方法，主要分为"汉学"和"宋学"两大门类。

汉学又称朴学，说的是汉儒治经，侧重训诂文字、考订名物制度；到了清代乾嘉年间形成一个有名的学术流派，这就是汉学。汉学包括文字学（小学）、考据学、训诂学等。汉学重实证，轻议论，自群经至子史，突破前人；但训诂一字一音，往往数百言，其支流末端，形成脱离实际的烦琐学风。

宋学说的是宋代理学。宋儒治经，以孔孟之道和三纲五常为核心，重义理，重思辨，认为"理"是天地万物的本源，同时兼谈性命，所以称为理学或性理之学。《宋史》为这些学者专门立了"道学传"，从此宋学也被称为道学。

这两门学问，在五四新文化运动之后都有所复兴，是最典型的国学。后来逐渐影响于社会，举凡流行的文学艺术、武术、医药等，均被冠以"国"字，如传统绘画被称为国画，传统医学被称为国医，京剧被称为国剧，武术被称为国术……至于把传统的童蒙读物以及传统诗词歌赋的背诵与朗读视为国学，不过是近一二十年的事。

毫无疑问，国学是中国传统文化的组成部分。然而在专制主义历史上形成的传统文化，既有精华，也有糟粕，简单地把前人留下的童蒙读物和其他古书重印一遍，让孩子和大家背诵并作为行为规范。这种浅层次的形式复古，显然要比深入探究国学内涵与真谛容易得多，同时，也在一定程度上反映出对国学价值的迷茫。这样做，完全不符合两办文"实施中华优秀传统文化传承发展"的文件精神，也是与时代发展和进步背道而驰的。既然如此，那么，对当前弘扬国学应持有怎样的态度呢？

我以为，应以习近平总书记在纪念孔子诞辰 2565 周年国际学术研讨会上的讲话为指针，努力实现传统文化的创造性转化和创新性

247

发展，使国学能够与现实文化相融通。

如果说，"创造性转化"指的是传统文化如何走向现代，那么，"创新性发展"指的就是如何从现代走向未来。因此，通过创造性转化和创新性发展，把遗产变成社会继续前行的力量而不是惰性，是传承发展中华优秀传统文化的根本方针。其中有几个问题，我们必需予以足够的注意：

第一，今天的国学，特别是那些传统的启蒙读物，产生于农耕社会和专制制度之下，有些内容显现出优秀传统文化的社会穿透力，但有些内容也包含着与现代社会不兼容或有争议的价值取向，与现代人格与公民意识的培养是格格不入的，让人们很纠结。因此，原封不动地把一些所谓的国学拿到今天，造成了重形式、轻内容等泥古复古的现象，不利于今天对优秀传统文化的补充、拓展和完善，更无法赋予传统以现代生命。退一步说，如果我们不能把握和处理好继承与创新的关系，不能把握和处理好传统文化与当今时代的关系，那么，中华民族最基本的文化基因，就不可能与当代文化相适应，不可能与现代社会相协调，也无法回应现代的需求和挑战，我们也无法融入所处的全球化时代。

第二，对待国学，一定要坚持两办文件提出的坚持辩证唯物主义和历史唯物主义，秉持客观、科学、礼敬的态度，取其精华、去其糟粕，扬弃继承、转化创新。我们既反对历史文化虚无主义，也要抵制复古主义；坚持科学，反对迷信。关键是要下大力气，在"优秀"两个字上做足功夫，悉心鉴别国学，特别是传统童蒙读物的内容，不能简单照搬，更不能无选择地全盘接受。古今历史条件不同，过去已被证明是错误的，现在不应再次重复。

第三，学习国学，传承发展中华优秀传统文化，必须坚持中国特色社会主义文化发展道路，立足于巩固马克思主义在意识形态领域的指导地位。同样，中华优秀传统文化又是发展当代中国马克思主义的丰厚滋养，也是建设中国特色社会主义事业之需。这些，都是从革命和建设实践中，经过读取、检验的选择与坚守。凡与此背道而驰的，将会造成历史不能原谅的过错。

还有一点必需补充的是，学习国学、传承发展中华优秀传统文化，与借鉴吸收外来优秀文化并不矛盾。中华文明，门庭广阔，博大精深，是世界四大文明古国中唯一延绵不断、传承至今的文化体系。究其原因，应与千百年来善于汲取外来文化、与时俱进，有很大关系。因此，立足中华文明，坚持交流互鉴，既不简单拿来，也不盲目排外，而是开放包容，以我为主、为我所用，取长补短、择善而从。在不忘本来的基础上，积极吸收外来文化。换言之，只有大胆吸收借鉴国外优秀文明成果，积极参与世界文化的对话交流，才能使中华文化在今天依然能够不断地丰富和发展。让国学摆出一副与现代文明相对抗的姿态，无异于阻断了文明的发展脉络，使中华文明僵化不前。

说到这儿，一定有人会问，国学的现代价值究竟体现在哪里？

如果我用一句话来回答，那只有八个字，就是：激活经典　服务当代。

我们若把国学放在中华优秀传统文化中考量，一定会发现，今天的国学仍处在一个不断发现的过程，也是一个不断的意识提升过程。所以，弘扬国学，首先就是要把国学融入到中华优秀传统文化之中，并与现代文明对接。

中华文化的核心思想理念是什么？历史告诉我们，是讲仁爱，重民本，守诚信，崇正义，尚和合，求大同；中华传统美德是什么？是自强不息，敬业乐群，扶危济困，见义勇为，孝老爱亲；中华人文精神是什么？是有利于促进社会和谐，鼓励人们向上向善的思想文化内容。

从以上三个方面对中华传统文化梳理，研究优秀传统文化的现代性，萃取其中的精华，提炼出符合时代需求的纲领要义，并科学阐明如何与现代社会相协调，如何能够对接现代文明，并在当代中国得到应用，是时代赋予当今国学的首要任务。

说到这儿，让我想起了2013年习近平总书记在中央宣传工作会议上提出的"四个讲清楚"：要讲清楚每个国家和民族的历史传统、文化积淀、基本国情不同，其发展道路必然有着自己的特色；要讲清楚中华文化积淀着中华民族最深沉的精神追求，是中华民族生生不息、发展壮大的丰厚滋养；要讲清楚中华优秀传统文化是中华民族的突出优势，是我们最深厚的文化软实力；要讲清楚中国特色社会主义植根于中华文化沃土、反映中国人民意愿、适应中国和时代发展进步要求，有着深厚历史渊源和广泛现实基础。

在一定意义上说，国学已经成为昨天停顿的钟摆，仅仅诵读几部旧时的经典，甚至恢复三跪九叩、戒尺手板等与现代文明格格不入的东西，把些浅层次的形式复古美其名曰"弘扬国学"，甚至把国学摆在与现代文明相对抗的地位，对今天的社会还有多大的意义呢。如果凡事不问好坏对错，一切以东西古今划界，这样下去，国学非但不能发扬光大，反而会走入狭隘化、极端化、边缘化的绝路。只有让国学全方位融入优秀传统文化，融入国民教育的各领域、各环节，贯穿国民教育的始终，与人民生产、生活深度融合，转化为不可或缺的日常组成部分；通过国学，使人们的精神世界能够更加自如地伸张开展，促进人的全面发展，而不是越发的狭隘，对外来的和新生的事物充满敌意，方能使国学有长久的生命力，方能让国学真正活起来、传下去。[①]

优秀传统文化和国学文化的生命力不在于形式，而在于践行。

为此，两办文件为我们规划出许多方面的工作：构建中华文化课程和教材体系，加强国民礼仪教育，推进戏曲、书法、高雅艺术、传统体育等进校园，实施传统戏曲振兴工程、中国经典民间故事动漫创作工程、中华老字号保护发展工程、中国传统节日振兴工程，将传统文化标志性元素纳入城镇化建设、城市规划设计、城市公共空间，加强对传统历法、节气、生肖和饮食、医药等的研究阐释、

---

① 参见王子墨：《弘扬国学要对接现代文明》，《人民日报》2017 年 7 月 6 日第 5 版。

活态利用，实施中华节庆礼仪服装服饰计划，大力发展文化旅游、传统体育，培育符合现代人需求的传统休闲文化，支持中华医药、中华烹饪、中华武术、中华典籍、中国文物、中国园林、中国节日等代表性项目走出去，积极宣传推介戏曲、民乐、书法、国画等。

生命的价值多半不是以活了多久来衡量的，而是要看经历了多少有价值的瞬间。国学是一个丰富庞杂的体系，任何理念几乎都可在其中找到依据，关键在于要有一个顺应时代、符合现代文明的判断标准。所以，要想使国学成为真正的"中国学问"而不止是一种情愫，必须融入中华优秀传统文化传承发展工程，形成人人参与守护、传播和弘扬优秀传统文化的良好环境，打造人人传承发展中华优秀传统文化的生动局面。这不仅是建设社会主义文化强国的重大战略任务，对于延续中华文脉、全面提升人民群众文化素养、维护国家文化安全、增强国家文化软实力、推进国家治理体系和治理能力现代化，也都具有重要意义。

［原载《天津日报》，2017 年 6 月 19 日］

漫话历史上的韵语启蒙读物

中国历史悠久，文化教育方面的遗产非常丰富，历代传承不衰。当前的集中表现，就是继 20 世纪二三十年代之后，教育界和学术界的一些人在社会上重新掀起了一股不大不小的"国学"热。而且这次"国学"热的特点之一，就是不少热心于传承"国学"的人，开始把中国传统社会中一些用于启蒙韵语读物，想方设法，利用不同的形式，灌输给少年儿童。

所谓韵语读物，就是利用汉字的单音节与义符文字的特点，以便于记忆、便于上口的韵语形式，编写出的系列性幼教读物或普及读物。据研究，这种读物早在两千多年前的秦汉时期就已经出现了。其中，首推《仓颉篇》。仓颉，传说是黄帝时期的史官，也是汉字研发人。

一

《仓颉篇》，相传为秦丞相李斯所撰。李斯为什么要写这部书？这是因为战国时期，七雄并立，典制不同，文字亦异。秦始皇统一六国后，根据李斯的建议，"罢其不与秦文合者"。为此，李斯带头作《仓颉篇》，一书多用，既是闾里学童的启蒙读物，又是规范文字写法的工具书，所用文字为小篆。《仓颉篇》到西汉时经过增润修订，改为隶书，一直流传至东汉时期。可惜的是，自唐代以后《仓颉篇》失传了。

20 世纪，各地在考古发掘中出土了不少汉简，其中就有零散的《仓颉篇》。如一支简牍上写有"仓颉作书，以教后嗣。幼子承昭，谨慎敬戒。勉力风诵，昼夜勿置。苟务成史，计会辨治。超等轶群，出元别异"。据研究，这是《仓颉篇》"首章"的绪言，也就是卷首语。"幼子承昭"当指秦二世胡亥继位，这件事发生在始皇三十七年（公元前 210 年），而李斯作《仓颉篇》肯定在此之前。

根据现存的断篇残简可以得知，《仓颉篇》是用以类相从的编排方法，把文义相同或相近，以及偏旁相同的字，编排在一起，四言成句，两句一韵，夹叙夹议。如，说事态的有"憨悍骄倨""诛罚货耐""□丰盈炽""而乃之於"。说建筑的有"□□邑里，县鄙封疆。径路卫□，街巷垣墙。开闭门闾，阙□□□。□□室内，窗牖户房。"说颜色的有"黯黝赫赧，縹赤白黄"……由于唐代以后《仓颉篇》失传，如今只能从汉代和汉代以后存留的古籍，以及出土的汉简中略知一二。

《仓颉篇》是迄今所知年代最早的韵语读物。民国时期，国学大家王国维先生辑有《重辑仓颉篇》上下卷。所以一些专家建议，应根据前人的成果和近年来考古发掘的汉简资料，出版一个相对完整的辑本作为研究资料。

二

今天能够见到的现存最早的韵语读物，是西汉元帝时黄门令史游编写的《急就章》。《急就章》也叫《急就篇》，全书共 2144 个字（据研究，后面的 128 个字为汉代以后所加），全书分别用三言、四言和七言韵语，把当时"泛施日用"的字和词，按照姓氏、衣着、饮食、器用、农艺、音乐、医药、官职、律令、地理等"分部别居"，篇首有"急就"二字，因而得名。一说写作时如遇疑难冷僻之字，立检可得，缓急可就，因名"急就"。

据说，"急就章"三字还有其本意。"章"是指用凿印的方法刻制出来的印章。在战争中，军队中的将官往往急于任命，发给的印信都是在仓促间凿成的，这种官印俗称"急就章"。现在，往往把那些为了考核达标或职称评定而仓促完成、设法发表的稿子戏称为"急就章"，实在令人发噱。其实，"急就"二字的真正含义，愚以为不过是极便于初学者的快速理解和记诵。

《急就章》相传是史游用草书写就，是"章草"的本源，在书法史上具有重要意义。《急就章》的史料价值也很高，四十多年前，有人专门就《急就章》的内容，研究汉代的社会与生活，成果很有价值，也产生了不小的影响。

三

到了公元5世纪，南北朝梁武帝时的散骑侍郎、给事中周兴嗣匠心独具，他撷取著名书法家王羲之所写的一千个不同的字，从"天地玄（清代康熙皇帝继位，为避玄烨之讳，将'玄'字改为'元'字）黄，宇宙洪荒"开始，编写了一部四言韵语的《千字文》，内容包括天文、博物、历史、伦理、日常生活诸多方面的基本知识。由于句子结构简单，通顺自然，读起来朗朗上口，极易背诵和记忆，自问世后千余年来流传不衰。

关于周兴嗣编《千字文》，内中还有一段故事。当年梁武帝萧衍为了教诸王书法，命大臣殷铁石根据王羲之书于碑碣上的字迹，拓出一千个不重复的字，每字拓在一张纸上，以赐诸王。但拓出后，这一千个字孤苦伶仃，互不相属。梁武帝了解周兴嗣有文才，于是命周兴嗣将这一千字编成既押韵、又有意义的短句。梁武帝曾对周兴嗣说："卿有才思，为我韵之。"周兴嗣奉命，在编排过程中使出浑身解数，运用精巧的构思，加上和谐的韵脚，仅用了一夜时间就完成了一部千古流传不衰的《千字文》，他却因此累得须发皆白。

《梁史》上有一段文字专门记载此事：梁武帝把集王羲之所写的一千个字，"使兴嗣为文……称善，加赐金帛"。

四

宋初，还出现了一本尽人皆知的四言韵语读物，这就是《百家姓》。

根据前人研究，《百家姓》早在宋代以前就出现了，到了宋初，由钱塘地区（今杭州一带）一位不出名的知识分子将社会上流传的各种姓氏，以四言韵语的形式编辑成册。

这种说法有一定的道理，比如说，《百家姓》在宋代以前不见著录，而传世的《百家姓》开始第一句话，就是"赵钱孙李"。为什么这样排列？清代学者梁章钜在其所著《浪迹续谈》卷7"百家姓"条中引《玉照新志》说："《百家姓》是两浙钱氏有国时小民所著，盖赵乃本朝国姓，钱氏奉正朔，故以钱次之，孙乃忠懿王（吴越国王钱弘俶）之正妃，其次则南唐李氏，次句周、吴、郑、王，皆武肃而下嫔妃也。"至于其中有没有附会的成分，那就不好讲了。但当时人记当时事，一般不会是空穴来风。

另一个证据则比较有力，这就是南宋爱国诗人陆游写过一首诗《秋日郊居》："儿童冬学闹比邻，据案愚儒却自珍。授罢村书闭门睡，终年不著面看人。"自注："农家十月乃遣子入学，所读《杂事》《百家姓》之类，谓之村书。"可见《百家姓》在宋代已经广为流传了。梁章钜根据这一注释，认为："《百家姓》之有，自宋前无疑。"

至于宋代版本的《百家姓》是什么样子？现在已经无从看到了。目前发现最早的《百家姓》刊本是14世纪初的元刊，但属残本。到了明代，《百家姓》基本定型，总共收录了四百多个姓氏。清初，在康熙皇帝主持下，编写了一部《御制百家姓》；清中叶以后，又出现了《增广百家姓》，收录的姓氏比明代《百家姓》增加了。

由于当初编写《百家姓》的时候，收录的是社会上的主要姓氏，而不是所有的姓氏，所以自宋代以后《百家姓》的修订、增补者蜂起，刊印的版本更是非常之多，不仅在汉族中流传，而且出现了少数民族语种本，可见其实用程度是很高的。但是细数起来，始终没有一个版本可以与原著相比，更谈不上取代原来那本有着巨大影响力的《百家姓》了。

五

开三言韵语读物先河的，是南宋时期王应麟编写的《三字经》了。①

王应麟（1223—1296），浙江宁波人，是南宋时期的大学问家，毕生著述二十余种，多流传后世；其实在今天看来，王应麟更应是中国历史上一位了不起的儿童教育和启蒙读物的编写专家。

《三字经》的内容，一般认为可分为五个部分，即：（1）做人和为学的关系；（2）一个人应该了解的道德、自然、社会、人生基本常识；（3）读书治学的次第；（4）中国的历史沿革；（5）以古圣先贤的故事及自然界的事物来勉励儿童读书成人。换言之，《三字经》使用三言韵语的形式，巧妙地把读书识字与历史知识、自然常识和伦理训诫巧妙地融为一体，既讲道理，又有事例，而且语言通俗、韵脚分明、条理清楚、兴趣盎然，极易诵读好记忆，可以说是中国古代最成功的韵语读物。所以，前人把这本书誉为"袖里通鉴纲目"，并说熟读《三字经》，可以知天下事，可以通圣人礼。甚至说"若能句句知诠解，子史经书一贯通"。正是站在这样的角度上，我们说《三字经》是一部千古奇书，真的不为过。所以，宁波人至今对王应麟念念不忘，不时开个纪念会或研讨会，主要内容也是为了这部《三字经》。

由于王应麟是宋朝人，所以历史的部分只讲到宋朝（明朝人增

① 一说为宋末时广东顺德人区适子所撰，见前引《浪迹续谈》369 页。

添了宋以后的王朝世系），而且达到了相当高的水平。后世多有增补，均不免续貂之嫌，所以直到今天在数以百计的后续之作或模仿之书中，没有一本能够达到原著的高度。

究其原因，主要是因为《三字经》虽仅一千余字，但是无论在文字上还是内容上，都可以说是做到了精审、精准、精到，把韵语读物的优势发挥到了极致，也可以说是到了历史的顶峰。历史的规律是，前人达到的高度和顶峰往往只能出现一次，后人只能不断创造新的高度、攀缘新的高峰。照猫画虎，亦步亦趋，是不会取得令人瞩目的成绩的。

后来，民间塾师把《三字经》《百家姓》和《千字文》搭配成一套普及型的初级启蒙教材，泛称"三百千"。

六

距我们这个时代较近、流传又广的一本韵语读物，当是大家熟知的《弟子规》了。

顾名思义，这是专为当时青少年编写的一本应恪守的行为、礼仪与道德规范的普及性启蒙书。作者是清代康熙年间山西绛州的一位秀才李毓秀（1662—1722，生卒恐有误），原名《训蒙文》。这本书以《论语》"学而篇"中"弟子，入则孝，出则悌，谨而信，泛爱众，而亲仁。行有余力，则以学文"为纲要，把全书分为五个部分，用三言韵语的形式编写，具体列述弟子居家、行路、待人、接物与求学方面应该恪守的准则规范。一望便知，是小孩子的开蒙读物；后经清人贾存仁（生卒不详）的修订，改名《弟子规》。改得很好，比起《训蒙文》来，《弟子规》在用书名表达功能方面，不知形象了多少倍，这是修订者聪明过人的地方。

清康熙皇帝从稳定社会出发，特别推崇理学，《弟子规》巧妙地把两千多年来儒家提倡的行为道德规范，与宋代产生的理学精神理念结合起来，用以教育少年儿童，适应了当时社会控制对思想方面

257

的需求，流传广泛，影响至今。

七

比《弟子规》出现稍早的一部以家庭伦理道德为主要内容的成人骈体文读物，是《朱夫子治家格言》。

这本书又叫《朱子家训》，或《朱柏庐治家格言》。朱柏庐，江苏昆山人。他的父亲朱集璜，是明末的一名太学生，清兵南下攻陷昆山，以身殉国。年青的朱柏庐从此以"遗民"自居，隐形乡里，以治学教书为业。康熙时为笼络汉人知识分子，开博学宏词科，多次征召他进京，都拒绝配合，一生不仕。

朱柏庐在政治上不与清朝合作，但命运似乎和他开了一个玩笑，这就是在治学的方向上却与清朝皇帝提倡的程朱理学暗合。朱伯庐无论传道、授业、解惑，都表现出作风严谨、人品高尚的一面，在倡导修身齐家的理念中，主张知行并进，因此在地方上颇具声望。康熙中朱柏庐卒于乡里，一生著述甚富，但影响最大的，还是他精心编写的那部五百余言的《治家格言》。

《朱夫子治家格言》的立意，主要是劝人们要尊敬师长、勤俭持家、安分守己、和睦邻里等。全书以名言警句的形式，把几千年来形成的中华传统道德文明简约地表达出来。由于这种精神符合那个时代修身、齐家、治国的要求和准则，特别是那些劝诫的语句，平凡易懂，亲切感人，没有空洞的说教，很容易被人接受。其中的一些警句，既可以作为家长教育子女的日常言传，也可以写成对联条幅，悬挂在大门、厅堂和居室，作为全家的座右铭。因此，自问世以来受到大小知识分子乃至官僚、士绅们的欢迎和追捧，也有人拿它作为童蒙课本的一种。

《朱夫子治家格言》直到今天仍为一些人所称赞，主要是因为在中国文化的大背景下，其中包含着一些超越时代的为人处世和修身治家的朴素哲理，确有一些积极性的东西。如提倡勤俭持家，"黎明即起，洒扫庭除"，"一粥一饭，当思来之不易；半丝半缕，恒念物力维艰"；提倡饮食卫生、健康生活，"器具质而洁，瓦缶胜金玉；饮食约而精，园蔬逾珍馐"，等等。这种骈体文读起来琅琅上口，同时充分发挥了汉字的读音美，所以我们也把它列入了韵语读物。

八

宋代以降，伴随着社会经济的发展，对于各类从业人员、特别是商业的从业人员的文化水平有了较高的要求。因此，一种适合不同行业需要的韵语识字常识读本便应运而生了，这就是"杂字"。

"杂字"在前引陆游诗注中已经提到了。"杂字"问世千年以来种类很多，从形式上讲，有"四言杂字""五言杂字""六言杂字""群珠杂字"等；从内容上讲，有适合商人、手工业者或学徒阅读的，也有适合农民或农家子弟阅读的，还有适合某一地方上下人等阅读的。"杂字"的最大特点在其应用性，也就是把不同类别、阶层人士所需的基本知识，分类纂辑；无论采用几言的形式，都必须通俗易懂、押韵上口。"杂字"多半用作成年人的识字课本，也可以放在文化程度不高的相关从业人员身边临时备查。近年发现的《天津地理买卖杂字》，当是商家铺户学徒用来识字或熟习全市基本情况的读本。天津开埠以后，城市迅速崛起，到了 20 世纪 20 年代前后，竟成为中国北方最大的工商业和港口贸易城市。所谓"作杂字，有原因，天津地理日日新"，正是对此而言。

九

明清时期韵语读物的专业化方向愈趋明显。其中，作用于社会最大的当属清代名医汪昂所著的《汤头歌诀》。

汪昂（1615—1694），字讱庵，安徽休宁人，出身秀才，后因家境贫寒，乃弃举业，专攻医学，具有丰富的临床经验。康熙年间，他编写了一部临床价值很高的《医方集解》。事后，他感到这部书虽是从医者临证检索切用的案头必备书，但卷帙浩繁，不易被文化水平较低的读者学习和掌握。于是他从《医方集解》中选出古方三百多个，辑为《汤头歌诀》一卷。

"汤头"是中药汤剂的别称。中药传统方剂多为复方，一副汤剂往往要由多味药材组成，不便记忆和掌握。因此，汪昂以七言韵语的形式，把方名、配伍、适应证及加减等编成歌诀二百首，附以简要的注释。由于《汤头歌诀》文词流畅、注释精当、合辙押韵、琅琅上口，且简明扼要，便于背诵和记忆，所以流传非常广泛，影响深远。几至被所有准备从医者或中药铺学徒奉为圭臬，还有人因受益于此书而最终成为医林名家的。至今，医学高等院校使用的中药方剂学教材也以此作为重要参考。

综上所述，中国历史上的韵语读物不但在普及文化和专业知识方面有过巨大的贡献，而且就其丰富的内容看，也颇有发掘整理的必要。在一定意义上说，文化，没有高雅与粗鄙之分别，只有精华与糟粕之取舍。如果选取历史上的韵语读物作为今日青少年的课外或必读参考书，则需经过现代价值观的过滤，给他们以正确的导向，而不宜毫无选择地灌输。

［原载天津市国学研究会：《国学及其现代性》，知识产权出版社，2013 年］

近代中国的租界与租借地

近代中国是一个饱受列强侵略，领土、主权遭到严重损害的半殖民地国家。

1842 年中英《南京条约》签订后，清王朝被迫开放上海等五口为通商口岸；1845 年英国借口《南京条约》中规定有英国人可携带家眷"寄居"通商口岸"贸易通商无碍"的条文，于是胁迫上海地方当局划定一块专供外国人租借和居留的地段，并以《上海租地章程》为名公布于众，从而成为在中国领土上划定的第一处租界（Concession）。

1849 年，法国根据不平等条约中的"最惠国"待遇条款，也在上海划定了法租界。

不过当时言明，界内的土地为"永租"，中国政府对界内的行政、司法仍有干预权。不久情况发生了变化。1854 年，上海爆发了小刀会起义，英、法等国乘机在租界内建立工部局，实行"自治管理"，从而攫取到独立于中国行政管理和司法制度之外的行政权和司法权。

根据 1860 年签订的《北京条约》，天津被辟为通商口岸，先后有英、法、美、德、日、俄、意、奥、比九国租界之设。据统计，自 1845 年英国于上海取得第一个租界，至 1902 年奥地利于天津设立租界，列强共在上海、广州、厦门、天津、汉口、镇江、苏州、杭州、重庆、福州、沙市等通商口岸设立租界27处，其中25处租界为属于某一列强的专管租界，两处属于为公共租界（International settlement），但其管理模式大都以上海的英、法租界为范本。

由此可见，列强在中国所设租界的特征是：（1）租界只存在于沿海或沿江的通商口岸；（2）租界是专供外国商人或侨民居住、通商贸易的区域，多用于经济目的；（3）租界内的土地为"永租"，中国政府保有领土主权；（4）租界管理形式虽然不甚统一，但多半是由纳税人选举出董事会，执行机构为工部局，实行市政、税收、警务、交通、卫生、公用事业、教育等职能的自治式管理。

至于租借地（leased territories），则是列强妄图瓜分中国的产物，是列强侵华的另一种形式。

近代中国的租借地，出现在民族危机严重的1898年。

事情起源于1897年德国传教士在山东遇害，德国出兵占领胶州湾；翌年3月强迫清政府签订《胶澳租界地条约》，把胶州湾及湾内各岛土地租与德国，租期99年，期限内一切事物由德国管理。

英国见状，决定乘机扩大在香港的利益并在山东站稳脚跟，先是在6月与清政府签订《展拓香港界址专条》，把北九龙半岛及香港附近大小岛屿两百余个（即"新界"）租与英国，租期99年；继而于7月与清政府签订《租借威海卫专条》，强租威海卫及附近海面（含刘公岛），租期25年。

同年，俄国把军舰驶入旅顺，8月强迫清政府签订《旅大租地条约》，将旅顺、大连及其附近水域租给俄国，租期25年。

法国则于11月强迫清政府将广州湾（实际上为雷州半岛的湛江）租与法国，租期99年，1899年正式签约。

在一定意义上说：（1）租借地只设于中国沿海的重要港口；（2）租借地多用于军事目的；（3）租借地是两国间的一种领土租赁关系，租方在一定期限内取得对方大面积的领土使用权；（4）租借国在租借地实行的是殖民统治，如德国在胶州、英国在威海均派设了总督，颁布了一系列的法规和律例，胶州湾还是德国远东舰队的基地，租借地完全脱离中国的行政体系，具有典型殖民地性质。

因此，在近代中国，租界和租借地是两个完全不同的概念，列强在各通商口岸强设的是租界，在胶州湾（青岛）、威海、旅顺等港口要塞强设的才是租借地。

[原载《中老年时报》，2013 年 10 月 18 日]

龙年，我们寻绎什么？

寒辞冬雪，暖入春风，在周而复始的轮回中，龙年悄无声息地来到了我们身旁。

被繁忙和喜悦哺育了几千年的春节，已深深镶嵌在每个中国人的血脉中，记忆在每个中国人的心坎里，至今已经成为维系中华民族心理素质稳定的不可或缺的因素。春节期间，不但家家户户窗明几净、饮馔丰富、阖家团聚，而且无论走到哪里，见到的总是扶老携幼、人头攒动，提着大包小包的年礼，穿着不同颜色、不同款式的新装，喜形于色。这种丰富的视觉飨宴，仿佛成为人们走进春节的门票，彰显了中外年文化的明显差异，留下了与众不同的文化气息。

春节，对中国人来说，是某种拂之不去的历史情感，特别是在"一夜连双岁，五更分二年"的除夕之夜，一方面是送旧，一方面还要迎新。体味了风雨冷暖的人们在这一刻，心灵似乎都纯净得没有任何焦虑，仿佛都能够坦然地接纳了自己，也可以宽容地原谅了他人。为什么会这样？我想，还不是因为竹爆岁尾，年去复还，一切应该从新开始吗？新的一年意味着新的一次挑战。当人们普遍放眼向前看的时候，身边的琐碎自然就成了微不足道。

回想起上一个龙年，恰值千禧之年；而今年的龙年，又恰值文化大发展、大繁荣的一年，可谓人生难得，机缘难遇。俗话说"一年之计在于春",如何在新春伊始,自觉把文化的繁荣发展作为兴国第一要务,以实现中华民族伟大复兴,应是我们在龙年积极寻绎的主要目标。

一定要深刻认识到,文化的繁荣发展,特别需要环境与氛围的培植。这是因为,我们的文化发展与繁荣,是以满足人民精神文化需求为出发点和落脚点的,是以改革创新为动力的。所以,发展面向现代化、面向世界、面向未来、民族的科学的大众的新型文化,建设文化强国,生动活泼的良好环境与宽松包容的和谐氛围,是不可或缺的现实命题。

文化的繁荣发展,需要不断激发文化创造活力,进一步解放和发展文化生产力,推出一批能够代表时代精神,最新颖、最合理、具有精神服众力与道德凝聚力的扛鼎之作和传世之作。这些文化产品应当是成熟而富于幻想,理性而又热情澎湃,豪迈而又儒雅纯洁,它们不会因光阴的淘洗而褪色或变质,相反,却历久弥新,并能够享有来自后世的敬重与感激。须知,历史上那些不痛不痒的东西,从来没有人能够记得住。

文化的繁荣发展,还需要耐性和积累。为文化繁荣发展而奋斗,会使我们的生活充满生机;承担起文化繁荣发展的责任,又会使我们的生活充满意义。但要应当看到,任何事物发展过程中的道路曲折,是一种常态。我们要怀着一颗平常心,雍容大度地对待前进中遇到的崎岖、坎坷与挫折,可以接受他人的责难,也可以保留自己的决断。只有具备了足够的勇气,接受了严峻的现实,才能使我们的所有理想都结出丰硕的果实。

文化大繁荣、大发展作为一个响亮的全民号召,具有最实质、最内在、最主体的内容;它既是一种质朴而真诚的社会表达,又是历史赋予我们这个时代的精神路标。从历史上看,建设文化强市,天津有基础、有特色、有资源。我们曾经居于引领近代先进文明的前列,在如此坚实基础上,打好文化大繁荣、大发展的攻坚战,完全有必胜的把握。

　　现在，我们的生活没有了匮乏之虞，打发走了慵懒的悠闲之后，在龙年为自己点燃一盏希望的灯吧。千万不要等到错过之后才后悔，失去之后才想挽回。事实上，很多事情不是因为难以做到，我们才失去了自信；恰恰相反，而是因为我们失去了自信，这些事才难以做到。机遇是一种无处不在却又常常被错过的东西，所以，我们与机遇的每一次相会、每一个因缘中，一定要全身心地融入与付出，一定要无保留地嘉贶与奉献。

　　龙年的春风依然轻柔无比，但吹过每个人的面颊时，却保持了新的生机与力度。这是因为，文化的心扉一旦敞开，世间万物就会焕然一新。

[原载《天津日报》，2012 年 2 月 6 日]

关于读书

——2014 年南开区读书节

记得小时候，在睡觉以前，常听妈妈讲述苏秦刺股、孙敬悬梁、匡衡凿壁、车胤囊萤、孙康映雪的故事。妈妈的文化水平不高，讲得却十分动情。

直到长大了，准备走向社会了，才逐渐领悟到，这些前人，也许当他们使用种种艰苦卓绝的办法，读到第一部心仪的书籍时，却在无形之中开启了闪光的第二人生，最终使他们成为名标青史的佼佼者。

故事虽然陈旧，但几十年来，却给了我一个始终不敢忘记的道理——大凡学业有成者都有一个共同的秉性，那就是，平时最喜欢的事是读书。

为什么这样说呢？因为几十年来，无论在工作中也好，在生活中也好，让我逐渐认识到，读书确实可以使人明智，而且常读常新。

在美国加州一所小学的图书馆里，挂着这样一幅标语——"你读得越多，知道得就越多；你知道得越多，就会变得越聪明；你越聪明，你表达思想或做出选择的时候，你的声音就越有力量。"——由此可见，读书不仅可以经久地锻炼大脑，产生智慧，而且最终能够成为我们一生行动的向导或指南。

在座的大部分是成年人，也有一些幼儿园的孩子，不过没有关

267

系，因为我们都是从学校里走出来的。

所以我要说，学校是人的一生中学习文化知识、培养独立思考、获得基本技能的最佳场所。据说哈佛图书馆里的格言之一就是：此刻打盹，你将做梦；此刻读书，你将圆梦。如果能在学校里养成良好读书习惯，当我们走向社会之后，将会受益终身而没有穷尽。

所以我要说，读书，是人生的启迪，是心灵的修养，是理性的享受，是我们批判能力和创造能力的源泉，也是实现我们意志、精神、抱负和理想的必要途径。

理想的生活，离不开好书和益友。因为，书，是迎接你通往世界的桥梁，是为你打开通向古今的时间隧道；书，是每个人智慧的海洋，也是每个人事业的根本。世界上永不厌弃你的朋友——是书，使你变得高雅和有用的朋友——还是书。拒绝读书，无异于忽视灵魂。

2013 年新年的钟声刚刚敲过，著名学者周有光先生接受了媒体的采访，他说："再过几天，阳历 1 月 13 日，我就 108 岁了。这个岁数上，我每天时间用得最多的事情，还是读书。"

这让我深深体会到：世界上，有一种朋友，不在你的生活中，却在你的生命里；有一种陪伴，不在你的身边，却在你的心间。不曾与你牵手，却真实拥有；不曾与你谋面，却铭记于心。这就是书。

因此，正是在这个意义上，一本书往往就是一座图书馆。

［原载《天津日报》，2014 年 7 月 3 日］

昨日名门的别样记忆

阅读历史有时就是阅读人生。

在 20 世纪，世界上大概没有哪一个国家，比中国的变化更为剧烈。几千年成就的社会结构被重新组建，人们的价值取向差不多每隔十年就要调整一次，直到今天，整个社会还在不断的开拓与创造中寻找自己的未来。

中国社会自夏禹以后，"家天下"的专制体制延续了几千年，可以说进入了一个超稳定时期。贫富的极端悬殊虽然造成了不断的王朝更替，但始终没有引发制度性的变革。原因在哪里呢？研究发现，体制内不断在循环的社会财富再分配是一个重要的原因。这就是说，虽然那时的贫富两大社会阶层不会改变，但每个社会成员却可在贫富界限上浮动变化。这是一种柔性调适，在很大程度上缓解了社会高压，化解了社会矛盾；"富不过三代""白屋出公卿"，就是这种柔性调适的生动反映。

天津是一座晚近兴起的工商业城市，在传统与近代的交替中，老一代盐商渐渐没落，依附于港口贸易的新兴商人不断崭露头角，这就是所谓的"八大家"与"新八大家"的家族史。与此同时，作为新生代的中产阶级与资产阶级陆续涌现；林立的租界，又不断吸纳着皇亲国戚、军阀官僚的纷至沓来。

然而在 20 世纪里，伴随着民族革命的爆发、反侵略战争的赓续、民主革命的进行，中国社会再也无法回到原来的状态。前半个世纪的动乱，几乎使世人忘却了时间的残酷、岁月的无常和生命的脆弱。进入后半个世纪，好不容易安定下来，阶级斗争又被奉为圭臬；十年动乱中，人性饱受压抑，文化迹近荒芜，理性的空间被压缩净尽。昨日的名门及其族裔，自然逃不过这样的劫难。

经历了一次炼狱之后，名门族裔成为一个时期的另类。既然生活以各种方式折磨他们，他们只能让自己的生活重来，在曲折的人生之旅和坎坷的事业历程中，把曾经的阔绰化为平淡，以谦恭对待粗鲁，以慷慨对待贫困，刷新自己的生活，刷新自己的所想，大多数人最后选择了纯粹的职业人生。

30 多年前，改革开放的金色阳光，终于扫荡了笼罩在人们头上的阴霾。他们饱经了岁月的沧桑，却懂得了世态的炎凉；他们失去了家中的财富，却得到了价值连城的抵御风寒的心灵外衣。他们中间许多像草芥一样的生命种子，如今却开出坚韧而美丽的人生之花，生活对于他们同样能够展示出最为靓丽的一面。

令人感动的，并不是或不仅仅是他们经历的苦难，而是他们面对苦难表现出来的那种不向苦难低头，乐观、自强的倔强精神。

人的一生，是一连串长长的梦。在他们生命年轮中记忆深邃的东西，往往都是与他们生死相依、挥之不去的东西。把他们请进来，讲述自己，剖解人生，在今天已成为观察世界不可或缺的一面。

历史是厚重的，因为肩负着前人的嘱托；历史又是深沉的，因为饱含着后世的求索。

追寻昨日名门的别样记忆，是为了让大家在日新月异的现实中，感受那些令生命感动的日子，感受那种生命里恒久香醇的滋味。如果说，这是一次生命边缘的抢救，在一定意义上也未尝不可，因为历史就是现代人重新构建过去的生活。

［原载《雅致》，2011 年 1 月号］

高亭笑语　末路尘沙

——读《民国四公子》

　　这本书，写的是民国时期几位身份地位不凡的翩翩公子的浮世情欢。

　　"四公子"的故事，多少年来如同一株情愫缠绕的长春藤，任凭人们眷顾和凭吊。难道这几位才子精英，真有如此大的引力和魅力？时至今日还能为读者造成阅读上的期待？

　　历史，是现实曾经的样子，是已经过去的现实。

　　千帆过后，回首当年，我们会悄然发现，民国时期是一个群星璀璨、精英齐瑰的年代。生命本没有贵贱之分，一个人，无论他多么平凡和渺小，也无论他多么天才和高贵，社会都能把不同的人群分别安置在不同的位置上。尽管脱离不开世俗的纷扰，但生活允许每个人张扬自己鲜明的个性和行为，毋须去刻意地改变他人，也毋须被他人所改变；因为一旦改了，那就不是真实的自我了。旧日的天潢贵胄如此，新朝的皇子才俊如此，传统的文人墨客如此，沙场的武夫传人也是如此。这会使读者感到，不一样的年代，可以承接不一样的悲喜人生；面对各种焦躁和忧虑，允许个人保持理想心态而无须扭曲。这，也许就是"四公子"未被遗落世外的原因。

　　时间多半是一种节奏。审视"四公子"的一生，还有对人生的一种玩味。在某种意义上，每个人都是带着自己的使命来到世间的。

271

一方面，人的名望与尊贵，大都来自于真才实学，而不是靠他人的施舍；另一方面，无论何人，也都有自己的限度，"四公子"也不能例外。完美，只是一种理想。

东方出版社新出版的王忠和《民国四公子》，能以素洁、平实的笔触，把一段段值得回味的鲜活历史和佳话写得兴趣盎然，就像众星闪烁中的一弯秋月，鸟声啁啾里的一声猿啼，引发出读者的心灵悸动。

流年似水，往复匆匆。也许一些故事还未来得及真正开始，就已被写进了昨天。想要留存的一段记忆，往往只是片刻；而且人的一生，也只有在结束的时候，才能找到真正的归宿。既然如此，那么疏也何妨，狂也何妨呢？

王安石诗："高亭笑语如昨日，末路尘沙非少年。"世俗中许多冥思苦想都参悟不透的道理，也许会在读《民国四公子》时的某个瞬间，一下子有了答案——这大概就是属于读者自己的成熟和理智了。

2013 年 8 月 12 日　夜

［王忠和：《民国四公子》，东方出版社，2013 年。"书评"］

观影感悟

时代的风范　深深的感动

——《忆党史　聚能量——红色故事汇·序》

2014 年，是中国共产党建党 93 周年，也是中国共产党天津地方组织建立 90 周年。

回想起 90 多年前，中国虽然告别了封建专制制度，却没能够挣扎出殖民地和半殖民地的深渊。怎样在旧民主主义革命的基础上创建新的中国？成为一批先进中国人共同求索的目标。在俄国十月革命的影响下，有了中国共产党的建立，有了各地各级党组织的出现。

那时的天津，是北方革命运动的中心，也是全国最早响应五四运动的城市；随着马克思主义的传播，一批追求革命真理、心怀民族复兴理想的青年知识分子在天津脱颖而出。

1924 年 9 月，在中国共产主义先驱李大钊的关怀和帮助下，中国共产党天津地方组织建立。从此，天津人民的革命斗争有了明确的前进方向，也有了强有力的领导核心。在党的指引下，这批青年革命知识分子以一往无前和舍生取义的大智大勇，以及为完成崇高使命而拼搏奋斗的生命激情，投身于救国救民的宏图大业。为追求真理、探索民族解放的道路，他们置身九死而不顾，备尝艰辛而不觉，为中国革命的胜利和中华民族的崛起奉献出自己全部的智慧、力量乃至宝贵的生命。

应当特别感谢本书的编辑者，是他们，以生动的笔触和娓娓道

275

来的动人故事，帮助读者翻开了天津地区党的早期历史。比如，在海河岸边，是谁登高一呼万众响应，成为领导天津五四运动的著名学生领袖？在蓟北雄关，是谁扬鞭跃马，成为锄奸荡寇的急先锋？在五大道上，又是谁隐姓埋名不辱使命，始终战斗在革命的最前沿？为寻访革命故事的亲历者、研究者以及先烈后代，编辑和导演们付出了想象不到的艰辛努力，再现了新民主主义革命时期于方舟、周恩来、邓颖超、李季达、张太雷等革命先驱鲜为人知的光辉事迹——他们具有非凡的眼光、博大的胸怀、超群的魄力；他们对国家和民族的命运怀有崇高的责任心与使命感，他们在大是大非面前具有鲜明的正义感，他们敢闯通向真理的逆境；他们用生命刻下的勇气和正气，引领了一个时代的潮流，树立了一个时代的风范，也为读者留下了深深的感动。

历史翻过的每一页都告诉我们，正是这些革命先烈，他们用鲜血和灵魂铸就了中国革命的胜利。他们那种"贫贱不能移，富贵不能淫，威武不能屈"的英雄气概，凝聚着中国力量，弘扬着中国精神，无疑是一份穿越时光、使人奋进、使人升华的豪迈真情。

经过九十余年的艰苦奋斗，我们终于实现了亘古未有的历史伟业，逐步走向强盛与辉煌。书中弘扬的革命先烈那种顽强拼搏、积极进取、一身正气、两袖清风、献身国家、服务社会的忘我精神，值得我们尽心尽力，永远践行。

我以为，把这本书作为人生的珍藏，是再合适不过了。

2014 年 11 月 16 日

[原载王云鹏、王若昀：《忆党史 聚能量——红色故事汇》，天津人民出版社，2015 年]

276

《寻路》背后是复兴

——大型史诗电视剧《寻路》赏析

第二次国内革命战争期间，从"四一二"反革命政变爆发到中国共产党的宁都会议，是中国革命最低谷的时刻。北伐战争的失败，使一度火热的中国革命陷入了为自身生存而苦苦挣扎的地步，寻求一条有着鲜活生命力的新路，便成为历史赋予中国共产党人的必然。

岁月特别需要回忆。1927 年，具有刚毅不挠、坚强个性的毛泽东领导了秋收起义，通过三湾改编到达井冈山，创立了第一个农村革命根据地，开辟了农村包围城市、武装夺取政权的道路。然而，如同世上一切有权力的人都容易滥用权力一样，上海临时中央和苏区中央局的"左"倾冒险主义者，围绕着那些不了解中国国情和中国农村的外国人指挥棒转，把马克思主义教条化，把外国经验神圣化，开展了一场反对毛泽东路线的斗争。很快，残酷的现实证实了毛泽东在宁都会议上所言，这些人将像丢掉城市一样，丢掉红军用生命打下来的中央苏区。历史的结论是："让人们认识真理，光有正面的经验还不够，还得要有反面的教训才行。"

实现民族复兴，是中华民族一百多年来的梦想，凝聚了几代中国人的凤愿。如何站在历史、现实与未来的交汇点上，严谨不苟地展现出这样一段关乎中国革命成败的历史进程，让人们得到一次承前启后、继往开来、艰苦奋斗、求真务实的深刻启迪和悟思？我想，这是当前文艺创作中极具现实意义又亟需表现的命题。《寻路》恰恰在这些方面，为我们做出了生动的、高屋建瓴式的响亮回答。

首先，《寻路》以刚毅、肃穆的恢弘气势，苍劲、壮观的艺术风格，交织成一部荡气回肠的史诗，给了广大观众难以言喻的心灵和精神震撼，不仅使我们受到了深刻的历史教育，而且使我们对那一段曲折历史的感悟得到了升华和洗礼。

全剧通过这一时期国共两党在战场内外的种种较量，深刻而犀利地剖析了中华民族走出苦难、走向辉煌将是一个漫长的历史进程；同时，也让我们看到了百折不挠的中国共产党及其优秀领导人，在历史长河中铸出的坚强意志和独特魅力。

全剧也使我们看到，在欲雨的天空中，虽然有时添加的是更为浓重的乌云与凌厉的闪电，但迎来的将是绚丽的彩虹和耀眼的曙光。

其次，《寻路》的深刻思想性就在于，全剧在探究历史兴衰的同时，丰富并延展了历史的生命，向广大观众揭示了历史中蕴藏着的立足现实、迈向未来的宝贵精神财富。

在一定意义上说，每个人都是穿梭在历史中的一个片断，曲折的人生之旅，坎坷的事业征程，无论是谁都无法回避。

阅读使人充实，史鉴使人明智。《寻路》通过对那个时代潮起潮落、云泛云飞的深入剖析，给了我们某种有生命的感觉，引发了我们非同寻常的悟思。人们常说，复活的记忆乃是真正的记忆。生命中的任何一次探索，从本质上讲，都是成功的。这是因为，探索中的失败是暂时的，而不代表整个征程；而且，唯有失败后的成功，才是事业与心灵的成功。

历史证明，曙光迟早要穿透厚重的夜幕，展现出火红的黎明。

最后，《寻路》弘扬了以爱国主义为核心的民族精神。全剧的结尾充满了余意不尽的含蓄，似乎让广大观众透过历史的尘埃，窥视到一个伟大民族即将来临的复兴，使历史的追寻与现实的夙愿，相约在了广大观众的视野之内。

一部优秀的文艺作品，往往会使我们的生活情趣趋于高尚。看了《寻路》之后，祖国的富强，人民的幸福，不可折辱的尊严，物换星移的荣耀，宛如一泓清泉，长久地漾洄于脑际。而这种强烈的使命感和民族精神，正是一个国家创新发展、奋斗不息的原动力。

　　故事的终结往往就是开始。

　　一个13亿人口的泱泱大国实现现代化，在人类历史上是从未有过的壮举。艰苦的革命道路已经告一段落，中华民族伟大复兴的新路将怎样接续着走下去？全民关注，世界瞩目。而《寻路》恰恰从历史的回眸中启示了每一个人，在这条新路上，应当进行怎样的力量积蓄和精神追求。

　　我们所处的时代，比历史上任何时代都更接近实现中华民族伟大复兴的目标。有了历史巨人的双肩承载，中华民族真正振兴起来，已不再是遥远的梦了。

　　［原载中共天津市委宣传部、天津广播电视台：《寻路全历程》，百花文艺出版社，2014 年］

观影感悟

279

铸就新时代共和国的信史

——气势磅礴、寓意深刻的立国史诗《换了人间》

　　熔铸为自成一体的电视连续剧《换了人间》，自央视开播以来，以气势宏阔的历史视野，深刻流畅的故事情节，精致独到的拍摄手法，励志燃情的英雄气概，让观众感动、惊喜、震撼、仰望……很快成为荧屏苍穹里最闪烁的一颗启明星。

　　全剧通过一个个精心塑造的艺术形象，揭示出 20 世纪 40 年代末及 50 年代初中华人民共和国成立前后，国家和民族的命运走向，折射出一个时代的沧桑巨变。无疑，这是一部引领时代精神，凝聚和焕发国民意气，坚定民族文化自信，能够与时代共振的上乘佳作。

穿越时空　聆听诉说

　　中华人民共和国的成立，是继辛亥革命之后，20 世纪中国发生的又一次历史性巨变。

　　如何把那个时代的英雄人物转化为艺术形象，表现出中华民族历史变迁的伟大足迹？如何追寻中华民族伟大复兴的世纪梦想，并以此来丰富中华民族文化宝库，滋养中华民族的精神与心灵，构建中国现实主义文学创作史诗品格，是摆在创作者面前一项艰辛细致的任务。

20 世纪 40 年代末至 50 年代初，中国发生的这次历史巨变，与 20 世纪初发生的辛亥革命相比较，要全面得多、深刻得多，也丰富得多。用"换了人间"代表这次历史巨变，生动、准确、明了、简洁。

《换了人间》的立意高度，是穿越时空，全景式展现了中国共产党在武装夺取政权之后，如何逐步改变农村包围城市，开启以城市为中心、夺取全国胜利，建立一个人民群众当家作主的国家的历史性转折。在这样的伟大转折中，中国人民同时实现了两大任务，这就是民族的独立和国家的解放。

《换了人间》的创作者既忠实于历史，用唯物主义历史观去解读历史，同时又不拘泥于史实，而是立足于新时代的起跑线，全面、深入地构建出共和国建立初期的光辉历程，将真实的沧桑历史与艺术再创作进行了无缝对接，通过历史人物的命运起伏、情感变化和故事情节，以及富有诗意的激情和语言，演绎出这一时期许多重大历史事件的发生、发展和变化，既是"一部诗化的历史"，又是"一首戏剧化的长诗"。也就是说，全剧用史诗般的文艺创作，把中华民族"换了人间"的历史印迹，生动地定格在了中国和世界的历史坐标上，不仅展示出了这一时期历史的永恒魅力，也折射出我国作为新兴大国的时代风采。

以史为鉴　和弦国运

《换了人间》播出后，反响之所以如此强烈，主要是因为创作者坚持了中华民族共同的理想、情感和价值信念，坚持了以时代为中心和当代历史观、价值观，坚持了与时代同命运、共呼吸。以创作与今天的国家命运，实现了全方位的和弦。

历史学家总是以自己的精神世界来拥有和融入历史世界的。历史研究之所以不同于自然科学，很重要的一点就在于，历史的研究者和研究的对象，同属于人类的精神。所以，历史与现实的精神生活是统一的，或者说，历史就是现实的精神生活。换句话说，历史永远是以当前的现实生活作为参照系的，这是因为，历史只有和当前的视域相重合的时候，才能够为人们所理解，所接受。历史也只有引起现实的思索、打动现实的兴趣、和现实的心灵打成一片，才能体现出它的借鉴价值和现实意义。正如古人所说："以铜为鉴，可以正衣冠；以史为鉴，可以知兴替；以人为鉴，可以知得失。"

《换了人间》正是这样一面不同凡响的镜子。

首先是得民心者得天下。一个政党、一个政权，其前途和命运最终取决于人心向背。其次是一个国家、一个政权要保持稳固，必须做到居安思危，时刻保持警醒和忧患意识。勇于自我革命，是我们党最鲜明的品格，也是我们党最大的优势。只要坚持中国共产党的领导，中国就不会重陷"其兴也勃，其亡也忽"的历史周期率而不能自拔。第三，《换了人间》艺术地再现了以毛泽东为代表的中国共产党人，为中国人民谋幸福、为中华民族谋复兴，"不忘初心　牢记使命"，缔造新中国、建立新制度的艰难历程和丰功伟绩。

如今，中华民族正在以前所未有的昂扬姿态走向世界舞台的中心，但是我们不应割断历史，如果没有当初"从此站起来"的新中国，就没有后来改革开放富起来的中国，也没有今天正在一天天强起来的中国。

不忘初心，牢记使命

在人类的自我探索中，文艺作品所要表现的，是人们无穷无尽的心灵与情感世界，目的是用以搭建感知和理解人们情感与精神世界之间的桥梁，透视人们的生命和情感体验。而历史又是最好的教科书。特别是在夺取全国胜利和建设新中国的过程中，我们党进行了革命和建设的伟大探索，既为共和国的发展奠定了坚实物质基础，更为如何管党治党、如何执政兴邦积累了丰富经验。

《换了人间》生动展示这一历史时段的波澜壮阔征程——没有什

么担当，比肩负民族的前途命运更伟大；没有什么使命，比实现人民的共同梦想更崇高。正是巨大的勇气和使命感，让我们的党，在攻克一个又一个难关中不断前行，在解决一个又一个难题中，变得如此坚强。

《换了人间》站在大时代的脉络上，以贯通古今的完整性，以宏大的价值和宏阔的命题，清晰地勾勒出中国共产党的奋斗宗旨，以及中国共产党人不断积累的精神内核——经过命运与时代的冲撞，经过苦度长夜的智慧与坚韧，我们的党始终站在时代的潮头，并与时代一脉相连。

习近平总书记说过："一种价值观要真正发挥作用，必须融入社会生活，让人们在实践中感知它，领悟它。"《换了人间》通过时光穿越，以其对历史、对社会的价值认知，告诉我们，通往梦想的路是曲折和漫长的，毕竟已经开始启程。只要不忘初心、立足现实、久久为功，我们就会有一个气势恢宏、光明朗照的未来。

[原载中共天津市委宣传部、天津广播电视台：
《解码〈换了人间〉》，百花文艺出版社，2019 年]

观影感悟

《五大道》的独特魅力
——大气磅礴　装满历史

天津北方网讯：天津五大道，渐渐地闻名遐迩了。

在一个匆忙的时代，倘若能以闲适的心情，添列在熙熙攘攘的人群当中，饱览经历了世纪风雨的五大道，本身就是一种特别的享受。

面对历史一次次地刷卡留痕，五大道曾经的豪华已洗掉了世俗，曾经的平凡却平添了高雅。在这里，历史与文化，时间与空间，完美地融合在一起，共同流淌在岁月的长河之中；遗韵无穷的美好，永远无法从记忆的画屏上抹去。

这一切，源于天津是一座装满历史的城市。而大型人文纪录片《五大道》，正是用那些带着时间印记的影像资料和难以拒绝的艺术冲击力，以及睿智深邃的文字，从不同的层面，重新构筑起当年的历史氛围，唤醒了人们沉淀的记忆。把一座城市存储的过去，诠释得简洁、深刻和实在；把爱好探究历史兴衰的人，带进了一道流动的风景线。

从天津看世界　从世界看天津

1793 年，英国国王爱德华三世借口给乾隆皇帝补贺寿辰，派遣了一个由马戛尔尼勋爵率领的使节团，携带 600 箱礼物来到中国，他们的要求之一，便是开放天津。为对此事永志不忘，后来，英国人专门在天津英租界命名了一条马开内（马戛尔尼）道。

然而引发中国出现亘古未有的变局，还是因为两次鸦片战争的爆发。1860年英法联军打到北京，咸丰皇帝担心西方国家"以天津为广州"的事终于发生了。在开辟北方通商口岸问题上，英国政府没有采纳专家开放港深水阔、常年不冻的秦皇岛的建议，而是坚持开放天津。

显然，西方人的目的绝不仅仅是通商；清王朝派驻天津的三口通商大臣也远不能解决租界与"华洋杂处"产生的问题，于是由直隶总督兼领的皇帝钦差——北洋通商大臣应运而生。北洋大臣不但有权统率庞大的新式海陆军，而且可以代表清王朝对外签订各种条约，天津的政治地位和外交地位因此而陡增。当年，天津有9个国家的租界，有20个国家的领事馆，许多外交官都认定，遇有交涉事件若不先到天津来，是什么事情也办不成的。

晚清的天津，几乎成了中国的政治重心，设于天津的直隶总督行台被视为"第二政府"，直隶总督被看成"影子内阁"。当年，天津出现的一切新事物，无不以冠用"北洋"为时髦：1881年专门培养近代海军人才的北洋水师学堂创办，1885年中国最早培养近代陆军人才的北洋武备学堂创办，1895年中国最早的大学北洋西学学堂开学，1906年中国最早培养政法人才的北洋法政学堂建立……20世纪初直隶率行新政，时称"北洋新政"。民国初年的中国政府因由北洋军阀控制，被目为"北洋政府"。由天津开始的"北洋"二字，开启了近代中国前所未有的历史时期。

前人深刻总结了天津的这种地位，认为，近代以来"吾国外事尽萃于天津，外交之利害，全国之安危，而恒于是乎卜之"。内政方面，"数十年来，国家维新之大计，擘画经营，尤多发轫于是邦，然后渐及于各省，是区区虽为一隅，而天下兴废之关键系焉"。直隶省城迁津后，这种作用进一彰显，举凡"将校之训练、巡警之编制、司法之改良、教育之普及，皆创自直隶，中央及各省或转相效法"。

辛亥革命后，天津又成为北京的"政治后院"，末代皇帝，王公勋戚，遗老遗少，下野总统、总理和各省督军纷纷迁入天津，星罗棋布的名人名宅多达四五百处，其中的相当部分就分布在五大道；他们在新与旧的矛盾或冲突中，多半成为穿梭于时空的历史过客。这种现象，在中国大城市中绝无仅有。

可贵的是，《五大道》没有停留于历史的表层，而是在每个事件的背后，讲述了一段段雕刻着岁月屦痕的动人故事，勾勒出一幅幅波涛汹涌的历史画卷；揭示出了特定历史时空中，东西方两种截然不同、本不可能交错的社会，却在这里相遇相识的根本原因。这部人文纪录片用一种升华了的表达，从天津看世界，从世界看天津，让我们品味了一场丰富多姿的视觉盛宴；同时也揭示出处于云飞浪卷中的天津五大道，那种最实质、最内在、最主体的精神内涵，究竟代表了一种怎样的文化与文明。

多种文明镶嵌的城市

开埠后的天津被视为北方的"洋务之都"，并且受到了世界各国的瞩目。

1867年建立的天津机器局，引进了西方最先进的火药制造技术，是"世界上最大最好的火药厂"。1872年轮船招商局及天津分局成立，西方国家普遍认为这是显示中国进步"最有力的证据之一"。1878年创办的开平矿务局是当时最成功的洋务企业，国外舆论预测，这很可能成为"天津的新纪元"。1888年中国最早的一条运营铁路（天）津唐（山）铁路通车，在外国人看来，它标志着"中国铁路世纪的开始"。

中西文化的直接撞击，造成了天津城市独特的成长模式——因东西荟萃而形成的开放、包容、多元文化得到发展，其表现可由近代天津进入世界程度的不断加速来说明。

火车是英国人斯蒂芬森1814年发明的，1825年开始应用，1879

年进入天津；电报，1837 年美国人莫尔斯发明，1844 年开始应用，1877 年进入天津；邮政，1840 年在英国创办，1866 年天津建立了邮政通信；电话，美国人贝尔发明，1876 年开始应用，1879 年引进天津；20 世纪初，世界各大城市相继建立了有轨电车这一公共交通体系，1906 年天津环城电车开通，完全与世界同步；而且，火车、电报、邮政、电话、电车……都是由天津起步，然后才走向全国的。

开埠前，天津作为四通八达的水旱码头，是区域性的经济中心；开埠后，沟通了与世界的交往，成为世界市场的一部分。在与西方激烈的"商战"中，传统城市蕴藏的经济火花，点燃了近代天津发展之火，极大地促进了港口贸易的发展，外国舆论普遍认为这是天津"潜在的力量"，"来日的发展自不待言"。到 20 世纪 30 年代，天津已经发展成北方的贸易大港，进出口总额占华北地区的 60%；其中棉花出口量占全国的一半，畜产品出口量占 60%，均居全国第一位。进口贸易也是如此，这一时期天津港面粉进口量占全国 35%，同样居第一位。

天津工业经过 20 世纪初的重建，到 30 年代已经形成完整的工业体系，发展到前所未有的高度，工业投资总额位居全国第二。

进出口贸易和工商业的发展，又拉动了金融业的发展。到 20 世纪 20 年代，天津经济地位显著提高，著名外资银行大都在天津设有分行，华资银行也空前发展，如资金雄厚的金城、大陆、盐业、中南等银行先后在天津开业，号称"北四行"，金融实力可与上海的浙江实业银行、兴业银行和商业储蓄银行等"南三行"相颉颃，成为中国南北两大金融集团。当时，中外各大银行均开设于英租界中街和与之相连的法租界大法国路（今解放北路），银行建筑雄伟挺拔，气势宏大，因之被称为银行街或"天津华尔街"。

岁月特别需要回忆，特别需要浸透了几代人对风雨岁月的回忆。
《五大道》不但以真实而厚重的声音，保留了这些珍贵的回忆，而且把这些回忆感性、深入地切入了我们的脑海。这部人文纪录片还以艺术家的敏感，捕捉到诸多的城市生命瞬间，让我们深切感到，

287

随着时光的流转、岁月的洗礼，以及特殊的历史背景熏陶，在这座由多种文明镶嵌而成的城市里，时代赋予天津的是怎样一种永恒的沧桑；在近代中国，天津扮演的是怎样一种深沉而厚重的角色。也许，这正是《五大道》的独特魅力之所在。

民族的理性与智慧

天津的被迫开埠无疑是旧时屈辱和痛苦的象征，但封闭的坚冰却由此打破。在一定意义上说，正是由于被迫开放的"窗口效应"，才能使世界上先进的思想文化与科学技术，得以通过天津传输到中国来。

1897年严复翻译并使中国"民气为之一变"的《天演论》最早在天津发表，严复主编的《国闻报》同时创刊。1902年中国报龄最长的《大公报》在天津面世，至今仍在香港继续出版。1909年中国最早的民间科学团体中国地学会在天津成立。1919年中国最成功的私立大学南开大学在天津创办……

当时，中国传统社会的各种运行机制都开始在天津发生变化，中国人已经能够在这里感受到世界文明跳动的脉搏。用积极的态度汲取世界先进文明，取代那些不适应世界潮流的腐朽文化，在那时的天津成为不可避免。近代天津之所以能够涌现出一批像严复、梁启超这样具有批判和反省精神的先进中国人，在科学技术和思想文化等诸多领域开中国风气之先河，绝不是偶然的历史现象。

各国租界划定后，无不按照本国的风格与流行手法进行规划，确定了道路、市政工程系统和功能分区。到19世纪末，天津的英、法租界初具规模，设施完善，在北方城市中独树一帜。尤其是英租界，"街道宽平，洋房整齐，路旁树木，葱郁成林。行人蚁集蜂屯，货物如山堆垒。车驴轿马，彻夜不休。电线连成蛛网，路灯列若繁星"。

开埠后的天津，结束了城市的乡村时代。破门而入的近代社会，传达着来自世界最前沿的时尚，并为人们打开了一扇声色充盈的崭新门扉，让人感受了新的生活方式洗礼，也感触和领悟了一种前所未见的绚丽与浮华。

开埠前，天津的繁华区集中于北门外的北大关、估衣街和以天后宫为中心的宫南、宫北大街。进入 20 世纪，以内河港为依托的各国租界相继发展，城市人口激增，繁华区开始向租界及河北新区扩展。日租界的旭街、法租界的梨栈和英租界的小白楼迅速崛起，大型建筑不断出现。特别是法租界梨栈地区，集中了著名的商场、旅店以及近 60 家影剧院、饭馆、舞厅和浴池，成为天津时尚消费的名片，每天车水马龙，昼夜不舍。

多元和包容的城市品格，还带来了世界不同风格建筑艺术的集中，近代天津被视为"万国建筑博览会"；英租界中风情迥异的花园别墅区五大道，就是"万国建筑博览会"中的奇葩。在流水般的时光里，天津的"小洋楼"能与具有几百年历史的北京"四合院"相提并论，正说明这种建筑艺术的迷人魅力。

《五大道》以一种光鲜的睿智，一种儒雅的风范，一种满怀智慧的哲理告诉我们，近代天津并非仅仅是物质文明堆砌起来的空间，虽然什么样的文化都能在这里得到张扬、得到释放，但最终为天津打开近代文明之门的，还是民族的理性和智慧。

天津的五大道，不仅是一段时光，一种情怀，而且是一种独具地域特色的文化；这种文化既传统又时尚，既坚守又宽容，既质朴又浪漫。因此，天津五大道可以让人们穿越历史的尘埃，窥视出一座城市文明底蕴的所在。

英国浪漫主义诗人雪莱说，历史是时间写在人类记忆中的一首诗篇。可以毫不夸张地认为，大型人文纪录片《五大道》，就是这样的、足以解读天津记忆的华丽诗篇。

［原载《光明日报》，2014 年 10 月 14 日］

努力构建城市文化的情感载体

——创新型的文化真人秀《谈古论津》

由中共天津市委宣传部主办、天津广播电视台公共频道承办的"直播天津卫·谈古论津"大型文化真人秀节目，经过 30 场提神沁心的角逐，正在徐徐落下帷幕。

这档节目以浓浓的文化情怀，用全新的文化知识竞答形式，努力打通古今壁垒，跨越时空，广种广收，把典雅文化与大众娱乐完美地结合在一起，使探寻知识的道路延伸到每个人的视野当中，让大家生动地邂逅了这座城市蕴含的丰沛历史资源与文化底蕴。

其实，文化的背后，隐匿着情感的承载。

凡是参与和看过"谈古论津"的，大都感受颇深。普遍认为，这是一次在日常生活中永远不会褪色的文化体验。究其原因，不能不归功于节目组织者与创编人员的殚精竭虑，以及对乡梓文化的一往情深。经过专业操守与大众需求之间的反复考量，他们精准地认识到：历史，通常会在无数的细节中暗自运行，城市的面貌，文化的密码，往往就在这些无数微小的基因中被编定。身有所感，心有所悟。因此，必须悉心对那些隐藏在城市背后，即便历经了岁月冲刷，依旧能够散发光泽和触动人心的历史、社会与文化及其认知价值，进行深度开发；把城市留下来的优秀文化遗产，变为今后继续前行的宝藏。他们还敏锐地观察到，在当前，即便生活在密度极大的信息流中，仍然会有很多不同年龄层次的的大众，希望追求身边文化的渊源与质感，提升自身对知识的渴望和需求。这些，虽已沉寂在潮水流向和过往云烟当中，然而很可能就是荧屏一端大众的看点。

经过践行与收视的检验，"谈古论津"不但在这些方面看得正确抓得准，而且在创造性和创新性发展中取得了瞩目的成功。正是由于专业态度与民间需求的完美结合，由于场内场外无阻交融的鲜活律动，深深触动了海河儿女许久未被触摸的家乡文化脉搏，同时也给广大观众带来了一种久违的文化气息，影响将是绵长而久远的。古人说："合抱之木，生于毫末；九层之台，起于累土。"文化的发展同样饱含着这个道理：丰厚的文化土壤，首先要基于个人的文化成长，内化于心，外化于行，然后才能在一代又一代人的不断传承中，积淀出千姿百态的灿烂文明。

真人秀，秀的是比拼，自然要分出成败胜负。但是，通过比拼，大家在同一时间里，找到了这座城市的位置，找到了城市的生命和价值，找到了对家乡文化的坚持与自信，也找到了日常生活里彼此的情感共鸣——深知这片土地上氤氲成长的文化，具有强劲的生命力和时代价值……其实，这些已经足够了。对家乡文化的回望、渴求和冲动，本质上是不分孰先孰后、孰优孰劣的。

知识是永不贬值的人生财富和社会财富。电视艺术作为一种形象的和普及性的传播媒介，如何使乡梓文化的传承得以顺利越过时光的长河？如何涵养独具特色的地域文脉，为社会发展增加热度，丰富广大观众的思想容量，使身边的历史成为记得住的乡愁？"谈古论津"用铿锵前行的步伐，在这些方面为我们树立了真实、生动的榜样，脉动出可资借鉴的新活力，释放出润泽人生的新动能。

一座城市如果失去了自身的历史文化传承，也就失去了应有的身份。"谈古论津"以浓郁厚重的人文情怀，高而不冷的文化格调，发挥了良好的人际传播效应，同时又从丰赡与精微的不同维度和向度，帮助大家按下了学习和增长历史、文化知识的快行键。

习近平总书记最近指出："一种价值观要真正发挥作用，必须融入社会生活，让人们在实践中感知它，领悟它。"应当说，令人感怀的大型文化真人秀节目"谈古论津"，在砥砺奋进中，在丰富人们的思想容量、提升时代的精神质量等诸多方面，为我们做了一次成功的尝试。

荧屏　也能拓展历史宽度

——致意《小楼春秋》闪亮开播

聆听故事，在很多情况下，是了解历史的入口。

特别是在工作之余的休闲时刻，打开荧屏上的《小楼春秋》，便会轻松发现，时光，在永不停歇地流转；天津这座城市的小洋楼，也跟随着时光的抛物线，不断倾诉着发生在自己身上的曲折故事。

天津，是中国的历史文化名城，在丰沛的历史资源和人文底蕴中，相当一部分就隐匿在这一幢幢举世闻名的小洋楼里。

差不多在三年以前，天津广播电视台组织精英团队，对积淀在小洋楼里的各色各样历史文化底细进行探索式的回望。正是这一段段早已从时光中逝去的往昔，激起了他们重拾乡梓情怀的渴求——一定要触摸一下发生在这些小洋楼里许久未被触摸的历史脉搏。

于是，他们认真遴选了45幢风格各异的小洋楼。这些小洋楼虽然早已整饬一新，可仍能发散出久违的历史文化气息，以及那些经历时光磨砺，说不完、道不尽的故事和意境。这些故事，这种意境，见证了历史，或许还创造了某些历史。从历史深处打捞起曾被岁月冲刷，却依旧能够跨越时间长河的沉寂风尘，以及那些散发光泽、触动人心的碎片，成为架构《小楼春秋》的始发点。这里面，既有擦肩而过的波谲云诡和不堪回望的艰辛岁月，也有历经苦难的酸甜苦辣和难以成就的文化苦旅，更有人生夕阳沉浸在岁月黄昏之后的

293

坦然与淡定。只有隔开足够的时光，迈进历史的入口，我们才知道今天到了哪里，才明白什么值得回望，才懂得哪些从来不曾被我们忘记。

因此，倾力制作《小楼春秋》的意义，在于拓展历史宽度，提升城市文化内涵，打造良性城市文化生态，用含蓄和不动声色的精心创意，扩大人们的思想容量，增加这座城市的文化厚度。

《小楼春秋》的拍摄也颇具特色。据我所知，参加制作的每一个人，都是携带着时光背后的一种情感承载来进行工作的。在摄制过程中，他们善于从不同的维度和向度，捕捉每幢洋楼的灵性之光，让片中的每一集都充满历史文化的质感。他们深知，历史一旦成为记忆，无法唤醒，无法复生；但记忆若携带着情感，这种记忆就会被擦亮，就会深入人心，并融化在这座城市的永久血脉中。正是这种温暖厚重的人文情怀，高而不冷的文化格调，使《小楼春秋》恰如其分地对应了收视需求，找到了自身的恰当位置与播映价值。

人的情感往往是相通的，最能打动人心的，无疑是那份能够滋养心灵、最纯粹的情感。我真心希望，《小楼春秋》播映后释放的新动能，能够强劲地保持住自身的生命力和时代价值，让每一集《小楼春秋》都能成为天津历史文化中的永恒。因为，时光，总是把最好，留到最后。

一半是回忆　一半在继续

——纪录片《赶大营》

大型纪录片《赶大营》，是一部使用电视语言和表现手法，忠实记录一百多年前天津杨柳青人历尽千辛万苦，砥砺前行，随军远赴新疆进行商贸交流，开拓市场，繁荣边陲的一段往事。历史，往往是一本太仓促的书；然而，经过电视艺术的烘焙，《赶大营》为我们直观、形象地捕捉到无数的珍贵瞬间，留下了一段有温度的历史，甚至可以说，这部记录片就是那个时代的同期声。

"赶大营"原本是个承载历史记忆的名词，当初指的是 19 世纪 70 年代中，一批商人跟随在维护祖国领土完整的清王朝西征军后面，专做小本生意的商贩式贸易。这批人军行则行，军驻则住。他们来自两湖、河南、山陕、甘肃和直隶，而直隶的小商贩中，又以杨柳青人最多。

晚清社会，经济凋敝，民不聊生。最初赶大营的杨柳青人，大都是因生活贫困、不能自存，而不得不离乡背井、另谋他途的。当时的民谣说："十事九不成，只有赶大营。"他们虽然流品各异，但身处贫困而不沮丧，或卖或借，凑上几两、十几两银子，趸来一些妇女用品或日用品，如针头线脑、毛巾鞋袜、儿童玩具等，挑上两个篓筐，徒步而行，途经省府州县，边走边卖，想方设法，为自己找一条生路。

295

他们从杨柳青出发，要走四千多公里，忍饥挨饿，踏过渺无人烟的乱山平野和连天衰草，甚或"梦断不成归"的荒漠险途，历经半年多的岁月，才能抵达新疆。这艰难险阻的八千里路云和月，是杨柳青人用拼搏和性命，而不仅是用双脚走出来的。

最初抵达乌鲁木齐，恰值清王朝实施"移民实边"之策，先入城的，可以自由划地，坚忍不拔的杨柳青商贩去得最多，得地也最多。于是，这样一批在瀚海中有幸沉积下来的生命，成为赶大营的先驱。人生最大的财富便是希望，看到这些人通过隐忍、厚重的努力而能渐行发迹，随后便有越来越多的杨柳青人也紧跟着奔赴新疆。

从光绪末年到20世纪20年代，是杨柳青人在新疆经营商业贸易的鼎盛时期，天山南北都有杨柳青人开设的商号，其中以乌鲁木齐最多，约有一百余家。由于杨柳青人在新疆商业发展上"植基最先……根本深固"，无论在经营范围、经营规模或经济实力上，都占绝对优势；若遇"官中协饷不继"，杨柳青的富商也有能力予以"挹此注彼"，为驻军解决饷源问题。因此，津商在新疆形成了一大帮派，通称"天津帮"。

任何邪恶，在正义面前都无法站稳脚跟，跟随"得胜还朝"的西征军赶大营，显然有助于维护祖国的领土主权完整，维护统一的多民族国家不被分裂。不宁唯是，常川往来的"大营客"，还促进了新疆与内地的经济流通与商贸交融，给新疆带去了现代工业、手工业、建筑业、蔬菜和粮食种植、餐饮服务、文化娱乐、医疗卫生等开风气之先的文化与文明，促使新疆的发展达到前所未有的新阶段，这就是流年过往中的"百艺进疆"。结果是，大幅度提高了当地的生活质量，增强了各民族之间团结与和睦相处，为新疆各族人民留存下永久的温存，也丰富了这里代代相传的历史和生命。

岁月如痕。纪录片《赶大营》承载了几代杨柳青人的酸涩悲喜，浸透了几代杨柳青人对风雨岁月的回望，如今，这些泛黄的照片，通过这部大型纪录片时空交错的键合与井然有序的层积，永远地珍藏在了历史记忆的扉页。

纪录片《赶大营》还为我们拂去了历史积淀的层层尘埃，深刻而犀利地剖析了刚毅不挠的杨柳青人走过的这段不寻常的心路历程，并把这些交织变幻成一帧帧令人难忘的场景——时间沉积的内涵，既见证了这段历史，也创造这段历史。百余年前从天津到新疆发生的一切，再次在《赶大营》中得到了全新的评价。

　　纪录片《赶大营》也默默地影响和丰富了我们的心灵，培育了爱国、务实、创新的天津精神，带给了我们永恒的感动，让我们得到了历史与思想的双重享受；与此同时，更为赶大营事迹的传播和传承，铺就了崭新的时代之路。因为，历史对现实来说，一半是回忆，一半还在继续。

精神家园的守护者

——天津电视台《拾遗·保护》栏目

中国是历史悠久的文明古国，拥有丰富多彩的文化遗产。非物质文化遗产是文化遗产的重要组成部分，是中国历史的见证和中华文化的重要载体，蕴含着中华民族特有的精神价值、思维方法、想象力和文化意识，体现着中华民族的生命力和创造力。

2006 年是中国保护非物质文化遗产的里程碑，国家正式公布了第一批非物质文化遗产名录，这一年的 6 月 10 日举国上下经历了第一个文化遗产保护日，中国非物质文化遗产保护中心举行了挂牌仪式，"中国非物质文化遗产"标识同时揭晓。

从 2007 年开始，中国的非物质文化遗产保护工作已出现了阶段性的成果，并开始把中国的非物质文化遗产向世界推介。其中的重要成果之一，就是天津电视台倾力推出了专门记录中国非物质文化遗产的系列文献片《拾遗·保护》。

《拾遗·保护》是最早拍摄中国非物质文化遗产的系列文献片，因此定位为"面向全国"。为此，编导者克服了重重困难，踏遍山南海北，对中国非物质文化遗产的传承区域、历史渊源、表现形态、文化价值和濒危状况，做了全面和真实的反映。

《拾遗·保护》立足长远，肇端宏大，选题中包括最能代表中国非物质文化的《瓷》系列等 12 大类，计划拍摄上千集，这是一项前无古人、极具开拓性的系统工程。对那些具有重大艺术、科学和历史价值，濒临灭绝的少数民族项目，给予了特别的关注。如民间音乐舞蹈、建筑和刺绣系列中的《蒙古长调》《呼麦》《马头琴》《黎族民歌》《侗族大歌》《苗族锦鸡舞》《苗族吊脚楼》《土族盘绣》《黎锦》，等等。这些不但为中国非物质文化遗产的保护与研究提供了珍贵资料，而且对宣传非物质文化遗产保护知识，唤起非物质文化遗产保护意识，也起到了重要的推动作用。

天津是一座有着 600 多年历史的文化名城，拥有丰富多彩的非物质文化遗产，保护和利用好这些非物质文化遗产，对于继承和发展天津优秀特色文化，促进文化传承、弘扬民族精神、建设和谐天津具有重要作用。因此《拾遗·保护》还立足天津，拍摄了最具天津特色的《杨柳青木版年画》等 24 个专题，取得良好反响。

《拾遗·保护》在短短的数年中，在全国范围内取得巨大的成功。先后荣获国家广播电视总局、中国电视艺术家协会暨中国视协电视纪录片学术委员会、中国广播电视学会、中国文学艺术界联合会暨中国民间文艺家协会颁发的诸多奖项，也是天津市电视节目社教类和文艺类获奖最多的一个栏目。

《拾遗·保护》也有需要改进和完善的地方。如非物质文化遗产是以传承人开展传习活动为重要特征的；传承人掌握并承载着非物质文化遗产的知识和精湛技艺，既是非物质文化遗产活的宝库，又是非物质文化遗产代代相传的代表性人物，"人在艺在，人亡艺绝"，因此对非遗项目的保护，重点是保护其传承人。《拾遗·保护》如何为非遗传承人确立更多的选题，则是今后应予特别关注的。

序文甄选

感知历史的温度

前些天，吾友王振良君发来了《三津谭往》2014 辑的全文，要我在前面写个序言。推辞不成，只好用"恭敬不如从命"来为自己遮掩，虽有不能免俗之嫌，却也顾及不上了。

翻看内容，感到本辑与 2013 年那辑一样，内容大都是作者对于所讲历史的感知，阐释内容的重点也大都离不开天津近代。至于道理，我想很简单，这是因为天津历史的辉煌，主要体现在近代。

中国现有历史文化名城 126 座，大致可分成两类，一类是古都——"都"在这里指的不一定就是都城——型的，是在中国传统社会发展里起来的历史悠久的城市；另一类是近代型的，是近代成长起来的城市——在我国，这类的城市的数量虽然不多，但城市成长的速度非常之快，而且城市规模大，地位十分重要，这些城市还是近代中国人民革命斗争的中心，在许多方面代表了近代中国历史和文化的走向——天津便是其中之一。

说天津历史的辉煌主要体现在近代，是不是观察和判断上有所偏颇、有所片面呢？我以为不是。这是生活在那个时代的前贤，经过认真观察得出来的客观总结，而且这些总结对于研究天津历史的人来说，大都耳熟能详。

比如，金钺先生在 1938 年为《天津政俗沿革记》所写的序文中开宗明义，有一段很经典的话，他说："天津地处偏僻，昔非冲要。

自与海外列国通商以后，于此为往来出入之门户，轮楫交驰，冠裳骈集，遂蔚然成一巨埠……若夫数十年来国家维新之大计，擘画经营，尤多发韧于是邦，然后渐及于各省。是区区虽为一隅，而天下兴废之关键系焉。"我想，"区区虽为一隅，而天下兴废之关键系焉"，正代表了近代天津的历史定位。也可以说，在天津的历史发展中，没有哪一个时期的历史可以和近代的历史相比。

进入20世纪，天津又成为中国推行"新政权舆之地"，举凡"将校之训练、巡警之编制、司法之改良、教育之普及，皆创自直隶，中央及各省或转相效法"，以致"四方之观新政者，冠盖咸集于津"。由此可以看出，晚清时期天津，在中国的政治和体制改革中，有着无可替代的引领作用与重要地位。

外交方面也是如此。王守恂先生在《天津政俗沿革记》卷16"外事"中指出："顾自嘉庆二十一年（指阿美士德访华）至光绪二十六年（指八国联军侵华），吾国外事尽萃于天津，外交之利害，全国之安危，而恒于是乎卜之，故往往动中外人之视听。"在这一时期，中国有哪一个城市，在对外交涉中所起的作用能和天津相比呢？也可以说没有。

中国的教育制度开始与世界接轨是1905年的事情。这一年，清王朝废止了流行一千多年的科举制度。由于科举制度废除之时，天津已经有了推广先进教育的方式和基础，所以在普通教育的创办方面一马当先，出现了"大吏提倡于上，乡人士负众望者主持于下，官绅合力，远近同风，不十年间，各级学堂悉备"的状况。这段话，见于稿本的《天津县新志·文教》，据说这个稿本就是当初王守恂先生所拟，后因与修志主持人在编辑宗旨上有所分歧，才把自己纂修的部分辑成16卷的书稿，改名《天津政俗沿革记》，并另行出版。所以今天我们见到的《天津县新志》，是从卷17开始的。这一时期，天津"学堂林立，成效昭然，洵为通商各属之冠。中外士庶，靡不称赞"，在全国独树一帜。由于教育能让人看到希望，所以全国各地负责教育的官员纷纷来天津参观学习，"藉为取法之资"。

这一时期，历史赋予近代天津的先进地位，已经大大超过了当时全国近代化的"素质平均值"，所以才有资格、有资质为其他省区和城市树立榜样。换言之，正是近代天津地位的举足轻重与"服众力"，才使人们难以忘怀。如果历史为天津留下的多是一些不痛不痒的东西，恐怕没人能够记得住。再有，便是给我们留下这些警语的前贤，大都距离那个时代很近，或直接生活在那个时代、那个社会，很多的事情当属他们的亲见、亲历、亲闻，他们的总结应该是权威的、可信的。

尽管历史发展是纵向的，但研究历史不能"十个指头按十个跳蚤"，而是要努力感知某一时期最能代表历史主体特征的横断面。在很多情况下，正是这个横断面所代表的，才是历史最本质和最典型的东西，才能从本质和典型浸润到其他。汉唐时期，天津无法同西安相比；明清时期，天津无法和北京相比；因此，研究天津主要是研究近代，研究近代天津在全国的重要地位。近代研究充分了，就能突出天津历史在中国历史中的个性和与众不同，既不会稀释天津历史的光辉与价值，也不会出现削足适履、刻意比附的毛病。

大致来讲，研究天津可以有两种办法、两个视角，一是放眼中国看天津，一是站在天津看中国。如果让我选择，我更倾向于第一种。因为放眼中国看天津，更能代表近代天津砥砺前行的历史地位，见证近代天津成长过程的蓬勃与热烈；明白留住这段被时间筛选出的有深度的历史，而且这段历史至今没有因光阴的淘洗而褪色，相反，却能历久而弥新。也正是在这个意义上，了解了近代天津，也就了解了整个天津。所以历史的温度，需要悉心体味，更需要认真感知。

以上所说，只是读了本辑之后一些肤浅的想法，若能使读者在思索之余有所感同，那就是吾人的奢望了。

2015 年 11 月 30 日草成

［原载万鲁建：《三津谈往 2014》，天津古籍出版社，2015 年］

百年海河　城市摇篮

　　在天津的中心市区，有一条飘带般的蔚蓝色河流蜿蜒贯穿——她，就是天津的城市摇篮——海河。

　　在中国北方的大城市中，天津是唯一一座依河傍海的城市。海河干流虽仅 70 余千米，但上游五大支流可通达华北各地；自海河出海，可驶抵南北沿海各省，远达太平洋和印度洋。海河上游河面宽阔，是条件良好的内河港码头，从久远的历史开始，天津便具备了宜于集散贸易发展的优越条件。开埠后的百年之间，海河很快沟通了天津与世界的交往，传统城市蕴藏的经济火花，迅速点燃了近代城市发展之火，天津一跃成为中国北方的经济中心和国际化大都市。

　　海河，是天津城市与生俱来的灵魂，是感悟天津城市生命的通道。海河中靓丽闪光的涟漪，是美的释放，是爱的渲染，并为天津淘洗出源远流长、底蕴丰厚的地域文化。南北交融，中西荟萃，是海河带给天津的文明特征；而且至今还在为天津创造着活力四射、与时俱进的城市品格。

　　滔滔不绝的河水，哺育了天津的灵动个性，承载了天津的生命年轮，浓缩了天津的风光岁月，铸造了天津的辉煌历史。置身天津，所以能够感悟到时代的律动，首先要感谢海河的赐予。

　　广袤、深沉、洒脱、自由的海河之水，带走了天津的流年过往，也带来了天津人挥之不尽的情愫。所以，在这里我要特别感谢摄影

307

名家、吾友陈绍泉先生：他本着一份热爱乡梓的真情，积十年之功，身背相机，无论寒暑，行走在海河之滨，用心灵的眼睛，全面、完整、忠实记录下海河的发展以及海河文明的斑斓与深邃，并且编辑成气势磅礴的大型画册《百年海河》，使海河的前世今生永远珍藏在城市记忆的扉页，因而被誉为"海河摄影第一人"。

"一半是记忆，一半是继续"，构建出这部画册独有的特点——既为我们留下了珍贵的海河旧影，又全景式地展现了海河新貌；既有千姿百态的海河桥梁，又有日新月异的海河景观。阅读和欣赏这部画册，让我们清楚地洞察到，海河作为城市的血脉，是怎样承载了天津的生命年轮，浓缩了天津的岁月风光，透彻了天津的多彩历史，并妆扮了天津飘逸灵动的鲜明个性。

这部画册告诉我们，海河，作为日月经天的岁月凭据，不但赋予了天津人不息的憧憬，孕育了天津人的情感和记忆，而且还在孕育着天津这座城市意蕴酣醇的将来。

这一切，无不源于绍泉先生对天津、对海河的热爱。他说自己是生在海河边、喝着海河水、听着海河故事长大的天津人，对海河有着一份母子般的眷恋情节。这几句话，使他的拳拳爱乡之心，溢于言表。

对未来的真正慷慨，是把一切奉献给现在。

衷心祝愿已经过了耳顺之年的绍泉先生，不断积蓄力量，保持勃勃朝气，因为一个人的生命尊严，永远是以成就体现的。

草于乙未仲春

[原载陈绍泉：《百年海河》，天津古籍出版社，2016 年]

文明，总是伴着水的源流产生和发展的

——《海河与天津城区发展研究·序》

壬辰岁末，腊鼓催春。就在年味渐浓之时，天津博物馆的黄克力先生于百忙中亲临舍下，带来他的新著《海河与天津城区发展研究》。

在我的人生旅途中，最称心的伴侣莫过于阅读的快乐了。所以这两天连饭也没有认真吃，而是告别了琐屑的忙碌，径自在斗室中享受清雅的读书之乐。

近年来，海河之滨的文化殿堂中新著迭出，但着意对海河与天津城市关系进行深入研究的力作，尚不多见。然而读罢克力先生的大作，却使我的内心涌现出备加欣慰的感觉。

在人类历史上，文明，总是伴着水的源流产生和发展的，海河与天津的关系也是如此。

海河水系是中国的五大水系之一，上游支流繁多，流域面积达26万平方千米以上。海河的河身并不宽大，千百年来却要广纳百川，汇众水于渤海，是一条名副其实的众水入海之河。

从 12 世纪开始，中国的经济重心南转，政治重心北移，地缘政治的巨大变化直接影响到海河的地位。金、元、明、清四个王朝都以北京为首都，但周边地区农业发展水平不高；要维持首都职能的正常发挥，必须建立一个有效的粮食供应系统。天津地处南北运河

309

与海河的交汇处，大批漕粮无论走海路还是走运河，都需在这里中转或存储。"舟车攸会，聚落始繁。"沟通南北的大运河成为国家的经济命脉，天津的航运枢纽地位开始同首都的安危与繁荣紧密相连；而海河与海河水系造成的特殊地理环境，又使天津具备了宜于集散贸易发展的良好条件与天然优势。

天津开埠后，由于海河上游河深水阔，各国租界无不在上游两岸划定，并沿海河两岸修筑了新式码头，这就为租界发展成天津港的航运中心创造了条件。海河功能的充分发挥，又一次改变了天津的地位，促使蕴含在城市中的经济火花很快迸发出来并迅速延烧，用了不到半个世纪的时间，天津竟一跃成为中国北方的经济中心，同时也奠定了城市沿海河不断向下延伸发展的基本格局。到20世纪30年代，地处市区的内河港已不能适应城市发展的需求，于是港区移向河口，这就是今日天津港的前身。因有海河干流的联结，有利于港区的长足开发，并使之成为港城天津密不可分的一部分。

岁月无疑需要回忆。

海河是一条浓缩了岁月风光，收藏着历史积淀，装载了无数过去，风范洒脱、意蕴醌醹的河流。穿过历史尘埃，我们可以清楚地看到，海河不但带来了天津的历史与城市成长，而且影响到天津的城市地位和文化走向。

千百年的岁月洗礼以及特殊历史背景的熏陶，漂泊于海河的中华文明滋养着天津人的才华和灵感，也丰富了海河自身的历史与生命。多舛的命运和多元的文化，都曾在这里相遇，海河两岸的每一寸土地，似乎都有过客往来的屐痕在诉说过去。

历史是时间写在人类记忆中诗篇。《海河与天津城区发展研究》洋洋三十万言，读后深深感到，海河最实质、最内在、最主体的内涵悉数尽在其中；研究的坦诚，内容的充实，学术的厚重，跃然纸上。克力先生着重阐发的是历史时空，但书中体现出的却是文化、情怀、愿景和精神；而且播种的艰辛，收获的喜悦，也都饱含其间了。

我与克力先生是"大同行"，我的研究重点是天津历史，他长期从事的是博物馆工作，是与天津历史有关的展示设计与研究，不仅貌似，更有神合。据我所知，克力先生从事繁重领导工作的同时，箪食瓢饮，席不暇暖，对研究工作亦倾注了巨大的热情。在一定意义上，成就不过是微小时间的总和，克力先生恰恰在这方面为我们树立了模范与榜样。

　　当然，海河早已今非昔比，功能也发生了根本性的变化。通过近年来的提升改造，海河的一年四季都充满着自然与人文魅力，美丽的海河已把天津渲染得如诗如画、多姿多彩，海河，已经成为一道明快、灵动的城市风景线了。

　　谨遵克力先生之命，书此小序，鸣鹤之应而已，岂有他哉。

2013 年 2 月 2 日

［原载黄克力：《海河与天津城区发展研究》（待出版）］

序文甄选

311

保持生命的恒久香醇

——《天津方言文化研究·序》

癸巳金秋，已近古稀的老友谭汝为先生携来新著《天津方言文化研究》，文不加点，信而有征，佳作也。

我与谭汝老治学范围不同，工作领域也有差异；庆幸的是，我们这辈子都没离开学术，年在桑榆，都有一处可以安闲坐拥书城、"不曾富贵不曾穷"的陋室。

谭汝老研究天津方言有年，焚膏继晷，笔耕不辍。不过，把这项研究放在具有丰厚文化底蕴和浓郁地方特色的天津文化中覼缕探究，据我所知，还是第一次。

广义上说，中国的方言研究源远流长，早在周秦时期已有人开始了方言的采集。西汉大学问家扬雄中年来到长安，日携笔、帛，调查和记录各地来京者的方言俚语，最终写出"悬之日月而不朽"的杰作《方言》，成为历代方言学研究的不桃之宗。

中国地域广阔，历史悠久，方言传承一般都在千年以上。所以，中国的方言既能代表历史上诸多的社会现象，又能代表从古至今各种独特的地域文化。

记得十余年前，参加业师杨志玖先生指导的博士论文答辩，委员会主任是杨师高足蔡美彪先生。彼时电视剧《大明宫词》正在热播，会后有人问，唐朝武三思说的是今天的陕西话吗？蔡先生笑着说，应更接近今天的客家话。

蔡先生大学毕业后一度师从著名语言学家罗常培，此后长期追随史学大家范文澜，编写出多卷本《中国通史简编》，治学严谨，功底深厚，他的回答无疑具有权威性。历史上因少数民族的侵扰，北方汉语几次大规模南下，客家人是隋唐后从中原迁徙到南方的，因为居住环境的关系，客家话比较完整地保留了中古中原话的语汇和音韵。

一般来说，方言只通行于某个地方，是语言发展不平衡性的产物。现代汉语有七大方言；天津方言虽处于北方方言区，但细分起来，则应属于天津方言小片（次方言）中的"天津话"。

据已故社会学名家李世瑜先生调查，所谓的"天津话"，实际上是一个以天津城厢为主体、与周围迥不相同的"方言岛"中居住人群所说的特色语言。由此可以认为，几百年来植根于"岛"中的"天津话"，乃是天津地方文化的有机载体和重要组成部分，能够生动代表天津的文化特质、认知方式以及历史与社会信息，可视为天津文化的活化石，具有重要的研究和保护价值。"今兹美禾，来兹美麦。"谭汝老在杖国之年，用他几十年的学识素养与智慧积累，推出《天津方言文化研究》，其学术价值的真谛正在于此。

应当说，研究方言是一件引人入胜的工作，而且需要学术上的睿智与均衡。鲁迅在《且介亭杂文·门外文谈》中说："方言土语，很有些意味深长的话，我们那里叫'炼话'，用起来是很有意思的。恰如文言的用古典，听者也觉得趣味津津。"阅读糅杂着大量方言的中国古典文学名著，又何尝不是如此呢？提倡研究和保护方言，应与推广普通话并行不悖，也无需为方言做出品级高下或尊卑雅俗的评判。所以，研究工作中的思考与感悟，有时显得比知识更为重要。

与谭汝老交往多年，受到许多默默的感动。人的一生应是快乐、从容的一生，也应是不断提高审美情趣和文化修养，不断拉近与成功的距离的一生。即便是老了，也要有自己的事业、朋友和爱好，庶几努力能够产生价值，生命亦能保持恒久的香醇。

2013 国庆写讫

［原载谭汝为：《天津方言文化研究》，天津人民出版社，2014 年］

一门科学　一种艺术

——《近代天津城市规划图说·序》

　　继成功推出《天津城市历史地图集》之后，天津城市建设档案馆近期又完成了《近代天津城市规划图说》的编纂，再次为天津城市发展史、规划史和城市建设史等研究领域做出了新的贡献。

　　通俗地讲，所谓城市规划，就是对未来城市空间的和谐发展进行事先的设计，以满足城市发展的个性需求。所以，城市规划既是一门科学，还是一种艺术。

　　与历史悠久的中国古代城市相比，天津属于晚近发展起来的城市。直到金元时期中国政治重心北移，才使天津得以自然地成长于南、北运河与海河的交汇处；也正是这种自然成长模式，才为天津"无城垣城市"的发展奠定了基础。

　　明朝初年，天津设卫筑城，政府必需对卫城进行总体规划。考虑到当时的天津已成为"海运商舶往来之冲"，而"卫"只是个军事建置，与地方无涉，所以采取了"总体敞开，局部封闭"的规划方针。因为只有"总体敞开"，才不会因卫城的修建而妨碍已形成的市区继续发展。这种承认历史、尊重现实的规划理念，充分体现出当时人们追求天人合一、道法自然的实事求是精神。

　　进入 20 世纪，天津成为直隶省城，可是适于城市发展的海河两岸已被九国租界占据。如何应用现代城市规划方法开辟新的城区，

315

便被提到日程上来，于是有了河北新区的建设。可以说，天津的河北新区，是近代中国最早使用现代城市规划方法建立起来的新市区，并且完整地保留到今天。所以，现存的规划主干线中山路（原名大经路），被誉为"近代中国城市规划第一街"。

近百年来，租界的规划建设对天津影响极大。由于各国租界完全按照自己的规划目标进行建设，互不通气、互不统属，结果为天津的城市发展，留下了不少难以克服的"后遗症"。不过，五大道却是个例外。

五大道本是英租界"墙外推广界"总体规划方案的一个部分，约开始实施于 20 世纪的第二个十年。当时，欧西各国工业化快速进行，城市居住环境遭到严重破坏，于是建设花园城市的理念开始回归到城市规划当中，而五大道则率先成践行这种先进理念的实验区。

规划五大道的主旨，是建设一片新型的居住区。道路规划方面，考虑到天津的季节、气候特点，干路以东西向为主，这样南北向的建筑就会居多，既有利于通风，又可使更多的建筑每天都能够射入一定的阳光。

规划干路要保证足够的宽度，以方便快速交通；临近住宅的次干路无须过宽，但要适应步行之需，道路两侧应植树和绿化，以便形成林荫大道。不然就会浪费土地，影响税收，也会增加道路的建设与养护费用，导致市政开支增多。

建筑物规划方面，中心是鼓励建设更多的优秀私人建筑；规划对区域内允许修建的建筑类型和规模，屋顶、房檐使用的建筑材料等，都作出了明确的规定。这就从根本上保证了五大道只能建造具有足够室外开放空间的高档花园别墅、高档连体住宅或公寓式住宅。

人口密度方面，也因居室空间的严格规定而不致过密，以最大限度地满足居住者对阳光、空气和娱乐的需求，保障他们能够健康地生活。

如此的规划理念，到现在也不落后，依我看，这就是五大道至今依然能够成为受到普遍重视的宜居社区的根本原因。

一般说，人世间的许多事物，在现实状态中大都以应用价值为主；而进入了历史状态之后，其中的文化价值就会凸显出来。这种文化价值虽然定型于历史，保留着那个历史时期的种种特征与文化意义，但只有经过时间的沉淀、观念的升华，才会被我们逐渐发现和恰当辨识。经过严苛凝练和浓缩而成的《近代天津城市规划图说》，正好在这些方面为我们提供了形象、直观的借鉴。

2012 年 6 月 28 日

［原载天津城市建设档案馆：《近代天津城市
规划图说》，2012 年］

立足学术前沿的新探索

——《从租界到风情区——一个中国近代殖民空间在历史现实中的转义·序》

东晔博士的学业论文《从租界到风情区——一个中国近代殖民空间在历史现实中的转义》，差不多在十年前就送到了我的手里。因为 2004 年是天津设卫筑城 600 周年，所以在进入新世纪后的第一个十年，全市出现了一股研究天津不曾有过的高潮；巧得很，东晔博士的学业论文也正是在这一时期，通过她的艰辛努力而完成的。

然而这篇学业论文与当时的"纪念""献礼"都没多大关系，读后的第一印象，就是从选题到内容都很有自己的特色。看得出来，东晔博士是力图面对社会真实，妥实观察和考量那时正在火热展开的、以意大利租界为中心的天津旧租界开发利用问题。在纷繁复杂的历史过往中，她仔细寻觅的，是那些牵引着当代走向的丝丝缕缕，所以称得上是一次立足学术前沿的新探索。

在近代中国，十几座城市都设有租界，当下也都忙着开发利用；再加上我们一直保有历史沿袭下来"重思辨"的传统，所以，如何直面和检讨这种开发利用，便成了舆论界的热门话题。东晔这篇论文考察和研究的，虽是百余年来的天津意大利租界，但对所有设立过租界的城市，都有着举一反三、触类旁通的借鉴作用。直到十年之后，我们再来研读这份成果，不但依然保持着它的现实光鲜，而且对于培养理解历史的精神，释放城市未来的生命，开启新的动能和智慧，也是有益处的，至少，为我们提供了一个研究和观察这些问题的新思路、新视角。

东晔博士读的专业是人类学，但这次她却从解构历史出发，通过走访多位曾在天津旧意大利租界居住、却因大规模开发利用而不得不搬迁的老居民，记录下许多现已被拆掉的房子以及当时围绕这些建筑空间的社会生活。被访者讲述了发生在自己身上和自己身边的故事，重新演绎了一段新时期的过往。这些访谈文字充满了一位人类学研究工作者对现实的深切感受，所以论文特别指出，那些被动员搬迁的民众虽然充当了被支配的角色，属于"沉默的大多数"，但他们又都是在利益权衡的情况下有所取舍的，而且尽可能地争取最大的利益。像这样一些如今已经成为历史的故事，无论如何在报刊或教科书里是没有办法找到的。

对于"过去是我们必须否定的，现在恰恰又是我们打算保护、开发和利用的……"这一问题如何去看待？有鉴于在过去较长时间里，对此缺乏深层次的理论关照，东晔博士特意在这些方面做了较为深入的探索。为此，论文打破了时空维度和向度，恰如其分地借鉴了国内外相关的研究理论，发挥出社会科学的抽象思维优势。

比如，建筑是体现人类社会秩序并受到人类意志制约的，就建筑本身来说，也规定着人类社会的秩序。如果站在这个意义上进行检视，租界不过是有别于城市中其他空间而特别规划建造起来的"城中之城"。只是因为那时的中国头上有了不平等条约的挟制，租界才成为国家和民族屈辱、痛苦的象征。

与租界建筑意义共生的社会价值取向，也是论文试图回答的问题。假如抛开了传统中国文化要素的所谓民族性，租界建筑可以看成是被赋予了某种社会进步以及现代化象征的，正是在这个层面上，租界建筑便具有了一种普世性的现代意义，它意味着与传统自我的决裂和对社会进步的追求。如此的价值取向，让我想起了 20 世纪初天津成为直隶省城后，总督袁世凯主持开辟河北新区并使之成为全省的行政管理中心时的一件事，这就是在建筑外观方面，"新设各署改从新式，在光绪季年多惊为未曾有焉"。其实，袁世凯就是要通过衙署外观的弃旧图新，向全国表明北洋推行的"新政"与此前绝不相同，而且是有决心、有力度的。

论文站在人类学的视角，对文化阐释的新维度，也值得一提。

比方说，关于文化多重意义转换的解释——过去，不是被保留下来的，而是在现在基础上被重新构建的；文化的开放性的实质——文化没有变迁，变化的是认同及意义赋予的方式；关于小洋楼背后的文化象征意义，以及文化遗产保护中体现出的"文化再生产"原则——实际上是在被侵占的西方的外来的空间中，构建起一种美的、高级时尚的、现代的，西方主义的，同时也是爱国主义的、民族主义的文化认同……此外，论文关于文化资本的研究，关于权力在文化意义的生产与转换中重要作用的研究等许多方面，大都摆脱了以往的羁绊，而努力探寻问题的本真。

可以说，自打20世纪50年代开始，尤其是70年代末的改革开放之后，我们的城市正在经历一场亘古未有的重建运动，道路越来越宽，高楼大厦朝着天空延伸，现代化的触角几乎滋蔓到了城市的各个角落，好多过去没有的问题自然也就会接踵而至。今天看来，文化的变动，其实就是历史的变动；而历史的变动，又往往催生出新的文化邂逅。东晔博士的这篇学业论文，没有轻易投入外间常用的价值评估体系，立意新颖，文字朴实，甚或可以从中品味出时间沉淀的味道，读了以后，感喟至深。作为一名学业有成者，他或她的生命之旅，就应该是一个不断发现的过程，也应是一次次不间断的意识提升，只有有了这样的学术作为，才能承载起反哺社会的责任，才能感动他人，并使他人难以忘怀。

在生活的风雨旅程中，东晔博士属于发奋忘忧的类型。她经过从内地到边疆的生活磨砺，又从边疆走上了学术研究的道路。不寻常的际遇，丰富了她的阅历，促使她求知若渴、博学善思，岁月在她的身上明显地增值了。我和东晔博士的接触以及对她的了解不算很多，但却深深感到，她的信条似乎是"要活着就要充满活力"，她能够把时间当成一张网，网撒在哪里，她的收获就能够在哪里。也许这就是信念的力量吧。

其实，生命的精彩，往往从不是以活了多久来衡量的，而是要看经历了多少有价值的瞬间。说到这儿，我倒想起了日本优衣库创始人柳井正的一句话："今日事今日做，是干活；明日事今日做，才是工作。"十年前，东晔博士所做的，正属于那种"明日事"，所以她的研究成果即便拿到今天，作为一份有价值的"工作"，也是当之无愧的。

2017 年 1 月 31 日草成　2 月 18 日又改
［原载李东晔：《从租界到风情区——一个中国近代殖民空间在历史现实中的转义》，天津社会科学院出版社，2018 年］

这本书　为我们打开了记忆之窗

——《记忆·天津老城里·序》

　　历史，是时间写在人们记忆中时空交错的诗篇——里面有存储的记忆，有思想的分享，有成熟的理智，也有乡情与亲情的交融。所以，纸墨飘香的大型画册《记忆·天津老城里》一经问世，便以风韵弥醇的独特魅力把我们带进了历史与记忆的入口，使已经逝去的天津老城，以另外一种形式和我们不期而遇。

　　因为时光不会倒流，历史永远是一条单行线。

　　天津的历史，可追溯到千百年前黄河入海的冲积以及一次次的退海成陆，直到金代直沽寨、元改海津镇的设立，早期的城市方见端倪。明朝永乐二年（1404）天津设卫筑城，今年的 12 月 23 日，恰恰是天津老城建立 610 周年。

　　近代以来，特别是近年以来，天津老城与我们渐行渐远，然而在历史的长河中，老城的生命曾经积淀了诸多无法抹去的记忆，留下的多半是迷惘的回味与美好的缺憾。如何为这种记忆增添一笔绚丽的色彩，如何为老城里居住过的人们保存一份值得珍藏的心情，保存一份删除不掉的往日情怀，就显得十分必要了。

　　《记忆·天津老城里》的出版恰逢其时。把老城生命信用卡 600 余年一次次的刷卡留痕记录下来，在传统文明与现代精神的互动中，表达出我们的现代价值理念，正是这部大型画册的意义所在。

怀旧不仅是一种情绪，而且是一种愿望。用那些带着时间印记的影像，重构当年的氛围，唤醒人们沉淀的记忆或对逝去岁月的思念，又是这部画册的最大特色。

人杰地灵的天津老城曾经走出大量的民族精英，老城里的胡同情趣和大院之家也无法让人淡忘。特别是平民百姓在胡同和大院的生活场景，挂在他们脸上的由衷笑容，以及身居斗室却热爱生活的平和心态，无不表现出老城人丰厚、滋润的精神面貌。正是因为有了这样的居民，我们才能创造出老城建拆迁史上空前绝后的奇迹。有心的人才会有情。看过画册，我们可以深深体验到，最能感动世界的，无疑是老城人的生命激情和生命美好。

因为挚爱，所以收藏；因为情深，所以感念。天津老城有纵横交错的民居胡同，老城的四合院建筑风格也与北京不同，《记忆·天津老城里》用地名文化的视角，把尘封在档案里的图片、资料加以整理和补充，指出每条胡同的名称来历、沿革与状况，为胡同居民心底里的往日情怀寻找到了最有价值的位置，也使他们深刻感受到了社会变化中的生活情趣。

丧失历史的记忆力，将无从探索社会的良性发展道路。虽然十年间我们规划建造了一个新的老城，但老城里十几处文物保护单位却依然屹立。以坐落于东马路的天津基督教青年会为例，1914年10月16日建成使用，至今适逢百年。在楼体占压规划红线的情况下，市、区领导设法保留了建筑的整体。彩虹是受了挫折的阳光。这说明，世上很多事情我们无法重新开始，却可设法构建一个新的格局。

最后，应当衷心感谢原任南开区建委领导的高立成先生，在职期间他分管规划、地名等项工作。十年前，也就是天津设卫筑城600周年时，他曾主编过大型图册《走过南开》。由于立成先生对于老城的昨天有着生生不息的牵挂，所以退休后又以老骥伏枥的精神，编著了这部图册。他用自身的感触和领悟，填补了天津老城缺失的记忆，丰富了天津老城的历史与生命，为我们留下了真实、丰富的视觉盛宴。能力，其实就是持续不断的努力，从立成先生的身体力行中，我们清楚地看到了这一点。

天津老城，曾是时间物化的代表，而《记忆·天津老城里》的出版，又使从前那座美好的老城再次成为充满象征意义的文化地标。

是为序。

2014 年 8 月 31 日

[原载高立成：《记忆·天津老城里》，天津社会科学院出版社，2014 年]

让非遗在实现中国梦的进程中重放异彩
——《魅力非遗——天津传统体育代表性项目影像录·序》

再过几天，中国第 12 个非物质文化遗产日就要到来；再过几个月，第 13 届全国运动会即将在天津开幕。受全运组委会和市体育局的委托，由天津体育学院编纂的《魅力非遗——天津传统体育代表性项目影像录》，作为此次全运会的体育文化精品工程，届时就要和大家见面。

天津作为中国的历史文化名城，不但有着深厚的历史积淀，而且积累了丰富的体育文化资源；在众多的传统体育项目中，认定为非物质文化遗产的有 35 项，其中 3 项属于国家级。如何让大家能在新的愿景中回顾和瞻望这些精湛的非物质文化遗产？这就需要一部有权威性和有价值的影像记录，用以展示这些非遗项目及其传承的人本价值，和大家一起回到历史中去认识历史，分享共同的民族文化记忆，用以激发内心的创造力和创新灵感，然后再回到现实中，思考当下与未来我们的非遗传承应该怎样做。

体育，是一种基于生理机能的社会活动。最初是将生产劳动的某些动作逐步演化为系统化的躯体练习，后来又制订出各种尽力接近生理局限的衡量指标，目的是展示人类对价值的追求。

和历史悠久的城市相比，天津属于晚近发展起来的城市，至今

325

也不过六七百年的时间。可是从金代的直沽寨算起，历经元代的海津镇和明代的天津卫，竟四百多年属于军事建置。由于长期以来天津是武卫之区，性格剽悍的习武者代有传人。所谓"津人刚猛，孔武有力"，说的就是长时期军事建置对人的影响。因为有了这样深厚的根底，滋养出神韵十足、极富地方魅力的各种武术、健身和表演项目，自然也就不足为奇了。

在地理位置上，天津是距首都最近的水旱码头，"地当九河津要，路通七省舟车"，五方杂处，流寓者多，本质上是一座依河傍海的开放包容型城市；南来北往的文化最容易在此停留，城居者之间也有着很强的体谅精神。因此，人际往来的互通功能，文化交换的桥梁功能，天津都较其他城市为强。我们看看这35项体育类非遗项目中，大部分源自外地，却能在天津共存共处、生生不息，而且勇于创新和少有门派。我想，正是这座城市门庭广大与气度不凡的真实反映。

开埠以后，天津很快成为引领近代先进文明的窗口，许多近代体育运动项目都是由天津走向全国的。与此同时，教育界的有识之士认识到传统体育运动可以励志，对青年的健康成长尤具重要意义，武术率先在天津进入学校。1915年，与霍元甲齐名的武术大师韩慕侠应聘出任南开学校武术教员，同时担任学生社团"广武学会"的教练。后因武馆事务繁多，韩慕侠辞去南开学校职务，但不少学生仍追随他去武馆习武；南开学校武术教员一职，改聘曾任总统府护卫官的著名武师蒋万和。由于最早有了学校与社会的互动，天津传统体育的社会基础也会较他处深厚。

代表了千百年来奋斗精神和创新智慧的天津的体育类非遗项目，记录着地方体育文明的演进，既是时光的隐喻和象征，也是品味历史遗韵、追忆发展历程、领略非物质文明的载体。《魅力非遗——天津传统体育代表性项目影像录》的出版，用高度艺术化的影像记录，让读者真切感受到体育类非遗的传承空间与潜力，凸显了本书的重要专业价值。

传承是非遗保护的关键。这本书全面记录、整理和保存了天津体育类非遗代表性项目和代表性传承人的知识维度与精湛技艺，为后人留下珍贵的文化基因。分享共同的民族文化记忆，用内心的创造力和创新灵感，不断丰富非遗的历史与生命，让非遗在实现中国梦的进程中重放异彩，为中华传统文化的复兴做出探索性的努力，是本书出版的文化意义。

非遗的魅力，在于鲜明的民族文化印记与跨民族的广泛受众。促进非遗回归社会、融入生产和当代生活，让人们学会用身体去感受生命的力量，跨越过去到今天的距离，让历史在现实与未来的交接中加快积淀，非遗保护成果就会惠及人民大众，推动深层次的全民健身并与体育产业融合发展，是为本书出版的现实意义。

本书作为非物质文化遗产在专业领域的艳丽投影，向世界展示出天津体育文明的博大精深和源远流长，有助于推动中华文明更好地走出国门。这对提升天津的国际形象和文化竞争力，自然也会产生不可忽视的作用。

脚步虽然停留，心灵依然行走。《魅力非遗——天津传统体育代表性项目影像录》出版了，一次需要珍惜和感激的旅程结束了，但编纂过程中坚持不渝的团队精神，却永远值得发扬光大。

2017 年 5 月 31 日

［原载天津市体育局：《魅力非遗——天津传统体育代表性项目影像录》，中国摄影出版社，2018 年］

递送时代文明的真实记录

——《天津邮政投递发展史·序》

在天津市邮政局知名专家的辛勤努力下，继《天津集邮发展史》之后，又推出了极具学术价值和借鉴价值的《天津邮政投递发展史》，真是可喜可贺。如果说，工业革命是人类文明史上一个崭新时代的起点，那么，邮政和邮政投递的出现，便是把这种时代文明递送到社会各个角落不可或缺的网络环节。

行驶在今天的信息高速公路上，很难想象19世纪中叶以前公私音信传递的困难。当年，连政府文书的发送也是靠马传或步递，民间信件的传递，只能由民信局的脚夫向商号或住户挨家询收或分送了。尤其是动乱年代，能够接到远方亲人的亲笔书信，比获得一笔意外财富还要金贵和欣慰，正所谓"烽火连三月，家书抵万金"。

第二次鸦片战争后，根据中英《天津条约》，各国公使及属员可在中国自设邮政专差，往来北京、天津；冬季天津海口封冻，改由马差往来至镇江寄发。不久，英法等国感到自设邮差的不便，于是改由总理衙门代收代寄各国信件。在文明脚步的驱使下，同治五年（1866），总理衙门委托总税务司赫德在税务司衙门里设立邮政部，代管北京、天津和上海间的邮件递送，北京、天津、上海、镇江各海关亦相应设立邮务办事处，制定了封发邮件时刻表和邮资标准；在天津、北京间还开办了骑差邮路，逐日开班，行程17小时。天津租界里的外国人，可以利用这条邮路先把信件寄往上海，再转寄回国。

光绪四年（1878），总理衙门指派津海关税务司德璀琳，"仿西国通行例式"，在天津、北京、烟台、牛庄和上海五处试办海关书信馆。当年3月23日天津海关书信馆对公众开放，收寄华洋信件，这一天也就成了中国邮政创办日；7月，天津海关又发行了中国第一套蟠龙图案并印有"大清邮政局"字样，面值为一分、三分和五分银的"大龙邮票"。中国近代邮政事业从此在天津诞生，现代邮政文明开始由天津走向全国。

光绪五年（1879），总税务司赫德命津海关税务司统一管理各地邮政，建立海关拨驷达（英语post即邮政的音译）局，把各地的海关书信馆一律改为拨驷达书信馆。同时建立起以天津为中心的轮船邮路，以及天津、北京、大沽间，天津、烟台间，天津、镇江间的陆路邮班，天津遂成为中国近代邮政的总汇之地，直到光绪二十二年（1896）清王朝正式开办国家邮政。

世事繁杂，岁月沧桑。至今依然屹立的"大清邮政津局"见证了中国邮政产生和发展的历程，现已成为中国最早的邮政建筑了。装满了历史的天津邮政博物馆，适逢其会，展览楼中，可谓得其所哉。

邮政是国家主权，担有普遍服务的义务。而天津的邮政投递，在中国投递发展史上又曾起过举足轻重的作用。特别是伴随着新中国的成立，天津的邮政事业浴火重生，先进的"统一投递路线"经验，"五统一五坚持"的标准化作业，乃至楼群信报箱的安装等，都走在了全国的前列。

社会的发展和进步，有时会显示出某种无法驾驭的能量，特别是邮政职能，近年来已悄然发生巨大变化，与时俱进成为不可避免。然而历史的经验告诉我们，无论经济多么发达，无论现代通信技术多么进步，邮政仍是国家主权和社会命脉不可或缺的重要组成部分，所以对未来的真正慷慨，仍在于把一切献给现在，因为正是今天的心态，才决定了我们的未来走向。立足现岗，我们既不应自负，更不能自卑，而是要脚踏实地，虚心学习，不断创新，勇于开拓，这是历史也是现实赋予国家邮政的新使命。

古人说："以铜为镜，可以正衣冠；以古为镜，可以知兴替；以人为镜，可以明得失。"我想，这也正是《天津邮政投递发展史》在今天出版的现实意义和学术价值吧。

最后，衷心祝愿多年来始终坚持不渝的天津邮政文史研究，能够和过去一样，继续独辟蹊径，为人民邮政再立新功！

2016 年 11 月 26 日

［原载张瑞：《天津邮政投递发展史》，天津社会科学院出版社，2017 年］

思维创造力与自我探求的结晶

——《天津近代护理发展史研究·序》

调护摄生，是千百年来中国传统医学的护理观，意即在治疗、服药的同时，协助病人调理保养，以保障疾病痊愈，恢复健康。这与近代传入我国的西方医学护理观，是完全一致的。

一般来说，19 世纪以前，无论中外，病人的护理均以家庭为主。19 世纪，西方国家出现了摆脱宗教控制的世俗化医院，开始在医院中为病人提供照顾，从而促进了护理医学的形成。

把护理医学作为一门独立的学科，并开始培养专业护理人才的学校出现在 1860 年，创始人就是尽人皆知的南丁格尔。她以不屈不挠的坚强个性和高雅风骨，丰富了护理医学的历史与生命。然而，使护理医学真正摆脱经验护理，形成一套与时俱进的完整理论和模式，还是百年之后，即 20 世纪 60 年代的事情。由此可见，护理医学的发展，始终是与人类文化、科学的发展及社会进步息息相关的。

近代中国培养专业护理人才的学校，起初大都由外国人创办，直到 20 世纪初，才有了第一所由中国政府自办的培养医护人员的专门学校，这便是金雅梅兼任校长的北洋女医学堂。

金雅梅是中国第一位毕业于美国医学院校的女留学生，当年颇负盛名，1907 年受聘来天津，主持北洋女医院以及附属的女医学堂。

北洋女医学堂原定招募学员 40 名，分产科、看护两科，修业期限为两年；课程有：通用药理、卫生、种痘等，这是中国最早的护校专业分科与课程设置。当年由于风气不开，参加报名考试的生源很少，直到 1907 年底，仅录取了 17 人；到了 1908 年，又陆续有 13 人前来报名。这一年的 9 月 5 日，学堂正式开学。1910 年底，头班简易科 11 人毕业，金韵梅亲自设计了"毕业凭照"并盖印过朱；1911 年底，二班简易科又有 5 人毕业。这 16 人，可算是中国第一批自行培养的专业护理人才。

天津对中国护理医学的贡献并不止此。中华护士会诞生后，1914 年在上海召开第一次全国会议，时任北洋女医院医学堂校长钟茂芳，把英文"Nurse"一词信、达、雅地译为"护士"，提交大会讨论，结果一致通过并沿用至今。

当我们回首往事的时候，在冥冥思绪中沉淀的不只是记忆，不只是淡然，而是思维的创造力和自我探求。因此，长期从事护理医学研究的姜月平教授毅然承担起《天津近代护理发展史研究》的重担。

这项研究，旨在探索近代天津护理医学的发展进程及其地位。探索护理工作作为一种平凡而高尚的职业，如何以严谨认真的高尚人格和对生命的爱心，留下动人的温暖，为解除病人疾苦做出无私奉献。所以，推本溯源，信而有征，学以致用，数往知来，是这项研究成果的显著特征。

笃行方能致远。由于时光永远不会逆行，把握好每一个属于自己的机遇，勇于承担，积极行动，让执着的心充满希望，是做好任何一项工作的前提，护理工作也不例外。

在我看来，倾心相遇，安暖相陪，用独一无二的人性温柔，永远保持一个浅浅的微笑，也许就是护理工作的全部吧。

2015 年 9 月 19 日草成

［原载姜月平、张克森：《天津近代护理发展史研究》，天津科技翻译出版有限公司，2016 年］

笃行致远　有志竟成

——《津城之根——大直沽·序》

　　世居大直沽的梁广中老师，是我近年来结识的一位文友。

　　说起我和大直沽的关系，多少也算有点儿缘分。差不多在三十年前，我们承担了一项国家"七五"的社科规划项目，到大直沽进行田野调查是其中的一个部分。一到大直沽，就受到当地父老乡亲极为热情的接待，从他们的口述中，得到了许多前所未闻的历史和知识。记得那时的大直沽，基本上还保持着旧有的风貌，房屋的布局、街道的走向，无不弥漫着古老的历史斑驳；风韵弥醇的大小里巷，处处渗透出优雅的闲散和老去的从容。此情此景，真是终生难忘。

　　打这以后，几乎每年都要数度到大直沽来。可惜的是，历史长河中形成的独特魅力，已经在大直沽如梦似幻般地消失了。

　　常来常往，让我见证了大直沽的沧桑变迁，也结识了大直沽的各界朋友和文友，梁广中老师便是其中的一位；尽管认识的时间不算很长，接触的也不是很多。

　　梁老师出身大直沽一个小商人的家庭，自幼兄弟姐妹众多，生活清贫；又赶上了麋沸蚁动的"文化大革命"，读初中时，便不得不离乡背井，远赴内蒙古。返城后，全凭自己的努力，当上了一名中学数学教师，教学成绩优异，于是又被调到区教育局的教研室，一

333

直工作到退休。

梁老师热爱自己的工作，更热爱自己的家乡。退休以后，他谢绝了教学、代课、辅导等邀请，而是全心全意地投入了大直沽民俗、历史、文化的调查研究。俗话说，"隔行如隔山"。从数学的教、研岗位，转到地方文史的研究，对梁老师来说是一个全新的角色转换，而且长期的伏案工作，导致了他的视力极度衰减。可这些都没难倒他。他用了近一年的时间，专门学习了有关天津历史、文化的载籍；同时深入群众，进行艰辛的走访和调研。虽然困难重重，但上山下乡的锻炼使他能从容面对环境的困苦和岁月的蹉跎，始终保持着驽马十驾、人一己百乃至绳锯木断的精神。

"皇天不负苦心人。"脚踏实地，不矜不伐，终于使他取得了斐然的成绩，成果连连涌现。不数年间，他甚至可以利用自己的研究成果，为天津城市的规划建设献计献策了。

所以，每当看到梁老师在报刊上刊登的文字，我都会有一种强烈的感动。这种感动让我深深意识到，每个人都会有一种能力，这种能力就是持续不断的努力。何况，勤奋的努力，坦然的面对，应是一个人必备的素质。再有，便是他的刻苦。对一个人来说，刻苦乃是一种财富，这种财富往往不能以名利、金钱作为标准来衡量。如果我们把刻苦精神作为一种生活的品质，努力就会产生价值。这是梁老师带给我们的一条人生哲理。

其实，在人生的跑道上，无论是谁，都会遇到无数的起点和终点，那就要看自己如何去选择、如何去面对了。不过，无论成功或失败，我想都不要轻言放弃，坚持虽然未必能够成功，但至少多了成功的机会。这是梁老师带给我们的又一条人生哲理。

一个人一辈子具备了这两条，我看，基本上够用了。

最近，梁老师要把自己的文章结集出版，非要我在前面写点儿什么。考虑了半天，愚以为，主要还是向他学习，学习他不畏艰苦、锲而不舍的奋斗精神与工作状态吧。在很多情况下，时间就像一张网，你撒在哪里，你的收获就在哪里。最后，我有八个字——"笃行致远，有志竟成"——送给梁老师是最为合适的；用这八个字祝贺梁老师文集的问世，鼓励大家也向他学习，也是最为公允的。

盛夏三伏，溽暑难耐，可想起了梁老师的下帷攻读与孜孜不倦，心里一下子竟凉快了许多。

乙未大暑次日草讫

丙申大暑前再改

［原载梁广中：《津城之根——大直沽》，天津教育出版社，2018 年］

存储的记忆

——《天津市红桥区碑石铭刻辑录及释文·序》

历史，一般是指人类社会已经过去的事情。既然已经过去，便很难使之重现；欲其重现，就需依靠人类社会发展过程中留下来的种种屐痕去进行史的研究。目前，我们可以把这些屐痕归结为两大类，一类属于历史文献，另一类便是史迹遗存，而碑石铭刻即属于史迹遗存中重要的一种。

用刻石的方法保存历史，源于人类远古社会；后世的雕版印刷，就是由刻石发展而来的。我国最早收集历代石刻跋文并辑录成书的，是北宋时欧阳修编纂的《集古录》。到了清代和近世，用碑石铭刻研究历史，竟成为一个时代的学风。比如，明代天启三年（1623年）出土的《大唐景教流行中国碑》，一直是中西学者研究天主教传入中国最具文物价值的史迹遗存，至今珍藏在西安的碑林。19世纪中叶发现、立于黑龙江下游奴儿干地区的特林山上的《奴儿干都司永宁寺碑》（简称"永宁寺碑"）和《重修永宁寺碑记》，虽已不知去向，但至今仍是研究明王朝管理黑龙江流域与黑龙江下游奴儿干地区最具权威性的史迹见证。晚清出现的边疆史地研究热潮，更把碑石铭刻的应用推向了一个新的阶段。

本书也是如此。比如，关于"天津"的得名，研究者曾有不同的看法，但书中收录的《重修天津三官庙记》碑中明白记载："我朝成祖文皇帝入靖内难，圣驾尝由此渡沧州，因赐名'天津'。"明朝人记明朝事，应该是可信的，从而为"天津"得名的研究，提供了强有力的佐证。又如书中收录的《王公叔开孝行传碑记》，生动而真实地记录了太平天国北伐军在天津地区以及捻军在河南的活动情况，碑文虽然见于《天津县新志》，但长时间未能引起研究者的注意。而这些，正是本书的价值所在。

还应当提到的，是本书的"释文"部分。

历史文献和史迹遗存要想充分发挥作用，必须进入研究过程。这本书里的"释文"，实际上是对所辑录的碑石铭刻做了一次深入、系统的研究，为我们拂去了罩在这些被流逝时光湮没却极具历史价值的瑰宝上的尘封。"释文"虽然旁征博引，仍把文字写得朴实浅显、平易近人，轻松地向读者诠释出这些碑石铭刻的文明价值与时代品格，把过去和现在饶有兴趣地链接起来。这一点，可说是本书最可宝贵的地方。

红桥区曾是天津城市历史的源头。读了这本书，能让我们从许多静止的瞬间里感受到城市成长的时间节奏和城市生命的脉动长度，从大量存储的记忆中找到属于我们自己的睿智和力量。

历史的完整或在于天长地久、今胜于昔。我们只要善于从自身的历史中寻找出社会与文化的创造力，就能够造就一个最有生机的社会，造就一批最有生机的人。

草于 2010 年 10 月 6 日晚

［原载天津市红桥区文化和旅游局：《天津市红桥区碑石铭刻辑录及释文》，天津社会科学院出版社，2011 年］

感受城市性格的重量

——用影像编织的《天津五大道》

　　《天津五大道》是一部由高大鹏先生主编和摄影、风格典雅清新、画面色彩斑斓的绚丽图册。其中，没有过多讲述如烟的往事，也没有大量记录难寻的旧梦，却让我们从一幅幅精美绝伦的影像中，直观地感受到五大道在中国城市以及世界城市里那独有的分量。

　　五大道已有近百年的历史，然而悠悠岁月未改其性，冉冉红尘未染其心，走在五大道齐整、洁净、树荫遍布的街衢上，竟感受不到哪怕是些许的喧嚣之声。

　　五大道是宽容的。近年来，经过原汁原味的大规模整修，五大道在洗尽了过往的铅华之后，依然和从前一样，带着骄傲，带着尊贵，带着跨越时间的厚重，带着水深流缓的宁静，让人们提神沁心地欣赏她的千姿百态，体味这座城市的历史温度。当然，也就因此懂得了这座城市的富庶生命，以及城市内心的深沉和历练。

　　也许，这就是五大道与生俱来的情调与素养，以及五大道深处的诱人魅力吧。

　　正是这种难得的情调与素养，赋予图册中的每一个镜头，都能够显示出五大道那世间少有的美丽、高贵和典雅、婉约——幽径两侧，繁花绽放，树荫深处，鸟声啁啾；赋予图册中的每一幢建筑，都能够由表及里地展现出五大道的优雅和端庄——既坚实质朴，又淡雅清新，即便在冰天雪地，仍会以一种天长地久之势，宁静地伫立在自己的应有的位置上。

正因为如此，在捧读《天津五大道》之余，可以让心情游走，可以任思绪飞扬，不止心旷神怡，且可感怀其中。仿佛每个人都能从图册中增添感知唯美和愉悦的能力。

我常想，一座城市和一个人一样，不能生活在过去，也不能生活在未来。现实，是城市生命实实在在拥有的唯一仪态。如今，五大道多姿多彩的人文魅力，似乎早已分解到了这座城市的每个角落，奋发的张力，充满生机的沉静，已经构成美丽天津不可分割的组成部分，也彰显出当代天津与世界协同共容的卓越生命力。

《天津五大道》，犹如一幅展示天津城市历史文化的优雅画卷，一座展示天津城市精湛建筑艺术的博物馆，和一席具有思想深度、生命厚度和现实力度的美不胜收的视觉飨宴。

人生的许多寻找，不在万水千山，而在咫尺之间。在一定意义上说，天津五大道和《天津五大道》，就是这种寻找的一个选择。

2017 元旦后二日

［原载高大鹏：《天津五大道》，天津人民出版社，2017 年］

序文甄选

历史曾在这里走过

——天津市文昌宫民族小学校刊
《文昌宫·复刊号》"卷首语"

2017 年教师节后不久，我从陶校长那里看到了几册足以感动岁月的校刊《文昌》和《文昌宫》。八十多年过去了，从封面到内容，依然单纯、清澈，里面有校园文明的步履，有同学生活的画卷，有师长精神的写意。从中可以看出，岁月为我们翻过的每一页，无不充满了时间沉淀的味道。

当初，给校刊定名《文昌》和《文昌宫》，寓意是深远的。因为这样的刊名，代表了学校传道松窗、授业霜殿的久远历史，代表了近代知识与文明传承的返朴归真，也代表了七十二沽水源远流长的文明之光。

为了帮助同学们铺就安稳、快乐的成长之路，陶校长说，准备重返时间的河流，再次点燃这份校刊的生命，以适应"立德树人"和构建"中国特色、世界水平的现代教育"之需。话虽不多，却让我产生了深深感动，因为，这是一种文字难以表达的、用担当来诠释对事业的忠诚！

教育是民族复兴之本，教育会成就未来。

当一个人脱离童稚，进入小学之后，便开始书写生命乐章的第一个音符，从某种意义上说，这个音符很可能决定了一个人生命历程的主旋律。美国著名浪漫主义诗人沃尔特·惠特曼在他《草叶集》里的一首诗说：

> 有个孩子天天向前走，
>
> 他第一眼看到哪样东西，他就成了那样东西，
>
> 那天，或那天的某个时辰，或在许多年里，或年复一年，
>
> 那样东西成了他的一部分。

由此可见，民族复兴的基础在教育，教育的基础又在小学和中学。特别是小学，一定要让每个孩子都对自己有信心、对未来有希望，要"为每一个生命发展奠基"。我以为，致敬传承，执爱坚守，回归初心，应与"勤朴"的校训一样，代表着复刊后的校刊深度、广度和态度。虽说平凡是人的本真，但若能把平凡咀嚼得有滋有味，就已经很不平凡了。

教育决定着中国的今天，更决定着中国的未来。

改革开放将近四十年了，愈来愈多的有识之士认识到，一个国家的繁荣富强，不在于或不仅仅在于国库的殷实、防卫的坚固、公共设施的华丽，而是取决于公民所受的教育，取决于公民的文明素养、远见卓识和高尚品格。一个国家的基础教育如何，决定了一个国家的精神风貌、文明水准乃至软硬实力。也只有基础教育迈向正轨，才能使地灵人杰的不断涌出成为普遍现象，才能向着实现中华民族伟大复兴的中国梦一步步靠近。

2013年4月，习近平总书记在写给清华大学的一封贺信中指出，人类社会"需要通过教育来传授已知、更新旧知、开掘新知、探索未知，从而使人们能够更好认识世界和改造世界、更好创造人类的美好未来"。我想，"传授已知、更新旧知、开掘新知、探索未知"这十六个字，应成为校刊复刊后的原则与方针。保持求知若渴的定力，相信自己手边就蕴藏着改变的力量。

在很长一段时间里，成长在时代脉络上的"文明之光"，一直回

341

荡在历史与现实之间。如今，传承历史、放飞梦想的责任，又落在了既实且强的新一代"文昌人"的身上。百年传承，其命维新。期待新版校刊能够脉动出无限的发展活力，为学校插上翅膀，并成为历史的"超越者"。

2017 年 9 月 17 日

［原载天津市文昌宫民族小学（校刊）：《文昌宫·复刊号》，2017 年 10 月］

返璞归真的文化绿洲

　　在现代化的大都会里，天津民间艺术和民间工艺的丰富多彩，是任何一个城市难以比拟的。这使我想起了百余年前《津门百咏》中的"泥人"一首："泥人昔说鄜州好，可似天津样样工。"作者崔旭自注说："宋时，鄜州泥孩儿名天下，见《老学庵笔记》；今，天津泥人附近所无。"

　　天津是中国晚近发展起来的城市，宋代时，天津地区尚为军事据点"寨""铺"密布的防务前线，然而到了清代中叶以后，天津泥人的工巧程度，却超过了有着一千多年泥塑历史的鄜州，在全国独树一帜。

　　假若穿过历史的尘埃，我们会惊奇地发现，在品类繁多的天津民间艺术和民间工艺中，不只是泥人如此。

　　杨柳青木版年画兴起于明朝末年，但是很快自成一派，影响所及，几乎覆盖了大半个中国。天津地毯制作在开埠后传自北京，可到了 20 世纪初便脱颖而出，荣获美国圣路易斯万国博览会一等奖，竟能达到世界先进水平。中国的风筝制作有两千多年的传统，而近代天津风筝却能独辟蹊径，使之成为极便保存和携带的工艺品，蜚声国内外。

　　时至今日，天津的民间艺术和民间工艺仍然能够传达、传承和发展着来自历史与记忆的前沿和时尚——除了丰富多彩的民间文艺

343

表演外，为人们增添节日喜庆气氛的吊钱制作，丰富人们休闲乐趣的蟋蟀泥盆和葫芦器制作，乃至秋虫越冬的养殖和供应等，天津都不曾是源头和中心，但在今天，这些来自与现代文明相距几个世纪的民间艺术和民间工艺，却依然能够保留在这样一座国际化大都会中，继续滋养着人们的天才和灵感。

可不可以这样说，任何一种民间艺术和民间工艺，只要进入天津，便能使其风格、特色得到洗礼和升华，并以不屈不挠的韧性，丰富和发展这些民间艺术和民间工艺的本色与生命，甚至达到令人震撼的程度。

问题是，这种现象为什么能在天津出现？

今年 4 月，中国天津第二届曲艺文化旅游节论坛召开，我在一篇题为"自是花中第一流"的发言里，分析过个中原因——近代天津曾是说唱艺术的中心，在流派纷呈的曲种里只有"时调"是土生土长。可是由于地缘关系的影响，天津文化的包容力极强，各种曲艺流派都能在天津获得一席之地。各地说唱艺人麇集天津，又形成了激烈的艺术竞争，能够长期在天津落脚的，多半是其中的佼佼者。

天津五方杂处，什么样的文化都能在这里相遇，曲艺如此，各种民间艺术和民间工艺亦是如此。所以，在这样一块由多元文化镶嵌而成的土地上，历史长河赋予了天津人百折不挠的竞争力和坚强个性，造就了天津人特有的坚守民族文化的心灵毅力，终使天津成为民间艺术和民间工艺领域人才济济的瑰丽殿堂。

在坚守历史与记忆入口的时里，天津，真的是一个风韵淳厚的人才摇篮，是一束不会凋谢的多彩鲜花，是一方值得探索的神秘沃土，是一处返璞归真的文化绿洲。

［原载天津市民间文艺家协会：《民间文艺家》（上卷），2013 年］

十方宝刹大悲院

——《大悲禅院与天津佛教文化·代序》

2017 年 1 月是唐代高僧玄奘法师灵骨由天津大悲院移供印度那烂陀寺 60 周年，那烂陀寺曾是玄奘法师赴天竺取经说法的佛门圣地。这一盛举向世人见证了玄奘法师与大悲院的千古因缘，大悲院也因此而愈发扬名域中化外。

天津向有鱼盐之利，明清时期随着漕运的发展，各方面都有了长足的进步。然而这种进步又与地方上的新兴商人阶层，尤其是盐商的推动不无关系。清初的天津，出现了一批因产销制度改革而骤然致富的盐商。盐商有钱有闲，但社会地位不高；文士无权无势，生活却倜傥潇洒。暴富的盐商极度仰慕这种高雅的文化生活，于是纷纷附庸风雅，争揽南北名流，广交文人墨客，以至在天津形成了一个特殊的文化圈，大悲院也就因此成了圈里的一个节点。

大悲院创建人释世高，本是一名诗人兼高僧。顺治初来天津，广结善缘，得卫守备曹斌资助，在野趣十足的河北窑洼筑室三楹，水绕禅窗，寺无蹊径，名大悲院。大悲，佛门用语，佛欲使众生解脱，悲心广大，故称大悲。

世高极富文才，除日常登堂说法，常与盐商出身的骚人文士酬唱往还，并在大悲院内结草堂诗社，过着世外桃源般的生活。这些人都有诗文集传世，其中不少诗篇生动真实地记录了他们往来于大

345

悲院的萍踪和大悲院的昔日风貌。像象龙震的《登草堂一层楼戏成》："一溪秋水一鸥飞，一寺黄花一径微。一上一层楼上望，一僧独驾一舟归。"一层楼是当年大悲院后的一座建筑物，驾舟的僧人当指世高。另有首《坐草堂一层楼》："水寺分秋色，寻僧每独游。不登七级塔，但上一层楼。……"亦可见当年大悲院在诗人心目中的风光魅力。经过如此的渲染，大悲院声名远播，惹得当年大名鼎鼎的朱彝尊也情不自禁，挥毫为大悲院作记。

近代以来，天津四乡迅速城镇化，竟使大悲院野趣十足的幽僻景观不复存在。李鸿章的淮军"环寺列垒"，成驻兵之所；又以大悲不够吉利，改名大胜寺；20世纪初，这里建起了北洋铁工厂。大悲院虽屡遭世变厄运，终因名之所至，得以不废。

辛亥革命后，天津因工商业发达并有租界之设，遂成军阀政客云集之所。去往浑无迹，青山谢世缘。曾在政坛、军界风云一时的大佬，或慑于变幻无常的争权夺势，或厌倦尔虞我诈的混世生涯，在百无聊赖之中开始烧香念佛，建立起不少参禅之所，争做佛事成一时风尚，大有"苦海无边，回头是岸"的态势。大悲院作为佛门总汇的地位，也因此契机得到巩固。

20世纪40年代天津有复兴大悲院之举。此时恰值日本占领军在南京雨花台发现装有玄奘大师灵骨的石函，经中国佛门弟子的严正交涉，除部分灵骨被盗运至日本外，其余分别迎奉于南京、北京、天津、广州和西安各大寺院中。迎奉至津的灵骨于1945年春自北京请来，即供奉在大悲院。

1955年万隆会议期间，印度总理尼赫鲁通过缅甸总理吴努向周恩来总理致意，恳请将玄奘大师部分灵骨迎奉至印度。经中国佛教协会研究，决定将天津大悲院供奉之玄奘大师灵骨转送至印度那烂陀寺，大悲院另辟玄奘大师纪念堂，随后又建立起弘一法师纪念堂。1983年，大悲院被国务院列为全国重点开放寺院。

若论始建年代，大悲院比不上国内其他古刹；若论建筑辉煌，大悲院也不算得出类拔萃。不过，几百年来，大悲院的名气，大悲院的影响，却不是一般的禅林所能比拟的。之所以如此，应与大悲院在天津的独特地位，以及大悲院在中国佛教文化发展中的特殊作用密不可分。

［原载杨红杰、智如：《大悲禅院与天津佛教文化》，天津古籍出版社，2018 年］

序文甄选

347

一座历史名园的韶光华彩

——《荣园——人民公园·序》

有清一代，是天津历史上私家园林的极盛时期，始建于同治二年（1863）的荣园便为其中的一座。

《天津县新志》卷25："荣园为李氏别业，在城南十二里东楼。"李氏，指的是咸同年间著名盐商李春城一族，因"居乡力行善事……远近称'善人'"。所以，荣园也叫李善人花园。

李春城一生热心地方公益，虽经保举，官至刑部员外郎，但功名仅至孝廉方正，因此他极力培育四个儿子。皇天不负苦心人，长子李士铭、次子李士钤同科为光绪丙子科（1876）举人，李士钤又连捷为光绪丁丑科（1877）进士。李氏于古籍原有旧藏，复经李春城、李士钤父子广事搜求，网罗日富，遂于荣园建藏经楼，用来珍藏这些善本秘籍。对李氏藏书，近人高凌文给予高度评价："李氏荣园所藏博收精蓄，其所著录有宋元板百余种，明钞本二百余种，收藏之富，为北省之冠。"有这样文化底蕴的私家园林，在近代是非常罕见的。

李氏来自江苏昆山，所以修建荣园时多借景于江南园林，亭台掩映，曲水环流，幽花绕砌，塔影湖光；中有显密园通殿，为供佛之所。荣园建成后，初为李氏族人休憩、宴客和避暑的去处，后因交游日广，乃对社会名流开放。民国初年，前清学部尚书荣庆寓居天津，以荣园"水木台树，颇极清旷"，"人在中央，颇得画意"，不时来此闲游，或泛舟湖中，或摄影留念，均见于荣庆日记。

20世纪30年代后，李氏家道中落，藏书泰半售出；又因养护乏力，园景日趋荒凉，树缺花残，圃废壁空，这样一座名园竟至渐渐遗落世外。天津解放后，李氏合族十门以空园久闭，共同议决由李春城曾孙李家禧（瀛之）出面，用李歧美的名义把荣园献给国家。人民政府接收荣园后更名人民公园，并进行了全面的规划和改造，于1951年7月1日正式对公众开放，岁月为荣园历史掀开了新的一页。

人民公园首任负责人，是爱国将领张学良的胞弟张学铭。1954年张学铭委托著名民主人士章行严（士钊），致函毛泽东主席为公园题字。同年9月19日，毛主席亲自复函，题写了"人民公园"四字。这是迄今为止，毛主席为全国公园题写的唯一一处园名。

当岁月之河流过了半个世纪之后，人民公园迎来了又一次的青春焕发：2009年，改造人民公园列入市政府20项民心工程。有关部门在2000年整修的基础上，按照"传承园林艺术，打造历史名园"的宗旨，对全园进行了新中国成立以来规模最大的一次改造和提升。通过全面规划，精心施工，衡情度势，移步造景，再现了历史上荣园闹中取静、曲径通幽的北国江南风貌。工竣后我有幸先来，只见楼阁峥嵘，轻波碧水，平桥曲池，圆荷浮绿；幽径两侧繁花绽放，树荫深处鸟声啁啾，充分彰显出一座历史名园的韶光华彩。

百余年的环境与社会变迁，又促使人民公园在不断地开拓和创新中寻找到自己的未来。通过改扩建工程，在这里，不仅可以回味到曾经的记忆，而且增加了可以享受都市休闲生活乐趣、高品位的文化娱乐空间，形成古今兼容、动静结合、商娱并存的崭新格局，使人民公园成为天津一张瑰丽的城市名片。

2014年适值人民公园建园150周年暨毛主席为公园题词60周年，全园又进行了一次提升改造，使传统园林艺术构建的四时美景尽显其中。在建设美丽天津的激情中，在实现中国梦的奋进中，人民公园永远是一朵绽放着岁月情愫的奇葩。

写于国庆 64 周年之日

［原载政协河西区委员会、中共河西区委宣传部、河西区市容和园林管理委员会、天津人民公园：《历史文化名园　荣园——人民公园》，中国教育出版社，2015 年］

一年四季　如诗如画

——《人民公园史迹·序》

在天津中心市区，有一座被称为"镶嵌在繁华闹市中'绿宝石'"的美丽历史名园，她就是闻名遐迩的人民公园。

明清时期，天津有着众多的私家园林，但留存至今的，大概只剩下人民公园——过去叫"荣园"的这一座了。

其实，论规模，人民公园不算很大；论历史，人民公园也不算很长；若论知名度、论影响力，天津没有哪一座公园能和人民公园相比，因为她是全国公园中唯一一座由毛泽东主席亲笔题写园名的公园。

今年，是天津解放 70 周年，也是中华人民共和国成立 70 周年，这座公园回到人民手中也有 69 年的历史了。

时光莞尔，岁月悠长。从晚清荣园的修建到解放前夕，经年的岁月磨砺，曾使这座私家园林历尽繁华与落寞，聚散依依，逐渐沉寂在历史的风尘之中。直到新中国成立之后，荣园的旧主人把园子交给国家，园中的风光景色才得以重现芳华。

也正因为如此，公园的巨大变化，始终与国运和弦。

1951 年 7 月 1 日，经过政府的全面规划、改造和重整园容，命名为"人民公园"，正式对外开放。1954 年 9 月 19 日，毛泽东主席应公园负责人张学铭先生之请，亲笔为这座公园题写了园名。

从 20 世纪 50 年代初开始，公园陆续增加了游乐设施，以及野生动物、禽类和观赏鱼的饲养。1957 年建成全市第一个观赏温室，后来又陆续建成展览馆和国际博览馆，同时不断举办各种受欢迎和有影响力的公众活动。

半个多世纪前，我大学毕业，走向社会，宿舍就离公园不远。遇到轻闲之时，来到树柔情、水妩媚的人民公园，泡上一杯新绿，惬意的情韵油然而生。清明前后，坐在这里，淡春的细雨，朦胧的芬芳，既诗意，又风雅；盛夏时节，清早来到园中，观看晨曦里树枝上跳动的云雀，会让生命感到闲适和愉悦；初秋傍晚，远眺湖面，朗月当空的皎洁，庭树摇碎的细影，能带来灵感的乍现；进入隆冬，霜挂枝桠，雪压松柏，漫步园中茫茫小径，仿佛进入浑然天成的琉璃世界。这些跨越时空的优雅，可以改变生活，可以开启智慧，可以润泽人生。那时候，虽然没有富裕的生活，却有富庶的生命。也许，正是这些有温度、有情趣的往日回眸，才能迎来今天与公园的最美邂逅。

改革开放之后，特别是步入新世纪，人民公园又迎来了自己的高光时刻，释放出新的动能。这就是：在延续历史文脉、把江南意蕴与北方园林特色相融合的基础上，制定出"传承园林艺术，兼容古今流韵，重塑历史名园"的整修方针。经过两次大规模改造提升，突出了流水环绕、曲径通幽、亭榭错落、绿柳拂岸、回廊起伏、荟萃南北的别样丰韵。从此，人民公园开始进入美丽、典雅、高贵、提神沁心和能够代表城市性格与分量的巅峰岁月，成长为一座古今兼容、移步易景、动静结合、老幼咸宜、服务上乘，以休闲娱乐为主、文化娱乐并举，独具特色的综合性公园。甚至可以说，在天津，只要到了人民公园，就会遇见城市文化与城市文明之美。

是啊，无论什么时候，来到人民公园，这里跌宕的音符、精彩的华章，都能让我们享受到生活的恣意与悠扬，让我们感到生命活泼地跳动，感到生命更加富有，让我们活得无牵无挂、无拘无束。

近来年事渐高，花下清闲、杯中岁月的日子开始多了。每当闲卧览卷，举凡看到有关人民公园的记载，那些花开绵长的青葱往事，仿佛又回到了自己的身旁；昔日模糊的影像，昨天停顿的钟摆，一下子都活动起来。也正因为如此，拿起《人民公园史迹》这本书，就不愿释手。

时间是生活的慷慨，变化是命运的情趣。书中许多回忆性文章，力图从那些静止的瞬间，从公园的一草一木，打开历史，读取历史，用内心深处的意境和淡远的思念来怀念消逝的过去——这一切，承载了几代人的成长记忆。我们留不住时光，时光却留住了我们。也许只有隔开足够的时光，才能体会到成长的滋味，才能感受到成熟的愉悦，使园中许多流转的遥远，能够隐含在这一个个的故事当中。也正是这些黄昏带给我们的温暖回味，才能让大家一起飞翔在生命的清晨与暮霭。因为挚爱，所以收藏，因为幸福，所以感念。书中不仅讲述了许多令人难忘的故事，重新演绎了一段段过往，见证了每个人的生活步履，同时也诠释出城市未来的生命。

这本书还是一部熔铸为自成一体的"小百科"。书中包括综述、荣园拾遗、公园瑰宝、公园记忆、游人系园、档案资料、我与公园、附录、后记等九个部分。对于这座公园来说，岁月的步履，成长的画卷，精神的写意，全都多角度、多意象地汇集其中了。

美好的事物一旦成为记忆，虽然无法重现、无法复生，但其中携带着的情感会擦亮记忆，融化在永久的血脉中。懂得分享，才能享受快乐。正是在这个意义上，我们还可以把这部书看成是用乡情和亲情编织的纽带，是典雅文化与大众娱乐的读本，也是让人们记住乡愁的教科书。

闲暇是人生的菁华，幸福是永恒的追问。今天的人民公园，已经用历史磨砺的美，脉动出无限的发展活力。我相信，人民公园的这种美，一定会随着岁月的延申继续增值；整座公园也会站在新时代的起点，用美去点燃，去绽放一年四季如诗如画的城市生活。

写于戊戌"小年"前一日

［原载中国人民政治协商会议天津市河西区委员会、天津市河西区城市管理委员会：《人民公园史迹》，天津大学出版社，2019 年］

成功是一个过程　一种态度

——《津门武术·序》

摆在读者面前的这本《津门武术》，称得上是一部关于天津武术文化的"小百科"，内容包括古往今来天津武术文化的发展，天津武术流派的传承，天津武术人物的传记，乃至天津武侠小说的创作等，记录了许多曾经感动历史、让人至今难以忘怀的故事。古人说："勺水拳石，可补高深。"此之谓也。

本书的作者是我近年结识的挚友。他的学历很传奇：体院毕业的学士，教育学的硕士，历史学的博士，民俗学的博士后。他还有一个纯粹的职业人生：中国武术七段，国家级武术裁判，以及天津体育学院体育文化研究中心负责人。

他的经历，让他和武术文化结下了不解之缘，他系统地研究过中国武术史，出版了不少专著，最近又开始研究天津武术文化，而且出手不凡。他，就是刚刚迈过不惑之年的杨祥全老师。

祥全老师为什么由博返约，进入天津武术文化研究领域？依我看，主要是因为天津的武术文化，确有自己的历史特色与地域特色。

比方说，从宋代开始，天津地区就建成了宋辽军事对峙的塘泺防线；而且自城市诞生之日，就是一座军事要塞，金代的直沽寨，元代的海津镇，莫不如此。明朝永乐二年（1404）设卫筑城，官兵征调于各地，且均为世袭，衣食无忧，以致养成了一种"日以戈矛弓矢为事"的尚武精神。入清以后，天津改为地方行政建置，卫所制下的官兵失去了生活依靠，部分人改武习文，绝大部分只能依靠出卖力气维持生活，但"兵民杂居"下形成的尚武精神未曾稍减，所谓"津人刚猛，孔武多力，朋侪聚处，各袖利刃，一言不合，即拔刀相向"。不能不说，这些正是天津武术文化的社会基础。

再有，天津依河傍海，自清代中叶开始，依仗"地当九河津要，路通七省舟车"的地缘优势，成就了天津"繁华热闹胜两江"的水旱码头地位。地通南北，人杂五方，"比闾而居者率多流寓之人"。大批外地人聚居在一起，天然地形成了一种自卫精神以及互助、包容等品格。20世纪初，义和团在华北各地遭受重创，武林各家凡流徙至津者均能得到生存与发展，民间武术团体林立，这对近代天津武术文化地位的提高，起到了莫大的推动作用。

天津近代教育的迅速崛起，也是一个不容忽视的因素。20世纪初清廷改革学制，天津作为直隶省会，"大吏提倡于上，乡人士负众望者主持于下，官绅合力，远近同风，不十年间，各级学堂悉备"。教育家张伯苓特别提出"强国必先强神，强神必先强身"。所以，在发展新式体育的同时，武术作为防身健体的传统运动项目，也在有识之士的倡导下得到普遍的推广（南开社团中就有武术会），从而奠定了20世纪以来天津武术文化的教育基础。

不过，文化作为一种社会形态，其发展需要根基，需要积累，很难一蹴而就。与中国众多历史悠久的城市相比，天津毕竟属于晚近发展起来的城市。近代以来，天津文化虽有不少"发蒙解缚"之处，却往往因为未能持久而湮没于世。这就是说，由于地方文化积淀较浅，很大程度上影响了城市文化的辐射力，天津的武术文化自然也不例外。

对于这样一些记录着诸多历史瞬间的问题，祥全老师都在本书中做了细致的阐述与研究，而且力求穷源溯流、钩沉致远、剖毫析芒、不矜不伐。其中，一些问题属于前沿性的探讨，一些问题则是学术边缘的抢救。

一本书有时就是一个人一生光阴的缩影。祥全老师在大学毕业后的十余年间，一直处在不断开拓与创造的激情中，努力完善自己，为心灵释荷，为人生升华。经过十余年的坚持，终于使他有了健壮的体魄，有了历练的经验，有了广博的智识，有了思维的高度。正是这种近乎透明的努力，让他能够在学术的攀岩中，取得了一个又一个的成绩。世界上没有人能够阻止时光的流逝，但每个人都有能力主宰自己，因此，机遇总是垂青那些有准备的人。

　　应当说，成功既是一个过程，更是一种态度。在人生的旅途中，只要还有一点高度，还能做一次努力，就绝不轻言放弃，因为这是取得成功的必要前提，也是享受成功的必需付出。所以，人的成就感，总是留守在瞬间的美好时光中。我想，祥全老师对此一定是深有体会的。

壬辰岁末草

癸巳年初改

〔原载杨祥全：《津门武术》，山西科学技术出

版社，2013 年〕

脚踏实地　勇往直前

——《新派津菜·序》

津菜是近代中国著名的菜系之一。关于津菜菜系的形成时间，业内尚无一致看法；不过就目前已有的文献资料看，大概不会早于18世纪的乾隆年间。

当年，天津有位不甚得志的举人杨一昆（无怪）写过两篇关于天津地方民风民情的韵文，这就是《皇会论》和《天津论》。他在《皇会论》中说："到晚来下了个名庆馆"，说得并不详细；可是在《天津论》中却有了发挥："你请我在天兴馆，我还席在环佩堂……说着来到竹竿巷，上林斋内占定上房。高声叫跑堂，干鲜果品配八样，绍兴酒，开坛尝。有要炒鸡片，有要熘蟹黄，有要泡肚、烧肠；伙计敬菜十几样。"名庆馆、天兴馆、环佩堂、上林斋可能都是当时比较有名的饭馆，熘蟹黄等地方特色菜品也上了桌面。

在一般情况下，餐饮业繁荣与否是考察市场繁荣程度的晴雨表。乾嘉年间社会相对稳定，地方经济得到长足发展，餐饮业首当其冲。到了18世纪末，津菜菜系开始在天津独树一帜，天津诗人崔旭在一首咏《酒馆》的诗中说："翠釜鸣姜海味稠，咄嗟可办列珍羞。烹调最说天津好，邀客且登通庆楼。"这通庆楼，很可能就是当时的津菜名馆第一家。

津菜馆的店堂规模和名称，也开始受到近在咫尺的北京影响。

比崔旭稍晚的另一位诗人樊彬，在他写的一首《津门小令》中说："津门好，生业仿京城。剧演新班茶社敞，筵开雅座饭庄精，开市日分明。"自注："茶馆演戏，京城最盛。津中近亦多有包办酒席者，曰饭庄，亦学京式。"

19世纪中叶，天津开为通商口岸。随着工商业和港口贸易的发达，"富商大贾，麇集于斯……饭庄酒肆，歌馆茶寮，不胜屈指"。1869年，"才大心细"的著名学问家李慈铭自北京回绍兴省亲，到天津等候轮船，并偕友人宴饮于名庆馆、兴盛馆、万庆园、聚庆园等处，他在日记里说："津门酒家，布置华好，馔设丰美，较胜都中。"这16个字，是外地食客初到天津用餐后的第一评价。在后几天的日记里，李慈铭还有其他记载："饮名庆馆……津门酒家，以此馆为第一。然馔设布置，俱不及万庆园也。"可见万庆园的菜品乃至店堂的装修，一定十分考究。服务也有独到之处："津门酒保，例于正宴外，进果羹四碗，食物四盘，杏酪人一盅，谓之'敬菜'。"以"敬菜"方式向顾客表示谢意，应是天津的传统。

辛亥革命以后，天津成了北京的"政治后院"，皇亲国戚、遗老遗少、军阀政客、洋商买办纷纷迁居天津，津菜馆向高档、豪华发展，津菜菜系的发展也进入了鼎盛时期。当年，高档餐馆最为集中的地方是清代中叶以后异军突起的侯家后，"其中著名者，为侯家后红杏山庄、义和成两家，其次则为第一轩、三聚园。装饰之华丽，照应之周到，味兼南北，烹调精绝，大有'座中客常满，樽中酒不空'之概。下箸万钱。"这种状况，大约维持到20世纪二三十年代。

七七事变后天津沦陷，日本人残酷的军事统治和疯狂的经济掠夺，造成了天津经济的衰败，餐饮业首当其冲，著名的津菜老字号如"八大成"等纷纷倒闭。直到抗战胜利，也未得到根本恢复。

重振津菜菜系的机遇，来自解放以后，主要有两次：

第一次是20世纪50年代中。中国共产党第八次代表大会召开后，举国上下把发展生产力当作第一目标。国民经济开始繁荣，继承和发展民族优秀传统被提到日程上来。著名清真馆鸿宾楼迁到北京，老字号"狗不理"也是那时恢复营业的。

另一次就是改革开放以后，随着国民经济的快速发展，弘扬津菜菜系的任务被提到日程上来。多位市领导关注并参与了振兴津菜的活动，不但建设了津菜基地，而且出现了一批上档次的津菜馆，以及具有津菜特色的中小餐馆和排挡。多次召开津菜理论研讨会，出版了一批有关津菜的著述和论文，把津菜发展提升到理论层次。

然而机遇与挑战从来就是并存的。津菜菜系得到大发展的同时，也面临着巨大的挑战和激烈的竞争，这就是：全国各大菜系纷纷进入天津，特别是南方的菜系，以清、香、鲜、淡博得了食客的欢迎。餐饮开始向健康型、保健型发展，并且注入了文化内涵，"色、香、味"与"形、意、养"并重。各菜系间放弃门户之见，以适应市场为导向，以科学烹调为准则，以弘扬文化为方针，相互融合，彼此借鉴，取长补短，为我所用。在各菜系烹饪大师的培育下，涌现出一批有文化水平，有管理才能，技艺超群、眼界开阔、勇于创新的新型大厨。在发展规模和高端经营的同时，就餐环境出现了革命性的变革，诸如超豪华的装修，上档次的陈设，大规模的车坪、新型舒适的电梯、人性化的卫生间等。在这样的大环境下，独具特色的津菜菜系要想站稳脚跟、求得发展，并立于不败之地，任务自然十分艰巨。

最近，我见到一本《新派津菜》，作者是一位年轻有为的津菜大厨张泽鹏，他师承名家，脚踏实地，勇往直前，事业有成。他对自己从事的工作充满了兴趣和热情，立志于津菜菜系的整理、研究和改革，在保持历史上形成的津菜特色的同时，力争使津菜菜系精准化、高端化、品牌化。最终，他用自己的坚守，践行了自己的理想，完成了《新派津菜》的写作。

据我所知，《新派津菜》是作者利用业余时间，把刻苦精神作为一种生活品质来完成的。全书以创新发展的理念、简单平实的笔触和精美形象的插图为特点，关注津菜的内在价值，在诸多方面构筑出当今和以后的津菜菜系发展之路。

目前，餐饮业发展面临着激烈的竞争。其实细想起来，竞争的真谛也很简单，那就是要让自己和昨天相比有所不同。我想，这也是《新派津菜》为我们传达的一种信息吧。

2009 年 8 月 29 日

[原载张泽鹏：《新派津菜》，天津科技翻译出版公司，2010 年]

序文甄选

群星璀璨　精英齐瑰

——《近代天津名厨·前言》

　　由天津食文化研究会编辑的《近代天津名厨》就要出版了。中国历朝历代，技艺高超的大厨名厨何止万千？然而，用专著为一代大厨名厨专门立传，这在历史上恐怕还是第一次。

　　天津历来是大厨名厨的云集之地，影响既深且远。

　　我举一个例子：1999 年 12 月，在全国第四届烹饪大赛中，天津代表团参加了热菜、冷拼、面点和中餐技术技能服务四个项目的角逐，一举夺得金牌 48 块，6 名选手荣获"第四届全国烹饪技术大赛优秀厨师、服务员"称号，两名选手获"全国最佳厨师"称号。各地名厨观看了天津代表团的表演后赞叹不已，一致认为，天津厨师技艺精湛、底蕴深厚，绝非一日之功。

＊　　　　　　＊　　　　　　＊

　　在中国，天津虽属晚近成长起来的城市，但作为"地当九河津要，路通七省舟车"的水旱码头，餐饮业素称发达。尤其是清代中叶以后，天津发展成"蓟北繁华第一城"，餐饮业也一改此前"食宿不分"的状况，餐馆消费成为一时的风尚。

　　乾隆举人杨一昆写有《天津论》，内中说："你请我在天兴馆，我还席在环佩堂……来到竹竿巷，上林斋内占定上房。高声叫跑堂，干鲜果品配八样，绍兴酒，开坛尝。有要炒鸡片，有要熘蟹黄，有要泡肚、烧肠，伙计敬菜十几样。"天兴馆、环佩堂、上林斋，是天津最早见诸记载的几家饭馆，"敬菜"也最早见诸记载。在他写的《皇会论》中，又有"到晚来下了个名庆馆"，这家名庆馆，一直存在到同光年间。此后，经营大饭庄的风气由北京传到天津，见于樊文卿（彬）的《津门小令》："津门好，生业仿京城。剧演新班茶社敞，筵开雅座饭庄精，开市日分明。"自注："茶馆演戏，京城最盛。津中近亦多有包办酒席者，曰饭庄，亦学京式。"这大约是嘉庆年间的事。雅座，相当于今天的高档包间。

　　然而时隔不久，到了道光一朝，情况又发展了。天津不但出现了著名的特色餐馆，而且形成地方菜系，菜品之佳，也得到了食客的首肯。崔旭的《津门百咏》中有《酒馆》一首："翠釜鸣姜海味稠，咄嗟可办列珍馐。烹调最说天津好，邀客且登通庆楼。"这通庆楼，便是记载中最早出现的一家著名的天津风味餐馆。

　　迨至天津开埠，中外互市，华洋错处，轮艘贸迁，各省宦商及四方人士来游者接踵而至，进一步造成了天津餐饮业的空前发达。这时的天津，不但菜品精致考究，而且店堂装饰华丽，服务周到可人。

　　同治四年（1865），著名学者李慈铭于北京来天津等候轮船回浙省亲，偕友人宴饮于名庆馆、兴盛馆、万庆园、聚庆园等处，他的感受是："津门酒家，布置华好，馔设丰美，较胜都中。"这 16 个字，是外地食客初到天津用餐后的第一评价。在李慈铭的旅津日记里，还有另一则记载："饮名庆馆，……津门酒家，以此馆为第一。然馔设布置，俱不及万庆园也。"可见万庆园的菜品乃至店堂的装修，在当时都是异常考究的。天津的餐饮服务，当时也有独到之处，李慈铭在日记中说："津门酒保，例于正宴外，进果羹四碗，食物四盘，杏酪人一盅，谓之'敬菜'。"用"敬菜"招徕顾客，很可能源自天津，不然杨一崑、李慈铭等人不会特别加以记载。

　　据光绪二十四年（1898）出版的《津门纪略》，当时的天津已有饭庄、饭馆、京饭馆、山东馆、宁波馆、广东馆、洋菜（也叫番菜，

363

即西餐）馆①、羊肉馆、素馆等 35 家，著名食品 19 种。迨至清末，天津餐馆"约五百有奇。其中著名者，为侯家后红杏山庄、义和成两家，其次则为第一轩、三聚园。装饰之华丽，照应之周到，味兼南北，烹调精绝。大有'座中客常满，樽中酒不空'之概。下箸万钱。""侯家后本弹丸之地，而酒家茗肆，歌榭妓寮，大都聚于此处。就侯家后一隅而论，一日一夜，可费至千金"，因而被视为"销金锅子"。

＊　　　　　＊　　　　　＊

到了清末民初，天津菜和天津菜馆发展到兴盛期，专营天津菜系的，有八家"成"字号的大饭馆，这就是：明利成、聚德成、聚庆成、聚合成、义和成、聚兴成、聚乐成、聚和成，通称"八大成"。天津的羊肉馆，有专门"包办教席，全羊大菜"的清真"九大楼"②。这些饭馆，绝大部分集中在当时的繁华中心侯家后和北大关一带。

这一时期，山东菜系，即鲁菜，也开始进入天津。③

天津的山东馆，大都由登州、莱州、青州"东三府"和济南府、东昌府人开设经营；"东三府"中又以登州福山人最多，被称为"福山帮"。由于选料讲究，刀工精细，烹调技艺全面，食材搭配得当，烹制出的菜品清爽脆嫩、鲜咸适口、汤醇味正、厚而不腻，很快在

---

① 天津是中国北方最早传入西餐的城市，法式、德式、俄式、意式大菜均首屈一指，著名的西餐店有起士林、维克多利、福禄林、大华等，日式料理也很正宗。中餐与西餐、中餐与日料的交融互补，丰富了天津厨师的烹饪技艺和菜品。

② "九大楼"：相宾楼、宾华楼、大观楼、迎宾楼、富贵楼、老会芳楼、会宾楼、鸿宾楼和畅宾楼。天津的清真大厨，技艺精绝，一只羊可烹制出 72 道佳肴美味，除皮毛外均可作为食材，享有"食羊不见羊，食羊不觉羊"的美誉，也就是所有的菜品均不带羊字，而且绝无羊的腥膻味道。

③ 山东菜被视为中国菜系的鼻祖；勤行的烹饪祖师爷易牙，传为齐桓公的宠臣。到了明清时期，山东菜进入宫廷，山东掖县人景启为乾隆皇帝御厨，曾授三品顶戴。后来景启在北京致美楼饭庄主厨，名噪一时，从此山东菜流入民间。

天津享有盛誉。民国初年是山东菜在天津的大发展时期，山东馆出现了有名的"十大饭庄"①。比如，专营"东三府"菜的著名饭馆有同福楼、永兴楼、全聚德、登瀛楼、松竹楼、正阳春……专营济南府菜的有明湖春、丰泽园……专营东昌府菜的有四合楼、聚坊楼、东升楼，等等。

伴随着天津餐饮业的快速发展，饭馆的集中地也开始向南市及日租界、法租界一带扩展。后因九一八事变爆发，时局动荡不稳，各大饭馆迫不得已，纷纷倒闭。

据已故美食家张澜生老人回忆，到了20世纪30年代初，天津菜竟被山东菜所取代，专营天津菜的"八大成"全部歇业，只剩下茗园一家勉强维持。直到1932年，才有聚合成、聚庆成两号的旧人，分别开办了先得月和福来临两家天津馆；在会芳楼旧址开设的鼎和居，以虎皮肘子闻名，也可勉强列入；但维持到1937年七七事变，均告歇业。

到了1940年，又有爱好美食、喜欢结交的地方富家子弟卞祝吾（人称卞十八爷），联合了谦丰银号经理王西铭共同出资，由原聚合成"跑堂"出身、为人精明强干的薛云笙（人称薛四）领东，任经理，在法租界35号路即今山西路，重新组建了大规模的天津菜系饭馆——聚合成饭庄。

重张开业的聚合成，内部装修华丽典雅，美观大方；在经营方面，只卖整桌酒席，且以山珍海味的高档菜肴为主，尤擅燕窝鱼翅席。所聘大厨王恩荣，外号"王小头"，以烹制鱼翅著称于时。聚合成更以此来宣传，在门口挂出"鱼翅大王"的招牌，以广招徕。②

---

① "十大饭庄"：同福楼、全聚德、天源楼、登瀛楼、松竹楼、天兴楼、晋阳楼、万福楼、会英楼、蓬莱春。关于"八大成""九大楼""十大饭庄"的说法不一，此处采取了已故著名服务大师王钦宾及仇之秀先生的说法。

② 重张开业的聚合成，一直经营到1954年，是著名京剧表演艺术家张君秋来津必到之处。1985年元旦，南市食品街建成，聚合成一度在食品街复业，张君秋先生特来祝贺。

这时候，天津菜系的中型饭馆，生意也渐渐转旺，著名的有天一坊、十锦斋、中立园、宴春坊、慧罗春、文华斋等，此外便是独具经营特色的酒席处了。酒席处以"外会"为主，专供红白喜事，前店办公，接洽生意，后灶专为"落桌"做半加工。当年著名的酒席处有西头太平街的鸿盛园，经理康八；北马路万寿宫胡同的铭兴成，经理王小辫。从此，天津菜和天津餐饮业进入了另一个兴盛期。

与此同时，各地风味餐馆亦纷纷来天津开业，江苏馆有五芳斋、鲜味斋、新园、玉华台，浙江馆有新亚楼、一品香，福建馆有周家食堂，四川馆有百花村、菜羹香（蜀通），山西馆有西来香、天义楼，河南馆有厚德福，河北保定有山泉涌、保阳楼，东北馆有马家馆、马记仁义铺，北京羊肉馆有永元德、华兴楼。素馆分南北两派，南派多用冬菇面筋，素菜形象仿荤；北派多用豆制品口蘑，制作较粗，有六味斋、真素园等。

由此可见，近代天津大厨名厨云集且代有传人，不是偶然的，首先，还是因为天津餐饮业有着深厚的历史文化底蕴，以及来自四面八方的特色烹饪技艺。

*　　　　*　　　　*

天津大厨名厨辈出的第二个原因，是无论大型还是一般饭馆，都在吸收传统管理经验的基础上，构建出一整套完善可行的规章制度。在烹调操作方面，有明细的管理方法，有职责分工，有技术指标。以至一家著名饭馆的厨房，往往就是一处培育和锻炼高品质、高档次厨师的基地和熔炉。

比如大型饭庄的厨房，大都设置有四个不同分工、不同档次的小灶，这就是：头灶，专门烹制名贵菜和精细菜；二灶，专门烹制炒菜和熘菜；三灶，专门烹制鱼类菜和炸菜、烩菜；四灶，专门烹制一般的饭菜和汤类。一般的中型饭馆也要设两到三个小灶：头灶，烹制名菜、细菜和爆炒菜；二灶，烹制炸菜、烩菜和鱼类菜；三灶，烹制一般饭菜和汤类菜。这种明细分工，目的是培养厨师的精烹细饪，以保持和保证菜肴的高质量，而且有利于厨师技艺的全面培养以及技术等级的不断攀升，实际上，就是为厨师打造出了一个不断提高烹饪技艺和晋升技术等级的阶梯。

在管理系统方面，天津的大中型饭馆大都建有以"堂、案、灶、柜"为支柱的健全管理体制，这就是所谓的"四梁八柱"；基本要求是做到"响堂，静墩，哑巴灶，老虎柜"。

"堂"，指的是饭馆大堂的堂头和堂倌，即服务员（旧称跑堂的）。"响堂"就是服务员要用高亢宏亮的嗓门，对顾客做到"来有迎声，问有答声，走有送声"，烘托出饭馆经营的火爆炽热气氛。

"案"，指的是头墩师傅，即前墩或墩头。他们一要懂得各种食材的产地、品质和菜品的配料、投料，二要静听服务人员所要的菜品及碟面大小，然后带领后墩、帮墩师傅，给灶上师傅做好"过菜"的准备。

墩上的师傅要做到专心操作、一丝不乱、分毫不差，这就需要一个安静的工作环境，不能嘈杂有声，否则易出差错，这就是所谓的"静墩"。

"灶"，指的是厨房。"哑巴灶"，是指灶上师傅在烹制菜肴过程中要心无旁骛、一丝不苟，不得喧哗，不能耳语，除了拍勺碰炒勺或煸锅的清脆声音之外，不准再有别的声音，以保证灶上师傅能够按照工序要求专心操作，烹制出亮丽和高品质的菜肴。

"柜"，指的是饭馆的财务后勤部门，管理账面的银钱往来，严管收支手续和物料进出等，负责人叫柜头；与此同时，柜头还要指导堂头和堂倌的服务，严把各种关口，因有"老虎柜"之称。

此外，无论饭庄或饭馆，对厨房墩上、灶上师傅的操作规程，也都有严格的标准和要求，不符合质量规格的，下一道工序有权拒绝接受。比如，配料和刀工达不到标准和要求的，灶上可以拒绝操作；灶上的师傅在烹制过程中也要严格恪守操作规程，做到精烹细饪，烹制出的菜品不合格，服务人员有权拒绝上桌。用这种环环相扣、彼此监督的办法，培养厨师和服务人员一丝不苟与精益求精的作风。

　　　　　＊　　　　　＊　　　　　＊

　　天津大厨名厨辈出的第三个原因，是无论大小饭馆，争相聘请名厨掌灶掌案；所聘厨师的烹饪技艺，一定要宽广精湛，以保持菜品的高质量，同时亦能够代表该饭店的高水平，进而出现了大厨名厨云集天津的效应。

　　比如，十锦斋开业于清末，最初只售什锦蒸饼，1920 年由张起山任经理，改营饭馆。张起山聘用名厨张凤林为头灶师傅，名厨王凤鸣为头墩师傅，名厨秦文义为查头，研发和创制出极具天津特色的菜肴——四扒、八扒和粗、细八大碗及什锦火锅。①

　　登瀛楼聘用的头灶师傅为名厨王维功和王梅，头（前）墩师傅为名厨于业环、王旭。王维功原在北京名饭庄任灶，对清宫宴席和南北全席的烹制以及席面的安排都有丰富的经验，是当年公认的烹饪技术权威；王梅曾在北京福兴居任头灶，也是当年烹饪界出类拔萃的技术人才。

　　晋阳楼的头灶师傅朱丕宾，原为北京东兴楼的小灶师傅，技术高超，业内有名。此外，全聚德的王铭佑、天和玉的王懂、聚合成的王恩荣、丰泽园的李正新，会芳楼的穆祥珍、十锦斋的张凤林、天合居南菜馆的李寿、美丽川菜馆的王正庭等，都是当年公认的技术高超的名厨大师。

　　1944 年开业的川苏菜馆为四川菜系，聘请名厨李寿任头灶师傅，后来又由名厨宋国起、魏天成任头灶，在厨房还设有一名老师傅当查头，负责检查菜品的质量和上菜的次序。

――――――――――

　　① 四扒和八扒是指一桌席上有四道或八道碗盛或盘盛的的菜品，制作上分粗细两个等级，食材也有档次高低之分，但不一定均用扒法烹制。据王钦宾和仇之秀两位先生的说法是，四扒为：扒鸡或扒鸭子、扒肘子、红烧鲤鱼、独面筋，加口蘑汤或汆三片。粗八大碗是：烧肉、松肉、清汤鸡、汆白肉丝、汆白丸子、烩滑鱼、烩虾仁、独面筋，加口蘑汤或汆三片。细八大碗是：红烧海参、美工肉、烩虾仁、汆鱼肚等；高级八大碗是：鱼翅四丝、烩鱼钱羹、烩两鸡丝、汆鲍鱼鸭肝等。什锦火锅包括鸡鸭鱼肉，主辅料不少于 20 种，由墩、灶师傅合作配制。当年，这些菜品以十锦斋和天一坊烹制得最为有名。

1949 年开业的福建馆周家食堂，聘用曾在北京福建饭馆的主厨安筱岩，安大厨又请来了擅长"三江"（闽江、浙江、江苏）菜肴大厨甄永贵。这些大厨共同的技艺特点是以炒、熘、炸、煨、炖、蒸见长，选料严格，操作精细，滋味清鲜，色泽美观，尤重鲜、淡、香、烂。

＊　　　　＊　　　　＊

天津大厨名厨辈出的第四个原因，是彼此间能够虚心学习，广泛采集，择优选良，博采众长，经常找出不足，取长补短，以求改进。

旧社会，饭庄饭馆为了营业上的竞争，彼此实行技术封锁，要想取法他家之长而补自家的不足，不得不另谋它路。

一个办法是由经理带着厨师扮成食客，到特色饭庄饭馆品尝特色菜。比如说，专门到"八大成"品尝天津馆的扒鱼翅、高丽银鱼；到二荤馆和酒席处品尝炒虾仁、什锦火锅；到回民馆品尝扒鸭子、烩银丝；到南菜馆品尝川香酥鸡、烧冬笋；到北京的羊肉馆品尝爆、烤、涮……目的是从中找到自己饭庄的技术、食材或投料的差距，然后悟出其中特有的烹制方法。

还有便是针对性地把别家名菜、特色菜买回来，由经理和堂、灶、案等师傅共同品尝，如到丰泽园买回九转大肠、扒双菜，到十锦斋买回烩滑鱼、海杂拌，到南菜馆买回宫保鸡丁、南扣肉等。通过品尝、分析，对自家的烹制方法进行改进，以取得菜品的高质量。又如核桃酪原是道山东馆的名菜，各家都在经营，但质量均不如丰泽园的好。经买回后品尝、分析，发现山东馆经营的核桃酪系用团粉勾芡，而丰泽园用的是水磨江米糊勾芡，口感自然高人一等。

此外，一些身怀绝技的大厨名厨虽然在不同的饭庄饭馆工作，但彼此间又是朋友，于是不惜带上厚礼，去对方家中做客，借以观察名菜的质量，品尝名菜的味道，作为改进烹调技艺的标准和借鉴。某次，登瀛楼的大厨品尝到泰华楼的葱烧海参，葱色金黄，葱香浓郁，且火候不老，回来后与其他师傅共同研究改进办法，最后达到了同等的水平。

正是通过这些方法，山东馆致美斋的大厨学到了南菜馆的不少名菜，学到了天津馆的什锦火锅；天津馆的大厨学到了山东馆的九转大肠、奶汤鱼肚，以及回民馆的两吃肚、烧蹄筋，学到了南菜馆香酥类、干烧类等名菜。

其实，品尝他人菜品的过程，就是不断总结经验、提高自己的过程，因此天津的厨师大都善于取长补短，融会贯通，技艺全面，一专多能，同一名大厨可以烹制不同菜系的多种名菜。

天津一些著名饭馆的大厨，还不断虚心采集公馆菜中的名品，丰富自身的烹调技艺，并使之成为本菜系中的名菜。如山东馆的大厨从北洋寓公张志潭那里，学到醋椒鲤鱼烹制方法，经张志潭本人亲自品尝后，挂牌面市，极受欢迎。从民国初年代总统冯国璋那里，学到了糟蒸鸭肝和糟蒸鸭头；从天津著名书法家华世奎那里，学到了拌庭菜……最终，这些菜品都成了山东菜的代表菜。

*　　　　*　　　　*

天津大厨名厨辈出的第五个原因，是业内有辗转相授、悉心传承的优良传统，因此后继人才能够不断涌现。俗话说："名师出高徒"，"强将手下无弱兵"，天津的大厨名厨绝大部分都是由老一辈的大厨名厨亲传亲授，手把手带出来的。

明清两代，鲁菜曾在宫廷御膳中占有一席之地。辛亥革命后，光禄寺和紫禁城内的御茶膳房先后解散，不少宫中的鲁菜御厨为谋生计，先后来到天津。1918年开业的江南第一楼，就是一家聘用曾经做过清宫御厨的梁忠掌灶、专门烹制宫廷菜的饭庄。1919年，13岁的唐克明只身来到天津，拜在梁忠门下；1934年唐克明被溥仪聘为"御厨"。1983年，天津全聚德特派厨师王天佐前往沈阳，拜唐克明为师，专门学习宫廷菜。宫廷菜的特点之一是操作精细，比如菜品所用的鸡泥、鱼泥，不能用刀在菜墩上剁，而是在菜墩上铺好肉皮后砸制而成，为的是防止木渣混入菜汤。一些名菜的烹制，还需使用复合技法，如先烧后熘，或先炸、再熘、再煎等。

当年，著名天津菜馆慧罗春的主灶为"八大成"传人、名厨牛宝山，人称牛三爷，身怀绝技，名震一方，满汉全席，南北大菜，特别是天津菜，做出来精到无双。牛三爷喜收爱徒史俊生后，每天都向他传授基本知识和烹饪技法，从原料的鉴别到发制，从八大碗到鸭翅席、燕翅席，又从燕翅席到满汉全席。每当有重要客人或一些高档宴席，牛三爷都交给史俊生操作，自己站在一旁观察指导，就像戏曲表演中的老师给学生"把场"一样。从1928年到1938年，史俊生先后在五家饭庄学习和主灶，因有名师亲传，打下了扎实的基本功，开阔了眼界，积累了丰富的经验，练就了一身绝活，刀工之娴熟，勺工之精湛，在天津餐饮界中堪称巨擘，从而跻身津菜大师行列。

1963年，史俊生调入红旗饭庄（1958年同聚楼荣获"卫生红旗单位"称号，遂乘势改名），他用口传心授的办法，规范菜品质量，从投料、口味、色泽、特点等方面，为每道菜都制订了明细标准。然后从刀工丁、丝、片、粒、泥、茸及各种刀口方面规范操作。史俊生还利用一切时间传道解惑，他认为一定要用天津特产，以天津独有和天津擅长的技法，烹制出独具特色的菜肴，才会有真正的天津味。史俊生以他高超的厨艺和高尚的人品，培养出众多高徒，如姜万友、王鸿业、金宝林、田景祥、殷志刚、李赤涛、辛宝忠、吴玉书等人，他们在全国烹饪大赛及天津历届烹饪大赛中摘金夺银，成为新一代的中国烹饪大师，有的还评为天津市劳动模范或荣获五一劳动奖章。

当年的慧罗春大厨崔文德，出自"八大成"之一的聚庆成，厨艺精湛，活路甚宽，传统津菜为看家绝活。崔文德授徒从不就菜论菜，而是把烹调与书画、戏曲相比。他经常对爱徒杨再鑫说：墨分焦浓重淡清，音分宫商角徵羽，味分酸甜苦辣咸，火分文武刺细微。做菜如同绘画，只有色彩丰富，画面才丰富；颜色对比强烈，画面才有层次；音乐只有高低长短、抑扬顿挫，才能优美动听。同样的道理，一道美食只有五味调和才能称为美食，而味美的关键，全靠厨师对原料特点的认知和对火候的把握，不同的原料运用不同的火候，老而硬的用文火或微火长时间慢炖才能耗出味道，鲜嫩细小的要用武火爆炒才能炒出香味，有的原料要文武兼施才能味道醇厚……然后再让杨再鑫在灶上不断感悟，从中得出心得体会。这些道理使杨再鑫受益终身，对于日后形成自己独有的烹调风格起到了极大的作用。

在厨行的师徒关系中，也有很特殊的情况，这就是国家特一级厨师、市特等劳动模范魏天成在解放初为把两道名菜——周家排骨和周家鱼——学到手，放下身架，拜周家食堂的主厨安筱岩为师的故事。

当时，这件事曾让周家食堂上下震动不已，也惊动了当时天津的烹饪界。周家食堂的主人周太太和主厨安筱岩十分犹豫，但魏天成拜师的请求至诚至恳。安筱岩思考再三，最后提出，在魏大厨拜自己为师的同时，也要派自己的三位门徒向魏大厨拜师。当年的天津市市长李耕涛闻讯后亲自到场，主持这场隆重热闹的双重拜师典礼。在拜师仪式上，魏天成恭恭敬敬地向安筱岩鞠了三个躬，然后安筱岩的三位门徒又向魏天成鞠了三个躬，从而在天津的餐饮界留下了一段名厨双拜师的佳话。拜师仪式结束后，安筱岩把一本自己亲手书写的周家食堂菜谱送给了魏天成。

20世纪六七十年代，经过老一辈厨师辗转相授、悉心传承、精心培养出来的特级厨师和特级服务大师数不胜数，榜上有名和书中列举的就有：登瀛楼的董玉浩、从大松、由芝炳、张尚志、孙元明，全聚德的吴兴基、天和玉的臧镜、宴宾楼的王春彤、红桥饭店的赵克勤，天合居南菜馆的魏天成，面案点心师傅李文旭，墩上技师吴俊峰、葛品三、韩世文，服务大师王钦宾、王维岱、吕世鉴、丛培汗等人。

＊　　　　＊　　　　＊

近代以来天津的名厨大厨人才辈出，是被国内餐饮界公认的。20世纪涌现出的这批大厨名厨，使天津的餐饮界进入了一个群星璀璨、精英齐瑰的时代。他们的才智、品行、功力和贡献，对于今天仍然有着巨大的影响，有着强大的精神服众力和道德凝聚力。

习近平总书记指出，世界观是一个人一生的"总开关"，而一个人的事业观，则是人们对待自己所从事工作、事业的根本态度，是履行工作职责、实现自己理想的行为规范。在那个特定的年代，这些位大厨名厨虽然都没有多么高的文化水平，但他们对自己的工作都是无比热爱，对所从事的事业都无不忠诚，对他人都无比热心，而且毕生都在努力奋进。

现在，我们都在努力实现中国梦，但中国梦的基础在哪里？我以为，中国梦的基础，就是让大家在继承前辈优秀品德的基础上，共同享有人生出彩的机会，共同享有梦想成真的机会，共同享有和祖国、和时代一起成长与进步的机会。

2016 年 10 月 16 日草迄

［原载中国人民政治协商会议天津市委员会文史资料委员会：《近代天津名厨师》，天津人民出版社，2017 年］

序文甄选

自爱坚守　留下时代印记

——《津沽三百六十行·序》

　　八五高龄的著名画家杜明岑先生，继 2004 年完成了积廿年之功、力透纸背的百米长卷《寒秋津卫图》之后，又于 2012 年推出了长卷《赶大营风云录》。接着，他又花费了两年多的时间，在去年，也就是 2017 年，完成了二百四十六幅组画《津沽三百六十行》，真可说老当益壮，即便是光阴，也不如杜老手中的画笔快啊。

　　过去天津的"三百六十行"，指的是社会上种种不同的职业。小时候常听老人说，"三百六十行，行行出状元"，意思是告诉晚辈，不管你干哪一行，只要努力，就能做出成绩，总有出人头地的机会。

　　不过，具体到这部组画里的"三百六十行"来说，则是专指当年天津老百姓须臾不可离开的传统修理业和服务业，像剃头的、摇煤球儿的、粘扇子的、修理雨伞、旱伞的、镪盆儿、镪碗儿什么的。如今，随着社会的快速前进和群众生活水平的不断提高，其中的大部分行业早已淡出了人们的视野，只有个别行业留下来的传统技艺还能够保留到今天，乃至成为值得传承的非物质文化遗产。

　　这二百四十六幅的《津沽三百六十行》组画，大部分是走街串巷的"行商"，少部分是开设门店的"坐贾"，经营的范围大致可分成饮食、副食、百货、修理、加工、服务、手工艺等，无一不与人们的日常生活息息相关。如今我虽年届八旬，然而在 20 世纪 40 年代末，也不过是个十岁左右的孩子，所以个别行业我也没有见过。

杜老的可贵之处，我以为，就在于他的"壮心未与年俱老"。

这两年，杜老为了完成《津沽三百六十行》的创作，不顾年迈与病痛，再次拾起往日的情愫，坚持运用自己精致流畅、纯熟练达的白描功底，在天津丰沛的历史资源和文化底蕴中，努力寻找津沽大地上那些"既有买卖又有情"的传统商业服务业文化；同时不断延伸创作智慧，努力升华历史本真。这套组画，既源于生活又高于生活，这大概就是前人所说的"贵取画意，非仅传形；笔下成画，皆生意中"吧。

杜老绘画创作的另一个特点，就是他善于到广阔的社会舞台中捕捉灵性之光，找回那些千回百转的过往。

虽说物有常形，可经过几十年断崖式的社会变迁，当年牵着父母衣襟行走的稚子，如今已经成为耄耋老者；当年的老者，业已化为尘泥。要想了解旧日津沽三百六十行的真实面貌，谈何容易！因此，动笔前必须悉心观察、走访、研读、探索、考证、揣摩……大到彼时城市的种种生活环境，小到商贩的家什器皿、服装穿戴，乃至操作时的不同身姿……尽力使自己身有所感、心有所悟。唯其如此，才能运用自身独具的神明之力，创作出物我交流的文化意境，描绘出承载着数代人生活记忆的真实画面。

书画界有句话，叫作"看时容易画时难"，对于重现旧日津沽的三百六十行，更是如此。

不过，杜老并未因此而气馁，而是想方设法，克服重重困难，最终选取并画出了三百六十行中值得表现的一个个行当，让每个行当都可以通过画面，向读者传递一种久违的文化气息，使他们能够重返年少时感受过的场景。换句话说，在读者感怀已经消逝的过去的同时，还可以帮助他们了解那些昔日的真实生活，邂逅那些"停顿的钟摆"，重温诸多的旧时温情。在体味了我们这座城市的性格，引发起日常生活的情感共鸣之后，对这座城市的历史、社会和文化也会产生进一步的价值认知。

375

"左图右史"和"图文并茂"，历来是中国著述的传统。

对于这套组画来说，杜老的丰功伟绩，不仅在于穿越时空，从历史的深处打捞起许多有趣的时光碎片，还在于通过一篇篇与画面相配合的细密文字说明，清晰地勾勒出那些隐没在旧日津沽三百六十行背面或角落的真实故事；通过聆听娓娓道来的文字诉说，给读者提供一种情感的入口，让他们充分感受这座城市背后蕴藏的多元文化，也让每个人补充了知识谱系的不足。这些文字，一部分是由已故民俗学家张仲先生提供的，更多的是杜老焚膏继晷，在不断重返时间之河的同时，亲自动笔，最终写就的。杜老曾亲口对我说，把握好文字稿绝非易事，比起画面创作，一点也不容易！

古人认为，一件成功的艺术创作，意境和追求十分重要，这就是所谓的"丹青弄笔，意在万里"。

改革开放后，杜老之所以能够矢志不渝地坚持"画说沽上历史，白描天津故事"的创作方向，并取得令人景仰的成绩，最根本的原因，是源于他对乡梓文化的自信与坚持。一个人的勇气和智慧，往往源于真爱；而一个人对事业的态度，又取决于一个人拥有多少未来。杜老深知，津沽大地这片热土上氤氲成长的文化，具有强劲的生命力和时代价值。因此，他始终自爱坚守，不忘初心，许多互不交融的历史碰撞，在他的画笔之下都成为最具现实价值的不期而遇。既传承了历史，又留下了时代印记，这应该是杜老创作的最大艺术价值。

人生的许多辉煌，多半在于冷静地凝结；人生的许多境界，多半在于不间断地向往和追求。以《寒秋津卫图》《赶大营风云录》和《津沽三百六十行》而论，可视为杜老几十年来不懈追求的反映天津历史、文化和民俗的"三部曲"；而这"三部曲"中的每一个画面，都蕴含着杜老的生命磨砺之美。在很多情况下，一个人一辈子的寻找，往往不在它处，而就在咫尺之间。

人生，永远是条单行线。拥有健康的身体，在愉悦的心境中做自己喜欢做的事情，逐步实现自我价值，就是最大的幸福。我深知，杜老过去如此，现在如此，将来也会如此。

戊戌芒种后三日草成

[原载杜明岑：《津沽三百六十行》，天津人民美术出版社，2018 年]

序文甄选

377

天津：点燃他生命的地方

——写在《海河之子——李叔同与天津》出版之时

这本图录，好像一部被时光搁浅的史册，如若不去认真阅读，很可能会与一代艺术与佛学宗师李叔同青少年时扣人心扉的成长历程擦肩而过。

我总以为，生命不过是一次长途跋涉的历练，而生活则是跋涉中通向自我的桥梁。1880 年诞生在天津的李叔同，即后来的弘一法师，就是这样一位起步于斯、成长于斯，最终成为一代桢干伟器的中国文化先驱。

李叔同在天津整整生活了 18 年，是滋养天才和灵感的海河之水，培育了他特有的民族文化素养和气质——花下清闲，杯中岁月，把中国文化的养分深深植根心里；用先贤、师友倡导的博学、审问、慎思、明辨、笃行，一步步跨越人生。

学问是智慧的源泉，品德是事业的根本。婚后，这位"二十文章惊海内"的"翩翩浊世佳公子"，携妻奉母南下。后来，虽然几度回到历尽繁华、落寞与聚散依依的天津，但已转眼成空。纵有万管玲珑笔，难写人间一段情。此时，在他的生活阡陌中，已经有了新的追索与探求，他开始放弃世俗，呵护心灵；他要用更多的担当，诠释他对人生的忠诚。32 岁之后，李叔同再也没有返回天津。不过，天津始终是他回望生命的坐标。从他留给我们许多文章的字里行间可以看出，李叔同的一生一直钟情于天津，钟情于天津给他的那样一种淡然而又清淳的美好时光。

这本图录为我们展示的，不仅是李叔同青少年时代的缩影，而且饱含着多位李叔同研究专家的成果，他们用流年的笔，忠实记录下李叔同在天津的点滴过往；他们用炽热之心撰写的生动文字，诠释了李叔同这段不寻常的人生，字字句句，感人肺腑。

时间不一定能够证明许多东西，但一定会让我们看透许多东西。

在洗去铅华之后，我们会发现，李叔同毕生的质朴坚实，毕生的清纯淡雅。为使一颗失衡的心找到平衡的砝码，他遇事待人，总是安静地泰然处之；他时刻与自己的心灵对话，与自己的灵魂厮守。然而这样的生活，又绝非对眼前的苟且。

在解读李叔同的时候，我们凝神静思，便会蓦然发现，在他的有生之年，始终保持着一种奋发的张力，一种灵魂深处的魅力，始终以一颗无尘的心，努力还原生命的本真。然而，人的生命永远抵不过时光的流逝，1942 年，他在泉州圆寂。

李叔同虽然未能在天津度过日高烟敛的茂年，度过"夕阳山外山"的暮霭，但天津是他生命的拓荒者。因为有了天津，才有了他的生命完整，有了他的巅峰岁月，有了他人生光彩的不断绽放。

经年的时日，沉淀了李叔同的一生，但应当说，天津，是点燃他生命的地方。

他的灵魂，属于中国，属于世界；他的才华，属于天津。

书于落红书屋

2015 年 9 月 16 日

［原载李叔同纪念馆：《〈海河之子——李叔同
与天津〉展览图录》，百花文艺出版社，2015 年］

序文甄选

379

希望在这里延伸

——《和平区志（1979—2010）·序》

时光荏苒，岁月如流。

差不多二十年前，初修的《和平区志》从编纂到出版还在我的记忆里花开绵长之时，市志办的朋友告诉我，二轮续修的《和平区志（1979—2010）》又要和大家见面了。

坐下来细想，这本来就是件顺理成章的事。

和平区是天津市中心城区的核心区，面积还不到十平方千米，但得天独厚的区位优势，竟使全区经济繁荣发达，交通畅达便利，市容雅致脱俗，几乎每天都有不同的变化。尽管网络驱动了零售方式的革命，但这里鳞次栉比的大小商铺依然是门庭若市，好像永远在钟情过去的美好时光。来到顺流而下的海河之滨，都市的熙来攘往与河水的清丽可人融为一体，让人感到，这里处处传达着来自世界前沿的时尚。把这样一个国内少有、日新月异的国际化社区载入史志，对任何人来说都应是责无旁贷的事。

和平区各级领导历来对区志的编修保持着清醒的认识。他们深知，志书在中国有着悠久的历史，方志虽非一般的普及读物，但千百年来一直默默地影响着、丰富着人们的心灵。高度重视史志工作，始终把区志编修作为一项功在当代、利在千秋的大事，是他们的一贯锋范。二十余年来，按照天津市修志工作的总体部署和要求，和平区先后启动了《和平区志》以及续修《和平区志（1979—2010）》的编纂，而且全部如期完成。

回想起初修《和平区志》时，我有幸介入过编辑，也参加过评审，深知这是一部优秀的新型地方志，果然，不久即获得了奖项。这次，又有幸参与了续志的评审，了解到编撰人员传承和借鉴了一轮编修的成功经验，经过七年辛苦付出，既掌握了修志的共同规律，规范了对地方史志涵盖范畴的认知，又完整地把握住了和平区的特殊性和纂修区志的方式方法。初稿杀青后，他们又用勤勉和坚韧，反复锤炼，多次修改，终于胜利完成了这部洋洋 130 万字的续志。

《和平区志（1979—2010）》完整、详尽地梳理并清晰勾勒出改革开放 32 年来和平区在政治、经济、文化、社会、生活各个领域的飞速发展和巨大进步，从全面性、系统性和完整性三方面，反映出了和平区的真情实况。应当说，这是一部力求用学术视野和翔实资料，实事求是地记录下事物的本原价值和本真面貌，并熔铸为浑然一体的一部续志。全志体例严整，架构规范，内容全面，资料充实，行文得体，作为一部代表和平区改革开放 32 年全方位变迁的珍贵地情书，是当之无愧的。特别是初、续两部志书衔接紧密，自成体系，犹如绵绵瓜瓞，往昔的辉煌依然明朗，今日的光晕重新绽放。

在《和平区志（1979—2010）》即将出版之际，让我想到了很多。

比方说，这部志书之所以令人感怀，主要是因为其中承载着一代人难以忘怀的记忆。当代天津是历史天津的继续。立足天津，着眼现实，挖掘历史，把握当代，面向未来，以饱满的热情和十足的信心，着力构建具有天津特色、天津风格和天津气派，具有时代化、大众化的新志书体系，是时代赋予我们的责任担当。因此，我们要用自己的学术成果，增强社会主义核心价值观的凝聚力和引领力，真正做到"仰无愧于天，俯不怍于人"。

再比方说，作为光荣的史志工作者，一定要把志书的编修当成履行使命担当的不懈追求。编史修志是一件清苦的工作，因此要耐得住寂寞，稳得住心神，沉下心来，上下求索，深入研究，且乐此不疲。通过志书的编写，以贯通古今的完整性，与时代一脉相连，与国运紧密和弦，体现出地方史志的学术创新与当代价值。作为一部优秀的志书，应该立足时代潮头，发挥思想先声，做到内容深刻独到，文字精致流畅，读后励志燃情。让我们编写的新型地方志书，同样有资格成为全球一体化进程中中国智慧与中国方案的组成部分。

历史和现实反复证明，通往梦想的路是曲折的，也是漫长的，但我们毕竟已经启程，而且有着光明朗照的未来，时光正在伴随着我们的脚步一往直前。习近平总书记在哲学社会科学工作座谈会上告诫我们说："这是一个需要理论而且一定能够产生理论的时代，这是一个需要思想而且一定能够产生思想的时代。我们不能辜负了这个时代。"

在党的十九大即将召开之际，衷心祝愿和平区以及和平区史志办的新老朋友们，以新的精神状态和奋斗姿态，迎接新发展阶段的各种挑战，引领社会思潮，凝聚社会共识，努力打开未来，把全面构建中国特色社会主义事业的努力推向前进！

2017.8.25. 十三届全运会开幕前夕

［原载和平区地方志编写委员会：《天津市和平区志（1979—2010）》，天津科学技术出版社，2017 年］

把价值观融入现代社会生活

——《百年和平　家国情怀·序》

在草木初萌、春风吐绿的早春，我们迎来了《百年和平　家国情怀》的结集出版。

2016 年，和平区推出了一项有思想、有情怀的大众参与活动，这就是寻找曾在区内工作、生活过的中外历史名人后裔或家人，邀请他们担任文化志愿使者，并向他们颁发了"和平区文化志愿使者"证书。

整个活动安排得十分缜密。

中外历史名人后裔的候选人名单，是通过媒体向公众征集和邀请历史文化专家进行推荐两种方式同时进行的。标准是以爱国为主线，以传承为主题，用名人故居来链接。

丰沛的历史资源和人文底蕴，往往需要经过岁月的风雨，方能彰显得更加清楚。所以，在纷繁的都市生活中，只有通过寻访遍布五湖四海的中外历史名人后裔，挖掘、整理历史名人的家风、家事和家国情怀，才有可能把这样一份值得回味和弘扬的鲜活历史记录并留存下来。

互联网形成的引力波，为参与者提供了广泛的遴选空间。经过专家的认真评议、反复比对，以及工作人员的亲身走访，使每位入围之历史名人后裔的经历、感受乃至生活深层的况味，都能以口述的形式，通过媒体，或诉诸笔端，或公诸荧屏，或见诸展示。

可以说，这是一次借助于人际传播效应而完成的跨时空的心灵交汇。

历史上的和平区，经济繁荣，文化发达，名人荟萃，涌现出一批世人难忘的时代领跑者。他们勇于担当，与时俱进，对推动社会进步有过突出贡献；他们见证了一个时代的历史，也推动了一个时代的历史，不少人甚至成为民族复兴的中流砥柱。经年的岁月，沉淀了他们的一生；流年的轮回曲折，演绎着他们的心灵纯粹与激情，并使他们找到了自己恰当的位置和生命的价值。至今，他们仍像一株株枝柯纵横的老树，影响着城市的性格和气韵。

当我们重返时间河流，寻找这些名人后裔的成长足迹、家风家事与爱国情怀的时候，一定会清楚地发现，在他们身上无不蕴藏着某种灵魂的传承。尽管每一代人都要根据自己的成长经历和社会认知砥砺前行，但传承的力量，使他们在面对各种考验时能够不受误导，做出正确的决断与抉择；能够坚持自己的理想操守和审美情趣，永葆人生的纯正、美好和珍贵。我们深深感到，这，才是人生的真正价值和财富。

经过记忆的加工，让名人后裔的父辈、祖辈的爱国事迹与良好家风，让那些长时间积存于自身记忆中的深邃、坚强、纯真和感动广为流传，是活动的初衷。让每一位受众都能在阅读中领悟到名人后裔家风传承带来的思想深度与生命厚度，感怀历史，感怀生活，使心灵变得洁净而丰盈，这是活动的目的。今天，我们通过这本书看到的，是相关历史名人及其后裔的回放，是他们的光鲜形象，而体味到的则是身边不一样的世界。这是因为只有经过时间、文字和心灵的滋养，才会沉淀出世上最深挚的情感。

习近平总书记说过："一种价值观要真正发挥作用，必须融入社会生活，让人们在实践中感知它、领悟它。"出版《百年和平 家国情怀》的目的，就是要通过文字背后的情感的承载，记录历史名人及其后裔的曾经，把他们丰饶的人生历程和灵魂一代代传承下去。

使每位读者都能够感受到前辈们的生命成熟，领悟到人生的真谛，充实自己，帮助别人，激起对生活的信心和希望，寻找到前进中的精神路标，担当起应尽的社会道义，自觉践行社会主义核心价值观。

一个人若想真正地成为自己，不是件容易的事情。人和人之间只有理解，才能达到情感认同；只有感知，才会出现心灵相通。衷心希望每位读者都能从历史名人及其后裔的身上，得到隽永的感佩，得到思想与行动的传承和借鉴，用心灵来感知生命的真谛。把积极参与当作一种激扬，一种愿景，一种守望，铺就自己的安稳成长之路，凝心聚力，在各自的岗位上做出无愧于时代的业绩。

[原载中共天津市和平区委宣传部、天津市和平区文明办：《百年和平　家国情怀——天津市和平区历史名人后裔采访口述》]

一个有希望的民族不能没有英雄

——《登高英雄杨连弟·序》

　　1952年初夏，朝鲜战争中一直酣战的阵地争夺战似乎出现了暂短的间歇，除了敌机不时狂轰滥炸，双方都在秣马厉兵，准备再决雌雄。就在这一年的5月15日，中国人民志愿军铁道兵团一师一团一营一连副连长杨连弟，在前线抢修清川江大桥时不幸壮烈牺牲，年仅33岁。

　　金乌西坠，大江东去……然而，生命的精彩，从来不是以年龄的长短来衡量的。

　　杨连弟牺牲后，被志愿军领导机关追授特等功臣、一级人民英雄，他生前所在连队被命名为"杨连弟连"。朝鲜民主主义人民共和国追认他为共和国英雄，授予金星奖章和一级国旗勋章。

　　杨连弟，天津市北辰区北仓镇人，自幼家境贫寒，1949年3月加入中国人民解放军铁道兵兵团，为随军职工。杨连弟出身架子工，胆大心细，身手不凡，仅仅半年之后，就在抢修陇海铁路八号桥的工程中荣获"特等登高英雄"称号。

　　没有崇敬，便没有英雄。杨连弟牺牲后，这座桥被命名为"杨连弟桥"，铁道部在桥头树立起杨连弟纪念碑，旁边陇海路上的车站被命名为"杨连弟车站"。

　　1950年10月，杨连弟报名参加了中国人民志愿军，在抢修桥梁战斗中，他总是不顾个人安危，坚定从容，一马当先，先后 8 次立功受奖。中国人民志愿军副司令员刘克了解到杨连弟的英雄事迹后动情地说："我在杨连弟身上看到了工人阶级奋不顾身的精神和豪迈的气概！"

英雄需要崇敬，崇敬造就英雄。1956 年，人民文学出版社出版了《志愿军英雄传》第一集，书中忠实、生动地记录了杨连弟不畏牺牲的忘我精神，高度自觉的组织性和纪律性，以及亲密团结、友爱互助的崇高品德。迄今，载有杨连弟英雄事迹的书刊画册超过 80 种，制播的影视专题片超过 20 个，创作的文学艺术作品数以百计，全国各地的一些小学还分别建起"杨连弟英雄中队"。

英雄是一个民族的精神载体，也是一个国家的精神象征，英雄可以激发民族精神力量。一个社会的价值取向，往往就是建立在英雄崇拜基础上的。1984 年，在承载着英雄青年时代的家乡——天津市北辰区，修建了杨连弟纪念碑；1995 年又建起了杨连弟公园、杨连弟烈士纪念馆，并重塑了纪念碑。

公园景色优美，纪念碑形象庄严，纪念馆历史厚重。人们来到这里，可以在静谧的花草丛中与英雄对话，在丰富的图文面前与历史对话，在英雄事迹的浸润中与心灵对话，在生与死的抉择中与生命对话；在回忆和感叹英雄与天津的不解之缘的同时，寄托哀思，追忆往事，重新解读生命，领悟生命的意义，悉心感受英雄的爱国情怀与璀璨斑斓的光辉一生。

在此前后，河南省三门峡市、湖北省襄阳市也建起了杨连弟纪念馆和纪念碑，天津、北京、沈阳、丹东以及朝鲜等十几个地方的烈士陵园、博物馆、展馆，都辟有杨连弟的纪念设施。人世间，总有一种纯洁的高尚能够穿越时代、穿越历史，让这个世界充满温度。我想，这大概就是人们从未忘记过的英雄情怀吧。

杨连弟烈士离开我们快 70 年了，我们的国家，我们的民族，早已从黑暗走向光明，从屈辱走向富强。但是，我们正在从事的崇高事业依然需要英雄引领，我们可爱的祖国依然需要自己的英雄，勤劳勇敢的中国人民依然需要歌颂自己的英雄。有鉴于此，北辰区档案馆下大力量，全面搜集、整理并精心编纂出这部资料丰富、内容详尽、图文并茂的文献集成——《登高英雄杨连弟》。

纵观这部文献集成，可以从中全面、完整地看到英雄杨连弟生前那种诚实、谦虚和勤俭朴素的工作作风，勇敢、坚毅和克服一切困难的奋斗精神，以及舍己为人、全心全意为人民服务的优秀品德。把历史当作一面镜子，铭记过去，缅怀先烈，传承英雄身上展现出的伟大精神，开启人们的智慧，润泽人们的生命，内化于心，外化于行，寻找到英雄情结对当代精神的牵引作用，凝聚起迈向民族复兴的伟大力量，应是今天出版这部鸿篇巨制的最大历史价值、思想价值、文化价值和社会价值。

"崇尚英雄、学习英雄、捍卫英雄、关爱英雄"，是一个国家、一个民族崛起必须拥有的价值取向与自强信念。仰望英雄，崇敬英雄，代表着中华民族数千年来的家国价值认同，表达着中国人民不懈追求的卓越向上力量。英雄，从来就是民族精神的火炬。

习近平总书记在颁发"中国人民抗日战争胜利70周年"纪念章仪式上说："'天地英雄气，千秋尚凛然。'一个有希望的民族不能没有英雄，一个有前途的国家不能没有先锋。"

中华民族历来是崇尚英雄、成就英雄和英雄辈出的民族，即便是和平年代，同样需要英雄情怀。为什么呢？

这是因为，英雄来自人民，人民哺育英雄，英雄始终引领社会。戮力同心，实现中华民族伟大复兴，创造中华民族的新辉煌，需要英雄精神、英雄品德。

这是因为，英雄是中华民族的脊梁，英雄的事迹和精神体现着时代的价值追求与精神渴望，是我们努力奋进的强大动力。

《登高英雄杨连弟》的出版，会让英雄的事迹永远在我们脑海中萦绕、在山川中回荡；会使英雄的精神永远在我们血液中流淌、在历史中传递。杨连弟烈士生前那种进取的锐气、大爱的胸怀、忘我的精神、无畏的勇敢，永远是激励我们奋勇前行的无尽力量。

2018 年国庆前夜

[原载天津市北辰区档案馆：《登高英雄杨连弟》，天津人民出版社，2019 年]

序文甄选

389

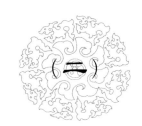

历史翻过的每一页都是有价值的

——《明清时期天津的进士·序》

由和平区档案局、市档案馆、和平区政协编写的这本书，与以往迥然不同，特意选取了与先贤对话、与历史对话的内容，所以才有了《明清时期天津的进士》这样一个题目。

"进士"，是指中国传统社会中，通过科举考试，皇帝授予读书人的最高学位和荣誉，同时也是读书人走向仕途、授享爵禄的准入证。《千字文》说"学优登仕，摄职从政"，这八个字，可以看成是进士生平的一个缩影。

科举制度虽然出现于隋唐，但发展到明清时期，从地方到中央，层层考试的程序才基本上固定下来。以清代而论，科举的大致程序，是由县试、府试、院试进入乡试，再进入会试，最后经殿试决定进士的名次。

细一点儿说，凡经考生所在县县试考取的，叫童生。童生经过所在府的府试，就可以参加省一级的院试了；院试通过，便取得了秀才的功名。秀才可以参加三年举行一次的乡试，考试合格的叫做举人。举人有资格参加三年举行一次的会试，合格者叫贡士；取得贡士功名后，还要参加殿试，也就是皇帝在太和殿举行一次御前考试。名列一甲的只有三名，第一名叫状元、第二名叫榜眼，第三名叫探花，总称鼎甲，赐进士及第；名列二甲的赐进士出身，名列三甲的赐同进士出身，名额就很多了。但无论一二三甲，统称为进士。此外，若遇朝廷庆典，还可以打破三年一试的规定，举行恩科，录取的进士与正科待遇相同，读书人也因此多了一次进身的机会。

历史上的开科取士，曾经有过自己的巅峰岁月——它是世界上出现最早和最完善的文官选拔制度。不过，科举路上，坎坷难行。一个读书人要考取进士，需经过县、府、院、乡、会、殿等多道关口，必须有扎实的学问功底，仅凭一时的激情或灵感乍现是不行的。进入官场之前还要经过任前的稽核，然后从最基层的官员做起，用以洞察世事、练达人情。步入仕途，也不能高枕无忧，而是要受到上级领导和朝廷主管部门为甄拔人才而进行的名目繁多的定期考核，最后才能决定任职的升迁、调补或罢黜。

一般来说，有什么样的的内心，就会有什么样的世界。大凡"正途"出身又有才干的官员，因有儒家伦理道德的修养，再加上深厚的知识学问底蕴，在这种用执着和坚持换来的荣誉面前，大都能够保持着中国读书人那种特有的文化气质和素养，心灵丰盈，精神成熟；在官场上也会表现得从容、公正、自信和超然，令人景仰，让人羡慕。

开科选士既然被视为人类文明前进步履的一个部分，科举制自然也就有着自己的世界分量。比如中世纪欧洲的官吏任用，使用的是贵族把持、任人唯亲的赐官制，嫉贤妒能，官场黑暗。16 世纪，来华的传教士把机会均等、公平竞争和择优录用的科举制推介到欧洲，深受各国学者的赞扬，认为中国的科举制非常值得学习。从 18 世纪末到 19 世纪中，欧洲各国纷纷效法中国，先后确立了文官考试制度，其中以英国最为标准和规范。

然而，历史又是一个曲折而复杂的渐进过程。潜龙投深浦，巢鸟占健枝，科举为历代王朝选拔和积聚了一批既有真才实学，又能齐家治国平天下的桢干伟器。不过，出于软化坚硬、弯曲强直的封建专制统治需要，儒家思想和宋明理学逐渐成为科考的唯一指导思想；一进黉门，只可"代圣人立言"而不许离经叛道。结果是权力主导了思想，国家控制了学问，使中国传统社会呈现出超稳定的社会建构。最终，科举制演变为知识发展和社会进步的沉重障碍，造成了中国与世界文明的巨大差距，而不得不自行放弃。

在我看来，出版这本书的目的，是帮助大家从自身文明的角度来观察和理解中国文化，留住那些有深度的历史。无论如何，延续了1300多年的科举制，在历史上是一种有能量的社会支撑，也承载了一代又一代读书人的喜怒哀乐。

在历史悠久的中国，天津虽属晚近发展起来的城市，但传统教育和科举制度对地方文化的促进作用却不容忽视。即便是在开埠之后，依然是学塾增多，书院扩大，连科举考试也是成绩斐然："迨至光绪庚子以前，登乙榜（举人）者几占全省中额十分之二，甲榜（进士）则占全省中额四分之一。"（《天津县新志》卷十九）由此可见，历史翻过的每一页都对我们来说是有价值的。因此，这本书不仅是名录，是工具书，它背后的文化含量与文化价值也是不容忽视的。

草于丙申　建酉之月

［原载天津市和平区档案馆、天津市档案馆、天津市和平区政协：《明清天津进士名录》，天津人民出版社，2016年］

海河之滨的文化殿堂

——《天津市和平区历史文化名人·序》

近日，欣闻《天津市和平区历史文化名人》就要出版了，毫无疑问，这是一本弘扬近代天津丰富文化内涵的好书。

书中收录了著名学者、作家、艺术家、收藏家、教育家、体育家、戏剧家、音乐家、表演艺术家和外国文化名人凡 88 位。这些历史文化名人，与穿梭在时空中的其他过客一样，经历了无法越过的人生四季，但在他们的生命深处却散发着独特的光芒，在他们的人生旅途中却积淀着无法抹去的记忆，他们留给这个世界的，是很多人想留而留不住的人生美好……感触和领悟他们的步履与屐痕，应是一件很有意义的事情。

天津一直是一座开放和包容的城市。近代以降，今日的和平区很快发展成经济发达、文化繁荣、人文荟萃的中心市区，也是海河之滨的文化殿堂。岁月的洗礼，特殊历史背景的熏陶，以及氤氲在生活中的人文魅力，滋养了很多人的天才和灵感。所以自晚近到当今，长才辈出，茂士竞现，他们生长于斯，贡献于斯，他们是这座城市生命之源的重要组成部分。

在这些历史文化名人的背后，都有着一股倔强、不向困难低头、乐观、自强的精神，都有着一连串生动、感人的故事，这是成功者的睿智，也是成功者的勇气。这种精神，这些故事，质朴而真诚地告诫我们，在很多情况下，能力就是一种持续不断的努力，其中并没有更多的大道理可讲。其实，唯其没有大道理，才是人生的真实写照，这也正是本书的优长所在。

社会是一个永不落幕的舞台。通观全书，这些历史文化名人都有着自己丰富、滋润的精神归宿，他们的生命沉浮，几乎透视出了所有生命的沉浮。虽然生命中的一切花朵迟早都要凋谢，然而，丰富的社会实践和阅历告诉我们，不能带走的东西未必永远丢失。

党的十八大闭幕不久，习近平总书记和其他中央领导同志参观了大型展览《复兴之路》，并发表了高瞻远瞩的讲话，深刻指出："每个人都有理想和追求，都有自己的梦想……我以为，实现中华民族伟大复兴，就是中华民族近代以来最伟大的梦想。"

的确，每个人都有梦想，因为梦想是使人们得以腾飞的翅膀；但人们所缺乏的，往往是将梦想付诸实施的勇气和毅力。如果一个人有了坚定的道路，又坚信自己，那么，他的成功概率将远远超过失败的可能。

实现中华民族伟大复兴，迫切要求每一个人都能够像树木的年轮一样，承前启后，付出长期的艰苦努力；都能像我们的先人一样，在各自的位置上做出不同凡响的贡献。"空谈误国，实干兴邦"，这是历史的经验，更是历史的教训。勤奋的努力，坦然的面对，用一生的坚守践行崇高的理想，则是振兴国家的关键所在，也是成就自己的关键所在。

历史中蕴藏着立足现实、迈向未来的宝贵精神财富。我想，《天津市和平区历史文化名人》在今天出版，其价值和意义或许正在于此。

2012 年 12 月 10 日

［原载中国人民政治协商会议天津市和平区委员会：《天津市和平区历史文化名人》］

复活的记忆

——《旧天津的日租界·序》

生命的本质是什么？我以为，不外是"记忆"二字。所以，还是从历史的记忆说起吧。

近代历史上的天津，真可说是座多灾多难的城市——从第二次鸦片战争开始，列强五次入侵，城池三度陷落，到了 20 世纪初，母亲河畔竟是九国租界并立，这在中国，在世界，都是绝无仅有的。

中国在甲午中日战争中的败绩，不但使我们失去了台湾，而且要付给日本两亿三千万两白银的赔款，这几乎相当于大清帝国三年多的财政收入。即便如此，日本仍不肯善罢甘休，1896 年，再次强迫清政府签定《公立文凭》，其中第三款规定："一经日本政府咨请，即在上海、天津、厦门、汉口等处，设日本专管租界"；而第一款则强调指出，日本租界"管理道路及稽查地面之权，专属该国领事"，外国人在租界内行使警察权（"稽查地面之权"）之有条约明文，就是从这个《公立文凭》开始的。

1898 年，中日双方签订了《天津日本租界条款》及《另立文凭》，划定了租界和预备租界的范围；不久，又签订了《续立条款》及《续立文凭》，特别突出了领事裁判权。据此，日本外务省发布文告，认定天津日租界为居留民团自治区域，而且，凡日租界及境界线两华里以内居住的日本臣民，皆为居留民团之分子。

自明治维新以来，日本一直把天津当成"征服中国之咽喉"来对待。因此，较之其他城市的日租界，天津日租界设立最早，规模最大，经营也最为处心积虑，很快就成了日本对中国进行政治干涉、经济掠夺以及武装侵略的基地与桥头堡。日租界里不但聚集着庞大的日本驻屯军和形形色色的情报、特务组织，而且是日本对华进行经济掠夺、武装走私和销售各种违禁物品的大本营。天津日租界的设立，无异于在"朝来寒雨晚来风"的城市上空，又增加了一块更加浓重的乌云。那时的天津，真的成了一座等待黎明照亮的城市。

这部书的出版，让记忆穿过历史的尘埃，为我们构建了一场无课本的教育。为什么这样说呢？

因为只有读了这部书，明白了书中的一切，你才能深刻理解，末代皇帝溥仪何以会被裹胁到天津日租界，又何以在日本人的掌控下跑到东北，成为天皇脚下的儿皇帝？七七事变后，天津落入日本之手，日租界何以顺理成章地成为他们掠夺华北地区重要资源和武装侵华的战略中心？亚洲两个一衣带水的邻国，在近代历史上，何以会出现如此众多和令人难忘的争端与龃龉？等等。这些曾被滞留在岁月驿站的往事，差不多都汇集到了本书之中。作者们通过一桩桩、一件件剖毫析芒、言近旨远的故事，追本究源，勾陈致远，探迹索引，原始反终。在聆听了历史的呼吸之后，不能不令我们惊心动魄、热血喷张。

以史为书，足为龟镜。如今的世界，与百余年前相比，早已是河汉迥异。当金色的阳光洒落在岁月的沟壑中的时候，岁月留给我们的况味沉思与回眸凝想，会变成一种无穷的力量，促使我们把祖国建设得更加强大，更加美好。因为我们深深懂得，生命的尊严，永远是以成就来体现的。

在本书杀青有待之时，我幸运得以先睹。有人说，只有复活的记忆，才是真正的记忆。信哉！斯言。

最后，我还要补充几句。不断推出文史资料的新成果，是和平区政协文史委一贯致力的目标，近年来已是成绩斐然，令人瞩目。

要知道，在文化的圣殿里，机遇总是垂青有准备的人，而追求，就像一棵没有年轮的生命之树，永远也不会老去。

2012 年 5 月 21 日晚改讫

［原载天津市档案馆、天津市和平区档案馆、

中国人民政治协商会议天津市和平区委员会：《旧

天津的日租界》，天津人民出版社，2012 年］

特殊年代下的都市生活屐痕

——《天津老南市·序》

天津老南市地处南门外东侧，原是一片洼地，叫城南洼。最初在这里形成的商贩聚集区，被称为南关市场。老南市开发于 20 世纪初，是继河北新区之后，天津又一个运用现代规划理念建成的新市区。

开发老南市的投资商，是几家新组建的华资房产公司，如慎益、清和、永安等，其中只有江苏督军李纯的东兴公司和末代皇帝溥仪岳父荣源的荣业公司稍具规模；负责规划设计的，是日本东京建物株式会社。老南市的干路共有 25 条，多数路名如东兴、荣吉、荣安、荣业、慎益、清和、建物等，都与开发公司或设计公司有关。

由于老南市北连老城厢，南邻日租界，是南来北往的通道，建成不久，在这片大约一平方千米的土地上，适合大众休闲消费的各色商店、饭馆、旅店、澡堂、戏园、茶社、影院、书场、落子馆、报社、印书局乃至赌场、大烟馆、妓院等，便如雨后春笋，应运而生，为这里带来了畸形的繁华。繁华的背后却集中了大量城市病态，结果造成了老南市社会秩序混乱且无人管理，因而被称为"三不管儿"。所以，不少人都把天津的老南市比作北京的旧天桥，看成是特殊年代形成的都市生活屐痕之根。

历史是复杂的结晶体。可在很长一段时间里，我们一直把由年

399

代和人物组成的事件、主义或精神当作历史，很少考虑人们的社会心态，也很少考虑完整的社会构成。这样的历史，由于缺乏包容的感动，很难使人领会，更不易让人接受。须知，历史最本质的东西是真实，其中包括隐藏在城市生命中的无限宽度，以及贯穿过去、现在与未来的无限长度。只有真实的历史最具张力和个性；任凭时空转换，时间流逝，也只有真实的历史能让我们感慨万千。

尽管在岁月的长河里，每一段过去都会在时空中不断蜕变；但值得今天记录的东西，多半是昨日的流行。本书从南市的形成、发展与繁荣说起，内容包括：革命史迹，名人与南市，饭馆、小吃、糕点店，学校、医院，报馆，影戏院，戏曲人物及团体，曲艺人物小传，澡堂，老南市口述史料，其等等十二个部分，犹如一株枝柯纵横老树，居高临下，覆盖极全。书中所言，虽都限定在一个时代社会生活的自然层面上，但毫无那种难以割舍、充满惆怅的怀旧；而是既严谨又讲求实际，因而显得非常历史、非常文化。全书还特别注重历史的细节，力图从细节中找回已经消逝的昨天。

天津老南市，是都市存储的记忆，是都市渐行憔悴过去，也是都市珍藏的一个部分。虽说城市精神的本质是去地域化，但这部书的出版，无疑会在城市记忆的画屏上增添一抹特别的色彩；也有助于我们在历史的指向中得到借鉴，寻求天津文化的恰当位置。这是因为，从历史到现实，文化在多数情况下所需要的不一定是坚守，而是创新驱动、与时俱进。

草于 2013 年 7 月 24 日

癸巳中伏第二日

［原载天津市和平区南市街道党工委、天津市档案馆　天津市和平区政协、天津市和平区档案馆：《天津老南市》，天津人民出版社，2013 年］

善于继承　才能善于创新

——《天津和平老学校·序》

近日《天津和平老学校》就要出版了，心里有种别样的感动，一时难以言表。

对于我们这些从学校里走出来的一代又一代人来说，学校，让我们从青涩、纯真的童年，一路成长为具有丰盈知识的成人；学校，教会了我们一步步跨越风雨人生，走向浪漫，走向激情，走向奋斗；学校，丰富了我们的智慧、我们的情感和生命韵味，早已是我们生命中的一个组成部分了。

学校，不只是人生旅途中的一次蓦然回首，学校还是一段历史。

学校是近代社会的产物。一百多年前，当我们告别了传统时代的科举教育之后，学校开始成为国家教育制度的主流。

天津是开启中国近代教育的城市，早期的军事教育、医学教育和专业技术教育都出现在天津。租界曾是近代文明进入中国的窗口和跳板，天津和平区当年设有英、法、美、日四国租界，近代教育和近代教育的萌芽大都出现在和平区，也就不难理解了。

《天津和平老学校》收集了近代以来存在于和平区，从幼稚园到高等学府的各类学校 120 余所，其中包括著名的北洋武备学堂、北洋医学堂、新学书院、耀华学校、汇文中学、南开大学以及各类职业学校、侨民学校……书中不仅录有各学校的历史，而且网罗和搜集了一批珍稀的历史资料，以及与这些学校关系密切的历史人物。尽管记忆是无声的，但任凭时空转换和光阴流逝，读了这些记忆，依然能让我们感慨万千。今日和平区的教育事业能够蒸蒸日上，能够走在全市乃至全国的前列，应当说，与历史上基础教育、普通教育的兴旺发达密不可分。

精神可以传承，也可以感染。读了这本书，可以直击我们每个人内心最温暖的部分，因为人们的情感总是相通的。

这使我想起了前不久，习近平总书记在人民大会堂纪念孔子诞辰 2565 周年国际学术研讨会上的讲话，他说，要解决当代人类面临的许多突出难题，不仅需要运用人类今天发现和发展的智慧和力量，而且需要运用人类历史上积累和储存的智慧和力量。

习近平总书记在讲话中深刻指出，善于继承才能善于创新。只有坚持从历史走向未来，从延续民族文化血脉中开拓前进，我们才能做好今天的事业。

学校，是传授知识的场所，而知识又蕴含着人类的未来。《天津和平老学校》珍藏了我们对学校的美好记忆，珍藏了我们对学校一份穿越时光的真实情感。《天津和平老学校》的出版，表明我们对学校有着绵长的情分，我们对学校的记忆永远不会流逝。

于 2014 年重阳之夜
［原载天津市和平区政协、天津市和平区档案馆：《天津和平区老学校》，2014 年］

铭记历史　鉴往知来

——《抗日战争与天津·序》

今年，是世界反法西斯战争胜利 70 周年，也是中国人民抗日战争胜利 70 周年。对此，习近平总书记有一段深刻的论述，他说："历史，总是在一些重要时间节点上更能勾起人们的回忆和反思。今年是世界反法西斯战争暨中国人民抗日战争胜利 70 周年……是值得人们纪念的重要年份，也是激发人们铭记历史、鉴往知来的重要时刻。"

特别是艰苦卓绝的中国抗日战争，前后经历了十四年，不但构成了世界反法西斯战争的重要组成部分，而且坚定了盟国与法西斯作战的决心，推动了世界反法西斯统一战线的形成。中国人民为此付出了巨大民族牺牲，时至今日，不可避免地要把目光聚焦于这段历史。

天津是沦陷区中沟通"三北"地区的著名工商业和港口贸易城市，近代以来，一直是日本帝国主义觊觎的目标。天津日租界曾是日本侵华的阴谋策源地，设在天津的驻屯军司令部曾是日本侵华的军事大本营。沦陷后，日本把天津经济纳入战时体制，进而使"三北"地区成为日本掠夺各种战略物资、维持"武运长久"的兵站基地。然而，天津人民从未屈服于日本的殖民统治，各种形式的反抗与斗争从未停止，直到抗战胜利。有鉴于此，和平区政协组织专家

403

学者编写了这部《抗日战争与天津》。

全书以缜密的架构、丰富的内容、生动的笔触，从不同领域和视角，全方位地展示了这一时期日本侵略天津的种种阴谋和暴行。更多的，则是记录了天津军民、社会各界和各阶层群众，是怎样用自己的血肉之躯，与日本侵略者进行针锋相对、不屈不挠斗争的历史场景。一段段饱含着民族大义与凛然正气的历史故事，一件件充溢着出生入死和流血牺牲的英雄事迹，交织成令人难忘的感触和领悟，从而构建出天津城市生命中的价值永恒。

历史问题是事关中日关系政治基础的重大原则问题。国际社会对任何否认侵略历史、挑战战后国际秩序的举动，都保持着高度警惕。所以，对我们来说，中日间的历史问题仍是现在时而非过去时。战后，德国政府深刻反省了当年的侵略历史，得到了世界各国的谅解。这说明，加害者越不忘记加害于人的责任，受害者才越有可能平复曾经受到的伤害。写到这里，书桌上的台历赫然标出今天是世界反法西斯战争胜利日，我想，《抗日战争与天津》在这样的历史时刻出版，可以激起我们灵魂上的悸动，也可让更多的日本民众和世界各国民众了解一段真实的历史，非常值得一读。

正因为如此，"铭记历史，缅怀先烈，珍爱和平，开辟未来"，也就成为《抗日战争与天津》一书的重要现实价值所在。

写于 2015 年 5 月 9 日

［原载天津市和平区政协、天津市和平区档案馆：《抗日战争与天津》，2015 年］

时空交错小白楼

——《天津小白楼·序》

在天津，有个和劝业场齐名的繁华商业区，不用问，一准是大名鼎鼎的小白楼了。

如若凭眺历史，小白楼的繁盛不过百年光景。在当年，是因为交叉在租界之中，聚集了多国侨民，才很快发展成为裙裾飘舞、咖啡散香，既弥漫着欧陆风情的优雅，又充溢着流行和时尚的风光，在东方品味西方文化时空的一个好去处。至今，漫步在小白楼的街衢，旧日建筑物上雕刻的些许岁月痕迹，依然可以让人感受到历史反光的点点回映。

如何在生活的风雨旅程中重返时间河流，萃取一段文化碰撞和文明差距的过往，使存储的记忆、曾经的收藏重新绽放？我以为，最好的办法，莫过于用文字把它记述下来。

虽然时间早已漫过了生命的年轮，覆盖了纷繁的尘世，事过境迁，物是人非；但历史的画卷，文明的步履，生活的写意，却没有独立于时间之外。即将付梓的《天津小白楼》一书，好就好在让历史的脚步停留，让今天的精神行走——既讲述了从前的故事，见证了曾经的生活，又重新演绎了一段过往，留住了有深度的历史。读了以后，会使人产生一种享受到丰富视觉飨宴的感觉。

如今，历经繁华与落寂的小白楼，早已抛弃了过去那种畸变的

405

浮华云烟，一批代表着时代节奏的现代建筑拔地而起，焕然一新的朗香街和 1902 欧式风情街，被那些摒除了豪华的艳丽装饰着，彰显出一种特殊的细腻和缠绵，徜徉其间，能感受到浪漫的丝丝缕缕；入夜华灯初上，又能在飘渺中感受轻柔的美，咖啡和葡萄酒的香气，从屋舍中飘荡出来，萦绕肺腑，真得令人沉醉。电商虽然驱动了零售方式的革命，但在小白楼购物，依然能够体现出一种快意和享受。中国是"吃的大国"，可是若不在小白楼品尝一下有根底的西餐，你的舌尖恐怕不能算完美。

在时间的变奏中，历史有时像一本仓促的书。一位年过八旬的"老天津"亲口跟我说："不一样啦！过去是从自家看世界，现在是从世界看自家。过去逛小白楼，是慵懒的悠闲，现在是尽显清高的儒雅。"老人的话虽然不多，却如同跳跃的音符，生动而明快。如果每个人都有一颗像这位老人一样的潇洒的心，我们的生活是不是会更具情趣呢。

来到今日的小白楼，虽有时空交错的感触，却无繁华落尽的沧桑。我想，这与当下我们能够从世界文明的角度来观察和理解人类文化的风雅与特质有莫大的关系。今日的天津，能够尽显"国际范儿"，与改革开放后小白楼地区的浴火重生，也应是辅车相依的。

来天津，当然不能不去劝业场；可看天津，又不能不看小白楼。

谨用思绪中的这些浮光掠影，权充为序吧。

2016 年 11 月 28 日晚

［原载天津市和平区政协、天津市和平区档案馆：《天津小白楼》］

凭眺历史　致敬传承

——《天津老味道·序》

饮食，是人类生存发展的第一需要，甘食悦色自古以来就被看成是人的本性。所以，直到今天，饮食文化仍然是人类社会沿袭下来最稳固的一种文化。

天津是中国历史文化名城，饮食文化历史悠久，丰盛充羡，素有"美食之都"的雅号。就拿作为著名地方菜系的天津菜来说，早在19世纪初，诗人就已经有了"烹调最说天津好"的赞叹。

一个国家、一个地区饮食文化的发达水平，往往是其经济水平和文化水平发达程度的标志。

开埠后的天津，华洋杂处，轮车懋迁，市场兴盛，人口激增，饮食行业异军突起。1865年，著名学者李慈铭从北京来天津，偕友人宴饮于各大饭馆，最后他在日记里给了16个字的评价："津门酒家，布置华好，馔设丰美，较胜都中。"比北京还好。

天津的饮食发展之所以与众不同，首先是得益于城市优越的地理位置。

天津地处九河下梢，濒临渤海，盛产河海时鲜，地产的独有食材极为丰富，从而为特色饮食的形成发展提供了强力支持。

比方说，滨海盛产鱼虾。清代中叶，"每岁谷雨后，渔人驾舟出海，约三百号，所捕鱼不下三十种"，"海蟹饶于春，河蟹至秋乃

407

肥"。"虾之出于河者，四时裕如"，"青曰青草虾，白曰白米虾，出于港者曰港虾，出于海者曰黄虾，其大者曰对虾"。"惟银鱼为特产，严冬水沍（hù，寒冷凝结），游集于三岔河中，伐冰施网而得之，莹清澈骨，其味清鲜，非他方产者所能比"。在果蔬方面，"天津环境溪流，随处可以戽水浇畦，故园圃蔬茹之饶，四时弗绝"。这些，都是它处所没有的。

直到今天，天津菜系仍以各种海味及河海两鲜烹制的高档菜肴为主，特点是细软酥烂，汤味醇厚，清浓兼备，油而不腻，尤其以咸、鲜、嫩见长。早年天津大饭庄的广告用语，大都是树立在门前的两块黑地金字招牌：旨酒佳肴，山珍海馐。

饮食文化不仅代表了城市文明的步履，还是社会精神的画卷，也是生活富足的写意。

天津是大运河北端唯一一座依河傍海的城市，南北运河与海河在天津交汇，"水陆交冲，民物繁盛，僚幕贩商，在在皆是"，各种文化最容易在这里交融互补。因此，天津饮食文化的另一个特点就是"味兼南北"。据佚名的《津门小志》记载，19 世纪末天津饭庄"约五百有奇……味兼南北，烹调精绝。大有'座中客常满，樽中酒不空'之概"。

天津饮食文化的发达，还与城市独特的地缘与人文环境密不可分。

尤其是到了 20 世纪初，天津的饮食行业空前繁荣。当时的一项调查说："天津商肆之多且盛者，首推酒席馆……北京名公巨卿，遇有大宴会，辄苦拘束，不能畅所欲为；乃群趋津埠，呼卢唱雉，任意挥霍。风会所趋，而酒席馆遂应时大兴。高楼大厦，陈设华丽，远胜京师。每当夕阳西下，车马盈门，笙歌达旦。"国内各大菜系如鲁、川、粤、苏、浙、闽等，也纷纷进军天津，著名餐馆比比皆是，从而为天津饮食文化博采众家之长提供了便利条件。

金元以来，天津成为"地当九河津要，路通七省舟车"的水旱码头，所以代表那个时代的快餐文化——各色具有创意的"迷你"

小吃在国内独领风骚。天津还是中国北方最早和最大的开放城市，由欧西各国舶来的西餐文化也很快异军突起。总之，丰富多彩的天津饮食文化不仅源远流长，而且包含着许多中华文明的生存智慧，拥有比人们想象得更大的空间和更丰富的内涵。

当前，时代的步伐一天天加速，生活节奏也日趋快捷，相形之下，城市的文化成长脉络却少有人关注，往往被隐没于社会的一角，许多传统味道渐渐从舌尖上滑落，甚至连传统的美食情结也被新兴的快餐文化潮流不断稀释。

面对"不断铸就中华文化新辉煌"的时代要求，和平区政协联合区档案馆主持编纂了这部《天津老味道》，自爱坚守，回归初心，在重返时间之河的同时，用一段段轻松平实的文字，帮助我们从历史的深处打捞出天津饮食文化中那些尘封的散佚趣闻和人情百态，也让我们穿越世纪，邂逅了什么是真正的天津美食，以及蕴藏在城市背后的美食文化。可以说，《天津老味道》承载的美食记忆，既是这座城市的历史真实，也是这座城市的未来向往。

现在，中国特色社会主义已经进入了新时代，我国社会主要矛盾已经转化为人民日益增长的美好生活需要和不平衡不充分的发展之间的矛盾。《天津老味道》的出版，无疑将有助于把传统的天津饮食文化创造性地转化为面向现代、服务当代的饮食文化新探索。

随着《天津老味道》走向更多的读者，一定会使纯正的天津味道重新萦绕在每个人的肺腑之中，飘荡在这座城市的大街小巷。经过创新发展的天津饮食文化，也一定能为构筑中国精神、中国价值和中国力量添砖加瓦，做出自己应有的贡献。

丁酉年立冬之日草成

[原载天津市和平区政协、天津市和平区档案馆：《天津老味道》]

有故事的地方才有生命力

——《天津紫竹林·序》

这是一本站在时光流淌中寻觅历史的新书，从书名上看，好像多少带点"禅"味儿，其实不然。

这里的紫竹林，是天津尤其是近代天津一处非常有名的地界。虽然紫竹林的得名，源于清初僧人天花于 1689 年（康熙二十八年）在郡城东南修建的一座规模不大供奉观音大士的庵庙，但日久天长，附近形成的一处村落也被称为紫竹林了。

1860 年天津被辟为通商口岸，紫竹林地处海河湾处，水域宽广，宜于停泊轮船，很快被选定为租界码头。那时候新兴的轮船大量涌现于世，又以前所未有的速度驰骋海上，快捷地把世界各地沟通起来。因此，在时代与命运的冲撞中，紫竹林没有被时光搁浅，而是成了这座城市的生命拓荒之区，又在历史的风雨进程中铺就了未来。

英、法、美三国租界划定之初，紫竹林码头居于中心位置：这里地处法租界的边缘，却又与英美租界紧密相连，交通非常便捷。津海新关在紫竹林设立后，法租界尚未开展大规模建设，一时间紫竹林便成为一处中外皆可开发的"公地"。不仅法国的领事馆、天主堂、医养病院（仁慈堂），英国的工部局、礼拜堂、禁酒楼、打球房、洋行、保险公司等兴建在这里，就连中国的会讯公所、新关税务司、电信文报处、开平矿务局、平泉州铜矿局、大清邮政局、北洋水师营务处……也都设在这块"公地"之上。到 19 世纪末，英法租界的所有构筑物几乎都拿紫竹林当地标，或在"紫竹林前"，或在"紫竹林西"，或在"紫竹林迤东"，或"在紫竹林一带"。总之，当时的紫竹林作为通商埠头，一下子成为汇聚中西、有着魔力般吸引力的沃土。

尤其值得一提的是，当年的会讯公所（会讯公廨）就设于紫竹林庙内，而法租界的发审所，也设在大殿旁的三间抱厦里。

关于会讯公所，有必要多写几句。

虽说会讯公所是天津县设在租界的司法机关，实际上仍是不平等条约中"领事裁判权"的延申。因为会讯公所的中国主审官，只能审理租界内华人一般的民刑各案；凡有涉及外国人或为外国人服务的华人案件，该国领事则要派员参与会审、陪审或听讼。华人罪犯逃入租界，会讯公所可直接派人提传，但拘捕被洋人雇用的华人，须将案情移知该国领事，由该领事将应讯之人交案。不服会讯公所判决的中外人等，可向天津府或该国驻津领事官提起上诉。

紫竹林码头的快速发展，促使国内外的各行各业纷纷向这里集中。外国人的洋行、叫卖行、保险公司，广东人、山东人开设的旅栈、客寓、盆汤洗浴，闻风而来的宁波馆、广东馆和洋菜（西餐）馆等风味餐饮，以及众多的本地商铺、钱庄、票号，构建起一条繁华、热闹，可使"大江南北仕官商旅到此，不须兴乡思之感"的紫竹林大街，也就是外国人眼里的"天津大街"。

紫竹林作为近代天津华洋杂处的城市新区，与时代一脉相连，代表了西风东渐过程中明艳、鲜活的前沿与时尚。据说，中国最早的网球场就兴建在紫竹林，天津最早行驶的自行车也出现在紫竹林。让出生在紫竹林的"中国现代语言学之父"赵元任终生难忘的，是儿时在这里所见"像一张纸牌似的"自行车左右拐弯时的情景。著名散文家冰心女士，直到 82 岁那年还写文章打听紫竹林的现状，因为她的父亲年轻时曾在天津水师学堂就读，那时候，正是紫竹林最为兴旺发达的年代。

喧阗可忆，旧迹难寻。文化的冲突，文明的差距，已离我们渐行渐远，但紫竹林，毕竟代表了诸多前人记忆中那段与城市升沉荣辱休戚相关的清晨与暮霭。

紫竹林至今令人感怀，还是因为这里承载过数代人曲折成长的生命旅途。有故事的地方，往往才有生命力。

有鉴于此，《紫竹林》一书用丰瞻而又精微的文字，穿越旧日的时空和千回百转的过往，从不同的维度与向度，清晰地勾勒出这里变阡越陌的本真面貌，让我们在书中邂逅了紫竹林的流逝与永恒；既传承了历史，留下了时代印记，也为我们弥补了知识谱系的不足。

历史，总是在无数的细节中运行；历史的面貌，历史的秘密，总是在诸多微小基因的浅吟低唱中被编定。所以，有了这本书，还能帮我们按下增长历史知识的快进键。

在这里，读的是书，看的是身边演绎过的大千世界。

2018 年 12 月 3 日

[原载天津市和平区政协、天津市和平区档案馆：《天津紫竹林》]

百年航运　四海扬帆

——《天津百年航运·序》

濒临渤海，"地当九河津要"的天津，是海河水系中唯一一座依河傍海的城市，天津的发展始终与航运的兴衰密切相关；"津门古渡，百年航运"，是这座城市的永恒话题。

千百年来，海河水系与海河入海的渤海湾地区，是中国北方航运系统的重要组成部分。海河主要支流沟通南北，所具有的特殊地位和运能资源，对中国的政治、经济发展发挥过巨大作用。

＊　　　　　＊　　　　　＊

历史上，天津地区具有一定规模的内河航运，出现在 3 世纪初的东汉末年。为配合北上征讨乌桓的粮秣运输，曹操率军开凿了几条人工河道，遂使天津平原东西流向的河流连接贯通，促进了海河水系河网化的形成，距今已有 1800 年的历史。

与天津城市成长关系最为直接的内河航运始于金代。12 世纪中，金王朝定都北京，粮食供应来自山东及黄河以北地区。最初沿用隋代运河永济渠，1205 年金章宗改凿运渠，自静海独流向东北方向汇入潞水即今北运河，以达通州；南北运河与海河"T"形相交的三岔河口自此形成。

天津地区的海运，自 8 世纪的唐代始盛。今蓟州区即当年的渔阳一带，是当时的北部边防，每年都要捆载大批粮食和军用物资，

413

通过海路运至渤海湾西岸的鲍邱水（今蓟运河与潮白河）入海处，再溯流而上，直抵渔阳前线。

与天津城市成长关系最为直接的海运始于元代。元王朝定都北京后，一切供应“无不仰给于江南”。由于彼时河运尚不通畅，自长江口刘家港到直沽的海路，成为运送漕粮的唯一通道，年运量高达350余万担。

无论河运还是海运，船只驶抵直沽都要集中在昔日的三岔河口，“晓日三岔口，连樯集万艘”，成为直沽航运繁盛和内河港形成的重要标志。

明清时期大运河全线畅通，明代有漕船1万余只、运军12万人，每年所运漕粮达400万担；由于官府允许漕船“附载土宜，免征税钞”，每年还有100万担以上的江南土特产品运到北方。天津是“地当九河津要，路通七省舟车”的水陆通衢，很快形成“粮艘商舶，鱼贯而进，殆无虚日”的盛况。

清代的天津航运更臻发达，运河的繁忙较前明有增无减。海禁开放后，闽粤船队应时而至，“停泊连樯排比，以每船五十人计之，舵水人等约在一万上下”。天津本地海船亦驶往辽东、江浙，甚或朝鲜、日本，进行贸易。

* * *

1860年，天津辟为通商口岸。

随着英、法等国租界的划定以及一批批轮船的驶港，使地处法租界的紫竹林港区逐渐繁荣。从开埠到19世纪末，天津进口贸易额增加5倍，出口贸易额增加9倍，传统城市蕴藏的经济火花很快迸发出来并迅速延烧，不到半个世纪，天津便发展成中国北方最大的港口贸易城市。

20世纪初，海河经过浚治，港区不断扩大，通航能力进一步提高。1927年，仅英国进出港的船舶吨位就比1914年增加了10倍。20世纪30年代初，天津棉花出口量几占全国1/2，畜产品出口量要占全国60%，均居各港第一。进口也是如此，这一时期，天津面粉进口量占全国的 35%，同样居第一位；天津港的进出口总额，已占华北地区的 60%。

航运事业和进出口贸易的发展，拉动了金融的发展。从 19 世纪 80 年代开始，许多著名的外国银行纷纷来天津设立分行，华资银行也在天津大规模扩张。中外各大银行大都开设在紧邻海河港区的维多利亚路和大法国路，即今解放北路，这条路被称为天津的"银行街"或"金融街"。

由于这一时期天津港的吞吐量已接近超饱和状态，再加上航运船舶日益大型化，天津城市由内河港区向海河入海口迁移，已成为历史发展的的必然趋势。

沦陷期间，日本占领当局为满足战争掠夺之需，决定在塘沽修建新港。到日本投降前，虽仅建成一个规模不大的煤码头和 4 个杂货码头，却从这里掠走了一批批华工和大量煤炭、矿石。抗战胜利后，新港一度恢复吞吐能力，但至解放前夕，由于航道严重回淤，新港成为"死港"。

天津解放后，新港回到人民手中，港区中心开始定位于塘沽的海河口；当年繁华的紫竹林港区，在改革开放后改建为海河带状公园。

如今，雄踞于大沽口南北的天津港两大港区，已从 1952 年重新开港时年吞吐量不足 74 万吨的浅水小港，发展为年吞吐量突破 3.5 亿吨的综合性深水大港，形成中国北方最大的综合性港口。天津港不但拥有 3 条亚欧大陆桥过境通道，对外还可通达 180 多个国家和地区的 500 多个港口。

*　　　　　*　　　　　*

今年是中华人民共和国成立 70 周年。70 年来，新中国的航运事业在百年航运的基础上，取得了空前的发展。现在的中国，已经成为拥有全球最大港口、全球最大航运企业和全球最大集装箱船，可以扬帆四海的航运大国。

天津，作为引领中国北方航运业的港口城市，一直是首都的外港，在辅助北京完善首都城市职能等方面具有独特的优势。回顾天津百年航运所走过的道路，对于实现京津冀协同发展的战略目标，实现以天津港高质量发展为牵引，把天津建设成为北方国际航运核心区，无疑具有可资借鉴的现实价值。

新时代的天津，已成为一座现代化国际港口之城，同时正向世界一流的绿色港口、智慧港口迈进。新时代的天津，发展与时势同行，优势为未来赋能。天津人民正在发挥自古至今的航运优势，与世界一道，共同谱写新时代合作发展、互利共赢的新篇章。

2019 年国庆前夜
［原载天津市和平区政协、天津市和平区发展和改革委员会、天津市和平区档案馆：《天津百年航运》，天津人民出版社，2019 年］

416

（三）

重返时间之河　保护传承乡村历史文化

——《北辰村落简志·序》

　　行进在需要珍惜和感激的人生旅程中，我与北辰的情感连缀似乎颇具渊源。

　　2012年，天津第一部区县档案汇编《档案中的北辰》出版，我有幸书序；2013年，《北辰区志（1979—2009）》复审，我有幸参加审评，略述浅见；2016年，作为中国志书精品工程之一的《北辰区志（1979—2009）》出版，我有幸撰写书评，抒发感悟。近日，我又受邀为《北辰村落简志》一书撰写序言。收获是灵魂的成就。虽然时隔六载，但北辰方志团队那种敬业求实的精神、求知若渴的定力，让他们有资质也有能力不断打造出志书精品，并赢得累累硕果，真是可喜可贺。

　　随着改革开放的不断深入，中国的城镇化脚步不断加快，乡村的村容村貌急剧改变，许多老建筑、老街巷、老传统都面临着迅速消逝的危险。旧有的"原住民文化、老建筑等传统的东西，就如同一杯茶被一桶水给冲淡稀释了。当地人都不了解，如何让外地人了解"？事实正是如此。

　　所以，习近平总书记在中央城镇化工作会议上特别指出，要让老百姓"望得见山看得见水、记得住乡愁"。而北辰方志团队编纂《北辰村落简志》的初衷，就是为了贯彻执行总书记的指示精神，想方设法，重返时间之河，对乡土村落的种种变迁进行忠实追记；对乡村的历史文化进行保护传承，使人们在今日的城镇化进程中，留得住乡愁，记得住乡音，忘不了乡思。

古人说过："志者志也。"为此，这部"简志"以 126 个行政村为记述单元，将村落沿革、道路河流、人口姓氏、耕地状况、街道胡同、公共设施、城镇变迁、经济概况、民间文化、大事纪略、英烈先贤、党政班子、荣誉称号等基础要素进行忠实地记录，并着重选录典籍、媒体留存的乡土史料，使每个村落的发展变迁都能够再现于读者面前。

为精心编纂该书，他们开展了大规模的村情调研，四处走访，收集资料，核对史实。区委党研室、地志办霍贵兴主任亲赴各镇辅导培训，详尽讲解如何开展调查，如何绘制草图，如何收集口碑资料。在此基础上，他们精心绘制了每个村落的耕地地块称谓、分布示意图，以及街道胡同名称、位置示意图，和主要公共设施示意图，并对尚未拆迁的村落进行航拍，以全面反映村落的历史原貌。

最终，北辰方志团队克服了收集资料之艰难、核对史实之繁复、撰写书稿之沉重，熔铸出这部 200 余万字、且自成一体的志书佳作。

一部《北辰村落简志》在手，百余村落的发展变迁概貌跃然心间。在城镇化迅速进展的今天，及时留住日渐衰微乃至即将消失的历史文脉，留住正在逐渐变化的社会生活，为地方文化的发展保存优秀传统，激发人们了解北辰、热爱北辰的乡土情结，用乡情与亲情编织出纽带，促进乡土文化的传承与发展。扎根乡土，奉献乡土，进而能够从乡土文明的视角，观察和理解几千年来延续不断的中华文化。

随着岁月的流逝，这种淡远的思念和深沉的凝视，将会显得弥足珍贵。我相信，这部志书将伴随着一代又一代乡里乡亲的成长，一定能够永远留住北辰悠久的乡土文化，留住绵绵不断的乡思乡愁。

序文甄选

戊戌初秋　书于寓庐之落红室　**419**
[原载北辰村落简志编修委员会：《北辰村落简志》，方志出版社，2018 年]

一部新时代的信史

——《天穆村回族史略·序》

丙申8月杪，处暑刚过，酷热难熬的残夏正渐消逝。北辰区政协张金锁主席和前两届的魏积良主席，在胡曰刚先生陪同下，亲莅陋舍，嘱我为杀青有待的《天穆村回族史略》写一篇序文。对于两位领导的悾悾之意和惓惓之忱，我真是无比的感激。可是作为一名非穆斯林的历史学者，要担当起为穆斯林村史写序的重任，又是何等的诚惶诚恐！这样的心境，也许只有我自己才能够真正体味到。

历史上的中国，一直保持着持久和稳定的乡村社会形态，其中，相当一部分乡村是以血缘关系形成的宗族聚集地。明代初年，在天津卫城以北12里建立的穆家庄——天津最早出现的穆姓回族村落——便是一个典型。嘉靖年间，又有周、单两姓汉民在穆家庄南落户，建天齐庙，并用为村名。由于穆家庄地近北运河，交通便捷，不断有各姓回民因信仰及生活习惯等缘故来这里定居。在汉文化包容精神影响下，穆姓回族开始与周姓汉族通婚，此后世代相沿，其间亦有汉族逐渐成为习惯回族或归信伊斯兰教的。数百年间，两族群众一直秉持"相互尊重，和睦相处，共同发展"的理念，鲜有龃龉事端的发生。到了民国年间，两村俨然成为天津地区最大的回族聚居地和独具民族特色的重要村落。1951年，水到渠成，天齐庙与穆家庄合并，各取首字，名天穆村。所以，一部天穆村回族史，实际上代表了天津地区 600 多年来回、汉人民的团结史和奋斗史。龙潜深海，凤栖高枝，我想，这也正是《天穆村回族史略》编纂时的崇高主旨和立意所在。

若从宏观上看，中国村落的社会区位构成，在历史上一直占有绝对的优势；而村落的生活模式与文化传统，更可以深层次地代表着中国的历史与文化传承，因此，中国村落的历史变迁，始终是中国历史变迁的主要内容。换句话说，一个村落的历史和现状，可以代表千百年来众多的村落居民认识环境、改造环境和面对艰难困苦、战胜艰难困苦并创造出宝贵财富的漫长奋斗历程；可以代表社会风气、民俗、民情的发展、变化和进步；自然也可以代表整个社会的发展、变化和进步。

尽管自古以来村落的形成发展与中华文明的起源和发展密切相连，但是历史上的诸多的村落在全社会的视野中，大都处在边缘的地位。无论正史也好，野史也好，涉及村落记载的，可说是寥寥可数。就拿天穆村的历史来说，从建村至今不过 600 余年，但相关的史料已十分难觅。所以，要想挽留住这样一幅已被时间冲散、却极具典型意义的历史画卷，必须进行钩沉致远、穷源溯流、自古及今、原始反终的探索和研究，然而这又是一件谈何容易的事情！

悠悠岁月，岁月悠悠。天穆村的历史对于天穆人来说，是一件无法从记忆里抹去的事情，因为昨天毕竟是永恒的过去。可天穆人面对的现实是，挽留不住的岁月沧桑，已使过往的历史烟霭成为云山雾罩，时间早就把历史的真实与今天的情景拉开了距离。因此，如何直面芳草无情、落花匆匆的往昔，想方设法对天穆村的构建和成长历程进行沿波讨源、索引探迹的研究，寻找那些渐行渐远的岁月凭据和情感记忆，对这座古村落进行一次生命边缘的抢救，便成为天穆人刻不容缓的使命。可喜的是，经过数年坚持不懈的努力，这项使命最终卒底于成。

也许记忆真的是生命的本质。捧读之余，我惊奇地发现，《天穆村回族史略》（以下简称"史略"）所记载的史事，八成以上来自

"亲历、亲见、亲闻"的"三亲"口述史资料，因而显得十分宝贵。以天穆村的回族经济而论，清代穆姓地主的"带地投旗"（自诩"穆门旗"）和"拆佃"，内河运输中回回船只的"黑旗签"等，从未见诸文字记载。天穆村回族政治方面，八国联军在穆家庄制造的活埋村民血案，直隶总督李鸿章亲笔为穆家庄清真寺题写抱柱联，日本侵略军在穆家庄的暴行等等，均可补正史之阙。至于天穆村的回族教育、回族文化、回族体育、回族医疗卫生、回族风情乃至回族人物传略等方面，也都包含着许多罕见的口述及采访史料，充满了不知凡几的收获与积蓄，不但文笔通峭，不枝不蔓，极具可读性，而且鲜活真实，生动感人。

阅读"史略"，就好像进入了一次时光之旅。从全书的字里行间，我深切地感受到，天穆村和所有的中国村落一样，是一个立体变化的社会。天穆人创造了自身的历史，也见证了自身的历史。对天穆人来说，想给养育过他们的这块厚土留下点什么，不仅是一种愿望，还是一种力量。尽管漫长的时间可以把人与人分开，却无法阻止他们之间的心灵交流——每一秒钟留不住的生命，却留下了每一秒钟的生命记忆。所以，阅读这部"史略"，犹如聆听历史的呼吸，也可以感受到一份穿越时光的真实。世界上有许多事情，往往经历了才能够超越。我读过几部村落史，仅就"殚见洽闻，若斯之博"来讲，大概没有一部能够赶得上"史略"。

言近旨远，经世致用，一直是中国史学的优秀传统。因此，"史略"的另一个特色，便是在编纂过程中极力传承这样的传统。书中充满了回首之后的思考，也就是由对历史的回眸，转为对现实的反思，并从中寻求过去与现实、过去与未来的接点，力图使这部书成为沟通历史与未来的桥梁。正是在这个意义上，"史略"还具有资鉴的价值。

历史与现实原本是息息相通的。古人为使读者明白所叙历史的现实意义，往往采取"有史有论"的办法，在陈述了史事之后，用"论"来表达作者的观点，用以启迪和教育后人，像《史记》中的

"太史公曰"，《资治通鉴》中的"臣光曰"等，都是著名的例子。"史略"对此有所继承，也有所发展。比如说，在全书的每一章的前后，都有作者的提示及总结性论述，字数虽然不多，却能够剖毫析芒、笔补造化、自出机杼和不落窠臼。在"回族政治"一章的提示中，作者引用了春秋时期大政治家管仲的话："政之所兴，在顺民心；政之所废，在逆民心。"读后给人以入木三分之感。在"回族文化"一章的总结中，作者对天穆村文化的特殊性进行了剖析："从历史角度看，囿于伊斯兰教信仰之约束，能形成一定气候的文娱活动，必不以伤害其宗教信仰为前提，因之，凡是有明显娱乐性的文娱活动必不具群众性，故虽一坊村民，但其文化内涵在许多方面明显有别于周围村庄"，使读者增长了相关的见识。在"伊斯兰教传承和回族风情"一章的提示中，作者特别强调历史上的中国穆斯林"在保守自身信仰的同时，又完全融入当时之社会"，"其重要标志，一是具有自发的爱国情怀，二是具有自然的文化认同"。面对从政治时代进入商业时代转型期间出现的那种崇尚物质、追求功利的社会风气，作者特别提出，一方面需认识到传统在保障文化的生命力方面之不可或缺，一方面也要认识到人们的道德修养亦当相应改变，以"展现出充沛的伊斯兰文化和文明的内涵"（该章总结中语）。在"人物传略"一章的撰写中，作者借鉴了正史"传"中的"论曰"，如论及著名游泳健将穆成宽："观乎成宽其人，原本沧海一粟，惟因黾勉苦辛，朝乾夕惕，乃至成就辉煌，亦其专心致志而然也！"论及著名游泳教练罗金龙："呜呼！其之于游泳事业，不惟善始，尤且善终，殊可贵焉！"读后既让人感动，也受到了教育。

在研究工作中，发现也是需要勇气的。没有对历史的沉思，人们很可能把面前的诸多事物当成一堆绚丽的荒芜。如今，通过天穆人的不懈努力，古老的天穆历史已在沉睡中醒来，一部《天穆村回族史略》，就是天穆村发展变迁的历史见证，书中的丰赡内容，充满了浓郁的乡土气息和时代韵味，村民看得见、摸得着、感得到，那些遥远的岁月，仿佛都变得近在咫尺。"史略"也没有忽略那些为天穆村做出了巨大贡献的平常人，使很多像草芥一样的生命种子，在书中开出了坚韧而绚丽的花朵。

当前，我们特别需要这种既没有昧于事实、也没有昧于良知的信史，即真实纪录各种历史事件并从中引出经验教训的历史书。古人认为，"观于明镜，则疵瑕不滞于躯"。只有这样的历史书，才对我们的国家、对我们的民族有好处。退一步说，即便是历史载籍本身，也是要经受历史的考验的。在编纂历史书的同时，我们还要清楚一点——后来人最为公道，这，已为无数的史实所证明了。

主持编纂这部"史略"的，是我过去的老领导，现在的老朋友，曾任北辰区第五、六两届政协主席的魏积良先生。

积良先生出身基层，因操履高洁，心思绵密，乃屡获迁升，循级而上，又因勤于笔耕，著述等身，曾是当年北辰区唯一的一位中国作协会员。如今虽已年逾古稀，却依然虚怀若谷，始终保持着求知若渴的定力。

积良先生热爱传统文化，文史造诣亦深。然而一个人的境界，不仅在于跟进，还在于不断的自我探求。在主持编纂"史略"的过程中，积良先生借鉴了纪传体史书和地方志的体例，使"史略"记、传、图、表，一应俱全，凡能所用者皆取来应用。历经数年的重负奔波，终使本书成为精湛不磨、卓荦冠群的扛鼎之作。正所谓"庾信文章老更成，凌云健笔意纵横"。没有坚实的老根，是长不出朝气蓬勃、生机盎然的幼芽的。由此可见，阅读一本书有时就是阅读一种人生，一个人通过不间断的艰辛付出，总会构建起一道道绚丽的风景线。

真理往往是朴素的，无需用过多的形式来打扮。这部"史略"，乍看起来也许很普通，实际上却不平凡。认真阅读，便会发现，"史略"阐释的，是坐落在大城市身边一座回族村落自古至今的发展历程，实际上，则是用这个回族村落成长的历史年轮和生命韵律，弘扬了中国精神，凝聚了中国力量，同时用面向未来的态势，承担起了现实的挑战。誉为信史，诚不为过。

最后，请允许我借用一句名言："每个时代都有自己的书。"应当说，这部《天穆村回族史略》，就是我们这个时代村落史的典型和模范。同时我也坚信，今后会有更多的像"史略"一样的优秀历史著述，陆续降临到世间。

草成于 2016 年国庆长假

［原载政协天津市北辰区委员会编、魏积良主编：《天穆村回族史略》，中国文化出版社，2017 年］

序文甄选

留住青山绿水　记住乡愁

——《小穿芳峪发展志略·序》

在今年难耐的暑热中，苑雅文博士又主持完成了作为"小穿芳峪文库"之一、可以代表小穿芳峪本原面貌和本真价值的《小穿芳峪发展志略》。

党的十八大以来，中央以高瞻远瞩的历史眼光和文化胸怀，把重构新型城乡关系、重构人与自然的关系，提升为时代的呼唤。党中央明确指出，"乡土文化的根不能断，农村不能成为荒芜的农村、留守的农村、记忆中的故园"，同时要求各地农村，要"走符合农村实际的路子，遵循乡村自身发展规律，充分体现农村特点，注意乡土味道，保留乡村风貌，留得住青山绿水，记得住乡愁"。

党中央之所以把乡村问题放在这样的高度，我想，其中重要原因之一，就是因为"中国社会是乡土性的"，中国人无论走到何处，最终还要回到乡土中去。费孝通先生70多年前对中国社会的深刻观察，至今仍不失其重要的研究和参考价值。

千百年来，很多中国人心目中都有一个不解的田园梦——向往田园生活，视乡村为最理想的家园，大量诗词文献遗存也足以证明这一点。许多专家甚至预测，无论未来中国的工业文明如何发达，城市如何现代，田园牧歌式的乡村生活方式，依然会成为不少人的追求和向往。传统村落作为积淀数千年农耕文明的载体，有形的，像民居、古井、小桥、宗祠……；无形的，像耕读传家、诗书继世、勤学求达……承载着整个民族的人文印迹，乡土风情历来是中华文明的瑰宝与根脉。

然而在工业文明的潮推浪卷中，人们又发现，当前大量建设的"新农村"，与我们梦想中的田园渐行渐远，"耕读传家"的田园景象早已模糊不清，质朴悠远的乡愁更是无处寄托。因此，当前非常有必要唤醒乡村复兴的意识和理性，重新认识乡村文明的价值和使命。

正是在这样的背景下，天津社会科学院的专家学者来到蓟州区小穿芳峪。调查发现，青山掩映的小穿芳峪自然遗产丰富，乡野氛围浓厚，环境优美，自然真实，几百年来的田园文化传承和文化生态保持相对完整，符合当代社会人文生活对自然的追求，以致被誉为今日的"小桃花源"。

不宁唯是，小穿芳峪还是乡村改革的前锋。

2015年，这里进行了宅基地改革试点，村民以宅基地入股，宅基地流转进入村集体，由村集体交给旅游公司统一招商。经过统一规划，小穿芳峪村发展格局鲜明：村中东部为农业发展区，发展观光农业和高效生态农业；西北部是生态保护区，村北部统建安置小区。村民原有宅基地转为产业用地，由村管的井田庐旅游公司经营，以发展乡村旅游，实现居住用地与产业用地分离；建设用地指标，通过腾退村内空闲地和宅基地的途径进行解决，避免民宿业过度开发。由于"整合了土地资源，从一家一户变成了抱团发展"。

在此基础上，小穿芳峪按照传统园林设计，实现了全村的景观化改造，建成乡野公园、农耕文化体验园和房车基地等休闲旅游项目；同时对每户宅院进行改造，由旅游公司统一配送客房、餐厅用品与食材，使农家院经营走向标准化。

平整的路面，古朴的木桥，构建出小穿芳峪座座农家院的错落有致。环境美了，夜晚亮了，农家院、农耕园热闹起来了，好一派山居盛景！2016年，小穿芳峪入选农业部的"中国美丽休闲乡村"。

中国自古以农立国，中国的现代化道路，与以工商业为主要经济活动的西方社会不同，因为中国现代化过程中还有十分重要的"另一半"——乡土化的农村。所以，探索如何使特色乡村田园建设成为促进乡村复兴的长远战略，走出一条能够回应时代呼声的乡村复兴之路，是时代赋予的重任。换句话说，特色田园乡村建设，并非是某个乡村的美化行动，而是中国现代化建设新阶段的一场深刻革命，对于具有几千年"田园梦"的中国人来说，还是一条文明有根的现代化之路。

探索这样的田园文化，既不失传统"具鸡黍，话桑麻"的清纯高爽，又可吸引城市中更多追求田园生活的生态理想主义者，包括一批生态公民，到乡村来轻松享受自然之美，享受具有山林品质的优雅生活。走这样一条道路，无论在当代田园乡村建设方面，还是在推动和助力传统村落可持续发展方面，都具有极大的参考价值。

总之，乡村的重建与复兴，需要发挥自身的独特禀赋，需要自下而上的内生动力，需要以田园生产、田园生活和田园生态为核心要素，重塑"山、水、田、林、人、居"和谐共生关系。当代田园乡村建设，既是乡村生产和乡村生活方式螺旋上升后的回归，也是生产、生活、生态"三生"空间的有机融合，更是从农业文明、工业文明向生态文明的跨越性探索。只有如此，才能促进乡村经济的整体进步，促进承载乡愁记忆、富有传统意境和充满桃源意趣的当代田园乡村的形成。

几年来，苑雅文博士的团队努力贯彻习近平总书记提出的乡村文化振兴战略，深入挖掘优秀传统农耕文化蕴含的思想观念、人文精神、道德规范，努力履行好乡村志书承载乡愁、延续历史文脉的重要使命，把这部《小穿芳峪发展志略》写得内容丰富而不杂，叙述全面而有序，文字简洁而平实。目的就是让我们的乡村"望得见山，看得见水，记得住乡愁"，让传统文化不再流失，让人们的心灵找到回归的空间，"为当代提供资政辅治之参考，为后世留下堪存借鉴之记述"。

当前，只有认知古老乡村文明的现代价值和使命，形成有生命力的田园文化和新时代的乡村美学，让历史古村落拥有未来、拥抱未来，为未来记录历史，才能使我们的城镇化成为记得住乡愁的城镇化，让我们的现代化成为守住中华文化之根的现代化。

2018 年 8 月 8 日
［原载苑雅文、罗海燕：《小穿芳峪发展志略》，
社科文献出版社，2018 年］

致敬传承

——山东茌平《范庄杨氏续修家谱·序》

　　历史上的中国，是一个以宗族和家族统治为基础构建的传统社会，所以专门记录宗族和家族延续状况的谱牒与谱牒之学，在世界上最为发达。据说，仅上海图书馆就藏有家谱 3 万部，是目前全世界收藏家谱最多的图书馆。以臆度之，若与历史上曾经存在过的族谱、家谱相比较，如此的数量，也不过是九牛之于一毛而已。

　　宗族或家族的谱系记录，在唐、五代之后，随着政权体制的变革，庶族政治开始取代士族政治，门第观念随之被抛弃，旧有的士族宗谱也就黯然失去了赖以存在的社会价值，于是渐行归于湮灭。直到明清时期，社会相对稳定，农业和手工业经济取得了长足的进步，城乡之中新的家族制度形成了，人们的生活追求与精神向往也发生了由表及里的变化，纂修家谱的风气开始盛行和普及。尤其是农村，基本上没有了无谱之族，自然也就不存在无谱之人了。如果说，魏晋时期及以前的谱牒流行，除了取得王室皇权的社会认证，主要还是为了在门阀士族中选拔官吏、品评人才和相互通婚，那么，明清的家谱，已悄然演化为某一家族的世系、祧字与血缘关系的忠实记录了。

　　步入近代，频仍的外患和内乱，给中国原有的社会建构带来了根本性改变。特别是在近几十年断裂式的社会变迁中，原本已经萧条冷落的家谱纂修，几乎遭遇到灭顶之灾。直到 20 世纪 70 年代，那些隐没在社会角落的修谱之举，方由暗自运行转入到安然公开，基层社会的很多人开始自觉或不自觉地读取、检视沉寂在历史风尘中的家族过往，把传递了多少个世纪的重修、续修家谱，当成一代人的责任而竞相承担。2017 年，由天津体育大学博士后杨祥全教授主持完成的山东荏平的《范庄杨氏续修家谱》，就是其中具有代表性的新续家谱之一。

说这部家谱是"新"续，自然就有别于旧时的续修。

首先是在旧谱基础上体例与内容的创新。比如，为增加人们对家谱的认识深度，前面选编了历代先贤论述家谱的语录。其次是在文献的辑存与记录方面，特意加上了"十口相传"、自古迄今的杨姓源流，弥补了此前的不足。再次是"新"续家谱中增添了"附录"，包括："始祖杨槐勤俭立家""园丁录"和"捐钱修路之杨氏子孙"，内容新颖得体。在"后记"中，"新"续家谱简明扼要地阐明了"姓"与"氏"的出现与区别，历史上家谱的变迁和源流，以及续修主持者杨祥全教授发自肺腑的亲身感受等，堪称弥足珍贵。

传统文化的生命不在于形式，而在于践行，所以在这里我一定要提提杨祥全教授。他在天津体育界不但学位最高，而且取得过丰富的跨学科学历——南开大学的历史学博士，北京师范大学民俗学的博士后，天津中医药大学的访问学者等。因此，主持范庄杨氏续修家谱的工作传递到祥全教授的手里，一发力，自然就显得游刃有余。古人之所以提倡"积力之所举，则无不胜"，是因为生活总会厚待不懈努力的人。

在当前，这项工作的社会价值更是不容忽视。当我们用传承打开历史的时候，自然就会发现，在时光迅速流转、时代步伐不断加快的同时，我们的家国情怀正在被稀释，我们的文化脉络已经出现了断崖。尽管传统文化的修复能力有时是很强的，但灵魂若没了屋宇，雨水就会滴在心头。从历史深处打捞这些碎片，到社会的舞台捕捉那些具有穿透力的灵性之光，让传统文化释放出新的功能，让民族遗产变成继续前行的榜样，是一种义不容辞的社会责任。

最后，我还要在这里致敬传承，致敬家谱传承背后蕴含的深厚民族文化。中华民族的诸多历史细节、历史面貌和历史秘密，往往就是在这些微小的基因中被编定的。今天，我们的国家能够有这种高度，我们的民族能够有这样的厚度，我们的疆域能够有如此的广度，在很大程度上靠的就是这种携带着情感的记忆。何况这种记忆早已深入人心，融化在中华民族永久的血脉中，与家国的升沉荣辱，休戚与共。这些，不仅是我们的回望，而且从来不曾被我们忘记。

一旦脱离文化传统，就会失掉自己的身份。因此，祥全教授主持的这项工作，是对这片东方热土上氤氲成长的传统表现出的文化坚守和文化自信，既具强劲的生命力，也有鲜明的时代价值。

是为序。

丁酉惊蛰之日　写于天津
［原载《山东茌平范庄杨氏续修家谱》］

（四）

努力去做一种新的尝试

——《刘云若传论·序》

一口气，把小管——她的大名叫管淑珍——发来的《刘云若评传》轻松读迄。

记得刚刚识字，便从父亲时常带回家的《一四七画报》之类的刊物上见过刘云若的名字，可里面写的什么，全然不懂。至于读刘云若的小说，还是 20 世纪 80 年代初，在工作中开始关注天津地域文化以后的事。

小管的散文我读过，笔调轻盈，也挺有思想，没有无病呻吟的毛病，很难得。

这次她写《刘云若评传》，从大量作品中探索刘云若的隐秘人生，就是发挥了这方面的特长。

在"评传"中，她把徜徉和驰骋在刘云若作品中的所思所想，用散文或随笔式的形式娓娓道来，文如行云，轻松流畅。再加上她平日读的书多，知识面广，思想活跃，又喜用典故，往往在一件事、一个问题的剖析和评述上，纵横捭阖，谈古论今，有时还说得入木三分。

我总以为，与其说这是一部刘云若的"评传"，倒不如说是作者多年读刘云若的心得体会，而且读得很用心，很用力，很有自己的见解，"评"得也很精彩。即便通篇显得有点"评"多"传"少，也没有减低这本书应有的分量。

在圈儿内被亲昵地称为"刘五爷"的刘云若，确是 20 世纪三四十年代天津一位前无古人的著名作家，思维缜密，下笔成章，极富创作天才，可以同时写出几部作品，催稿人立等可取。活了不到 50 岁，竟写出 50 部作品，还不算那些边角料式的诗词短文。

刘云若的作品大都是流行一时的社会言情小说，先在报刊上连载，然后结集出版，有的还被改编成电影，身边围绕着一批"云迷"，今天该叫"云粉"。刘云若当年受欢迎的程度，自然也就不言而喻了。

可是自出道以来，刘云若又是位颇有争议的作家。比如，他自己就对自己有争议，他经常感到，为生活所迫写的那些东西，自己也不知是好是坏，特别是沦陷期间写的那些红粉故事，无异于泥塘里学猪叫，甚至把自己打成文化罪人。其次是朋友圈对他有争议，本来腹有诗书气自华，但拿才华去编小说，算得什么行当？面对友人的诘问，他坦言："十年读书，十年养气，结果成为撒谎专家，真是惭愧。"最后是社会对他有争议，刘云若死后的 30 年里，他本人和他的作品几乎全被封杀，直到 20 世纪 80 年代初才开始解冻。时至今日，如何面对有争议的刘云若，便成为文学史上不能回避的问题。"评传"就是站在学术前沿，试图对刘云若的认识和研究有所突破的一部力作。

"评传"中的许多学术观点，都很有见地，甚或发人所未发。我试图从以下几个方面做一些归纳：

一、刘云若是那个时代的非主流作家，他的作品曾经联系着千家万户的读者，他也领略过身为著名作家所拥有的气派、气场和气势。刘云若是民国时期天津文坛的一个品牌，他像楔子一样扎进了天津这个城市的肌体。

二、刘云若写的作品，大部分属于风花雪月，但他仍是一位本分的小说家，创作态度是严肃的。无论在什么情况下，他都能严格遵守文学发展规律去创作，既要区别他人，以建立自己的艺术风格，又要克服自我重复而不断创新。在新文学蒸蒸日上之时，刘云若坚守着章回小说的创作方法，此间深意，值得探索。

三、表面上看，刘云若写的大都是幽深浓艳的女性世界，实际上，他是想解决女性的堕落与拯救这样一个矛盾重重的社会问题，他始终希望有一种新生力量能够拯救这个社会。他的小说，有的是"愤书"，有的是"记痛"，已经超越了一般社会言情小说男欢女爱、悲欢离合的层面而上升到家国情怀。如果从思想、体裁乃至文体结构去考察，刘云若的作品对狄更斯、华盛顿·欧文等人是有所借鉴的。

四、沦陷期间，刘云若闭门不出，以变卖典当维持生计，同时悄悄写了许多速写。抗战胜利后，他连续写了几部与抗战有关的小说，其中素材大多来自这些内容。

抗战胜利后，天津城市的精神复苏成为昙花一现的流景，于是他又将捉襟见肘的市民贫困生活描写得淋漓尽致。

即使处于逆境，也会认真观察生活并且勤奋记录，这是一个作家的责任心和良好工作习惯。

如同现实生活中的每个人都在时空中不断蜕变一样，刘云若也总是在隐痛中不断前行，希望抵达某个终点，然后改弦更张，期待找到合理的人生答案。可惜，历史没有给他这样的机会。

五、刘云若塑造小说人物的特点，是善于从心理学角度去分析，同时注重人性层次上的剖析。写市井高人一等，骂名士入木三分。刘云若经常说，"你们说我写的是男女，我却未见男女"……他所说的"未见男女"，潜意识中是在拷问人性，并且张扬了人性中最美好的一面。

六、刘云若小说中的语言运用，基本上保持了旧式文人的本色和韵味，善于使用深沉的文字来表达自己独特的人生观和世界观。在刘云若的作品中，语言有一种说不出来的魅力，有时候，读者会沉浸于语言的艺术享受，却使得故事情节成为陪衬。刘云若笔下所有的文字，都是靠真功夫写出来的。

七、刘云若不是一个蹈常袭故的平庸文人，而是一个有骨气的文人，素养很高，且自律甚严。他总是谦逊地总结自己的创作生涯，因而得到了同行以及各界文化人士的尊重，愈发显得难能可贵。

八、对刘云若创作道路的不足，"评传"也进行了直率的批评和检讨，即总是过于边缘而远离主流，这一点，无论如何是回避不了的。

由于真实的刘云若已被漫长的岁月消耗殆尽。所以"评传"作者认为，研究刘云若的最大收获，就是还原一个真实的刘云若。若不对刘云若的生平探赜索隐和钩深致远，也就无法与他进行真正意义上的心灵对话。或许，这就是萌发写作"评传"的动机。

当然，作者对刘云若的研究还有更高的目标，在我看来，也是个非常有趣的悬念，这就是探究他未完成的后半生的脉络和轨迹，并由此解开作者心中的一个死结：在刘云若缺席的十七年文学中，文革文学中，甚至更远一点的新时期文学中，他的创作经验或文学理念如果产生了死灰复燃的可能性，与他同时代的人将怎样应对。

"评传"一直看好刘云若，认为到了写《云破月来》时，刘云若的内心世界已经扬起了前行的风帆，他尝试去做一种新的努力，追求他多年的梦想，然而，这一切都止于刘云若的英年早逝。

最后，我想表白的是，"评传"说刘云若是鞭辟入里，我说刘云若是浮光掠影，不可同日而语。所以，我只能"一脚门里，一脚门外"，写几句读后感想之类肤浅的话，权充序言吧。

丙申　桂月草迄于斗室

［原载管淑珍：《刘云若传论》，天津古籍出版社，2017 年］

437

柳听溪语　燕识归程[1]

——《燕子李三正传·序》

　　燕子李三是清末民初一位传奇式的侠义人物，他的故事在京津一带流传甚广。记得刚刚懂事，就听母亲念叨过燕子李三，说他是昼伏夜行、飞檐走壁的"大案贼"，就连官府对他也奈何不得。

　　20 世纪 80 年代，作家柳溪推出了小说《燕子李三传奇》，很快又被改编成电影和电视剧，经过文学艺术的烘焙，瞬间竟使这位久已淡出人们记忆的大侠家喻户晓。

　　人人都有一双眼睛，但看世间与看人生的角度、感受和见解却不尽相同。因此，柳溪根据反馈意见进行修改时，在一定程度上影响了作品的真实性、艺术性和完整性。后来，柳溪认识到这一点，准备重写，又因常年卧病而未能如愿。

　　柳溪之子石磅为完成母亲的夙愿，本着最大限度接近生活原型的原则，积三年之功，又写了一部《燕子李三正传》，塑造出一位更为真实的燕子李三。

　　当年，燕子李三曾是著名的"京东五侠"之一，出生在离北京不远的蓟县上仓镇程家庄。燕子李三生活的年代，正是清末民初中国社会最为动荡的时期，小说沿着甲午中日战争、戊戌变法、义和

---

　　① 　程家庄燕子李三纪念馆特邀文史顾问纪长安赠柳溪的联语。

团运动、辛亥革命及二次革命等给京津带来的深刻变化历史背景展开。大浪淘沙，泥沙俱下，太多的偶然与邂逅，使"京东五侠"中的每个人都走上了不同的道路。

唯有燕子李三是真正的侠肝义胆，他不曾被命运束住手脚，受穷困而不沮丧，遭痛楚而能超脱，在生活的怀抱里勇于接受逆境，能拥有也能失落。他的心路历程，或痛苦或炽烈，或压抑或奔放，都能宽容对待；面对所有的愉悦和无奈，都能坦然接纳。别离让他懂得了珍惜，伤痛令他清醒了头脑，挫败使他坚强了意志，这一切助他在无尽的黑暗中，始终能为自己点燃一盏希望的灯。古人认为，"志之难也，不在胜人，而在自胜"。小说中的燕子李三，就是这样一位善于在打拼中"自胜"的人物。社会是复杂的，人生也是复杂的，燕子李三就是生活在复杂社会中的一个多面体。面对强梁而锋芒不露，身怀绝技而甘受驱使，这些，又不能不使燕子李三身上显现出某种令人费解的缺陷美。

怎样理解英雄人物的缺憾与不足？我以为，不能以同一道德尺衡量每一个人，而应因人而异；何况燕子李三的行为，只能代表他的立场，而不能代表他的全部。在很多情况下，也许只有生命出现了划痕，阳光才能射入；书中描写的邪恶，在正义面前都无法站稳脚跟，就是明证。其实，历史上不是所有的是非都能辨明，不是所有的纠葛都能厘清，在很多情况下，只能让时间去做最好的回答和诠释。至于书中涉及不同历史事件的不同评价，我想也应持此态度。历史也好，现实也好，一个人能活出自己，实在不是一件容易的事情。

《燕子李三正传》不仅有鲜活生动的众多人物，起伏跌宕的故事情节，而且内容丰富多彩，知识性强。这不能不说是得益于作者的家庭文化熏陶与年轻时的苦难成长历程。

石磅原名谢午元，1950 年生于北京，曾祖父在晚清曾任宁（波）绍（兴）台（州）道；曾外祖父乌扎拉氏，籍隶镶黄旗，官至巡抚。母亲柳溪原名纪清倪，是清代大学问家纪晓岚的后裔。石磅随父来

439

到长春。"文革"前夕，石磅下乡到内蒙郭尔罗斯前旗，在放马、种地和屯垦之余，遍历了中苏、中蒙边界上的旗县，听到了蒙、满、鄂伦春、锡伯、赫哲等族边民讲述的大量历史故事，石磅渐渐领悟到生活与生命的真谛。

1979年母亲的问题得到改正，酷爱文艺的石磅重新回到母亲身旁。失去了青春之后的石磅没有垂头丧气，而是在满足、惬意、充实和厚重的生活中握住了未来。生命往往就是活力。他演过话剧、电影和电视剧，写过剧本和小说，退休前还拍摄了几部历史文献片。母亲的《燕子李三传奇》改编为连环画，文字就是由石磅完成的。

《燕子李三传奇》的出版，使原本不见经传的程家庄被越来越多的人所知晓。为向作者表达感谢和敬意，程家庄授予重病中的柳溪"程家庄荣誉村民"称号。同时，期望石磅尽快完成《燕子李三正传》的创作，演绎一段"母子同题，文坛佳话"的故事。我想，这是程家庄全体村民一种质朴而真诚的表达。

勇气和智慧源于真爱。2014年3月柳溪病逝；两个月后，我收到石磅发来的《燕子李三正传》电子稿，看得出，这是他调动起所有生命细胞完成的。虽说一部书稿创作的完成只是作家生命的一个过渡，但播种的艰辛，收获的喜悦，全都融入其中了。

岁月在母子两代人的笔尖上流淌了三十年，对生活的期许业已变成现实，一个比肉体更为真实的生命跃然纸上，这就是"正传"中的燕子李三。

英国诗人埃·斯宾塞说："对于那些赢得不朽名声的人来说，生命并没有消逝。"把这句话用于序文的结语，愚以为是再合适不过了。

2014年6月16日识于陋室

［原载石磅：《燕子李三正传》，天津人民出版社，2015年］

一幅慷慨悲歌的沧桑画卷

——长篇历史小说《黄金祥·序》

这是一部以中国近代史为背景的历史传记小说。

小说主人公黄金祥，是清末民初天津北乡王秦庄的一位著名乡绅，自幼家中寒苦，后来因缘进入甘肃提督曹克忠麾下充当亲兵。曹克忠本姓赵，北仓刘园人，原为王秦庄人曹清顺的外甥，稍长，过继给曹清顺为子。进入行伍后，以战功累积至提督衔。黄金祥则在曹克忠军中结识了布贩曹锟，二人结为金兰，并荐曹锟从军，从而奠定了曹锟一生飞黄腾达的基础。中年以后，黄金祥以都司衔蓝翎侍卫的身份退居故里；五四运动期间，又招纳了一位热血青年、北仓李家嘴人胡毓枫为婿。作为一名有地位的在籍乡绅，黄金祥热心公益，很得邻里拥戴，威望甚高；面对列强侵略，出于民族大义，又极尽保全乡梓之能事，直至亡故。

主人公生活的历史背景，恰值中国社会变动最为激烈的年代。

鸦片战争以后，灾难深重的中华民族一步步向着半殖民地和殖民地沉沦。然而，在地缘政治影响下，中国近代历史上的每一件大事，几乎都要进入海河来演绎，都要通过天津去彰显。因此，面对风云诡谲的历史，如何以文学家的敏感捕捉每一个有价值的历史瞬间，把那些当地群众熟知的鲜活人物，作为生命的个体，放在云飞浪卷的历史波涛中，写出他们的纯洁，他们的豪迈，他们的伟岸，

441

他们的才智、胆识与美德，直至他们的人生终点——这，实在不是一件容易的事情。

在文学作品里，历史，不仅仅是加工的记忆，而且是一出出被细节填充的大剧。本书作者通过对黄金祥、曹克忠、胡毓枫这样一些典型人物的描写，成功地塑造了中国近代历史背景下，涌现出的那些勇猛而不失教养，理性又热情澎湃，成熟且富于梦想的社会中坚。同时，又通过这些历史人物所独具的精神服众力与道德凝聚力，描绘出一幅中国近代历史慷慨悲歌的沧桑画卷。

这部传记小说，通篇没有大人物，没讲大道理，但读后令人感动。我以为，历史上，也许只有那些来自当世与后代的敬重与感激，那些真正经得住时间、真相和道义考验的"大众英雄"，才不会因光阴的淘洗而褪色、变质；惟其没有大道理，才是人生的真实写照。而真正让我们感动的，也不是这些人物经历的各种苦难，而是他们面对苦难表现出来的坚忍不拔的精神；这种历久弥新的精神，乃是人类最为宝贵的财富。

用文学作品恢复历史，塑造历史人物形象，不但生动、真实，而且有着典型的社会意义。黄金祥、曹克忠都出身于农村下层，但经过个人的努力与奋斗，均可跻身于官、绅行列，这种现象十分值得注意。在中国传统的科层社会里，统治者和被统治者、富豪与穷人的差距非常之大，但是两者间的代际传递却没有固化，社会始终为底层的被统治者和穷人，保持着一条走入上升通道的机会。换言之，传统社会中统治与被统治、贫与富的分界线虽然坚不可破，但每个人都有可能在这分界线的上下进行浮动，这也就是古人所说的"将相本无种""白屋出公卿"，从而保证了整个社会能够建立在超稳定的架构之上。

这部历史传记小说的作者也非常值得一提。他们是兄妹二人，是返城知青，但若干年来，都用一种坚定而又耐心的精神，在各自的岗位上脚踏实地，一步步跨越人生，做出了非常大的贡献。我想，能让人生得到满分的，往往不是机遇，而是一个人对工作、对生活的态度。所谓"跬步寸进，行远自迩"，说的就是这个道理。当然，为自己选准位置也很重要。譬如一滴水落进池塘，也许毫不起眼，但滴到荷叶上，却美似珍珠。其实，任何事业都是如此。一个人若为自己选择到了适当的位置，往往就会闪亮无比。

癸巳端午　草于寓庐之落红室

［原载胡日琪、胡日钢：《黄金祥》，天津人民出版社，2013 年］

序文甄选

443

（五）

《北洋公牍类纂（正续编）》前言

近人甘厚慈编辑的《北洋公牍类纂（正续编）》，是一部记录 20世纪初清廷"新政"在北洋贯彻执行状况的史料汇编，内容翔实、具体，较为真实地反映了袁世凯主政北洋期间实施"新政"的方方面面。

北洋原本是个地域名词，管辖范围大致包括第二次鸦片战争后被迫开埠通商的直隶、山东和东北地区。北洋大臣则是北洋通商大臣的简称。1870 年，清廷因"天津教案"的爆发，决定撤销三口通商大臣，调署理两江总督李鸿章为直隶总督和首任的北洋通商大臣。北洋大臣是比照南洋大臣设立的，虽然时间较晚，但因地近畿辅，极易影响到权力中枢，比起南洋大臣来自然是权重位高。北洋大臣不但负责统帅庞大的新式陆海军，而且是皇帝的钦差，有权代表清王朝接见各国使节，签订各种条约，许多洋务设施也都开创于北洋，就连朝廷的要政，也是"每由军机处问诸北洋"，才做最后的定夺，以至造就了直隶总督衙门成为"第二政府"和"影子内阁"的特殊地位。因此，在一定意义上也可以说，中国近代历史上的"北洋"时代，是由李鸿章和袁世凯开创的。

1902 年 8 月，袁世凯代表清廷从八国联军手中接收天津，旋即以天津为直隶省城。梁启超说，袁世凯"在前清督抚中以能办新政名"，事实正是如此。莅津之初，袁世凯即在北洋整顿吏治，裁汰陋规，办理巡警，铸造银钱，会办练兵，倡办工艺，一时间生气勃勃。适值清廷推行"新政"，北洋楼台近水，闻风而动，举凡清廷颁布的各种改革事项，包括"预备立宪"，袁世凯不避怨嫌，"奋然兴举，大僚之牵掣，群吏之非笑，一概无所于恤而壹意独行其所是"。从1901至1907年，袁世凯在直隶总督任内有六七年的时间，很快使北洋成为"新政权舆之地"，"四方之观新政者，冠盖咸集于津"【《北洋公牍类纂·序》】。

当时，正在天津从事出版印刷的文化人甘厚慈，编辑这样一部与北洋地区实施新政有关的公牍文集，是否得到过袁世凯的委托或暗示，如今已不得而知。但从多数文牍缺乏系统性来看，似多半采自"官报"或其他时政类报刊，不一定是原始的档案。

《北洋公牍类纂》25卷于1907年"敬辑"而成，由北京益森印刷有限公司出版。当时，"中国各省新政之布，必资模范于北洋"【《学员李廷玉臧守义陈宝泉刘宝和陈清震等筹议推行义务教育办法十四条禀并批》，《类纂》卷十一】；"各省咸派员考察，藉为取法之资"。所以"类纂"出版后"购者云涌，不啻左太冲之赋三都，洛阳为之纸贵"【《北洋公牍类纂续编·序》】。于是，甘厚慈在1910年又辑成《北洋公牍类纂·续编》24卷，改由天津官报局、绛雪斋书局出版。这部书大大提高了袁世凯在朝野的威望，尤其是发行后的热销，据说"颇恰项城之意"。

《北洋公牍类纂》选取的文献，几乎涵盖了袁世凯督直期间实施"新政"的全部，内容分别为：卷一自治一，卷二自治二（预备立宪附）；卷三吏治一　总纲、教育，卷四吏治二　审判、胥吏、除暴，卷五吏治三　监狱习艺，卷六吏治四　各项；卷七警察一，卷八警察二，卷九警察三；卷十学务一，卷十一学务二；卷十二兵政；卷十三交涉；卷十四税务；卷十五盐政；卷十六工艺一　总纲、教育，卷十七工艺二　研究，卷十八工艺三　实验、售品；卷十九路矿；卷二十商务一，卷二十一商务二；卷二十二币制；卷二十三种植；卷二十四农务（水利附）；卷二十五卫生（医术禁烟附）。《北洋公牍类纂·续编》收录的公牍内容大致相同，只是多了财政、轮电，而将路矿分为铁路和矿务，将水利从农务中分出，并少了警察、学务、种植和卫生等几个类目。

应当说，《北洋公牍类纂》的最大特点就在于当时人记当时事，其中虽不无粉饰、夸张之处，但基本上还是真实可信的，也可与当时的其他官方文书互为表里，特别是当时的各种章程、条规和律令，保存得相当完整，极便检索和应用。

比如，袁世凯准备接收天津之时，因《辛丑条约》中有 20 里内不准驻扎中国军队的规定，于改用西法变通，把巡兵编为巡警。先是在省城保定创设警务总局及分局，设警务学堂，接收天津前夕，又抽调北洋新军 3000 名，改为巡警，直隶遂成为中国最早设立警察的省份。为普及警察制度，很快又在天津开办了巡警学堂。从此，警察制度推广到天津四乡及全省各州县，并组建了山海关内外铁路巡警。为补充警员，又改绿营为巡警，建立了绿营巡警传习所和镇标巡警学堂，而以最后建立的北洋巡警学堂为总汇。《北洋巡警学堂推广重订章程》的"原起"，简要地介绍了这一过程："直隶警察自保定、天津创办以来，久著成效，其外府州县，亦皆陆续推广，而学堂实为全省警察基础。光绪二十八年初设天津巡警学堂，越明年，并保定学堂于津，统名曰北洋巡警学堂……造就通省巡警官弁资格。"【参见《类纂》卷七】

"天津地方，缟毂华洋"，但直隶省城迁津后，海河两岸的较好地势已为各国租界瓜分殆尽，于是袁世凯决定采用现代规划理念，开辟河北新区，自大经路建成后，因"与宪署相近，又为新车站往来要道，地势宽绰……中西商人接续修造房屋，繁庶之象，计日可竣"【《工业总局禀酌拟创设考工厂办法四条》，《类纂》卷十七】，"自河北新建市场，人烟繁盛，倍于昔日"【《天津道凌禀酌拟清查户口大致办法文并批》，《类纂》卷六】，很快使河北新区发展成全省的经济、文化和行政管理中心。

如何拯救兵荒马乱后的天津金融市场，也是摆在袁世凯面前的首要任务。当时的市面，银根奇紧，制钱短绌，贴水骤增。袁世凯于 1902 年委员筹办北洋银元局，"以资补救"；很快"铸成当十铜元一百五十万枚"，解交支应局，以辅制钱之不足，并出示晓谕铺户居民，一体搭用【《北洋支应局银元局会陈铸发铜元禀并批》，《类纂》卷二十二】，同时特别申明，"并非行用铜元，即停使制钱"【《临榆县行使铜元请批示立案禀并批》，《类纂》卷二十二】。据天津商会反馈，"自开办以来，京津保等处市面，悉赖周转，商民称便"【《天津商会禀督宪维持铜元办法文》，《续编》卷九】。为进一步整顿金融秩序，改变当时钱庄票号"滥发钱帖"的状况，袁世凯又准许"殷实行号，有五家连环担保，准发行兑换银元纸币"【《虞令维铎禀督宪端整顿银行条陈并批》，《续编》卷六】，这是近代以来民间发行纸币的开始。

为切实提倡和保护奄奄一息的民族工业，袁世凯决定建立直隶工艺总局，"并于城厢内外创设工艺学堂以精进其理法，设实习工场以练习其技能，设考工厂以甄验其货品。设工商演说以增益其见闻，设工商研究以开拓其智识，设工业售品所以疏通其销路"。在工艺总局推动下，民间"风气渐开，天津绅商已多集股禀设工厂，各属官绅亦陆续送徒来津学习，毕业会籍，已有开办获利者"【《直隶工艺总局劝兴工艺示文》，《类纂》卷十六】。不久，北洋银元局则利用部分原有设备，扩建成北洋劝业铁工厂【《北洋银元局详拟设劝业铁工厂绘具厂图并试办章程呈请立案文并批》，《类纂》卷十八】。在官府的劝办下，织染缝纫公司、造胰公司、直隶万益机器织造毡呢等物有限公司、天津华胜机器制造烛皂有限公司先后成立【《工艺总局劝办织染缝纫公司请派员督理详文并批》，《类纂》卷十八】。在保定建立了官商合办实业工艺厂，保定府新城县工艺织染局等。与此同时，由工艺总局派人赴上海学习纺纱，赴湖北学织麻质绸缎纱布，赴江西学习制瓷，赴日本考查造纸，直隶农务学堂则在此基础上试办了纺织工厂【《直隶农务学堂详拟试办纺织工厂章程》，《类纂》卷十八】。工艺局还联合教养局，在广仁堂合办机器织布，并准备逐渐向民间推广，其至连天津育婴堂也进行了扩充改良，添设女学堂及工艺厂，"以七岁入学，十六岁卒业后，不但易于择配，并可留充本堂教习，以资表率"【《运司陆详呈天津育婴堂添设女学堂工艺厂章程文并批》，《类纂》卷十八】。对于申请各项工业专利的，工艺总局积极予以保护，从而奠定了"工艺局为振兴直隶全省实业之枢纽"【《工艺局禀陈办法七条》，《类纂》卷十六】的关键性地位。

为改良和发展农业，袁世凯设立了直隶农务总局，发行《农报》，试办农务总会，府县建农务分会，设农事试验场，"以资先导"；同时从"劝办种树入手……藉为农会之基础"【《直隶农务总局详定劝办种树章程文并批》，《类纂》卷二十三】。不久又举办农产品评会，创立直隶农业学堂，袁世凯其至亲自布置在南北运河两岸广植树木【《津海关道天津府等会议沿河种植情形禀并批》，《类纂》卷二十三】。嗣后，各府县纷纷筹兴树利，开办林会或农林会，试办森林社或种植实业公司，种柞养蚕，规复水利，筹议堤工，围荒放垦。直隶工艺总局则在河北新车站迤东创立北洋官立种植园，附设种植园研究会，凡会员均可租地进行实验种植【《工艺总局种植园研究会会员租地章程》，《类纂》卷二十三】；因种植园内水木明瑟，不久即辟为公园，设游船，可饮茶，亦可宴客【《直隶工艺总局种植园游览售票章程》，《类纂》卷二十三】，这就是今日北宁公园的前身。

商业方面，"天津为北洋巨埠，商货云集，或行销于内地，或转运于他口，日以万计"【《天津商会禀整顿报单局情形文并批》，《续编》卷七】。但是，"自遭庚子之变，或遭抢掠，或被焚烧，市面为之一空"【《天津商会禀遵饬核议津埠各商亏欠洋商货款办法文并批》，《续编》卷十四】，以致元气大伤。为促进天津工商业的发展和繁荣，1903年袁世凯指示成立天津商务公所。此后，直隶工艺总局属下的考工厂倡办了天津商业劝工会，每年三、腊两月在天后宫，六、十两月在河北公园举办【《津海关道详商业劝工会货品拟订进出口章程文并批》，《类纂》卷二十】。"为联络商情，提倡实业，裨益地方"【《督宪杨准农工商部咨会与地方官行文章程札饬天津商会查

序文甄选

449

照文》,《续编》卷二十四】,1904 年天津商务公所改组为天津商务总会,仅 1907 和 1908 两年间,即协助地方官府理结钱债诉讼一百五十五起【《天津商务总会奉督宪札准饬地方官速理钱债照会各分会查照文》,《续编》卷二十四】。在商务总会倡导下,天津钱商公会、天津鞋帽商研究所、天津门市布商研究所、北洋商学公会等先后成立【《天津开办钱商公会章程》,《天津门市布商研究所简章》,《北洋商学公会章程》,《续编》卷二十四】。为支持直隶产品赴上海参加南洋第一次劝业会,1909 年天津商务总会还特别成立了“直隶赞助出品有限公司”【《天津商务总会禀呈赞助出品会有限公司章程文并批》,《续编》卷二十四】,取得了很好的成效。

袁世凯督直期间,积极推行新式教育。直隶学政撤销后,改设学校司,作为通省的最高教育行政机构。不久,各州县学堂次第开办,学生亦得到优免差徭地亩的优待。在普通教育方面,除广设中小学之外,还开办了直隶高等学堂;技术教育方面,工艺总局开办了直隶高等工艺学堂、直隶高等农业学堂;专业教育方面,开办了北洋女医学堂、保定医学堂和天津医药研究会;女子教育方面,开办了女师范学堂、高等女学堂、公立学堂和五处女子小学,计有女学生 638 名。对于女子教育的快步发展,袁世凯接到报告后甚是兴奋,批示说:“女学进步甚速,非办事之勤,曷克臻此?”【《总理天津女学事务傅编修增湘禀办女学情形暨条陈整顿事宜文并批》,《类纂》卷十一】在保定,则把原来的育婴堂改建为保定女学堂附设幼稚园【《藩司增禀筹办省城女学堂附设幼稚园请立案文并批》,《类纂》卷十一】。根据袁世凯“天津为北洋巨埠,应设商业学堂”【《直隶提学司详天津商会筹设商业学堂办理情形文并批》,《类纂》卷二十第】的批示,天津商务总会还创办了天津公立第一商务学堂。

在设立各级各类学校的同时,直隶另派绅士和留学生赴日,天津官银号利用“北洋公款”,公举士人子弟赴日本学习商业并分习农业、工业【《天津官银号劝津人游学日本学习商业文》,《类纂》卷二十一】。这时,工艺总局考虑到“天津为总汇之区,已立蒙、小学堂，中学堂，高等专门各学堂，似宜设立教育品陈列馆，购置仪器、图画，任人纵观，有资启发"，于是在"玉皇阁庙屋修葺布置"【《直隶工业总局酌拟教育品陈列馆试办章程并约估经费详文并批》，《类纂》卷十七】，建立了教育品陈列馆，这是中国最早的一家展览馆；后来该馆迁址河北劝业会场，更名为教育品制造所【《直隶工业总局详陈列馆拟并名为教育品制造所文并批》，《类纂》卷十七】。

为改变城市的公共卫生的落后状态，袁世凯决定，由新设立的天津卫生总局总理该项工作，其中包括"清洁道路，养育穷黎，施治病症，防检疫疠各端"【《天津卫生总局现行章程》，《类纂》卷二十五】。为此，特别成立了"扫除科"，将全城华界分为八段，由巡捕、夫役分别地段，打扫洁净【《天津扫除科章程》，"类纂"卷二十五第 105 页】。主管部门亦各专责成，卫生局负责全市公共卫生的督率筹办，而巡警局负责该项工作的节制稽查。

为贯彻新政，提高行政能力，经袁世凯札饬相关部门，"无论内选、外补，未赴任者，饬令先赴日本游历三个月，参观行政及司法各官署，并学校、实业大概情形，期满回省，然后饬赴新任。其在日时，由留学监督随时考询，回省时呈验日记，各陈意见。在该员自备资斧，所费无多，而数年之后，冀无未经出洋之地方官，庶于行政不至隔膜"【《督宪袁饬司晓谕嗣后实缺州县无论选补先赴日本三个月再饬赴任札》，《类纂》卷三】。为考核与提高现任官吏的工作能力、工作水平，特设直隶吏治考验处、吏治调查处、课吏馆；在保定开办了直隶法政学堂，在天津开办了北洋专门法政学堂。

为推进地方改革司法，1907 年 3 月成立了天津府高等审判分厅和天津地方审判厅，在杨柳青、赵家场、咸水沽、永丰屯设乡谳局；同时厘定了审判厅章程，审判研究所简章，并着手裁革大小衙门的吏役、门丁和书差。时人认为，"我国审判改良，实以天津为鼻祖"【《天津府胡守远灿天津县胡令商彝禀陈变通天津审判厅章程八条请核示文并批》，《续编》卷三】。为使司法改革得到认真贯彻，袁世凯告诫新任法官："凡举一新政，须贯以全付精神，若稍松懈，势必渐复旧观。"【《天津审判厅禀查复整顿审判厅条陈呈候鉴核文并批》，《类纂》卷四】从此，天津成为全省和全国建立三级审判制度的样板。鸡泽县令李绮青说："此项审判已以天津为基础，而直省州县即应以天津为模范。"【《鸡泽县李令绮青禀陈司法改良管见文并批》，《类纂》卷四第】审判厅总稽查李兆珍认为，"审判厅创自天津，由一县而推行一府，由一省而推行全国，皆视从此成绩为断"【《审判厅总稽查李守兆珍谕两厅四局审判书记各员文》，《类纂》卷四】。

改良狱政也是北洋司法改革中的重要一环。中国监狱历来只为未决犯而设，且黑暗落后，弊端甚多。袁世凯有鉴于此，决定学习日本，改良狱政。首先在天津设立教养局，然后改造保定的司、府、县三监，建立习艺所。不久复派天津知府凌附彭赴日本考察监狱，袁世凯参阅考察报告后，札饬天津道和南北段巡警局说："中国监狱亟宜改良，其罪犯习艺所一节现正正需兴办。"【《天津府凌守福彭考查日本监狱情形节略》，《类纂》卷五】很快，天津道和南北段巡警局即拟出习艺所办法，袁世凯批示："所拟习艺办法，大要甚属周妥"；"所有天、河二府属除解军流徒犯外，其余实系怙恶不悛、照章应行监禁或罚充苦力、禀定年限者，方准送所习艺"【《南段巡警局天津道府拟呈习艺所办法暨经费清折会禀并批》，《类纂》卷五】。天津习艺所，内分拘禁监和惩儆监，另设自新监，安置贪官污吏；附设看守学堂，培养管理人员。此外，又设立了游民习艺所。由于各种章程制订严密，这就为嗣后直隶和全国各厅、州、县建立习艺所或监狱学堂打下基础，以至"各处取法而来者日踵于门，是全国监狱将次第一如北洋"【《候补直州判蔡振洛上直督袁改良直隶监狱条陈并批》，《类纂》卷五】。后来，各省通设罪犯习艺所，在这种情况下，法部咨各省申明："无论军、流，到配后一律收所习艺。"【《法部咨各省申明遣军流犯到配收所习艺定章文》，《续编》卷三】

此外，为稳定社会，安置"本地贫民，教以粗浅手艺"，另责成天津府设立教养局【《工艺总局周道等酌拟办法章程经费数目缮呈图折禀并批》，《类纂》卷十六】。"其流品较低及不安本分之徒，则又

拨归流民习艺所。"【《直隶工艺总局劝兴工艺示文》，《类纂》卷十六】

1905 年，清王朝决定改行立宪，同时提出"布地方自治之制"作为预立宪政的基础，于省城成立自治局，袁世凯在直隶率先认真贯彻。由于自治一事"体大事繁……在在非先行预备，不足以为实行之地"【《直隶地方自治局详拟定地方自治预备会简章文并批》，《续编》卷二】。因此，直隶自治总局成立后，令各属先行建立自治预备会，并拟定了府厅州县自治研究所章程及城镇乡地方自治章程。缘此，天津府自治局成立后，首先"调集留学日本法政学校毕业官绅入局研究地方自治事宜，藉资历练，如确有心得即派往天津城厢、四乡各处实习试验；办有端绪，即详请督宪派往各属，会同地方官办事"【《天津府自治局督理凌守福彭金检讨邦平禀定开办简章》，《类纂》卷一】。不久又设立了省属府、州、县各级自治研究所（后统一改为自治研究社及自治学社），"研究者，实行之导引也"【《发起自治学社公约并启》，《类纂》卷一】。

为协助天津县试办议事会，天津府自治局决定设立天津县自治期成会，得到袁世凯的赞同："所拟仿照日本期成会办法，设立天津县自治期成会，召集学界、商界及绅士等共同协议，系为商榷法制，期臻完善起见，自当允行。"【《天津府自治局设立天津县自治期成会禀并批》，《类纂》卷一】《试办天津县地方自治公决草案》拟就后，袁世凯极为满意，认为"此次试办地方自治为从前未有之事，凡在官绅务必和衷共济，一秉大公，以为全省模范"【《试办天津县地方自治公决草案一百一十条》，《类纂》卷一】。为把地方自治推向基层，天津府还发起成立天津府各属自治学社，而以"天津府自治局为各属学社之总汇"【《发起自治学社公约并启》，《类纂》卷一】，同时拟定了"自治学社通则"十二条。

在筹办地方自治过程中，直隶总督袁世凯广开言路，件件批阅，各县令则积极进言。凡确有见识者，袁世凯均在批示中予以肯定；凡属不甚妥协者，则在批示中予以驳正；凡可资顾问者，即提携不

序文甄选

遗余力。例如，批示庆云县令绍洙禀陈立宪事宜时，袁世凯认为该县令"识解明通，才猷卓越，合新旧学术为一炉，于政界情形洞若观火"，"具此诣力，久困末吏，未免老骥伏枥，志在千里之嗟。知人不明，引为深恨"。于是让绍洙立即来津，商询事件【《庆云县令绍洙禀陈立宪事宜文并批》，《类纂》卷二】。

由于督宪重视，基础工作扎实，所以天津试办的地方自治，组织完备，立法条理，循序渐进，规模略具。有人总结说："庚子以后，新政繁兴，如练兵，如学堂、巡警，如审判厅、地方自治，皆由直隶先行试办，迨有成效，各省或来津调查，或推广仿行。"【《留学日本警监学校赤城县丞涂景瑜上列宪改良直隶监狱条陈》，《续编》卷四】"北洋风气晚开，而进步之速，发达之易，乃为南洋所不逮"【《钱道宝书禀督宪陈拟就天津兴办地方物产会并恳咨商农工商部文》，《续编》卷二十二】，很快成为全国的楷模。

开平矿务局曾是洋务运动期间经营得最为出色的企业，但在八国联军侵华时，却因遭人盗卖而沦入英商之手。为收回开平矿权，直隶官府做出了一系列的努力，终因英商有不平等条约的庇护而未能成功，只得先行收回了开平矿属下的北洋洋灰公司。为限制英商发展，袁世凯接受属下的意见，决定采取"以滦制开"的策略，于1906 年成立北洋滦州官矿有限公司，同时声明"此矿系为北洋官家用煤便益而设，与他矿事体不同，其矿界特为展宽，嗣后他矿不得援以为例"【《北洋滦州官矿公司详为开办滦州官矿请咨部发给执照并恳减免照费文》，《续编》卷十九】。为限制英商的发展，又根据农工商部"外国矿商不能充地面业主"的规定，成立了滦州矿地有限公司，辖地三百三十方里【《北洋滦州官矿矿地两公司详订合同请予立案文并批》，《续编》卷十九第 37 页】，这样，便控制住了开平矿的地面权。后来，双方在竞争中均不能取胜，只好共同组建了中英合资的开滦煤矿。原开平矿属下的北洋洋灰公司独立经营后，招商集股，扩充为一度执中国洋灰业牛耳的启新洋灰公司。"类纂·续编"中的《滦矿事实纪略》《续滦矿事实纪略》以及《北洋洋灰公司禀扩充唐山新厂添招请咨部立案文并批》【参见《续编》卷十九"矿务"二】等，于滦矿、启新等企业的创办原委，均足资参考。此外，对于 20 世纪初清廷的财政改革、盐务改革、武器制造、新军编练和军事学堂的设置等方面，在《类纂》的正、续两编中也不乏有用的史料。

虽说这部资料汇编是面向北洋地区编纂的，但当年的"北洋新政"又是以省城天津为中心开展的，所谓"直隶各属风气又皆权舆于津郡"【《学员李廷玉臧守义陈宝泉刘宝和陈清震等筹议推行义务教育办法十四条禀并批》，《类纂》卷十一】，所以在很多方面反映了当年天津的实际情形。如，20 世纪初天津俄、意、奥租界设立情形，日本正、续（推广）租界勘定情形【参见《续编》卷十三"交涉"一】，小站营田情形【参见《续编》卷二十"水利"】，津浦铁路北段修建和天津西站选址过程，以及由此引出的北段总办李德顺营私舞弊案【参见《续编》卷十五"铁路"一】等，均有较为翔实的记录。天津开埠后，华界向无准确的人口数字，1904 年"经巡警总局赵升道派员调查统计，南北段四乡各处，户数一十四万八千零，人口七十六万二千零；内，男丁四十三万二千零，女口三十二万八千零"【《天津道凌禀酌拟清查户口大致办法文并批》，《类纂》卷六】。天津九国租界，每年的地租银当在二万两以上【《直隶布政司筹提归公银两请示遵行禀并批》，《类纂》卷六】。在西头教军场修建习艺所，用的是明清时期的"北仓旧砖，以整者备建屋之用，碎者挖沟筑槽"【《天津习艺所详酌增应办各事情形文附清折》，《类纂》卷五】。如此等等，不一而足。

由于中国是一个背负着几千年封建传统包袱的大国，在这样的国家推行"新政"，进行"改革"，谈何容易！所以热闹一时的"北洋新政"，在触动或改变旧制度方面，作用是极有限度的。仅以顺直而论，"文武大小衙门，多至一千五六百处"【《直隶财政局拟定顺直各衙门局所编造月报例言二十条》，《续编》卷五】，而且官场积疲已久。所以即便是"新政"，也不得不采取"外法内儒"的折中办法，

455

兼顾各方面的利益，"以弊去太甚为宗旨，以上下相安为要义。事无论公私，如彼于利益无大损，则吾法易行"【《调署鸡泽县李令绮青禀拟裁衙役参酌司法改良章程文并批》，《类纂》卷四】。在很多情况下，只能"于变通旧法之中，寓审慎新章之意"【《鸡泽县李令绮青禀陈司法改良管见文并批》，《类纂》卷四】。久历封疆的袁世凯也每每告诫下属，"凡举一新政须贯以全副精神，若稍松劲势必渐复旧观"【《天津审判厅禀资覆整顿审判厅条陈呈候鉴核文并批》，《类纂》卷四】，"近今办事之难，该绅等亦所深悉，欲速不达，不如徐步当车，可免颠踬"【《阎绅凤合等禀请改办直隶全省自治详文并批》，"类纂"卷一】。通过这些批复，我们也可看到袁世凯推行"新政"期间处处小心谨慎的另外一面。

这就是说，尽管这些原始资料比较真实地反映出20世纪第一个十年的中国，特别是以天津为中心的北洋地区，在艰难地迈向近代化方面所取得的一些成绩，但遇到的障碍和出现的弊端亦复不少。

比如，北洋银元局鼓铸当十铜元，固然解决了市场的暂时之需，但因"本四利六，余利孔饶……一时各省官吏竞视为生财之妙策，筹款之善方，纷纷效法，接踵而起……如水泛滥，其源不戢，一时百物价值，市面情形，胥将有岌岌乎倾覆反侧之象"【《直隶清理财政正监理官刘参议世珩整顿铜元条议》，《续编》卷九】，造成了各地金融市场极大混乱，最终清廷不得不收回铸币之权，改由户部（度支部）统一铸造，统一管理。又如，直隶允准殷实钱庄票号五家连保发行纸币，本属地方政府的权力，但因当时中国主权的不完整，"外国银行因缘而起，思夺我发行纸币之大利，存款之便益，曩仅英之汇丰一家，今则日本正金，华俄道胜，麦加利，德华，澳大利皆源源而来"；其中尤以正金银行为甚，"在中国发行纸币之数，已超过其全部资本"【《虞令维铎禀督宪端整顿银行条陈并批》，《续编》卷六】，反而给天津的金融市场造成极大的混乱和冲击。

再如，直隶实行地方自治固属先进，但清廷从来无此专款，天津县议事会和董事会常年经费无着，只得每年申请政府补助金【《天津县议事会禀督宪奉拨董事会经费情形文》，《续编》卷五】。义和团运动后，由于中国固有文化遭到了空前的冲击，著名的北洋大学，除头二班学生外，习汉文的热情极差，"讲坛听讲之人寥寥无几，未及五点，堂上已空。"【《北洋大学堂监督沈道桐整顿学规大概情形禀并批》，《类纂》卷十】废除科举，改设学堂，是中国教育的一大进步，但在普及学堂特别是中学堂的过程中，认真贯彻执行的只是少数，"中学堂办理认真，以冀州为最，河间、广平、大名亦有可观，余多敷衍。"【《学校司议复杨道澧查看各中学堂条陈整顿详文并批》，《类纂》卷十】

　　以上这些，对于我们深刻认识彼时的中国国情，深入了解20世纪初清王朝的"新政"概况，以及如何恰当评价"新政"在中国近代历史上的作用，都会起到至关重要的作用。这也正是我们不惜时间和精力，标点整理出版这样一部资料工具书的用意所在。

　　本书编辑者甘厚慈，福建人，1871年生于江苏，名韩，又名迈群，因属羊，遂自号眠羊（一作绵阳，或瞑羊）；九岁时随宦来津定居。1894年前后，曾因军功以知县指分直隶，任府同知，不知何故，终未就任。于是在天津河北望海楼后开办绛雪斋书局，自称绛雪斋主人。袁世凯就任直隶总督期间，为印发《北洋官报》，成立了北洋官报局，即与绛雪斋为邻。清末民初，绛雪斋书局先后编辑和出版了《李傅相壮游日记》《皇朝经世文新增时务续编》《皇朝经世文新编续集》《北洋公牍类纂》《北洋公牍类纂续编》《癸卯官商快览三百六十种》《甘绵羊快览》和《新天津指南》，等等。甘厚慈居津期间，与举人杨凤藻相友善，二人"文字论交四十年"，"讲求经世之学"，其中《皇朝经世文新编续集》和《李傅相壮游日录》即为二人合辑，甘氏还为杨凤藻著《京津拳匪纪略》写过序言。甘氏初以书法闻名，尤善指书，晚年以鬻字为生，署名"眠羊爪痕"或"羊爪"，1927年时尚在世。

　　整理本书所用的底本，是国家图书馆缩微中心2004年6月影印出版的精装七册本。为了不改变原文的面目及字义，在整理时我们采用了繁体字形，但把原来的竖排版改为横排版；凡属校正出来的衍、夺之处和错别字，一律用"口"注明，遇有含混不明或一时无法定夺的，后加"口？"。由于北洋公牍的行文，已很接近当时的口语，所以我们对于点校过程中发现的一些问题，尽量简化处理；全书目录与正文目录间有不尽相同之处，我们择善而从，酌情进行了改动，以归一律，为方便读者使用，不再一一注明；在分卷及分卷说明方面，则是一仍其旧。

天津图书馆历史文献部主任李国庆先生在标点整理时给予了鼎力支持，参加这一工作的，有该部的季秋华、胡艳杰、王永华、蒯安、张金环、张磊、白丽荣、孙连青、丁学松、常虹、张岩、苏红、刘桂芳、张文琴诸学术先进。天津师范大学图书馆高洪钧先生协助理清《类纂》正续编的编辑者甘厚慈生平，贡献出极富价值的资料，在此一并致谢。天津古籍出版社为本书的立项和尽早出版，付出了不懈的努力和长时间的艰辛劳动，这些都是我们不应忘记的。限于整理者的水平，不当之处在所难免，敬希读者批评指正。

2012 年 12 月 4 日草于斗室落红书屋

［原载甘厚慈辑：《北洋公牍类纂（正续编）》，天津古籍出版社，2013 年］

附：2013 年由天津古籍出版社出版的《北洋公牍类纂（正续编）》为"十二五"国家重点图书出版规划项目，也是国家古籍整理出版专项经费资助项目。全书计 300 万字。此书当年印量不大，现已很难找到。此次标点整理得到天津图书馆的鼎力支持和协助，前后历时八年方告工竣。整理时采用繁体字形，为读用方便，改为横排版，精装 16 开本，分装四册。

《点石斋画报》出版说明

　　《点石斋画报》是近代中国发行最早的一份时事画报，光绪十年（1884）在上海创刊，线装十六开本，每册八页九图，彩纸封面，连史纸石印，旬刊（逢初六、十六、廿六日出版，也就是每月三册），版式、尺幅大小一律，编绘及发行人是上海的《申报》馆，印刷者是上海点石斋石印局，故名《点石斋画报》。

　　《点石斋画报》发行之初，仅仅是对《申报》订户分别赠阅，没想到一面世就备受青睐，于是《申报》馆附设的申昌画室很快便增添了零售业务，每册银五分。因为发行顺畅，有利可图，后来又由设在北京和各省城、府城的二十个点石斋分庄代销［午三一十七］；继而把十二册合订为一辑，前后推出六集，共四十四辑，合五百二十八册，以天干、地支、八音、六艺等分别为每辑排序，汇集的画面达四千六七百幅。

　　《点石斋画报》的办报宗旨是"仿照西人成式，一切新闻采皆自中外各报"［巳二一七］。上到朝政大事、中外战局、下至三教九流、市井百态。包括各国风俗景物、著名建筑、火车轮船以及声、光、化、电等近代科学知识均有报道。举凡当时发生在国内外的大小事件、街谈巷议大小异闻，一旦传到上海并成为吸引大家眼球的"爆料"，都会被纳入画报当中。表现方法多为四字为题，一事一画，上文下图。由于《点石斋画报》附属于《申报》，新闻来源充足，报道

459

及时，且贴近生活，再加上画作精美、图文并茂，很快便收到了既宜读、又宜看的效果，成为近代中国第一份专门刊载时事要闻、社会新闻、市井传言、域外风情与奇人奇事的综合性画报。

即以此次重印的《点石斋画报》二集而论，里面的报道除国内新闻外，已涉及寰球各国。既有反映彼时军事、政治的画面，也有揭露朝廷腐败和官场丑恶的内容，但更多的还是大量贴近普通人的社会新闻，如城乡老百姓的疾苦灾难，街头巷尾的奇闻逸事，以及形形色色、五花八门的时效"花边"等。再加上画报特有的传神写实的图像、简洁明了的文字，不难想象，一发行就会受到人们怎样的欢迎了。

19 世纪末，正是西方文明大量涌入中国的时期，《点石斋画报》以报人特有的敏感，为当时人介绍了许多前所未闻的暂新事物，像"飞舟穷北"［丑五—三十一］介绍了美国芝加哥放飞载人飞艇的情形，"演放气球"［未一—三］，介绍了天津武备学堂放飞中国第一只载人氢气球的情形，"良工拜赐"［丑二—十二］介绍了德皇参观克虏伯厂并赏赐汽锤工匠的事情，"气球奇观"［戌一—五］介绍了国外利用气球进行跳伞活动，"西人抛球"［亥一—四］介绍了盛行美国的垒球运动，"力不同科"［子十一—八十二］介绍了国外的斗牛、拔河，"骈诛伐木"［丑五—三十五］介绍了日本保护森林、严惩盗伐一事，"赛美大会"［戌四—三十二］介绍了欧洲选美，"择配奇闻"［寅四—二十二］介绍了国外的报刊征婚，"贺婚西例"［寅五—三十三］介绍了国外纪念银婚、金婚、钻石婚的习俗，"恰斯送行"［午八—六十］介绍了西方的接吻礼，"矜全废疾"［巳一—二］介绍了外国人把盲文引进上海的情形，"第一高楼"［辰一—三］介绍了美国的高层建筑和电梯运行，"西国扁卢"［未十一—八十八］介绍了西方的医疗输血，"以表验人"［巳七—五十六］介绍了握力计和肺活量计，"异草食人"［寅十一—六十四］介绍了非洲的食人草……据鲁迅先生回忆，当年，《点石斋画报》"流行各省，算是要知道'时务'的人们的耳目"。鲁迅与其弟周作人从小就喜欢这份画报，不但阅读，还进行收藏。

不过，由于中外情形的隔阂，编绘者囿于见闻，以及为满足部分读者需求，刻意追求低级趣味，往往造成内容杂驳、取材过滥，间有不实之词与不经之事。所以，在发行过程中点石斋不得不随时"登报更正"，承认"事出子虚"["画报更正"巳二一七]。此外，在较长时间里，由于读者价值取向不一，见仁见智，自然也在所难免。诚如鲁迅所言，画报"对于外国事情，他很不明白"，而"'老鸨虐妓''流氓拆梢'之类，却实在画得很好的"。但无论如何，《点石斋画报》开启了以图文并茂的形式报道时事新闻和传播新知的路径，反映出晚清的社会风情与市民生活，从一个侧面为我们提供了了解晚清社会与历史的窗口。

有人统计，自光绪三年（1877）至1919年，全国发行的画报约有一百一十八种，然而这些画报无论在内容的精彩，还是发行量或社会影响等方面，没有一家能与《点石斋画报》相抗撷。因此也可以说，《点石斋画报》是中国近代画报中影响最大的一个。直到今天，仍有不少人把《点石斋画报》这样一部"百科全书"作为研究、观赏的对象，或不断发表论文，或精选、重版发行，这也就是我们重印《点石斋画报》（二集）的原因。

《点石斋画报》究系何时停刊至今尚没有一致的看法，计有三说。一说停刊于光绪二十年（1894），一说停刊于光绪二十二年（1896）末，一说停刊于光绪二十四年（1898）。究竟取哪一种说法比较可靠呢？我们知道，《点石斋画报》的创刊时间是光绪十年的五月初八日，当时是按通行的农历计月发行的，若以每年（加闰）出版三十六至三十九册来计算，现存的五百二十八册，约为十四年的发行量，所以《点石斋画报》很可能停刊于光绪二十四年，即1898年。

最后，还应当提一下《点石斋画报》的主笔吴友如，以及承印《点石斋画报》的点石斋石印局。

吴友如，江苏元和（今吴县）人，是晚清上海著名的画家。幼失怙恃，但天资聪颖，尤喜绘画。稍长去苏州某裱画店学徒，得以接触众多名家画作，眼界大开；又因缘得人指导，技艺日精，尤以人物、花卉见长，遂改为当地画店及桃花坞年画店绘制画稿。不久，因太平军攻打苏州，画店均遭兵燹，只得往来于无锡、常熟等地，鬻画为生。光绪十年（1884）路经上海，因擅长肖像写真，乃受聘《申报》，任《点石斋画报》的主绘。他领导的申昌画室，集中了一批沪上画家，他们多能参照西洋透视画法和写实风格，使画作构图简洁、画面丰满、线条流畅、人物传神，遂使一幅幅真实生动的时事画和风俗图画跃然纸上。约在光绪十五年（1889），吴氏应召北上，充内廷如意馆画师，因不愿受制于人，借故南返，但从此也辞去了《点石斋画报》的职务。

翌年，吴氏在上海自办《飞影阁画报》。光绪十九年（1893），《飞影阁画报》出至百期更名《飞影阁画册》，又出十期，吴氏即因病去世。其间曾应两江总督曾国荃之邀，在江宁（南京）绘成清廷镇压太平天国的《金陵功臣战绩图》。死后遗有《吴友如墨宝》传世。

点石斋石印局是近代中国最早使用石印技术印书的一家出版机构。鸦片战争以后，西方印刷技术传入中国，光绪二年（1876）上海徐家汇天主堂创办了土山湾印书馆，用照相法和石印技术翻印中国古籍。受其影响，英国人美查于光绪五年（1879）创办了点石斋石印局，聘用邱子昂为技师，翻印殿版的《康熙字典》及《佩文韵府》《渊鉴类函》等大部头的书籍，同时印刷碑帖画谱，中、英文合璧的《四书》，中外舆图、西文书籍等，获利颇丰。宣统元年（1909），点石斋石印局与图书集成铅印局、申昌书局、开明书店合并为集成图书公司，成为当时上海铅、石印设备齐全的最大印刷出版机构。

这次重印的《点石斋画报》（二集），以光绪丁酉（1897）的重印本为底本，个别地方字迹漫漶不清，为保持原貌，没有进行修正，敬请读者谅解。

［原载《点石斋画报》（二集），天津古籍出版社，2009 年］

挽回历史的记忆力

——《〈天后宫行会图〉校注·序》

天津的妈祖祭典——皇会，是中国北方妈祖诞辰的特有祭祀形式，旧时民间多称为"娘娘会"，文字则记载为"天后会"。大约到了清代乾隆末年，"皇会"一词方才出现①，最初大概是俚语俗称，嘉庆、道光以后，开始为社会普遍接受。传说，这种祭祀形式源于元明时期，直到清代康熙四年（1665）才见诸文字记载，并流传到今天。

在天津，一年一度的妈祖祭典——皇会气势宏大，包括送驾、接驾、出巡、行香、祝寿等多项成套的仪礼，接连数天，而且总是大张旗鼓，惊天动地，倾国倾城，万人空巷，场面劲健有致，十分壮观，为其他港口城市的妈祖祭典所罕见，非常具有地方文化特色；再加上几百年来的活态传承，2008 年，天津妈祖祭典——皇会入选为国家级非物质文化遗产名录。

---

① "皇会"一词，最早见于杨一崑（无怪，1753—1807）写的《皇会论》，其中又有"皇会重兴第二年"之说，此篇应是他晚年，也就是嘉庆初年以后所作。又，樊彬（1796—1881）《津门小令》中有"津门好，皇会暮春天"的咏叹，下注："天后神最灵应，三月出处，赛会云集，名皇会。"崔旭（1767—1845）的《津门百咏》中亦有"皇会"一首，下注："天后宫赛会，俗称皇会。"这些，都是嘉道年间的作品。

要了解和研究天津皇会，有两件鲜活生动的历史文献不可不读，一件是大家熟知的、乾隆戊申（1788 年）举人杨一崑（无怪）所写的《皇会论》，另一件便是长时间宁静地遗落于世外、20 世纪 50 年代初由天津流出、现藏于国家博物馆的大型彩色写实画册《天后宫行会图》。

据《天后宫行会图》的校注者、长期领导民间音乐舞蹈研究工作的高惠军和陈克先生研究，该图为册页式，共有画面 89 幅，上绘行会图 87 起，106 道，另有两道有目无图，实际上应为 108 道，记录的应是清代咸丰中叶（1855 年前后）时天津皇会的出会情形。

出版《〈天后宫行会图〉校注》的丰厚历史价值和艺术价值在于，让我们第一次有机会拂去历史的尘埃，直观地、完整地见识到了天津皇会最盛时期出会的真实情形、出会的起数（当年可能是不固定的）和道数（可能是当年的最高限额），出会的行进路线，以及各道会的大致组成人员、道具、服饰、表演时的静止瞬间等，从而为我们穿越时空，打捞起昨日风韵弥醇的太平景象，留住了一段有温度的历史，留住了许多已经缺失的记忆。

在一定意义上说，这部画册是一道以写实风格完成的世间罕见的流动风景线，它让我们直观地观测到了与当代文明相距近二百年一个动人心弦的世界，感触和领受了一次宏伟、壮观的民间艺术大展演的洗礼。

出版《〈天后宫行会图〉校注》的价值，还在于彰显了其中蕴含的巨大研究价值。

关于皇会，历来缺乏具体和有价值的文字记载。《天后宫行会图》之所以特别珍贵，除了精准的图像，还在于每道会上面那些一段段、被惠军先生称之为当年"田野考察"最真实记录和天津人文历史"百科全书"的题注。这些加起来有洋洋数万言的题注，大致包括三个方面的内容——专讲图中行会次序的"眉注"，述说行会缘起、组织构成和行会实况的"讲"，以及抒发作者人生观、价值观和社会观的"论"。正是有了这些题注，才能够使那些留痕渐消的有关皇会的记载，得以重见天日。

关于"题注"的重要价值，可以举个例子，这就是为我们初步解决了一个长时间争论不休、说法不一的"皇会"二字的来源问题。"行会图"十四起："盐务刚（纲）总通商人家公议，运署二分半银两，皇上家的岁银国客（课），乃为'皇会'称呼。"（文见第165页，图见第22页）所谓"运署二分半银两"，我的理解是，每年行会，长芦盐运使衙门要负担全部费用的四分之一。由于这些款项出自"皇上家的岁银国客（课）"，因此被称为"皇会"。

这几个字不仅对皇会的来源说得非常清楚，而且是当时人记当时事，应该是可信的。①

这些用彼时天津方言写成题注，虽然珍贵异常，但由于历史的原因，不但错别字连篇，更出现了文字的缺失；特别是随着百余年来语境的变化，要明白和理解个中的全部内涵，不是一件容易的事。这里，应当特别感谢惠军先生，是他，在见到《天后宫行会图》之后，以"十年磨一剑"的精神，投入巨大精力，对所有的图像和题注做出了精湛的校注。

由于惠军先生长期从事民间音乐舞蹈研究，经过对《天后宫行会图》的详斟细酌，身有所感，心有所悟。首先，他依据题注，整理了行会图的排列次序，把"起"和"道"配适起来，编排出了详细的目录，作为全书的纲领。然后从第一起第一道会开始，先录下图中的题注文字，再为该题注的内容加上按语和注释，其中包括：对这些原始记录的内容阐发、文字校订、典制溯源、事物考证、词语解释等，一改此前研究皇会时知识谱系不足的窘状。

---

① "皇会"一词源自盐商截留给"皇上家的岁银国客（课）"的另一佐证，是乾隆年间闽浙总督伍拉纳（1739—1795）之子伍子舒在《随园诗话》上的批语里说："适至（乾隆）五十五年（1790），举行万寿，浙江盐务承办皇会，先大人（指伍拉纳）命带三庆班入京，自此继来者又有四喜、启秀、霓翠、和春、春台等班。"可见，皇会在天津专指妈祖庆典，而江南地区和京中，为皇帝举办八十岁的万寿庆典等活动，亦称"皇会"。

序文甄选

465

可以说，惠军和陈克先生的力作《〈天后宫行会图〉校注》的出版，为当前天津皇会文化研究提供了一部最佳的范本，历久而弥新。这部图文并茂的典籍，不但为天津的皇会文化研究打下了坚实的基础，有助于这项研究继续走向深入，也为今后这项研究的不断拓宽和加速，逐渐恢复已经失传的各种皇会表演艺术，提供了重要的学术平台和历史依据。民间艺术的流逝与永恒，在这里得到了统一。

成功从来没有现成的模式可以套用，何况惠军先生已年过六旬，又从未从事过校勘、考据等专业性极强的工作。但是，不论一个人多么的无欲无求，对他所钟情和热爱的事业，都会有一种强烈的进取愿望。对于惠军先生来说，成绩不过是持续努力、砥砺奋进的代名词。正是这种铿锵前行的足音，为他脉动出了无限的学术活力，使惠军先生具备了足够的资质，可以为皇会这一天津民间文化艺术的瑰宝，穿越往日丰饶，留下时代记忆，做出自己的杰出贡献。

今天，我们关注《〈天后宫行会图〉校注》的出版，更在于这部书内在价值在当代的延伸。

天津皇会文化的生命力，不仅在于它的历史魅力，还在于它生生不息的活力；若从当前改革开放的不断深化的态势来考察，天津的皇会文化，已开始成为中华文化与世界对话的特色介质。

今日的中国，已经站在了伟大民族复兴的全新起点上，习近平总书记指出："不忘历史才能开辟未来，善于继承才能善于创新。优秀传统文化是一个国家、一个民族传承和发展的根本，如果丢掉了，就割断了精神命脉。"

换言之，中华民族的优秀传统文化，对于国家富强、人民幸福、社会进步都有着重要的价值。要实现民族复兴的中国梦，首先需要中国的传统文化焕发出新的生命力，需要我们的文艺工作者贡献出文化艺术的独特力量。如果站在这样的高度上来考量，《〈天后宫行会图〉校注》的出版，还为我们在珍惜历史文脉、重视城市个性、弘扬中国风格、寻找文化创造力等诸多方面，增强了对民族文化的尊重和自信。

466

如何挽回历史的记忆力，把遗产变成继续前行的文化情怀？惠军先生用他坚毅的学术拓荒精神，为我们做出了值得学习的好榜样。

[原载高惠军、陈克整理：《〈天后宫行会图〉校注》，天津古籍出版社，2017 年]

序文甄选

467

故事文化

长将一寸身　衔木到终古

——精卫填海与天津精神

1988 年是中国第一条运营铁路唐（山—天）津铁路通车 100 周年，中国美协副主席、天津美术学院教授秦征带领他的五位学生，为重建的天津站进站厅 600 平方米圆拱穹顶创作了一幅国内绝无仅有的最大穹顶壁画《精卫填海》。

2010 年在西安举办的园博会上，天津展园里树立起一座高 12 米、上口直径 10 米的标志性景观——金光闪闪的"金樽"。高大的"金樽"象征着天津城市蓬勃发展，在"金樽"壁上铸有连贯的图案，展示出一个完整的精卫填海的故事。

2019 年是中华人民共和国成立 70 周年大庆，代表着 1500 多万海河儿女的"新时代新天津"彩车，在庆祝大会的游行中紧随首都北京，第二个驶过天安门。彩车的上方，有一只冲向云霄的精卫鸟，标志着天津人民始终保持着迎难而上、攻坚克难的巨大勇气，踏石留痕、坚持不懈的拼搏定力，以及持之以恒、久久为功的进取理念。

精卫填海是我国流传久远的一个古代神话，在文献记载上，虽然只有短短的几十个字，却营造出一个具有顽强执着和锲而不舍精神的"精卫"鸟的形象。这一形象代表了远古先民探索自然、征服自然、改造自然的强烈愿望，以及奋不顾身、不畏艰辛和持之以恒的坚忍精神。

*   *   *

　　精卫填海的故事，最早见于战国至西汉时期成书的《山海经》。这是一部汇集我国远古神话传说最多的典籍，载有各种神话传说 400 多个，内容怪异超常，幻化无穷，充满着寓意深刻的想象，代表了远古时期中国先民所具有的思维活力，以及海阔天空的惊人想象力。

　　《山海经》共十八篇，包括《山经》五篇，《海经》十三篇（其中《海外经》四篇，《海内经》五篇，《大荒经》四篇），精卫填海的故事就收录在《山经》中的《北山经》里：

> "发鸠之山，其上多柘木。有鸟焉，其状如乌，文首，白喙，赤足，名曰'精卫'，其鸣自詨，是炎帝之少女，名曰'女娃'。'女娃'游于东海，溺而不返，故为'精卫'，常衔西山之木石，以湮于东海。"

　　说的是发鸠山有一种与乌鸦相似的鸟儿，头上有花纹，白嘴，红爪，名"精卫"，叫声好像在呼唤自己的名字。原本是炎帝的小女儿"女娃"。一次，"女娃"去东海游泳，被淹身亡，化身"精卫"，经常叼来西山的木石，立志把东海填平。

　　细细品读《山海经》中的这几十个字，非常感人，甚至可以说，不亚于一首平静而又伟大的诗篇。

　　到了南北朝时，南朝梁代的著名文学家任昉，又在他写的《述异记》中记录下精卫填海流传到当时的一些情况：

> "今东海'精卫誓水处'，曾溺于此川；誓不饮其水，一名'鸟誓'，一名'冤禽'，又名'志鸟'，俗呼'帝女雀'。"

　　据此可知，直到公元 6 世纪，东海岸边还存在着"精卫誓水处"的神话遗迹，精卫也被赋予了"志鸟"等称谓。

　　精卫填海的神话故事，没有也注定不会有唯美的谢幕。但是几千年来，人们钦佩精卫，同情精卫，而且不带任何的感伤和痛惜。这说明，精卫点燃的精神始终是鲜活明艳的，精卫精彩的生命始终是完美无缺的，因而受到历代人们的尊崇。

东晋著名田园诗人陶渊明，是历史上第一位用诗歌颂扬精卫崇高品德的人。他在阅读《山海经》的过程中，写出了《读〈山海经〉》一组十三首的联章诗，其中第十首说：

"精卫衔微木，将以填沧海。刑天舞干戚，猛志固常在。同物既无虑，化去不复悔。徒设在昔心，良辰讵可待。"

在这首诗中，陶渊明把精卫与神话传说中的断头英雄刑天相提并论。刑天的故事，见于《山海经》中的《海外西经》：

"刑天与帝争神。帝断其首，葬之常羊之山。乃以乳为目，以脐为口，操干戚以舞。"

干，就是盾牌；戚，就是板斧。说的是刑天虽被天帝砍头处死，但是他对与天帝争神失败一事并未认可，更没有屈服。为了复仇，刑天以残存身躯上的双乳当眼睛，用肚脐当嘴，继续挥舞盾牌和板斧，跟天帝血战到底。

精卫凌厉的斗志和九死无悔的追求，就像一把燃烧着激情的厉剑，一下子就命中了这位多情诗人的心坎。在诗人的心目中，精卫和刑天虽然化成了与生前不同的异类，但他们无怨无悔，因为他们知道要实现自己的壮志雄心，不能无作为地等待，而应勇猛顽强、坚持不懈地去奋斗。

历史上还有一位用诗歌颂扬精卫崇高品德的人，他就是明末清初的著名思想家顾炎武。

顾炎武的诗，直名《精卫》。在诗中，作者把精卫拟人化了：以作者和精卫的一问一答以及对比性的感叹，把精卫虽九死而无悔、

473

决不动摇的坚强意志表现得淋漓尽致：

"万事有不平，尔何空自苦；长将一寸身，衔木到终古？我愿平东海，身沉心不改；大海无平期，我心无绝时。呜呼！君不见，西山衔木众鸟多，鹊来燕去自成窠。"

作者问精卫："世上的事总有不公平之时，你何以自寻烦恼呢？仅凭你径寸之身，叼着木头，何时能将东海填平？"

精卫回答得铿锵有力："我决心要把东海填平，即便是身沉海中，这个决心也不改变！只要东海一天不平，我的决心就一天不变！"

作者最后含蓄地对读者说："唉呀！你们看没看见众多的鸟儿去西山衔木，鹊来燕去，都是忙着为自己筑巢啊。"

这首诗写于清顺治四年（1647）。当时，顾炎武从事的"反清复明"活动已无成功的可能，与他志同道合的一些朋友也大都在斗争中牺牲，于是他决心致力学术研究。

36岁那年，顾炎武怀揣着对事业的期许，写下了这首著名的《精卫》诗，并决心以精卫填海那种丰盈、饱满的精神和毅力，实现"天下兴亡，匹夫有责"的远大志向。后来顾炎武遭到牢狱之灾，但他在狱中经常吟诵这首《精卫》诗，用精卫精神自强自励。

顾炎武一生强调"经世致用"，不尚空谈，博学于文，行己有耻，笔耕不辍，著述宏富，直到69岁去世。

*　　　　*　　　　*

在很长时间里，累世生活在渤海之滨的天津人，把精卫敢于向大海抗争的雄伟气魄，衔木石而填海的锲而不舍，以及为艰苦卓绝的事业而自强不息的坚韧意志，视为历史的榜样，视为精神的追求，视为城市的永恒。在天津，精卫填海的故事始终没有沉寂在历史的风尘中。

我们无意具体检讨西山与东海的确指，但是，天津作为大运河北端唯一一座依河傍海的城市，在成长过程中受到中原文化与河海文化交融的强烈影响，成为北方地区受海洋文化影响最深的一座城市，则是不容置疑。

在商周时期，人们把黄河入海口的南北沿海，统称为海；海域的概念，大约出现在战国时期。唐宋以后，中国的政治生态格局发生了巨大变化，那就是政治中心的北移和经济重心的南转。从此，天津成为首都的外港和东大门，也是南洋航线与北洋航线的始发港：从天津启锚，近可驶抵南北沿海各省，远可通往印度洋和太平洋，天然地沟通了这座港口城市与世界的联系。

中华民族的丰沛历史资源和文化底蕴让天津人民懂得，在这片土地上氤氲成长的优秀传统文化，具有强劲的生命力和时代价值。回荡在历史与现实之间的精卫填海，代表了一种不达目的誓不罢休的坚韧精神——这种精神始终是天津人民奋斗进取的思想动力。

精卫精神，就是对自己有信念，对前景有信心，面对困难厄运知难而进、不言放弃。所以，励志燃情的填海故事，百折不屈的精卫品格，已成为天津人奋斗精神的重要向度之一。

穿越往日记忆，我们会发现，内在的毅力往往是战胜外在困难的核心力量。几百年来，精卫勇往直前、奋斗不止的精神，激励着一代又一代的天津人投身于艰巨的事业，同时用锲而不舍的努力，去点燃，去绽放，终使天津不断崛起，从一座传统的地域性城市，迅速跻身于现代化的国际大都会行列，并与时代一脉相连。

自强不息、艰苦奋斗精神，是中华优秀传统文化代代传承的重要价值基因。习近平总书记深刻指出：我们的"奋斗是长期的，前人栽树、后人乘凉，伟大事业需要几代人、十几代人、几十代人持续奋斗"。因此，传承历史，留下时代的印记，让遗产转变为继续前行的榜样，为城市发展提供精神动力和智慧资源，一直是天津人民的奋斗方向。

党的十九届四中全会总结出我国国家制度和国家治理体系的多方面的显著优势，其中就包括弘扬中华优秀传统文化，促进全体人民在思想上、精神上紧紧团结在一起。

对中华优秀传统文化的自信与坚持，可以丰富我们思想的容量，可以为民族思想增强深度，为社会发展增加热度，可以提升时代精神的质量。弘扬精卫填海精神，万众一心，百折不挠，团结奋斗迸发出来的磅礴力量一定能够成为实现中华民族伟大复兴的强劲动力。

［原载《天津日报》，2019 年 12 月 30 日］

哪吒闹海

——流存于天津的民间传说

民间传说是一种带有地域性的口头叙事文学作品，内容多半是由与历史事件、历史人物及地方风物有关的故事组成。故事的范围相对宽泛，形式也比较多样。传说中的人物活动或事件发展的结果，也往往与一些地方景物、历史现象以及社会风俗等基本附合，因此具有鲜明的地方色彩。其中的虚构因素、超人间情节，以及超现实的幻想等，充满了传奇性质，既离奇动人，又富有生活气息，而且多半与某些可信或可见的事物联系在一起。

明清以来，在天津海河西岸陈塘庄一带广为流传的"哪吒闹海"就是这样一个流存久远、能够代表天津群众不屈不挠的坚毅精神、美好愿望，以及与诸多地方风物广泛关联的民间传说。

一

"哪吒闹海"作为一个完整的故事，源于明代中叶以后出现且影响普遍的古典文学名著《封神演义》。

《封神演义》共 100 回，作者署名钟山逸叟许仲琳，也有写作陈仲琳的。据著名史学家张政烺先生考证，该书作者应为江苏兴化人陆长庚（字西星，生于 16 世纪后期的明代嘉靖年间），是一位"九

477

试不遇"的落第诸生。

《封神演义》前 30 回，说的是纣王残暴的故事，进而引出了后 70 回的武王伐纣。主要情节来自宋元以来十分流行的《全相平话武王伐纣书》（简称《武王伐纣平话》，也叫《吕望兴周》，原本是宋代"说话人"即评书艺人的表演底本，也即所谓的"樑子"），但书中第十二回至十四回"哪吒出世"的故事，却来自中国第一部充满浪漫情节的神怪小说、问世较《封神演义》为早的《西游记》。

据研究，《封神演义》中的哪吒形象，乃是《西游记》中哪吒形象与红孩儿形象融合后的一次提升，而且比起《西游记》中哪吒的故事，内容更加丰满、形象更加生动，并且构成了全书最为精彩的部分。而《西游记》中的哪吒，又来源于元代无名氏编写的《三教源流搜神大全》卷七"哪吒太子"一节。

其实，哪吒作为民间传说中的人物形象，还可以上溯到更早时期。换句话说，哪吒在宋代就已经出现了，最初写作"那吒"。比如，一部名叫《五灯会元》的宋代典籍中，就讲到了哪吒的故事；另一部成书于宋代宣和年间的《禅林僧宝传》里，也有关于哪吒的记载。宋代著名诗人苏轼之弟、文学家苏辙还曾根据哪吒的传说，写过一首《哪吒诗》。只是到了明清时期的戏曲小说里，全都改成"哪吒"了。

二

人民群众的口头叙事文学或艺术创作，永远是贴近现实的。因此，仅仅考察哪吒的来源是不够完整的，我们还要探究一下哪吒"生父"李靖，是怎样由世俗英雄演变为神话传说中人物的。

以唐初著名军事家李靖为崇拜对象的战神信仰，曾在民间广泛流传。在唐高宗李世民进行的南征北讨中，李靖立下过赫赫战功。李靖超高的军事才能，在唐代即被神化；到了宋代，更出现了为李靖建造庙宇的举动。民间文学研究专家认为，一种信仰传播的深度和力度越广泛，它被进一步改造并与其他文化相交融的可能性也就越大。

汉唐时期，天津蓟州区一带尚属北部的边防地带，大唐王朝建立后，征讨东北的军队自中原出发，大都要路过天津，所以地处海河东岸的挂甲寺（经过 20 世纪初海河裁弯取直，寺址变成海河西岸），就传为唐太宗东征班师还朝、将士驻足挂甲之处。明万历二十八年（1600）《重建挂甲寺碑记》说："有古刹曰'庆国寺'，后名'挂甲寺'，其由来远矣。图经无考，得与父老传闻云：'当大唐征辽奏捷，驻师此寺，故更名焉'。"今蓟州区盘山官庄镇玉石庄村北的晾甲石，亦传说为唐太宗东征晾甲之处；万松寺西北青松岭西，还留有跟随唐太宗东征的大将李靖舞剑处——舞剑峰，也叫舞剑台。

传说唐代天宝年间（742—756），朝廷为了吓退番兵，专门制作了一尊四天王之一、左手托宝塔、右手执宝棒、守护北方世界众生的毗沙门天王像立于阵前（一说系唐玄宗请不空三藏祈求毗沙门天王护持），致使番兵败走。经过日积月累的口耳相传，到了宋代，这一传说便在群众的想象和附会中，逐渐与战神李靖的形象融汇，形成了一位既身经百战、又法力无边的民间传说新形象——托塔李天王；从此托塔李天王替代了毗沙门天王，被广泛民间化了，到了明代又被委以"陈塘关总兵"一职。

有趣的是，传说中哪吒乃是毗沙门天王的三太子，职责乃是辅佐其父驱除邪祟，守护世人。既然李靖演变成了托塔李天王，那么，哪吒也就理所当然地成为了托塔李天王的儿子了，从而使哪吒变成了一个能够用本土与世俗的文化思维加以弘扬的人物形象，并为民间演绎和构建本土哪吒打造出很大空间。质言之，正是因为历史上依河傍海的天津出现过李靖，自然也就引来了附会为李靖之子的天津哪吒。

479

三

"哪吒闹海"这一民间传说能够长期流存天津，还与天津城市兴起和逐步繁荣有关。

一般人都把天津城市出现的时间定格为15世纪初的"设卫筑城"，其实这是一种误解，也可说是不准确的。

一座城市的出现，并非以修筑城墙为标志，而是交通、商贸和人口的集中。天津城市的形成过程，自800年前的金代即已开始，到700年前的元代已初步完成。

天津城市之所以能够出现在金、元时期，根本上是由于从宋代开始的中国经济重心南移和政治重心北转。13世纪，先后兴起的金王朝和元王朝均定都于今天的北京（即金、元时期的中都和大都），从此天津也有了"直沽"之名。

由于金元时期北京的周边地区不是当时的基本经济区，每年都需由山东、特别是江南地区通过运河、元代改为海路，把大批粮食和各种物资运往首都，以确保军需民食。元代的直沽已成长为距首都最近的海陆交通枢纽，"万灶沿河而居"，人口众多，商贸繁荣，"一日粮船到直沽，吴罂越布满街衢"；一旦运输或交易受阻，就会影响到首都的物资供应。

明代在直沽设天津卫，全线沟通了大运河，还用屯垦的办法，开发直沽附近的运河及沽河（今海河）两岸。迁都北京后，进而造就了直沽及天津卫"通舟楫之利，聚天下之粟，致天下之货"的区域性经济中心地位，出现了"天下粮艘商舶鱼贯而进，殆无虚日"的壮丽景象，"名虽为卫，实则即一大都会所莫能过"。

长期以来，天津人之所以能把"哪吒闹海"与天津关联并广为流传，有如下几个因素：

第一，时序上，有关哪吒的传说与海河畔陈塘庄的出现，都比《封神演义》来得久远。自宋金以来，今天的海河大清河一线是宋金和宋辽对峙的分界线，双方屯兵把守；两岸的军事据点"寨""铺"等密集出现，结果是促进了界河一带的经济开发与人口集中。今日的海河西岸的陈塘庄一带，至迟在明代中叶已得到规模性发展。《封神演义》是世代积累形成的故事，哪吒的原型早在宋代即已出现，元杂剧《二郎神醉射锁魔镜》更赋予了哪吒三头六臂……这些流行于当时且生动有趣的传说，不可能不对生息和繁衍在海河沿岸的人们产生影响。

第二，地缘上，陈塘庄在历史上一带确曾临近东海，也就是今天的渤海。今日的海河两岸是宋代庆历八年（1048）黄河北流夺道永济渠，经独流、东入界河（即今海河）尾闾，在泥沽砦入海后逐渐淤积而成的。但此后不久又因淤塞严重，径流开始自独流向北，至柳口（今杨柳青）东折，到达直沽三岔河口，再进入界河尾闾入海，大致形成了今日的天津水系格局。由此可知，宋代的海岸线，尚在今日天津海岸线以西，距离陈塘庄不会太远。清初天津学者王又朴留有一段考察记录，可资佐证："余家天津，父老相传，海即在直沽（应即陈塘庄对岸的大直沽，明代蒋一葵《长安客话》说，由于直沽距入海口很近，"故土人呼'直沽'曰'大直沽'"）之下，今且东去一百余里矣。而余亦往往于海之西北各乡村，如泥沽、葛沽，见掘地得蛤蜊无算。则地渐运而西，水渐运而东，可为明验"。据研究，今日天津海岸线走向，是元代以后逐渐形成的。

第三，传播上，《封神演义》自明末刊行问世后，市场热销，传播极快。当时的天津伴随着经济发展，于无形中激发了越来越多的城居人口，在闲暇中对于偏向通俗与实际的民间文学艺术的爱好、渴求。清人梁章钜在其《归田琐记》卷七中讲述了这样一个故事：从前有位读书人，大女儿出嫁时用尽家财，二女儿心生埋怨，读书人说不用担心，而是用他写成的《封神传》一书作陪嫁；二女婿将书出版销售，一下子赚了很多钱。这则故事反映出当年《封神演义》的销售之旺和传播之快。除了文本传播，明清时期关于"哪吒闹海"的戏剧传播和说唱文学传播在民间也是极具影响力的。

总之，哪吒的传说自宋代出现后，经过元、明两代的不断丰富，带给了海河岸边的人们无限遐思，认定"哪吒闹海"中坐落于东海之滨的陈塘关就是天津的陈塘庄，附近的上、下河圈就是哪吒脚踏的两只风火轮落地形成……进而为李靖修建府邸，为哪吒建立庙宇。从此，天津人对"哪吒闹海"的传说产生了挥之不去的情结。

四

《封神演义》虽未列入中国古典文学名著，但其中包含了大量民间传说和神话故事，创造出许多生动、鲜明的人物形象，仍属中华民族优秀文化遗产的组成部分。作为市井文学，《封神演义》充满了丰富的、超自然的想象力，其影响力并不亚于四大古典文学名著。

特别是"哪吒闹海"，已收入小学三年级的语文教材；哪吒的人物形象，一直让广大天津群众难以忘怀。上世纪80年代的海河狮子林桥下的水面上和天津俱乐部的燕园里，都置放了栩栩如生的哪吒雕塑；1999年第34届世界体操锦标赛在天津举行，会标之一就是哪吒图案。著名相声演员刘文亨在颇受欢迎的段子《杂谈地方戏》中对李靖的演绎，也不会是空穴来风。直到今天，"哪吒闹海"对天津来说仍具令人倾倒的非凡魅力，以及不容忽视的社会功能与文化价值。

民间传说大都以口头形式传播，表现形式丰富，包含着许多超自然和传奇性的情节，通过夸张、幻想、异想天开等艺术手法，描述出人物的事迹或悲壮，也表达了人们对心目中人物的评价和愿望。长时间留存于天津的"哪吒闹海"就是这样一个情节夸张，充满幻想，曲折感人的民间传说，代表和彰显了中华民族、特别是年轻一代坚持正义，不甘凌辱，舍己救人的献身精神，以及对美好生活的憧憬。"哪吒闹海"已于2012年列入天津市河西区区级非物质文化遗产名录。

中国的非物质文化遗产是中华民族传统文化的瑰宝，是几千年

482

文明的历史积淀，是以人为本的活态传承，对中华民族精神的构建，有着潜移默化的作用。"哪吒闹海"作为非物质文化遗产，其产生和传播必然要依附于某些曾经存世物质形态。因此，继续深入调查和研究这些直观和具象的物质形态，哪怕在今天仅剩下了蛛丝马迹，对于进一步认识和提升"哪吒闹海"的非物质文化遗产地位，仍具重大价值；对于推进优秀传统文化的传承，展现天津传统文化的丰厚、生机与活力，也会产生积极的成效和作用。

〔原载《天津日报》，2020 年 12 月 7 日〕

故事文化

茱萸红实似繁花

——一个民间学术机构的五年成长之路

经过了一个漫长而又闷热的酷夏，终于，迎来了暑退凉生，迎来了美艳的新秋；不经意间，也迎来了问津书院的五年之庆。

时间是一种节奏，尽管日子有时是粗犷的，然而若是赶上了大时代的脉动，执着的追求脚步依然可以留下时代的印记。没有凌厉的棱角，也无须度阡越陌，五年前，大家熟习的问津书院，在几位"文化志愿者"浅吟低唱的努力下，就这样精致、独到地诞生在清雅绰约的巷肆文化产业园。

这是一个传承了历史的纯民间学术机构。唯其没有强力的背景，也就没有确立宏大的价值，更不会去追求宏阔的命题。只能是通过个人的不懈追求和努力，用苦度长夜的智识与坚韧，把优秀的传统文化与乡情和亲情交融起来，为我们生活的这片沃土提供了成长的精神动力和智慧资源。

世界永远会奖励认真付出的人。

五年间，问津书院伴着寻常的季节交替，在命运与时间的冲撞中，用自身的系列业绩，记录下了诸多的历史瞬间，成功地书写出了生命乐章中的响亮音符，进而决定了书院生命历程的主旋律。书院千年，其命维新嘛。

气质往往就是精神生命。

五年间，问津书院用岁月积淀的智慧和心与心的相拥，找到了自己的恰当位置和生命价值，这就是：只有架构自己的知识空间，让生命显示出内在的独立而无须用闲情去感受他人的情怀，如此这般，才能够得到环境和社会的认同与接纳，才可以把天津文化的力量和魅力传递出去，同时跑出自己的加速度。

当然，要想穿越往日的追求，放飞梦想，也并非一件容易的事情。"物有甘苦，尝之者识；道有险夷，履者知之"，这恐怕是五年间问津书院与同仁们的共同体味。好在生命的长度，在于我们的态度，而我们对周围一切的态度，又决定了我们将会拥有多少未来。通往梦想的路无疑是曲折和漫长的，但，毕竟开始启程了。

所以，每当接到问津书院寄来纸墨飘香的书简，总会带给我一份值得珍藏的典雅情怀。我们的心需要感动，一颗感动的心，往往会赋予我们许多美好，而这些美好是要用心去领会的。

秋天，从来就是静语无声的，秋风，已经掀起了季节的一角。唐代"大历十才子"之一的诗人司空曙曾写过一首七律《秋园》，现在读起来感到特别地亲切："伤秋不是惜年华，别忆春风碧玉家。强向衰丛见芳意，茱萸红实似繁花。"多么煽情！用"茱萸红实似繁花"这七个字，代表和形容五年来的问津书院，我以为是最恰当不过的了。

机遇总是垂青有准备的人。期待所有关心问津书院的人们，通过共同的努力，以开阔的胸怀和气度，神闲气定，面向未来，为今后的日子插上翅膀；在花开的嫣然中，用锦绣文章和绚丽诗篇构建的知识空间，打造的灵动文化意境，走出一条适合自己并持之以恒的道路来。

写于丁酉仲秋

［原载商务印书馆：《新阅读》，2018 年 7 月（总 91 期 "卷首语"）］

故事文化

485

妈祖散论

绣帨遥连赤嵌城

——为（首届）中国·天津妈祖文化旅游节而作

"神光飘渺隔沧瀛，士女欢娱解送迎。雾隐七闽潮上下，云开三岛画分明。翔鸥低映蛟宫水，绣帨遥连赤嵌城，万古郊禖同享祀，一时向若共飞声。"这是清代天津著名诗人于豹文（虹亭）所写的《天后会四十韵》中的前八句。于豹文，又名扬献，字濯溪，天津人，诸生出身，是乾隆三年（1738）的举人，乾隆十七年（1752）的进士，但终生未仕。他还是当时天津的一名"奇才"，据说此人"短身貌陋，口能自容其拳。天才警敏，目下十行，博古通今，无所不读。借人书，一览即归之，终身成诵"，晚年因"病膝，卧床经年，犹自口不绝吟，手不停笔，悲歌慷慨，郁陶莫释，一往苍凉"。易箦时，托其族弟整理平生诗草；后得 1504 首，结为《南冈诗草》16 卷。

"帨"是古代女子所用的帔巾，传说彼时女子出嫁，母亲要亲为系"帨"与"缡"（五彩丝绳）。"绣帨"自然是刺绣之"帨"了。"赤嵌"是台湾岛最早形成的城市，也就是今天的台南市；在清代，是台湾府（后改台湾道）的所在地，曾经是全台的政治中心。在台南，至今保存有著名的古建筑——赤嵌楼。

说来也巧，就在世界各地的妈祖庙准备欢庆天后诞辰 1041 周年之际，台湾北港朝天宫为迎接中国天津妈祖文化旅游节，特意花费

489

了一个半月的时间，赶制了一幅长 5 米、宽 2.2 米，上绣"天后娘娘"四个大字的金色幔帐。幔帐上的所有吉祥喜庆的图案，也都是金线绣制，共用金线 5 千克。整个幔帐金碧辉煌，耀眼夺目，并于 2001 年 3 月 25 日献给了天津天后宫。遥想当年，"绣帨遥连赤嵌城"虽然说的是沿海各地北起天津，南到台湾，因共同祝贺妈祖诞辰而连在一起，但终究不过是诗人的一种美好愿望。可是在今天，这种愿望却变成了现实，天津人民和祖国的宝岛——台湾人民的骨肉深情，真的通过妈祖文化，通过这幅幔帐遥远却紧密地连在一起了。

一

中国的妈祖文化，虽说是中国海洋文化的一个重要组成部分，但又不等同于海洋文化。

自古以来，中国就是一个临海的大国，中华民族关于海洋的神化与传说累世不绝。先秦时期的地理学名著《山海经》里，记载着许多关于大海的美丽、动人故事。著名哲学家庄子，还专门讲述过河神河伯与海神海若的对话情形，事见《庄子·秋水》篇。秦始皇曾为四海的海神专门设立了祭坛；盛唐时期，四海的海神被封为王。此后，四海海神在道教的经典里，又演变成四海"龙王"，除了管辖自己所属的海域外，兼司兴云布雨。

到了 11 世纪的宋代，随着农业和手工业的发展，社会生产力和城市经济空前发达，举一个简单的例子，中国古代有闻名世界的四大发明，其中有三大发明——火药，印刷术和指南针——出现在宋代。中国人不但发明了指南针，而且最早把指南针应用到船上，使航海技术出现了重大突破。南宋的吴自牧在他所写的《梦粱录》中说："风雨晦冥时，惟凭针盘而行。"不过，一项新技术的出现与其得到普及应用，往往有很大的距离，在传统的农业社会尤其如此。

南宋迁都临安（今杭州），地近滨海，宫廷、官府以及广大军民的日常所需，都要由沿海的城镇通过海道大批运来。当时，人们对大海不能完全征服，甚至充满着恐惧，沿海航行，主要依靠地文航海术，也就是山形水势，"沿山求屿"来引航。至于助航设施，当时还没有出现。只是到了元代，长江口一带才有了航标的设置。至于海上的恶劣天气，船师舵手更是难以掌握。利用海洋气象的征兆来预测天气演变规律，在宋代尚不成熟。所以，在沿海航行中时常会碰到航道上的浅滩或暗礁，或暴风骤雨，以致造成船沉人亡的惨剧。诚如明任天祚在《重修敕建灵慈宫天妃碑记》中所说："天下至计，莫于食；天下至险，莫于海。"元人臧梦解的《直沽谣》说得更为生动："去年吴人赴燕蓟，北风吹入浪如砥。一时输粟得官归，杀马椎牛宴闾里。今年吴儿求高迁，复祷天妃上海船。北风吹儿随黑水，始知溟渤皆墓田。"因此，对于经常出海、履风波之险的沿海居民来说，他们不仅仅需要那些大海的管理神保护自己，更需要一位航海的保护神来庇佑自己，妈祖因此应运而生。

据传妈祖实有其人，姓林名默，福建莆田湄州屿人。生于宋太祖建隆元年（960年）三月二十三日，今年适逢妈祖诞辰1041周年。她是中国唯一一位至今仍被沿海居住的中国人（或华裔）念念不忘、优礼有加的女神，更是一位被神化了的人。

传说林默之母因在梦中吞食了南海观音所赠的"钵花"而身怀有孕，出生时有"祥光异香"；在襁褓中即会拜神，五岁能诵经，11岁能婆娑起舞以娱神。长大后，"通悟秘法，预知休咎；乡民以病告，辄愈"。特别是对于舟人航海时的状况，有着特殊的灵感。一次，林默的父亲带着四个儿子分乘五条船出海经商，遭遇风暴；是夜林默瞑目而眠，元神出窍，用双手、双脚和嘴各拉住一条船的椇索前行，渡波涛如履平地。母亲见林默手脚乱动，急忙将她唤醒。林默惊呼："不好！我嘴叼着大哥的那只船，因与您说话被风刮跑了。"几天后，林默的父兄回来，说风作之时，见一女子牵五船的椇

491

索而行，后来大哥的船却因桅索脱落而被风浪吞没。这个故事从另一个方面告诉我们，林默不但生在沿海，而且与航海之人有着手足之亲，是沿海人民共同崇奉的护航女神。

从此林默经常出海，救护遇难的渔民或商船。宋雍熙四年（987年）九月初九，因她在暴风雨中抢救遇险船只，不幸被大风卷去；也有人说她于是日乘绛云而升天。当时，林默年仅 28 岁。林默去了，但她没有离开沿海的船民，没有放弃她为沿海船民保驾护航的职责。她经常"衣朱衣，飞翻海上"。家乡人民怀念她，在她死后不久，莆田群众便为她修筑了一座祠堂，这也就是俗称的湄州"家庙"。

宋宣和五年（1123年），给事中路允迪率八条大船出使高丽（朝鲜），在渤海突遇风暴，七只船沉没，路允迪闭目连说："神女下凡，保我平安！"很快风平浪静，只见一朱衣女子立于船樯之上。徽宗闻听此事，将一块写有"顺济"二字的匾额赐给林默祠。大概从此之后，妈祖信仰来到了北方沿海。

随着海运事业的不断发展，沿海众多的航海者愈来愈需要妈祖的庇护，这样，妈祖的地位日益显赫。宋绍兴二十六年（1156年），林默被封为"灵惠夫人"，淳熙三年（1176年），加封为"灵惠妃"。

元代大规模的海上漕运，是维持国家和首都功能正常发挥的生命线。最高统治者非常需要航海的安全，妈祖崇拜开始与国家的命运联系在一起了。世祖至元十五年（1278年），封妈祖为"护国明著天妃"；由漕运有关的沿海城镇，如扬州、直沽等地都敕建了天妃宫，而且天妃的作用也愈来愈扩大。后来有人总结说，"神毓秀于闽，显化于湄。先朝感其灵异，代代褒封。曰'夫人'，曰'天妃'，十五余更。是时雨旸疫疠，舟航危急，无祷不应。故路行舟载，若或使之，莫不祀奉其神"。

尤其是直沽，系元代海运漕粮的终点与河海联运的中转站，南北的舟师、舵工、水手都要聚集于此。"每岁春夏运粮舟将抵直沽，即分都漕运官出接运，中书省复遣才干重臣至海壖交卸。"为方便交卸，在直沽建有广通仓和海运米仓。这就是说，大规模的漕粮交卸工作先要在大、小直沽进行，然后才能换装平底小船，再经潞河（今北运河）、通惠河运抵大都（今北京）。所以，直沽的天妃宫在北方各港中建立最早，规模最大；而且自元代开始，直沽对天妃的崇奉之虔诚和祭祀规模之盛大，都是他处所无法比拟的。

直沽的天妃宫约建立于元世祖至元年间（1264—1294）试行海运之后。因为元代的海运漕粮是从至元十九年（1282）开始的，翌年成立了两个专门从事海运的万户府，至元二十八年（1291）又成立了都漕运万户府。所以，《天津县新志》说直沽天妃宫"至元年建"，这是很有道理的。由于大直沽是海运的终点，而小直沽是河运的起点，因此在海河东西两岸的大、小直沽各建了一座。天津的天后宫自元代起便有东庙和西庙之分，而且两庙关系密切，东庙的主持易人，要由西庙的主持来代替。这种情况，在其他的沿海城市也是不多见的。

在元代，天妃的祭祀典礼也由开始时的民间自发组织，升格为朝廷按时专门派使臣（实际上使臣不一定亲自出马，而是由他人代替）致祭。元代的翰林学士张翥就曾到直沽"代祀天妃庙"，事后他写诗说："晓日三汊口，连樯集万艘。普天均雨露，大海静波涛。入庙灵风肃，焚香瑞气高。使臣三奠毕，喜色满宫袍。"

到了清康熙十九年（1680），再次加封妈祖为"昭灵显应仁慈天后"，从此沿海各地妈祖庙均改称"天后宫"。

由于明清两代的漕运不再走海道，而是改为"里河运粮"，即走南、北运河；再加上当时社会经济的发展，和天津"地当九河津要，路通七省舟车"的优越中心区位，地处三岔河口小直沽的西庙得到空前繁荣。光绪十年（1884年）刻版的《津门杂记》对此有生动的记述："三月二十三日，俗传为天后诞辰。天津系濒海之区，崇奉天后较他处尤虔。东门外有庙宇一所，金碧辉煌，楼台掩映，即天后宫，俗称'娘娘宫'。庙前一带，即以'宫南'、'宫北'呼之。向例，此庙于十五日启门，善男信女，络绎而来。神诞之前，每斯赛会，光怪陆离，百戏云集，谓之'皇会'。香船之赴庙烧香者，不远数百里而来。由御河起，沿至北河、海河，帆樯林立；如芥园、湾子、茶店口、院门口、三岔河口，所有可以泊船之处，几于无隙可寻。河面黄旗飞舞空中，俱写'天后进香'字样。红颜白鬓，迷漫于途。数日之内，庙旁各铺店所卖货物，亦利市三倍。"数百年来，至今不衰。

<h2 style="text-align:center">三</h2>

从 15 世纪开始，东西方的航海事业可以说都进入了一个大发展的时期。在西方，意大利航海家哥伦布发现了美洲"新大陆"，葡萄牙航海家麦哲伦完成了人类第一次环球航行。在东方，则有中国大航海家郑和率领 200 多艘海船组成的船队，历时 30 年，七下"西洋"的壮举。

当时，中国的航海技术已日臻完善，不但能够编组大规模的混合船队，使大小船只保持匀速同步前进，而且能够掌握海上的信风规律和海流形态，利用"星辰定向"（天文导航）与"罗盘针路"相配合的科学方法进行远洋航行，最远已到达了非洲的东岸。郑和船队对所经过的港口和航道都有详细的记录，对航道附近的滩、礁、屿、岩，标注准确无误。

郑和航海的壮举，也把沿海妈祖文化的发展推到了一个新的高峰。

明永乐十三年（1415 年），郑和出使西洋，途经泉州，亲到泉州南门的妈祖庙进香。泉州妈祖庙始建于南宋庆元二年（1196 年），后经郑和奏请，奉旨重修；清初重建。现已成为中国东南沿海和南洋一带现存最早、最大的妈祖庙之一。郑和完成使命后，屡言在海上航行过程中："天妃神显灵应，默伽佑相。"永乐皇帝乃颁布敕令，在福建湄州、长乐，江苏南京、太仓等地修建天妃庙，还亲自为南京的弘仁普济天妃宫撰写了碑文。

明末清初，东南沿海一带移民到台湾垦荒，多在西部主要港口北港登岸，因为北港溪源自东部山麓，西下平原，到北港一带迂回曲折，沉积旺盛，适于耕种。后来民族英雄郑成功等人到台湾经营，也是从北港开始的。相传郑成功收复台湾时，曾亲自祈求妈祖保佑进军顺利。迨至郑成功率大军到达台湾，恰值鹿耳门水涨，舟师得以顺利通过。所以，郑成功等人在鹿港先后修建了天妃庙和兴安宫。清康熙三十三年（1694）自福建移香北港而建立的妈祖庙（今嘉义市北 11 千米，乾隆十二年即 1747 年重修），也就是今天的朝天宫，为台湾岛数百座妈祖庙中规模最大的一座，正殿奉祀妈祖，后殿奉祀妈祖的父母，每值春节及天后诞辰，迎神赛会规模之盛大，为他处所不及。

由于台湾岛伫立海中，台湾的妈祖庙之多，冠于全国；所供奉的妈祖又分为"湄州妈"（湄州妈祖的分灵）、"温灵妈"（泉州妈祖的分灵）和"银同妈"（同安妈祖的分灵）。但妈祖的金身却都是相同的，即珠冠云履，玉佩宝圭，绯衣青绶，龙车凤辇，佩剑持印。前有"千里眼"察奸，后有"顺风耳"报事。不但全台如此，而且在沿海地区，乃至世界各地所供奉的妈祖莫不如此。这充分证明了妈祖文化的同一性，以及中华民族心理素质的稳定性。

妈祖自诞生之后，就没有忘记沿海的人们，人们自然也不会忘记她。每逢妈祖的诞辰，人们要欢快地举行盛大仪式，把她的金身（或神位）送回她的家乡，或各地的福建会馆，使她能和家乡人团聚。千余年来，在中国沿海，在南洋，在世界各地有华人居住的港口，都有香火旺盛妈祖庙，真是"一时向若共飞声"，形成了强烈的妈祖信仰和妈祖文化。这种信仰和文化，是维系海内外华人、华裔和中华文化延绵不断强有力的纽带之一。

时值妈祖诞辰 1041 周年，"妈祖文化由沿海城市发展"学术讨论会同时举行，口占七言四句，以示恭贺：

妈祖文化百世连，
五湖四海共翩跹。

495

绣幔遥连炎黄裔，

千秋万代寰宇传。

［原载《首届中国·天津妈祖文化旅游节论文集》］

传承妈祖文化　彰显城市魅力

——为第二届中国·天津妈祖文化旅游节而作

天津的妈祖文化节，是一个非常具有传承性和独创性的文化节。

今年，适值天津设卫筑城 600 周年；而第二届妈祖文化节的召开，则是重点突出了 600 年来天津城市成长与妈祖文化的亲密关系。在一定意义上说，通过对妈祖文化的不断深入研究，可以使海河、海洋哺育起来的源远流长的天津文化，能够更加完整地回归到了自己生命的角色之中。

在中国沿海的大城市中，千百年来妈祖文化得以延绵不断并传承至今的，唯有天津。妈祖文化的生命韵律，何以在能天津永远屹立在历史的枝头呢？我以为可由以下三个方面加以探讨：

第一，由于历史的和地理的原因，妈祖文化在天津有着顽强的生命力。

天津地处九河下梢，濒临渤海，特别是因为海河贯穿全境，使天津在中国北方的沿海城市中，具有了河海通津的优越区位。"直沽客作客，江南又江北"，几百年来，往来天津的海上交通从未间断，因而"崇奉天后较他处尤虔"。

妈祖在天津，一方面是航海者的身家性命所系，所以在旧时天后宫大殿里，有一排排小船挂在屋顶上，这是船家平安往返、许愿还愿的标志。另一方面，妈祖在天津又是人们为了自身延续而代代

497

崇尚的一种精神寄托，在科学不发达、不普及的时代，人们把自身延续的希望寄托在善良的妈祖身上，是完全可以理解的。二者相加，遂使妈祖的高大形象，长时间为天津撑起了一片温馨而没有苦难情怀的天空。

应当说，妈祖在天津既卓异，又平凡，既代表了生命的顽强，又昭示着生命的美丽。妈祖在天津虽然不是现实的，但人们可以用心灵去触摸她，感受她，以至成为勇敢、坚毅、前途、希望的生命力符号。

第二，由于天津文化的开放性、多元性和兼容性，妈祖文化在天津有着巨大的亲和力。

中国的民间信仰历来就是多元的，但能够把所有的民间崇拜、民间信仰都囊括在自己身边的，唯有天津的妈祖。如前所述，妈祖本身的功能，在天津就是多元的；而在崇奉妈祖的庙宇里，信仰也是多元的，这显然是由天津文化的特质决定的。

亲和是世界上最璀璨的阳光。天津五方杂处，居民来自各地，构成天津人"基本队伍"的是外地人，外地人集中在一起，本能地具备团结和互助精神。在如此基础上形成的天津必须开放、多元和兼容，不然城市空间就无法和谐，城市经济无法发展。因此，各种民间崇拜在天津的妈祖庙里都必须找到自己的一席之地，任何一位天津人都可以在这里找回自己已经失去的感受，或寻求到自己未来的精神寄托。

世界上很多信仰都是排他的，唯有妈祖门庭广大、博爱众生，表现出妈祖文化的巨大兼容精神与亲和力。应当说，这是一种境界。爱，是生命的脊梁。几百年来，正是因为天津人和妈祖之间有一种扯不断的爱，所以妈祖文化在天津能够表现出巨大的亲和力。

第三，由于中国文化和天津文化的博大胸怀，使妈祖文化在天津有着极好的攀附力。

比如，妈祖是中国典型的民间信仰，而道教是中国本土固有的宗教，因而天后宫可以由道士来主持，因为两者在文化土壤上并无二致。皇会，原来叫娘娘会，每年三月二十三日天后圣诞之期，除了严肃仪仗銮驾之类，几乎全为群众自发的充满喜庆气氛的民间技艺表演。

这两点意味着什么呢？它意味着：妈祖的庙宇因为附着了道教，可因其保管而不会圮坏；妈祖信仰因为附着了各种民间技艺表演，而成为一年一度永具深情的节日，并得以深入人心和传承不断。天津是一座有着丰富多彩历史的城市，天津文化形成较晚，因而天然地具备了吸收和兼容一切先进文化的能力。但追根溯源，则不能不说与代表着中华民族坚强、勇敢、助人为乐精神的妈祖文化的攀附力有密切的关系。

有人说，过去是一种深刻，这话有一定的道理。一个古老的习俗，往往能够维系着一个民族的凝聚。如果注意观察，我们不难发现，中国文化，包括妈祖文化中的许多因子，对于发展社会主义市场经济并不矛盾，继承得当，反而能够减轻处于转型时期的社会震颤与失衡。

当前，中华民族正在面临着一个新的振兴机遇，重振中华民族的民风、民气，树立坚定的民族自信心，全面提高天津城市的文化品位，是现实对传统的需求。由此看来，在迎接天津设卫建城600年之际，我们带着时代精神去深入研究天津的妈祖文化，深入研究天津的天后宫，让妈祖成为过去派往现代的使节，以从中寻找明天的坐标，当然是一件非常具有现实意义的事情了。

妈祖文化的内容是十分丰富的，最近市委书记张立昌同志在市委八届五次会议的报告中精辟指出："天津文化源远流长，有着丰富的文化底蕴。海河、海洋孕育和发展了天津文化，构成了开放性、包容性、多元性的显著特征。挖掘丰富的文化资源，继承和发扬优秀传统文化，不断注入时代的精神，是摆在我们面前的一项重要任务。"这，也应是我们开展妈祖文化研究的指导方针。

499

[原载《第二届中国·天津妈祖文化旅游节论文集》]

传承民族艺术　光大妈祖文化

——为第三届中国·天津妈祖文化旅游节而作

2006 年是妈祖诞辰 1046 周年，适逢天津市第三届妈祖文化旅游节隆重举行。如果从这三次妈祖文化旅游节参加者的地域范围不断扩大来看，如今的妈祖文化不但更具民族性，而且越发具有了世界性——大凡世界上有华人居住的港口城市，就有妈祖庙的修建，就有妈祖崇拜，就有妈祖文化的传播。这种文化现象，非常值得研究。如何在当前的社会条件下把握好这种文化现象，把天津的妈祖文化发扬光大，是本文所要探讨的问题。

一

中国北方沿海城市妈祖文化的传入，大约在七八百年前的元代；但是在这样长的时间里，妈祖文化唯独在天津传承不断，这在中国北方沿海城市当中，实在是一种非常特殊的历史现象。

为什么妈祖文化和祭祀妈祖诞辰的皇会文化在天津得以绵延不断地传承且历久不衰？我想，应是基于以下几个方面的原因：

第一，天津千百年前曾是退海之地，自西向东逐渐形成的一道道贝壳堤就是明证。在这片退海之地上祖辈生活的天津人，自然会对大海充满着感情。

第二，天津是大运河北端唯一一座依河傍海的城市，从古至今，海洋直接关系到天津的城市成长、繁荣与国计民生。因此，天津的妈祖庙座西朝东，面对海河，面向大海，以河海交融的态势见证了数百年来天津的发展。

第三，天津城市形成相对较晚，城市人口来自多半个中国，五方杂处，"比间而居者率多流寓之人"，外来人口聚集在一起，需要相互间的帮助，需要构建共同的信仰。

最后，天津"地当九河津要，路通七省舟车"，是一座商业和码头城市，下层社会和工商业者占了城市人口的大多数，紧张的劳动之余，需要民间自娱活动的调剂。

妈祖诞辰曾是天津人民一年一度最盛大的节日，犹如国外的城市狂欢节，届时各种民间文艺表演团体——一道道的"会"纷纷走上街头，一展自己的才艺。整个城市则是万人空巷。这一庆典，在清代中叶以前叫天后会，清代中叶以后改叫皇会。至于为什么叫皇会？目前专家们尚有不同的意见。我以为，清代的康熙皇帝和乾隆皇帝在南巡过程中，数度驻跸天津，天津的地方官和有影响的士绅很可能将这些丰富多彩的民间文艺表演用于接待皇帝的驾临；另外，妈祖在有清一代曾三次加封，由"天妃"而"天后"，由"天后"而"天后圣母"，由"天后圣母"而"天上圣母"，享有人世间皇后的待遇自然不成问题，在妈祖诞辰用"皇会"表示庆贺，当然也是顺理成章的了。现在虽然还没有发现这一方面确切的文字记载，但把各种民间文艺表演——"会"加上"皇"字，至少说明了这种表演的规格之高。

二

现在，我们已经成功地举办了两届妈祖文化旅游节，第三届妈祖文化旅游节的规模，较之前两次还要大，气势还要宏阔。妈祖文化旅游节的成功举办，给了我们深刻的创意启示，即一定要想方设法，深入发掘、延伸传统文化的优秀内涵，并扩大其外延，以天津天后宫为中心，做到一年之中，月月有节可过，天天人流涌动，把妈祖文化做大做强，做成具有浓郁天津特色的著名文化产业和文化品牌。

（1）重振皇会。历史上，能够参加皇会表演的民间文艺节目，都是最能代表天津地域特色的。据徐肇琼的《天津皇会考》，早年天津的妈祖诞辰，出皇会时先后共有 26 道会；又据望云居士等的《天津皇会考纪》，到 20 世纪 30 年代，只剩下法鼓等 9 道会了，加上净街会也不过 10 道。据尚洁近著《天津皇会》所附插图，不见于记载者，尚有：巡风会、洛阳桥会、多福如意会、舞绣球会等。问题是，今天如果再出皇会，我们还能出多少道呢？对于这样珍贵的非物质文化遗产，目前实在有广泛发动群众、实施挖掘抢救的必要。只要能把失传的一道道会发掘整理出来，不但可以丰富天津地方文化，而且会成为人们争睹的保留节目。如果能把已知的所有皇会节目都能重新整理，去粗取精，每天表演一组，在宫前广场或天后宫内循环演出，一定具有相当的看点和吸引力。

（2）水面舞台。"亲水文化"是天津的地方文化传统之一，如果能够在天后宫前的海河水面上建造一个流动的组合水上舞台，下层为演员的化妆室和休息间，通过自动升降设备，把演员送到舞台上去，表演皇会节目或其他文艺表演，肯定是别开生面的创举，一定会独具魅力。据悉，在 9 月 20 日第三届妈祖文化旅游节的开幕式上，将举行海河水面表演，晚间还要举行海河焰火晚会。我们热切期望这种水面表演的精彩和成功，并为以后搭造水面舞台积累宝贵的经验。

（3）新正钟鼓。这是近年来天后宫在新正期间组织的具有创意的活动，很受欢迎，目前还只限于子夜的撞钟。根据以往的经验，建议同时启动天后宫内鼓楼的击鼓活动，做到除夕与新正交替之时钟鼓齐鸣。同时对于参加撞钟或击鼓活动者，赠以有价值或有新春意义的纪念品，祝福参与者在新的一年里万事顺意、阖家平安。

（4）上元灯会。上元节始自汉代，虽说是具有佛教色彩，但在民间早已没有了宗教成分。在继承这一新春民间盛典方面，天津已经取得了很好的成绩，比如乐园灯会、人民公园灯会都已做大做强，成为了一项娱乐品牌。建议天后宫在每年的中元节组织自己的特色活动，如展示早已失传的冰灯、麦苗灯等，亦可创新研制果蔬灯之类，同时自制各种传统的或时尚的精美提灯，供游人选购。

（5）蟠桃庆典。相传，每年农历的三月初三，是"女仙之宗"王母娘娘的生日，天宫照例要举行蟠桃盛会。所谓"蟠桃"，传为三千年一开花，三千年一结果的"仙桃"，人吃了可以长生不老。建议在天后宫内辟一全市唯一的"西山王母殿"，供奉西山王母金身，以蟠桃作为全殿的主题点缀。每逢三月三，供应刚刚上市的油桃以及面制寿桃、点心寿桃和西点寿桃；长年供应或加工定制各色蟠桃工艺品和装饰品。

（6）端午龙舟。至迟在清代，天津已有端午赛龙舟的习俗，《津门杂记》和《津门竹枝词》中均有所载，可惜语焉不详。描述详细且图文并茂的，大概莫过于清人麟庆的《鸿雪因缘图记》了。1843年端午节的前一日，麟庆道出津门，过三岔河口望海楼下，"见龙舟旗帜翱翔，游舫笙歌来往，虽稍逊吴楚之风华，而亦饶存竞渡遗意……比过岔口，入上水，长年清泊。姬人洪友兰乃过船，奉蒲酒以进，并抱琴请鼓'天问'一阙，以寄遐思；又拨琵琶，请奏'夕阳箫鼓'一曲，以抒清兴"。此情此景，是一百多年后的今天很难想象的。端午适值天津初夏，风和日丽，在天后宫亲水广场前的举行三天龙舟竞渡；同时由天后宫监制各种类型（竹叶、竹筒等）的品牌粽子，"老虎锁"（即一串用丝绒缝制的小扫帚、簸箕、葫芦以及老虎、长虫、蝎子、蜈蚣、蛤蟆等"五毒"，如不及时组织抢救，恐已无人会做）等现场供应，这些都不失为利用传统节令，弘扬民俗文化的好办法。

（7）七夕织女。牛郎织女的故事是古代四大传说之首（其他三大传说分别为孟姜女、梁山伯和白蛇传），由于它代表了青年男女对

503

美好生活的追求与憧憬，在全国已经流传了近两千年。青年女子要在这一天向织女乞求智巧，这就是"乞巧"。同时，由乞巧引申出乞聪明、乞富贵、乞美貌、乞长寿，甚至乞良缘。过去，各地大都建有织女庙，其中以江苏太仓的织女庙最为有名。在台湾地区的北投，则把织女庙改为情人庙，供奉牛郎织女，庙联为"真情无人见，假情天有知"。庙内还有一块鸡心石，上刻："情人双双到庙来，不求儿女不求财。神前下跪盟天誓，谁先变心谁先埋。"从中受到启发，我们能否在天后宫后面的偏殿设一织女殿，安放牛郎织女及鹊桥，附有司马相如、卓文君像；殿旁搭建葡萄架，种植葡萄，以备七夕之夜来此静听牛郎织女哭声。或者再辟一室，建月老殿，供奉月下老人。这种"寓教于乐"、弘扬七夕文化的做法，一定会受到热恋中的青年男女的特别青睐。

（8）中秋祭月。提起中秋，很容易让人想起常娥奔月的故事。传说常娥为后羿妻，后羿从西王母那里得到长生不老之药，被常娥偷吃，遂成为仙人，升天到月亮上。这侧故事起源于两千年前的汉代。到了魏晋时期，又出现了"月中何有？玉兔捣药"的传闻，以至玉兔成了月亮的代名词。关于过中秋节的习俗则起源较晚，大约在公元 7 世纪的唐代以后。传说在开元年间，唐玄宗于八月十五在宫中赏月，有术士罗公远在身边，问明皇："陛下莫非想到月宫中看一看吗？"明皇称是，于是罗公远把手中的拄杖抛向空中，化为一座银色桥梁，引导他上天至月宫，只见数百仙女穿白色纱衣，在广庭大院中翩翩起舞。明皇上前问是什么舞曲？回答说叫《霓裳羽衣》。明皇暗记其谱，翌日召集臣工谱出《霓裳羽衣曲》，流传至今。在月亮的传说中还有吴刚伐桂的故事，说的是月中有桂树，高 500 丈，树下有一人，用斧子砍树身，但树身随砍随合，此人即吴刚。吴刚当初学仙，出了过错，于是罚他伐桂。中秋的传说这么多，哪个故事都可以利用，并且把它们变为形象的东西，供人观览。简单易行的办法是，每届中秋之夜，天后宫庭院中可设供桌若干，上设月光祃（木板、洒金纸印制，画面为一满月，中有月光遍照的菩萨端坐在莲花之上，下为月宫、桂树，前有玉兔，站立执杵，捣臼中仙药。幅面大的有一丈，小的仅三寸余）及各种果品，专供女士拜月之用。另外，还可监制各种型号、各种造型的月光祃、兔爷等，作为传统手工艺品发售。

（9）艳阳登高。这是中国传统的登高之日。古人以九为阳数，所以九月初九日也叫重阳节。重阳登高的习俗约起源于东汉时期，相传桓景随费长房学道，一日费长房对桓景说，九月九日家中有灾，全家人应以红纱为囊，内盛茱萸，系于臂上，然后登山、饮菊花酒。桓景依言去做，及至晚上回家，见家中禽兽全都死去，从此留下了头插茱萸、赏菊和登高的习俗。唐王维诗："独在异乡为异客，每逢佳节倍思亲。遥知兄弟登高处，遍插茱萸少一人。"上面那则故事可能起源较晚，因为据三国时期曹丕给友人的一封信说："岁往月来，忽复九月九日，九为阳数，而日月并应，以为宜于长久。"可见古人过重阳节主要还是为了天长地久、健康长寿。所以今天我们把九月九日定为老年节。当年的九月九，东门外玉皇阁为登高的最好去处，士女咸集。老城里的水月庵和各座道观，均于晚间祭祀北斗，以水月庵为最，聚整股的高香为塔形，高两三丈，深夜焚之，可历昼夜，氤氲馥郁，芳腾数里，谓之攒斗。绅商子弟，在一旁着道装诵经。后来，水月庵废，则集中于玉皇阁攒斗诵经。

此外，在这天蒸粉做糕，上插小彩旗，名重阳糕，亦称花糕；天津民间多以层层酵面夹以红枣蒸制，俗称枣糕。有条件的，还要饮菊花酒。所谓"玉皇阁耸好登高，小食家家枣作糕。早饭偕来万庆馆，快呼菊酒醉酕醄。"如此丰富的文化内涵，给了我们许多的启示。比如，在天后宫内的楼阁之上摆设菊花酒宴，供应茱萸袋、粗细花糕，晚间在天后宫广场举行攒斗仪式等。

（10）岁除商货。此腊月初八开始，天后宫可以准备各种独具特色的年货，如能够代表妈祖文化的吊钱儿、年画，包装精美的妈祖泉白酒、葡萄酒、饮料，各种特色糕点，系列速冻食品，如素饺、素合子；设计整桌的罐头"妈祖宴"，各种传统的儿童玩具……想方设法适应、满足现代社会快节奏的节日生活之需。

最近，有关部门已把春节、清明节、端午节、七夕节、中秋节、重阳节等列入第一批国家非物质文化遗产名录，这就为我们在此基础上光大妈祖文化创造了有利条件。

三

可能有人会认为，这样办下去，妈祖庙成什么了？其实在天津，妈祖庙早已发展成多神崇拜，而且丝毫没有影响到妈祖文化的传承与发扬光大。这主要是因为妈祖始终是天津人民的信仰中心，附祀诸神对妈祖来说，不但不会消弱妈祖头上的光环，还能起到众星捧月的作用，提高天后宫的知名度，使天后宫的人气更加旺盛。

也可能有人认为，天后宫兼营各种特色工艺品、各种节令特色食品，那不成了加工厂吗？

这种担心也是多余的。我们可以通过联营的方式，把知识产权掌握在自己的手里。对于各种特色工艺品和各种节令特色食品，我们制订特殊的生产标准、质量标准，甚或可以申请专利。只有通过多种途径走向市场，满足多种需求，进入良性循环，才能使天后宫的人气越来越旺，天后宫的影响越来越大。

一种新事物要想出现，总会伴随着不同意见，这是正常的现象。不同意见的好处是，为我们举起了注意负面效应的警示牌。所以，建议在如何持续发扬光大妈祖文化方面，举行一次或多次创意研讨会，不但要有文化学者参加，还要吸收有志于经营文化产业的民营企业家参加，充分讨论诸多创意的可行性，预测创意可能带来的各方面效益，把决策建立在民主、科学和谨慎、完备的基础上。

日前，国务院批复了了天津市城市总体规划，明确指出："要严格保护历史文化遗产。要加强对各级文物保护单位、优秀近现代建筑的保护工作，重点保护好'五大道'等历史文化街区和独乐寺、觉悟社旧址、平津战役遗址等文物保护单位及其周边环境。要注意保护杨柳青年画、'泥人张'彩塑等非物质文化遗产，继承和繁荣传统商业文化。要加强海河两岸的绿化和景观建设，努力创造丰富多彩和和具有天津特色的城市景观。"这一批复，为我们传承民族艺术，光大妈祖文化提供了有力的支撑。在不久的将来，天津的妈祖文化旅游，一定能够打造成为天津的著名文化品牌，中国的著名文化品牌。

[原载《第三届中国·天津妈祖文化旅游节论文集》]

妈祖诞辰庆典是天津第一非物质文化遗产

——为第四届中国·天津妈祖文化旅游节而作

天津有一句口头禅，叫作"先有娘娘宫，后有天津卫"。这句话一点也不假，天津天妃宫始建于14世纪初的元代，而天津的设卫筑城和得名，是15世纪初明代永乐初年的事情，几乎比天妃宫的出现晚了近百年的时间。几年前，我写过一篇短文，名为《天津卫自天妃来》，说的就是这样一个过程。

700年来，天津的妈祖文化传承不断，天津人至今一直保持着一股浓浓的妈祖情结。早在元代，就有隆重的祭祀活动。沿袭到清代，商民一体，每年都要举行隆重的庆典，给老娘娘过生日，乾隆年间以前，叫作"天后会"，以后改叫"皇会"，数以百计的民间文艺表演同时走向街头，而且一直延续到20世纪二三十年代。这在中国沿海大城市里是十分罕见的。同时也告诉了我们，这绝非偶然的历史现象。

从2006年开始，中国有了自己的"文化遗产日"。当时还提出了一句口号，叫作"保护文化遗产，守护精神家园"。

所谓文化遗产，就是在我们的先人手里产生、使用，经过历史的洗礼留存至今，并且应该被继续传承下去的人类共同财产，是一种具有公共物品性质的文化资源。

文化遗产的内容可以分为两大类，即有形的文物，和无形的但可以通过口传心授、参与感受等方式传承的工艺、民俗等。换句话说，举凡人类世代传承、与人类生活密切相关的各种传统文化表现形式和文化空间，都可以算作无形的文化遗产。这种无形的文化遗产，就是非物质文化遗产。

大致来说，非物质文化遗产的内容包括：人类社会传承久远的口头传说和表述，包括作为非物质文化遗产的语言，表演艺术，社会风俗、礼仪、节庆，有关自然界和宇宙的知识及实践，以及传统的工艺技能等。

从清代的皇会，到这几届"中国·天津妈祖文化旅游节"，我们从中可以清楚地看到，这些独具天津特色的非物质文化遗产，不但根植于城市生活空间、周边环境和社会活动之中，而且时时刻刻伴随在每个人的身边。所以，2007年6月天津市公布第一批非物质文化遗产名录的时候，民俗部分就包括了皇会，天后文化和葛沽宝辇出会。在一定意义上，我们可以说妈祖祀典乃是天津第一非物质文化遗产。

不过，也许正是因为这些非物质文化遗产曾经是司空见惯的，所以它的不断消失和被破坏更容易被我们忽略。特别是20世纪30年代之后的半个世纪中，妈祖祀典几乎被社会所遗忘。近年来，又由于现代化进程的加速，城市生活中那些靠口授和行为传承的的文化正在不断丢失，结果造成许多传统的文化记忆逐渐显现出断层的趋势。

《国务院关于公布第一批国家级非物质文化遗产名录的通知》深刻指出："我国是历史悠久的文明古国，拥有丰富多彩的文化遗产。非物质文化遗产是文化遗产的重要组成部分，是我国历史的见证和中华文化的重要载体，蕴含着中华民族特有的精神价值、思维方法想象力和文化意识，体现着中华民族的生命力和创造力。保护和利用好非物质文化遗产对于继承和发扬民族优秀文化传统，增进民族团结和维护国家统一、增强民族自信心和凝聚力、促进社会主义精神文明建设都具有重要而深远的意义。"

为了保护一些长达百年以上的重大节日民俗文化传统，文化部将建立民族传统节日文化遗产保护基地。2007 年 6 月 9 日至 11 日，建设部、文化部和国家文物局邀请世界上 23 个国家和地区的 1000 多位市长、规划师、建筑师、文化学者、历史学家以及其他各界关注城市文化的人士，相聚北京，专门讨论全球化时代的城市文化转型、历史文化保护和当代城市文化建设等问题。

会议认为，城市作为一种文化现象，在人类文明史上具有独特的重要地位。回顾城市发展的历史，文化始终是城市最主要的功能之一，城市不仅是一定地域的经济和政治中心，也是这一地域的文化中心。城市化、全球化在带来经济发展、文化繁荣和生活改善的同时也给当代人带来了巨大的挑战。比如，城市发展正面临着传统消失、面貌趋同、形象低俗、环境恶化等问题，建设性破坏和破坏性建设的威胁依然存在。在全球城市人口第一次超过乡村人口的今天，反思城市发展的历程，重新评价城市文化与城市发展的关系，是十分必要的。

会议通过了《北京宣言》，主要内容是：

1. 新世纪的城市文化应该反映生态文明的特征。

2. 城市发展要充分反映普通市民的利益追求。城市是市民的居所，也是市民的精神家园。坚持面向普通市民，同时回应不同人群的诉求，应该成为基本价值观和行为准则。

3. 文化建设是城市发展的重要内涵。城市的建筑和设施，要努力满足普通市民精神文化和物质的基本需求。

4. 城市规划和建设要强化城市的个性特色。特色赋予城市个性，个性提升城市竞争力。在继承基础上的创新，是塑造城市特色的重要途径。成功的城市应该具备深厚的文化积淀、浓郁的文化氛围、美好的城市形象，成功的城市不仅是当代的景观，也将成为历史的荣耀、民族的骄傲。

5. 城市文化建设担当着继承传统与开拓创新的重任。城市是全人类的共同记忆。文化遗产见证着城市的生命历程，承载和延续着城市文化，也赋予人们归属感和认同感。城市文化建设要依托历史，坚守、继承和传播城市优秀传统文化。成功的城市是在保持自己文化特色的基础上进行再创新的城市。

可以说，这些问题对我们今后深入挖掘、保存妈祖诞辰庆典，把妈祖文化旅游节办成天津城市的辉煌名片，具有非常大的启发与指导意义。

从大的方面讲，保护非物质文化遗产是人类生存和发展的需要，也是构建和谐社会的需要。非物质文化遗产充分表现中华民族在历史进程中逐步形成的优秀文化价值观念和审美理想，是中国优秀传统文化的重要组成部分，也是弘扬先进文化、建设和谐文化的重要基础。保护非物质文化遗产，对于坚持科学发展观，维护国家文化安全，提高国民素质，凝聚民族精神，构建社会主义和谐社会，具有十分重要的意义。只有把物质的和非物质的文化遗产保护好，一座城市才能"形神兼备"，神韵独具。而天津的妈祖诞辰庆典和妈祖文化旅游节，正是在这些方面给了我们深刻的启发，也为我们为什么要把历史上的妈祖诞辰庆典作为天津第一非物质文化遗产，作出了最好的诠释。

[原载《第四届中国·天津妈祖文化旅游节论文集》]

关于试行改进妈祖诞辰和春祭典礼的一点思考

——为第五届中国·天津妈祖文化旅游节而作

近年来，天津的妈祖诞辰和春祭的祭祀典礼，进行得隆重热烈、有条不紊而又丰富多彩。每逢这一天，天后宫里香烟缭绕，善男信女摩肩接踵，民间各会精彩表演。足见妈祖文化在天津的积淀不但十分厚重，而且深入人心，具有浓浓的传统味儿、民俗味儿、天津味儿。

届时，在大殿月台之上，由主祭人诵读祭文，率诸陪祭行"三跪九叩"大礼，进献香火和诸多供品及鲜花，整个进程有傧相司其仪，信众赞其事。祭典结束，鞭炮齐鸣，彩带、纸花空中散飞。尤其是妈祖诞辰那天，还要恭抬妈祖坐像沿规定路线进行巡游，数道会紧随其后，路旁围观者水泄不通。这两次大祭，现已成为天津唯一的民间盛大庆典。

一

有关天津妈祖诞辰祭祀典礼程序的记载，最早见于元代张翥《代祀天妃庙次直沽作》："晓日三汊口，连樯集万艘。普天均雨露，大海静波涛。入庙灵风肃，焚香瑞气高。使臣三奠毕，喜色满宫袍。"因为朝廷派出的使臣代表皇帝，所以祭祀时只在妈祖金身前奠酒三杯（举杯过顶，躬身，洒酒于奠池），而不行跪拜礼。礼仪虽然隆重，但并不复杂，而且严肃、简单、得体。

明清两代废海运，实行里河运粮，朝廷自无特派专使对妈祖进行专门祭祀的必要。

明代妈祖的祭祀情况是，礼部札饬天妃宫内的主持道士邵振祖，领《道藏》一部，负责春秋二祭；至于二祭的典礼程序，则没有记录。

到了清代，雍正皇帝曾特谕对妈祖春秋致祭，但祭祀典礼是由地方官主持，抑或由庙中道人主持？程序如何？同样未见专门的记载。

到了清代中叶以后，关于妈祖诞辰的祭典，也只见于民间天后会、即后来皇会的出会情况，较著名的文献有：于豹文《天后会四十韵》（自注："为期在三月二十日及二十二日"，可见妈祖诞辰的出会时间，历史上也是有变化的）、杨一昆《皇会论》等，而未见官方如何对待或出席祭祀典礼。

及至清末民初，妈祖诞辰的祭祀前后要进行四天，情况大致是：

农历三月十六日，"送驾"，由"扫殿会"率各会会首上香，然后起驾。以门幡、太狮为前导，数十道会按规定次序鱼贯而列；最后为銮驾，眼光、癍疹、子孙、送生等四位娘娘的宝辇及天后娘娘的华辇（黄轿）。出发后沿途表演，送至西头如意庵（早年在闽粤会馆，后毁于火，意为回娘家），由"接驾会"跪香迎入，升殿、拈香、献戏。十七日留如意庵，接收当地群众香火。

三月十八日，"接驾"，各会齐集如意庵，接娘娘返回天后宫，沿途照例进行表演。

三月二十日及二十四日，"巡香散福"。各会拥戴四位娘娘的宝辇和天后娘娘的华辇，由天后宫出发，路经选定的通衢大道，善男信女愿进香的，把燃好的股香投入"接香会"所抬的"香锅"中，代表已向天后娘娘进香了。各会依旧进行表演，最后回天后宫。

三月二十三日，回宫祝寿。其间，仅行跪拜礼的，为"接驾会"

513

的会首及会众。

此外，天津诗人沈存圃的《皇会歌》中也有妈祖诞辰期间群众行跪拜礼的吟咏："白昼出巡夜进宫，献花齐跪欢儿童。"意思是说，妈祖娘娘出巡回到天后宫，献花群众跪迎，呼啦呼啦下跪，儿童见大人的身体一下子矮了一半，自然觉得新鲜、有趣。

由此可见，这时的妈祖诞辰祭典，已经没有了官方的统一组织，而是各会按照自定的先后次序有条不紊地进行的；在妈祖金身前行跪拜礼的，不外是"接驾会"及献花信众。直到今天，被列入国家级非物质文化遗产的"天津妈祖祭典"，指的仍然是从清代皇会承袭下来的各种民间文艺表演，尽管较之往昔已经少了许多道会，还有待于今后的不断发掘。

至于天津现行的妈祖诞辰及春祭祭典形式，我想，大概是近年由闽粤一带移植的，当属南方沿海一带的民间祭祀形式。

二

中国传统的跪拜礼，源于先民们的坐姿，当时的生活习惯是只有席子和矮矮的几、案，而桌椅之类尚未出现，所以古人对标准坐姿的解释是："两膝著（同"着"，接触，挨上）地，以尻（臀部，屁股）著踵（同"踵"，脚后跟）而安者为坐"。这种坐姿汉唐时期传入日本，在今天日本的一些场合，我们还可以看到。

这种坐姿，对于行跪拜礼是很方便的，所以古人对跪和拜的解释是："伸腰及股（大腿，自腰至膝部分）而势危（端正）者为跪，因跪而益至其恭，以头著地为拜。"这就是说，行跪拜礼时，只要由坐及跪，端正身体，再用脑袋与地面接触就可以了。可见跪拜礼在最初，是符合当时人们日常生活习惯的。

不过，由于中国传统社会是一个等级森严的社会，跪拜竟沿袭成维护等级社会的繁琐礼仪。仅就跪拜礼而言，就发展为稽首、顿首、膜拜、吉拜等诸多类型。所谓"稽首"，属于臣下拜见国君的礼节（古人解释说，"拜，服也；稽首，服之甚也"，"服"在这里有"顺从"的意思）；"顿首"，是地位相当的人们之间相互拜见的礼节；"膜拜"，是举双手，匍伏于地进行拜见；"吉拜"，就属于我们日常一般的祭拜之礼了。

由于跪拜礼是维护和维持传统等级社会的特殊需要，所以自宋代开始，虽然有了桌椅板凳的普及，但跪拜礼一直保存到清朝灭亡。辛亥革命爆发后，几千年的专制统治被推翻了，跪拜礼才正式被废除。

最早提出废除跪拜礼的，是戊戌维新期间的梁启超，那一年他25岁。当时，梁启超正在上海主持时务学堂，在批改学生的文章时他曾表示，欲变法要先变去跪拜之礼。但此论一出，即遭到保守人士的口诛笔伐，被认为是"悖妄已极"之论。

不过，时代总要前进，这是任何人阻挡不了的。1912年南京临时政府一经成立，就宣布废除跪拜礼。中华民国政府成立后，正式改跪拜礼为全球通用的鞠躬礼：男子礼节为脱帽鞠躬，大礼三鞠躬，常礼一鞠躬，寻常相遇只用脱帽礼；女子大礼、常礼和男子同，唯不脱帽，专行鞠躬礼。

民间或家族中的跪拜礼虽然依旧保持在家族、家庭中长幼尊卑，以及亡灵和偶像的崇拜，但一般青年人也不再遵从了。最有趣的例子是梁实秋，他在一篇名为《过年》的文章里，回忆了辛亥革命后废除跪拜礼的情形，那就是不必再按照家长的吩咐，挨门挨户到亲朋好友家磕头拜年，感到特别轻松。

三

天津是中国北方最早和最大的通商口岸，是近代文明进入中国的窗口和跳板，并在近代文明的推广和普及方面，长时间处于领军地位。

当时，旧式礼仪在天津已渐渐受到人们的厌弃，近代著名方志学家高凌雯在他写的《志余随笔》中说："（天津）四五十年来，旧礼全废，偶有顿首拜者，旁观窃笑。"因此，从 20 世纪初开始，社会自发对传统礼仪进行了一系列的改革和改进。

如娶亲开始使用迎亲马车替代花轿；为使迎亲马车能够被更多的家庭所接受，有的马车店把马车改为轿式，上装五色电灯，环以绣有四季花卉的绣片（轿围子）；或在洋式车厢内再设小花轿一顶，以备辟巷狭街马车不能到门者用。

到了 20 世纪 20 年代前后，自由恋爱的风气开始在青年中流行起来，所谓"情影喁喁话柳荫，灯照不觉日西沉。别时密订朝来约，座假中街起士林。"（案：起士林初设法租界中街）青年人的结婚仪式也一改旧日的繁文缛节，开始在西餐厅进行，互换戒指，宾主致辞，弹起合唱的简单仪式："指环互换绾同心，不用交杯酒再斟。宾致贺词主申谢，堂前应节奏风琴。"

丧仪这时也发生了变化，如运送灵柩由杠夫抬行改为马拉灵车。光绪三十一年（1905），一代佛学和艺术宗师李叔同之母病故于上海，他扶柩携眷，返津葬母。抵宅后，他决定不用吊唁旧仪，并谢绝一切呢绒绸幛、银钱洋圆及纸扎冥器，仅择日开追悼会，由家人致哀词、献花、行鞠躬礼；再由他弹风琴、唱哀歌；最后由全体家人行鞠躬礼，向来客致谢。这种革新之举，受到社会舆论的广泛欢迎。

当然，也有人对普遍实行鞠躬礼提出过质疑。

一是认为，鞠躬礼来自西洋，其实这是不准确的。因为早在先秦时期，古籍上便有了鞠躬的记载。不过，那时的鞠躬和现代意义上的鞠躬，意义还不完全一样，还不是一种正式的礼节，只是相对而立，欠身表示相互的敬意。

二是认为"寻常庆吊三鞠躬，礼神谒圣亦三鞠躬，未免礼无差等"。这种说法也不算准确。根据敦煌变文的记载，至迟自唐代开始，鞠躬已经成为一种拜神的礼节，如"来至山神殿前，鞠躬唱喏"即为最明显的例子。

历史，总是当代的历史，完全没有必要把我们的先人过分神圣化了。今年的上海世博会上，福建馆展出了重雕的妈祖像，一改为后世所加的凤冠霞帔、雍容华贵的"天后圣母"形象，而是让人感到妈祖既端庄大方、亲切可敬，又体态轻盈，充满活力。从而使人们认识到，妈祖来自民间，今天又重新回到了民间。这尊妈祖雕像，由于动态十足，生活感十足，于是和人们的距离感便消失了。每个人看了之后，都能留下十分深刻的印象。

　　传统，对于维系一个民族心理素质的稳定是必要的。但第一，传统的不一定都是优秀的；第二，传统从来不是一成不变的，任何传统都不可避免地带着时代的烙印。既然跪拜礼早已成为历史，早已完成了它的历史使命，在当代中国只不过是一种特有的时代印记而已。

　　因此，我以为：对现行的妈祖诞辰和春祭祭典，能否进行一点儿小小的改进？这就是，不再行传统的三跪九叩大礼，而是改行近代以来约定俗成的脱帽、三鞠躬礼。

　　这样，既使我们对妈祖的崇敬有了现代意识，也不违背中国固有的传统，反而能够引导更多的人认识妈祖、尊崇妈祖，有利于妈祖文化的发扬光大。

　　　　　　　［原载《第五届中国·天津妈祖文化旅游节论文集》］

妈祖精神：历史派往现代的使节

——为第六届中国·天津妈祖文化旅游节而作

在中国沿海大城市中，妈祖文化七百余年延绵不断并传承至今的，大概唯有天津。妈祖精神的生命韵律，何以能在天津长久屹立在历史的枝头？

天津濒临渤海，地处九河下梢，海河贯穿全境，在中国北方独具河海通津的优越区位。从七百多年前的元代开始，天津与东南各省的海上往来从未间断，"直沽客作客，江南又江北"。专门在海上扶危济困的妈祖，一直是往来天津的航海者身家性命之所系，所以天津的天后宫由探海夜叉守门，连王灵官也要立于山门之下，可见妈祖精神在天津人心目中的尊严和地位；天津天后宫大殿里，海船模型遍布各个角落，正是船家平安往返、许愿还愿的物证。

天津祭祀妈祖诞辰的皇会，原本叫娘娘会或天后会，为什么要举行如此隆重的活动？清代天津诗人于豹文在所写《天后会四十韵》中说过两句非常深刻的话："翔鸥低映蛟水宫，绣帨遥连赤嵌城。万古郊祺同享祀，一时向若共飞声。"绣帨是妈祖衣服上的飘带，赤嵌（台南安平）泛指台湾。这就是说，天津和台湾共同祭祀妈祖诞辰，颂扬的乃是把大陆与沿海岛屿紧密连为一体的妈祖精神。

妈祖还是天津妇女心目中特有的女权之神，在科学不发达的年代，人们把自身延续的希望也寄托在了助人为乐的妈祖身上。每逢年节，天后宫大殿只许妇女入内进香，正门及殿外，贴有"男子不得出入此门"和"男子不准逗留"的黄纸布告。到了天后宫，男人只能在院中巡视一过，集中反映出男权时代妈祖精神所代表的女权威严。

爱，是生命的脊梁，更是生命的境界。几百年来，正是因为妈祖与天津人之间有一种扯不断的爱，所以妈祖精神在天津能够表现出普爱众生的巨大魅力。特别是对妈祖顶礼膜拜之后，心灵得到净化，人们较平时更加慈悲为怀，施舍或救济成为必做的善事；旧时，即便是生活在社会最下层的贫困人群，也可从妈祖精神中得到关注与关爱，在天后宫周围相互祝愿"发财发财"。

世界上很多信仰都是排他的，但中国的民间信仰历来是多元的。天津五方杂处，"比间而居者，率多流寓之人"。外地人集中在一处，本能地具备了团结互助精神，不然，城市空间就无法和谐，城市经济无就法发展。因此，几十位民间神祇可以同时在天津天后宫里供奉，各种民间崇拜都可在妈祖身旁领有一席之地，任何人都可在天后宫里寻求自己的思想寄托，找回失去的精神感受。在中国，能够把如此众多的民间崇拜、民间信仰都聚集在身边的，唯有妈祖，这充分展示出妈祖精神的巨大亲和力与包容力。亲和，包容，是世界上最璀璨的阳光。

当年的天津天后宫是由道教主持的，道教是中国固有的宗教，妈祖庙兼容了道教，可因道士的保管而不致倾圮。每值天后圣诞之期，除了严肃的仪仗銮驾，几乎全为群众自发和充满喜庆气氛的民间技艺表演。所以，三月二十三日，是天津人一年一度深情永具的联欢节，年年有这样盛大的节日，妈祖精神才能够传承不已。

妈祖在天津既卓异又平凡，既代表了生命的顽强，又昭示着生命的美丽。妈祖不是现实的，但人们可以用心灵去触摸、去感受，于是妈祖成为奉献、勇敢、坚毅、希望等生命力的符号，致使天津"崇奉天后较他处尤虔"，妈祖精神长时间为天津人撑起了一片既可获取温馨又能驱逐苦难的天空。

　　一个古老的习俗，往往可以维系一个民族的凝聚。中国文化，包括妈祖精神中的许多因子，与现时的思想理念并无二致，继承得当能够降低处于转型期的社会震颤与失衡。我们的文化发展与繁荣，是以改革创新为动力的，用高度的文化自觉和文化自信，发展面向现代化、面向世界、面向未来的民族的科学的大众的新型文化，是建设文化强国之所必须。

　　新世纪初，我们首创了既传承历史、又富时代特色的妈祖文化旅游节，至今已历五届。秉承时代需求，研究妈祖文化，让妈祖精神成为历史派往现代的使节，进一步扩大天津的文化影响力，使天津成为富有独特魅力的文化名城，在当前无疑是件很有意义的事。

　　　　　　　　［原载鲍国之：《妈祖文化与天津——第六届
中国·天津妈祖文化旅游节专题研讨会论文集》，
天津古籍出版社，2014年］

关于妈祖信俗中的天津特色

——为第七届中国·天津妈祖文化旅游节而作

> "天津为滨海地带，居民多以鱼盐为业；且地当辽沈之西，燕京之东，为北方诸省出海咽喉，来往船艘又多借运输货品为生者，则其一岁生活悉托诸海矣。"
>
> ——徐肇琼《天津皇会考》

妈祖信俗是具有鲜明地域特色的中国民间信俗之一，大致来说，流传范围大抵限于沿海地区及附近的港口城市。

妈祖信俗的起源，源于古代航海技术的原始性以及对海洋气象预料的困难，所谓"天下至险，莫于海"。因此，社会上下亟需一种超自然的力量用以稳定航海者的心理和情绪，于是人们昼夜祈盼的一位能够死里求生的航海保护神便应运而生。元人臧梦解写有《直沽谣》，对此说得非常生动："去年吴人赴燕蓟，北风吹入浪如砥。一时输粟得官归，杀马椎牛宴闾里。今年吴儿求高迁，复祷天妃上海船。北风吹儿随黑水，始知溟渤皆墓田。"视"溟渤"为"墓田"，正是妈祖信俗出现的社会基础。

妈祖信俗为航海者的身家性命之所托，可崇拜对象是一名年轻的女性，这又应如何解释呢？

几千年来，中国是个传统的男权社会。与中世纪欧洲不同的是，

521

中国的男权社会并非绝对的男权，而是具有二重性的男权，这就是常常由母系社会遗留下来的女权作为男权的补充，这种看似不平衡的和谐，却构建出长时期的社会稳定。所以，在中国历史上，大到国家和民族，小到区域、部门和家庭，妇女领袖所在多有，她们的能力、权威性和服众力，与男子比较起来往往有过之而无不及。

再有便是母性的伟大。妇女具有的温柔、体贴、泛爱众以及特有的沟通力和亲和力，这些都是男子在很多情况下难以具备的。因此，在古代世界把妇女推崇为最高信仰，中外并无二致。几百年间，妈祖由一位二十余岁的女人最终晋封为万人尊崇的"天后圣母"，自然也是顺理成章的。

妈祖信俗传入天津和成为普遍信俗的原因

天津是距首都最近的港口城市，妈祖信俗是随着向首都运送大批粮食物资而进行的大规模海运传入的。

元代海漕始于1282年（至元十九年），翌年成立了两个专门从事海运的万户府，1291年（至元二十八年）又成立了都漕运万户府。所以《天津县新志》说，直沽天妃宫"至元年建"是很有道理的。元世祖忽必烈在海运终点直沽修建的妈祖庙，是当时北方各港中的第一座。

妈祖信俗传入直沽后，之所以很快被"一岁生活皆托诸海"的群众普遍接受，究其原因，大致有如下几个方面：

第一，从城市成长的历史来看，早期的城居者亟须妈祖信仰这一心灵上的慰藉。

直沽作为金元时期新兴的港口城市，在北方各港中最早涌现出一批因陆路不畅而改乘"直沽船"进行南北贸易的"直沽客"。元人黄镇成写有《直沽客行》诗，记述了元末战乱对直沽客商经济活动的影响，同时也暴露出当年海上航行潜在的巨大危险性："直沽客作客，江南又江北。自从兵甲满中原，道路艰辛来不得。今年却趁直沽船,黑洋大海波连天。顺风半月到闽海,只与七州通买卖。呜呼!江南江北不可通,只有海船来海中,海中多风多贼徒,不知明年来得无?"因此,当时凡出海航行者均视此行是有去无回的生离死别,一当"护海运有奇应"的南海女神灵惠夫人被元代皇帝"加封天妃神号",并在直沽修建起规模宏大的"天妃灵慈宫"之后,妈祖很快成为地方特有的航海保护神,信俗不胫而走是完全可以想象的。

第二,元代大规模海上漕运的日渐兴盛,助长了妈祖信俗的广泛传播。

元王朝试行海运漕粮并获得成功后,经直沽运往大都的漕粮与年俱增,初仅 4.65 万余石,到 1329 年(天历二年)猛增至 352 万余石,47 年间增加了 77 倍。

漕船于每年春秋两季自江苏刘家港放洋,由莱州大洋进入直沽河;在进入河身狭窄、河床淤浅的北运河之前,必须在直沽河(即今海河)与南北运河交汇处的三岔河口之下换载船身小、吃水浅的平底拨船("河拨"),然后才能北上大都。

当年,大直沽是海运的终点,而小直沽是河运的起点,因此在直沽河东西两岸的大、小直沽各建了一座天妃灵慈宫。每当漕船平安驶抵,要到大直沽天妃宫对妈祖表示感激;换载之后、回空之前,要到小直沽天妃宫祈求平安返航。年复一年,影响不断扩大,妈祖信俗藉此在直沽得以广泛传播。

第三,是最高统治者的倡导。

元王朝不但在大、小直沽修建了两座天妃灵慈宫,而且每到漕运进行的春秋季节,还要派出使臣来直沽灵慈宫进行祭祀活动,向妈祖奠酒三杯,以示崇敬和感恩。从此,妈祖信俗由民间的自发的祭祀,升格为朝廷按时必行的祭祀典礼。元代诗人张翥写过一首名诗《代祀天妃次直沽》,生动记录了大批漕船集中于直沽的盛况以及祭祀活动的情景:"晓日三汊口,连樯集万艘。普天均雨露,大海静波涛。入庙灵风肃,焚香瑞气高。使臣三奠毕,喜气满宫袍。"

王权是专制社会的最高崇拜对象,上有所好,下必甚焉,妈祖信俗由朝廷倡导影响到普通居民并成为普遍信仰，是很自然的事情。

妈祖信俗在天津民间的构建

传承至今的民间妈祖信俗在天津之构建，大约完善于明清时期，特别是清代，甚至造成了妈祖成为"沽上多数民众心灵之主宰者垂数百年"的局面。

明清两代的漕运，基本上不走海路，而是改为里河运粮，即走南、北运河；再加上天津"地当九河津要，路通七省舟车"的优越区位，地处大直沽的东庙的祭祀活动逐渐衰微，而小直沽的西庙因地处东门外海河码头的繁华区，日渐繁盛。

正统十年（1445），明廷礼部札付驻宫道士邵振祖《道藏》一部，春秋二祭，于是逐渐形成了妈祖祭典在天津的逐年流传。

光绪十年（1884）出版的《津门杂记》对此有着生动的描述：

"三月二十三日，俗传为天后诞辰。天津系濒海之区，崇奉天后较他处尤虔。东门外有庙宇一所，金碧辉煌，楼台掩映，即天后宫，俗称'娘娘宫'。庙前一带，即以'宫南'、'宫北'呼之。向例，此庙于十五日启门，善男信女，络绎而来。神诞之前，每斯赛会，光怪陆离，百戏云集，谓之'皇会'。香船之赴庙烧香者，不远数百里而来。由御河起，沿至北河、海河，帆樯林立；如芥园、湾子、茶店口、院门口、三岔河口，所有可以泊船之处，几于无隙可寻。河面黄旗飞舞空中，俱写'天后进香'字样。红颜白发，迷漫于途。数日之内，庙旁各铺店所卖货物，亦利市三倍。"此种现象数百年来传承不衰。

这就是说，妈祖祭祀中心转移到西庙和城厢地区以后，妈祖信俗开始与地方上的市场经济结合起来，这可说是明清时期构建的天津妈祖信俗一大特色。

其次便是妈祖信俗传入天津后，由单一的航海保护神的崇拜，渐渐掺杂了民间信仰的多元崇拜，即与民间的诸神崇拜结合起来，妈祖庙成了诸多神祇的栖息之所，结果使妈祖信俗出现了浓郁的天津地方特色。

据望云居士、津沽闲人所撰的《天津皇会考记》记载，天后宫内除供奉妈祖及附祀的眼光娘娘、斑疹娘娘、子孙娘娘、送生娘娘外①，尚有千子娘娘、百子娘娘、奶姆娘娘、乳母娘娘，以及妈祖身边的报事灵童、挑水哥哥、南海大都士、泰山娘娘、痘疹童子、随胎变化娘娘、催生郎君、送浆哥哥、天花仙女、施药仙官、乳食宫官、挠三大爷，为妈祖护驾的探海夜叉、王灵官及千里眼、顺风耳、加恶、加善等四大海神，此外更有灶君、龙师、药王、文昌帝君、观音、关帝、岳飞、唐明皇、财神、火神、河伯、地母、雷公、闪电娘娘、疙瘩刘爷、白老太太、憨娘娘等几十位民间神祇（后来，王三奶奶也附祀庙中）。在中国，能够把如此众多的民间信仰、民间崇拜都能聚集在妈祖身边的，大概唯有天津了。

为什么会出现这种现象？主要是因为自金元以来自直沽到天津，一直是由各处人口聚集而成的城市。早在元代，直沽已是"兵民杂居久，一半解吴歌"；明清时期更形成了"五方杂处"的状况，所谓"土著者少，流寓者多"，"比闾而居者，率多流寓之人"。外地流寓之人聚集一处，带来了各自不同的信仰是很自然的事。

若从另一个角度来观察，则可看成妈祖精神的门庭广大，世界上很多信俗都是排他的，唯有妈祖表现出巨大的亲和力与包容精神。因此，通过多元崇拜构建妈祖信俗，获取最广大的信众，是又一个不容忽视的天津特色。

---

① 妈祖信俗的多元崇拜可从皇会期间老娘娘出巡仪仗的安排中看出，据该书记录的1936年皇会各会安排程序，三月十六日的送驾次序是：圣母黄轿、眼光娘娘宝辇、子孙娘娘宝辇、斑疹娘娘宝辇、送生娘娘宝辇。十八日的接驾次序相反：送生娘娘宝辇、斑疹娘娘宝辇、子孙娘娘宝辇、眼光娘娘宝辇、天后圣母华辇。二十日和二十二日的出巡散福次序与接驾同。由此也可知道，妈祖信俗中的生育崇拜，是由附祀的四位娘娘中之子孙娘娘和送生娘娘完成的，而子孙娘娘等又源于道教中的碧霞元君，而并非妈祖本身。

第三，是妈祖信俗在天津与名目繁多的民间文艺表演——"会"① 结合起来，造成了妈祖诞辰祭典的超大和超强规模。这一天，既是妈祖信俗中的诞辰祭典，又是一年一度倾城出动、"忙煞津门十万家"的城市狂欢。

天津以外的妈祖诞辰，大都是护驾出巡，祈祥散福。但天津不同，中国国家博物馆藏有清代中叶《天津天后宫过会图》，全长 90 米，画面上生动地记录了 89 道会的表演盛况，有表演者有 5000 多人，被誉为"行走的民间艺术博物馆"。据研究，这 89 道会还不算全，因此，完全可以想象出，当年天津皇会的规模之盛大与气势之宏伟在全国是无与伦比的。可惜的是，随着近代民生的日渐凋敝，后来保留下来的皇会表演队伍逐年衰减，到光绪二十年（1894）妈祖诞辰，能够上街的皇会只有 52 道，而 1936 年天津的最后一次皇会，只剩下 30 道左右的会了。

庞大的皇会队伍历来规模大而不散，人数多而不乱，组织精细固然很重要，但其中有一道会更值得注意，这就是皇会队伍中的"接香会"，即在五位娘娘前面，都有由二人抬着一口大铁锅，旁有众人拿着带长杆的铁勺等工具，凡遇善男信女进香，就用铁勺接过来，放入铁锅之中。"进香"和"接香"表面上看是一种并不复杂的仪式，实际上却保持了在欢快的祭典中，对妈祖崇拜的稳定心理传承。

"会"作为群众自发组织的自娱自乐的民间团体，无论在城市和乡村都有着广泛的群众基础，妈祖信俗已深入这些民间团体中，所拥有的深厚群众基础可想而知，所谓"一般人士对此隆重之盛典，虽一经提及，莫不趋之若狂"，这正是妈祖信俗在传承数百年而不衰

---

① 在北方，这种民间自发组织的各种文艺表演团体，均称为"会"，如秧歌会、狮子会、小车会、旱船会等，负责人被称为"会头"，从未有过"花会"的称呼，也没有会众认为自己的"会"是"花会"的。近年来，称此种民间文艺表演团体为"花会"，可能是看到表演的衣服和道具花花绿绿、花里胡哨的缘故，因而冠以"花"字，其实这是不符合历史实际的。

的重要原因。

第四，是妈祖信俗与地方上的女权尊重结合起来，利用妈祖在天津"成为掌司各事之神，而为妇女心灵中唯一之主宰"的特殊地位，构建出妈祖信俗带给天津妇女、特别是劳动妇女的女权威严。

妈祖不仅是天津妇女心目中特有的女权之神，在科学不发达的年代，人们还把自身延续与健康的希望，也寄托在了妈祖庙，特别是附祀的四位娘娘身上。而且每逢年节，天津妇女具有独享的、对妈祖及其附祀者祭祀权。届时，天津妈祖庙的大殿只许妇女入内进香，而且正门及殿外，均贴有"男子不得出入此门"和"男子不准逗留"的黄纸布告，男子只能在院中快步而过而不准停留，这在外地妈祖信俗中也是极其罕见的，反映出在男权时代的特殊环境下，妈祖信俗对女权的尊重。

当年，天津的妈祖信俗还普遍流行于受压迫最深的下层妇女之中。"元旦日……娘娘宫大街则见有红衣妇女，进香请愿，联袂于途……其进香者多为窑姐，所谓'进顺遂之香'者是。"妈祖是天津妇女心目中超现实的神祇，是慈悲、关爱、同情和希望等生命力符号，妈祖精神可以用心灵去触摸和感受。妈祖信俗长时间为天津妇女撑起了一片获取温馨与驱逐苦难的天空，这也是他处妈祖信俗中所没有的。

第五，妈祖信俗在天津能够与时代需求结合起来。

妈祖最初仅是为航海者身家性命之所系，后来又发展成为保持中华民族团结与心理素质稳定不可或缺的精神纽带。

明清时期，海运日渐发达。早在明末清初，东南沿海一带军民即已至台湾垦荒，且多在适于耕种的北港安家落户，妈祖信俗随之来到台湾。相传郑成功从荷兰侵略者手中收复台湾时，曾亲自祈求妈祖保佑进军顺利。迨至大军到达台湾，恰值鹿耳门水涨，舟师得以顺利通过。所以郑成功在鹿港修建了天妃庙。

康熙十二年（1673），清王朝统一了台湾，南北洋航线逐渐开通。康熙三十三年（1694）北港建立妈祖庙，也就是今日朝天宫的前身，正殿奉祀妈祖，后殿奉祀妈祖的父母，每值春节及天后诞辰，迎神赛会规模之大，为他处所不及。由于台湾伫立海中，妈祖庙之多冠于全国；所奉妈祖虽有"湄州妈""温灵妈"和"银同妈"的区别，但妈祖金身却完全相同，即珠冠云履，玉佩宝圭，绯衣青绶，龙车凤辇，佩剑持印。妈祖出巡时前有"千里眼"察奸，后有"顺风耳"报事。不但全台如此，而且沿海地区乃至世界各港供奉的妈祖莫不如此。妈祖信俗的同一性，是维系海内外华人、华裔和中华文化延绵不断的纽带，而天津的妈祖信俗，正是这条纽带上不可或缺的结点。

大约在乾隆初年，诗人于豹文写了一首吟咏天津妈祖诞辰祭典盛况的《天后会四十韵》，其中说过几句非常深刻的话："神光飘渺隔沧瀛，士女欢娱解送迎。雾隐七闽潮上下，云开三岛画分明。翔鹍低映蛟水宫，绣帨遥连赤嵌城。万古郊禖同享祀，一时向若共飞声。""绣帨"说的是妈祖衣服上的飘带，"赤嵌"（台南安平）泛指台湾。"万古郊禖同享祀，一时向若共飞声"，代表了天津和台湾共同祭祀妈祖诞辰，而颂扬的乃是把大陆与沿海岛屿紧密连为一体的妈祖信俗精神。

妈祖信俗的核心价值理念

千百年来，朝代更迭，江山易主，山河世事都在变迁，但在中国的民间信仰中唯独妈祖信俗却留存久远，传承有序，生生不息。究其原因，主要在于妈祖信俗的核心价值理念，具有适应不断变迁的社会思想与行为需求的调适力，因而具有时代穿透力。

纵观历史，无论人也好，事也好，他们的生命厚度，往往在于思想深度；而这种深度，正是时代穿透力的根本。

妈祖历经各朝封赠，贵为"天妃"，与"上苍"对等，受到万万人的尊崇与膜拜，但我们在传说中的妈祖身影里，却看不到半点儿权力的傲慢，而是充满了对他人的关注与爱护。这种关注、爱护主要表现在三个方面，即"扶危济困"，"舍己救人"和"博爱众生"；而这三个方面又都与自古以来中华民族的传统思想和传统美德紧密相连。

所谓"扶危济困"，就是对于处境危急和困难者给予救助，古人认为，这是成就"王业"的根本。"舍己救人"，就是用完全的自我忘却救助他人，使之平安，甚至为拯救他人而不惜牺牲自己的性命；这个思想来源于《尚书》的"舍己从人""舍己之非，从人之是"，只有这样做，才能在群众中树立自己的威信。"博爱"就是"泛爱"，即广泛的爱，"温良泛爱，振穷周急"是古人推崇的美德。韩愈说："博爱谓之仁"，孔子说："仁者爱人"。由此，我们可以深刻并充分地体会到，这三个方面的思想核心若用一个字来表达，那就是"爱"，亦可引申为"泛爱众"。

世界上，一切勇气和智慧无不源于爱，而且因爱而越加强大。换句话说，只有爱，才能够激起每个人强大的责任感，强大的责任感又可以让人奋不顾身、放弃一切。

爱，不存在功利带来的痛苦；爱，让人敞开心扉，让人展翅高飞，万事万物也随之焕然一新。爱，闪烁着人性的光芒；爱，是人类永不褪色的理性渴望，而且永远悄无声息地传递着人生价值的真谛。

中国传统社会发展缓慢乃至长期停滞的原因固然很多，但专制制度下建立的"家天下"并由此引发的朝代更替，多是在儒家提倡的"以至仁伐不仁"的框架内进行的，在持续不断的"杀""伐"中，"仁"走向了自己的反面，变成了仇恨、血腥和暴力，带来的结果是灾难和毁灭。与此同时，一个新的朝代建立总要彻底否定前朝，包括把前朝的都城荡平，因而造成了社会的撕裂，而且在安定、繁荣的表面之下，始终涌动着反抗的暗流，这种暗流一旦得逞，给社会经济和生产力带来的报复性破坏，是严重的和巨大的。

然而人世间，情也有限，缘也有终，唯独爱能使伟大的灵魂变得更伟大。因此，一个充满爱心的神祇，在人们心中的地位是无法取代的。

爱是一种深刻的感受，是一扇开启神奇力量的大门。爱能增强人的魅力——传播爱的最大受益者，正是我们自己。

真正的爱，不是占有，而是传播。这也就是直到今天我们仍要弘扬妈祖精神，用以丰富社会主义核心价值观的根本原因。

天津城市和天津文化虽然形成较晚，但因城市的开放性，天然地具备了吸收和兼容一切文化的能力；天津人坚强、热心并乐于助人，追根溯源，则不能不说，这与代表中华民族传统思想与美德的扶危济困、舍己救人与博爱众生的妈祖精神有着密切的关系。

[原载天津市妈祖文化促进会：《弘扬妈祖精神　共话美丽天津·中国梦——第七届中国·天津妈祖文化旅游节专题研讨会论文集》，天津人民出版社，2015年]

关于"海上丝绸之路"经济带的北方起点

——为第八届中国·天津妈祖文化旅游节而作

一

学术界关于"一带一路"的讨论日益深入，近一两年来，一些专家又将"海上丝绸之路"经济带研究的目光投向了北方沿海地区，特别是作为古黄河出海口的沧州东部地区的今黄骅、海兴一带。在京津冀"地缘相接、人缘相亲，地域一体、文化一脉，历史渊源深厚、交往半径相宜"的条件下，这项研究，对于我们深入考察妈祖文化与现代文明，是有重要的借鉴意义的。

妈祖和妈祖文化是 14 世纪初，随着大规模海上漕运的进行来到直沽的，直沽的妈祖庙，是元王朝在海运终点敕建的第一座妈祖庙。在此之前，渤海湾地区有没有海运的进行？有没有对海神的崇拜？情况如何？

近年来的研究，在这些方面已有所进展，主要表现在：

一、中华文明的摇篮是黄河流域。秦汉以前，人们对于"东海"的认识，大抵限于古黄河出海口的渤海湾及周边；唐宋以前，人们对"南海"的认识和开发还是有限的。

二、当时，古黄河出海口一带，经常有海市蜃楼的出现，以致

531

被认为是人们追求的理想仙境，在这里的活动相对频繁。据载，沧州东40里有"望海市台"，传系"周穆王乘八骏东游海上，筑之以望海市"。秦始皇统一六国，为得长生不老之药，派徐福带童男童女千人入海寻蓬莱，遂置千童城，即今盐山的千童镇。沧州东北，有望海台，台高60丈，南北二台相距60里，传为"汉武帝东游海上所筑"，或曰"燕齐之士为汉武求仙处"。

三、中国是养蚕缫丝的"祖国"，最早始见于黄河流域，《穆天子传》有周穆王"休于获泽（今山西阳城县），以观桑者，乃饮于桑林"的记载；《尚书·禹贡》中也可见兖州、青州产丝的记录，由此可以知道当时蚕丝产地的范围。秦汉以来，今天的沧州曾是中国与东北亚交往的"海上丝绸之路"的重要地区。只是到了隋唐以后，随着黄河流域的气候变迁、特别是中国经济重心的南移，养蚕缫丝开始在长江一带迅速发展，江南地区成为中国丝织业的中心。

四、秦汉时期，沧州东部有鱼盐之利，且物产丰饶，商贾云集，有发达的海路和港口，是进行出海贸易的中枢转运港。彼时的经济重心尚未南移方，黄河流域大宗物资的运输，必然要依赖这一优势。1987年在海兴县大口河盐场发现了一艘西汉早期的大型沉船，就是明证。隋唐时期，古无棣港已成为丝绸商品的出口港，可视为北方"海上丝绸之路"经济带的起点，也是中国与东北亚交往的的重要通道，在我国"海上丝绸之路"的历史上占有重要地位。当年的无棣港，就在今海兴县小山乡和香坊乡附近的大口河西南岸，至今黄骅、无棣的渔民仍然利用这里的河港码头，每处可停靠数十艘至上百艘的渔船，冬季进坞，开春下水。

五、中国的海神崇拜一直是女性崇拜，而"东海"地区出现的女性海神崇拜也较"南海"地区为早，这就是"大家姑"。《魏书·地形志》说："章武县（汉置，属今沧州）有大家姑祠，俗云'海神'，或云'麻姑神'。"传说汉武帝东巡时，曾到此祭祀麻姑，因她三次见到沧海桑田的变迁，故为长生不老的象征。雍正《新修长芦盐法志》也有汉武帝求仙海上祀麻姑的记载，此处后筑为"麻姑城"，今黄骅仍有"大麻沽（姑）村"。中国沿海地区对于海神"大家姑"也就是"麻姑"的崇拜，早于碧霞元君的出现，也早于妈祖的出现。后来，随着中国经济重心的南移，"麻姑"落户江南地区；而随着漕粮北运的进行，妈祖方来到了北方各港。

二

大约从 11 世纪初开始，北方地区又出现了一位家喻户晓并受到普遍崇拜的女神，这就是供奉于五岳之尊东岳泰山的碧霞元君。

对于碧霞元君的来历，众说纷纭，从中判断，大概是位虚构的神祇：1. 黄帝玉女。曾随西昆仑真人修行，得道后成碧霞元君。2. 玉女化身。汉宫有金童玉女像，五代时大殿倒塌，金童风化，玉女掉池中。宋真宗封泰山，见池中玉女，封为"天仙玉女碧霞元君"，建专祠供祀。3. 汉明帝时石守道之女。入泰山黄花洞，道成飞升，为碧霞元君。4. 东岳大帝之女。5. 系受玉皇大帝之命，"统摄岳府神兵，照察人间善恶"的女神。清代学者顾炎武对以上诸说进行了辨证，认为碧霞元君系指泰山之女，当年宋真宗就是依此进行褒封的；且泰山女一说，晋已有之，以碧霞元君为黄帝玉女等，均为附会。

有明一代，皇帝大都信奉道教，原因之一，是因成祖永乐在靖难之役中，曾得真武大帝的暗中襄助。尤其是成化以后，随着碧霞元君职司范围日益人性化，所谓"能为众生造福如其愿，贫者愿富，疾者愿安，耕者愿岁，贾者愿息，祈生者愿年，未子者愿嗣，子为亲愿，弟为兄愿，亲戚交厚，靡不相交愿，而神亦靡诚弗应"，道教祠庙数量急剧增多，上自皇帝、太监和各级官员，下到地方士绅、平民百姓，无不参与碧霞元君庙的修建。泰山行宫遍布大江南北，一些地方的碧霞元君庙甚至超过了泰山的祖庙。一位乐善好施、和蔼可亲、平易近人的"草根"女神形象，日益深入人心。连偌大的京师，也建起了东西南北中"五顶娘娘庙"，建于京西妙峰山的更被

533

称为"金顶娘娘庙"。"顶"是对建于泰山之巅的碧霞元君祖庙的简称，是说北京的娘娘庙虽建于平川，而莅临如登山顶。也可以说，在中国的民间信仰中，没有哪位女神可以和碧霞元君的地位相比。早在明朝时已有人就此发出感叹："古之祠泰山者为岳也，今之祠泰山者为元君也。"

碧霞元君的故里，有说在山东乐陵的，有说在河北盐山庆云的，但位于沧州唯一一座山丘——海兴小山（马骝山）的三姑庙最值得注意。

小山在海兴城东 5 千米，距沧州大口河港 20 千米，南望齐鲁，东临渤海，北倚京津，是沧州的最高点。据当地传说，碧霞元君原名毕霞，是战国时期魏国的公主。公元前 225 年秦灭魏后，毕霞和她的胞妹毕仲携眷迁至魏王城，并在太阳升起的地方筑修王母殿，使四民安乐。后到泰山讲学，被封为碧霞元君。三姑庙附近还有三女冢，传为毕霞胞妹毕仲的墓地。

关于"三姑"，当地传为三位海神，即麻姑"（大家姑）"、"圣姑"和"妃姑"。"圣姑"又称圣母，三国时期魏国河间郡人，原名郝女君，因貌美被东海公聘为夫人，成为水仙海神。"妃姑"，宋莆田人，死后多次海上显灵，元时封为天妃，清康熙时又封为天后。可惜的是，"三姑庙"现已不存。

全国各地的三姑庙不止一处，对于"三姑"的解释其说不一，有说为亲生三姊妹者（传说碧霞元君与眼光娘娘、送子娘娘即是亲生姊妹三个），有说是排行第三的一位女子者。然而，同时供奉南北三位海神于一庙的，恐只此一家，解释为三位海神的，也只此一家。据载，"圣姑"身上，有碧霞元君的身影（晋甘宝《搜神记》载，周文王"梦一妇人……曰：'吾泰山之女，嫁为东海妇'"，就是后来的碧霞元君），但是否即为碧霞元君？"妃姑"何时入祀三姑庙？海兴三姑庙何时形成？这些，都是值得进一步研究的问题。但无论如何，北方地区信奉的海神，绝不仅只妈祖娘娘一位；对于妈祖娘娘的崇拜，绝不仅只作为主神，这一点是可以肯定的。

三

第八届中国·天津妈祖文化节的"妈祖论坛"讨论范围之一，就是妈祖文化与"海上丝绸之路"，这对于以往妈祖研究是一个突破。

历史上，由于碧霞元君和妈祖崇拜的广泛，再加上碧霞元君的称号也非泰山娘娘所独有，一些地方把碧霞元君庙与天妃庙混淆的情况时有发生。

在北方神祇专属领域，"娘娘"专指女神，妈祖可以按习惯称为"娘娘"，但被称为"娘娘"的，不一定就是妈祖。比如北京和南京都建有"金炉圣母铸钟娘娘庙"，简称"娘娘庙"，祭祀的就是专司冶炼的女神。在城乡诸多的娘娘庙中，也不一定都是妈祖庙；在诸多的女神崇拜中，更不一定都是妈祖。

早期碧霞元君庙的女侍中，有一抱有婴儿者，寓意荫佑妇女、儿童健康平安，无孕得孕，有孕顺产。后来发展成子孙娘娘、催生娘娘、眼光娘娘、天花娘娘，为碧霞元君的左右配祀。因为子孙娘娘掌管人类生儿育女之事，所以香客为求子嗣，往往在殿中用红布包个泥娃娃带回家放在床上，称"拴娃娃"，有相声段子《拴娃娃》为证。

按照民间习惯，碧霞元君多被称为泰山娘娘、泰山老奶奶、泰山老母、万山奶奶、泰山奶奶、泰山圣母……一般来说，凡被称为"老母""奶奶"的女神，都与妈祖无缘。

碧霞元君与妈祖的最大不同，在于其职司。简单地说，在世俗的认知中，碧霞元君的主要作用是佑民，即"庇佑众生，灵应九州"；而妈祖的主要作用是护国，翻开《天后圣母圣迹图志全集》和《天后圣母事迹图志》，便可见到这一点。当然，这样说并不是绝对的。因为任何神祇若没有维护国家政权稳固的作用，当政者便不会提倡，所以玉皇大帝也要赐予碧霞元君"统摄岳府神兵，照察人间善恶"的权力。

中华文化，门庭广大，包容多元，所以妈祖文化作为中华文化后来生成的一个部分，妈祖庙的庙门也很容易打开，各种有利于民生的神祇，都可以在主神妈祖身边安家落户；作为碧霞元君配祀的子孙娘娘、催生娘娘、眼光娘娘、痘疹娘娘群众需求量大，自然也可以作为妈祖的配祀。对于释、道和民间诸神，妈祖庙也是来者不拒，以至最终形成为多元崇拜的大格局。这样，不但不会降低妈祖在信众中的崇高地位，反而扩大了妈祖的影响力。所以妈祖庙中的"拴娃娃"，实际上是从碧霞元君身旁的子孙娘娘"引进"或"移植"来的（催生娘娘、眼光娘娘、痘疹娘娘也是如此），而非衍生于妈祖本身。

妈祖来源于真实的人间世界，所以祭祀的特殊方式之一，是在每年的诞辰之日"回娘家"；碧霞元君是人们按照生活理想和愿望虚构的神祇，其娘家说法不一，所以祭祀中不会出现这项活动。

科学区分碧霞元君与妈祖在现实生活中的认知，是十分必要的。比如说，妈祖祭祀庆典中的皇会，是妈祖文化的专享；碧霞元君在每年也有专享的祭祀方式，只是目前尚未受到足够的注意，也没有挖掘出来，以致容易混淆。

妈祖文化的另一个特点是现实影响力大，这也是现实生活中碧霞元君容易误入妈祖崇拜的原因之一。世界港口城市，凡是有华人居住的，就有妈祖，所以妈祖文化与"海上丝绸之路"经济带，不论在历史上还是现实生活中，都存在着巨大的探索价值。

京津冀地区地理区位的特点，是两面环山、东临大海、南接中原，出海港口和港口贸易对北京和腹地区域具有巨大的门户和引领意义。在京津冀"地域一体、文化一脉"的历史渊源中，科学区别对碧霞元君等神祇的崇拜与妈祖崇拜的认知，是让妈祖文化走进现代生活、融入现代生活的前提。

［原载天津市妈祖文化促进会：《丝路·皇会与天津妈祖——第八届中国·天津妈祖文化旅游节学术讨论会论文集》，天津古籍出版社，2018 年］

试论妈祖文化的本原价值

——为第九届中国·天津妈祖文化旅游节而作

时光如流。在金秋的丰盈与收获中，我们怀着拥有过的庆幸和满足，带着对未来的一桩桩期许，迎来了第九届中国·天津妈祖文化旅游节。

天津一直是座港口城市。妈祖，也就是天津人再熟习不过的老娘娘，至迟，在元代泰定初年便来到了这里，至今已有 700 多年的历史。千回百转的过往，让天津有了"先有娘娘宫，后有天津卫"的民谚。不宁唯是，中国从南到北的港口都建有妈祖庙；世界上，大凡华人足迹所到的港口，也都建有妈祖庙。据说全世界现有大小妈祖庙 8000 座，且香火不绝。可以说，妈祖和妈祖文化无论出现在哪里，都会受到人们的尊崇，从未出现过唯美的谢幕。

*　　　　　*　　　　　*

天津诗人崔旭在《津门百咏》里有一首《咏天后宫》："飞翻海上著朱衣，天后加封古所稀。六百年来垂庙飨，海津元代祀天妃。""海津"就是元代在直沽设立的海津镇，可见早期天津城市的出现，与老娘娘的到来密不可分。

这位老娘娘——妈祖，又是如何来到直沽的呢？

1153 年，金王朝在今天的北京设中都；1214 年，天津最早的名称"直沽"开始见于历史记载。由于那时北京的周围，不是中国的

537

基本经济区域，所以从金元两朝开始，只能"岁取东南之粟，以实京师"。虽然"天下至计莫重于食"，但当时航海技术并不发达，"天下至险莫过于海"，以致给航海者造成巨大的心理阴影。为安抚舟师、舵手、船工等人在海上航行的惧怕心理，元朝皇帝只好托出宋代"护海运有奇应"的南海女神灵惠夫人，加封为天妃，在直沽等处为天妃修建灵慈宫。

直沽的灵慈宫朝向船来船往向的沽河，也就是今天的海河，从此这里的景象大不一般了——每值连樯万艘的漕船安抵，使臣、漕臣斋戒卜吉于内，舟师、水手罗拜于外，香烟缭绕，钟鼓齐鸣。漕运的发展，也促发了直沽的勃然而兴，"一日粮船到直沽，吴罂越布满街衢"；到了明朝永乐初年，三岔河口港区已成为"海运商舶往来之冲"，永乐皇帝这才下令在直沽筑城设卫，赐名天津。

明清时期的漕粮运输不再走海路，而是改走运河，从此，地处南北运河与海河交汇处三岔河口的天妃宫，因便于船工等人祭祀而香火一天天旺盛。从而以最烟火的方式，带动了宫南、宫北商业街即今古文化街的开始繁荣。

当年，朝廷允许漕船免税携带一定数量南北土特产品，沿运河买卖交易。天津地处九河下梢，具有"通舟楫之利，聚天下之粟，致天下之货"的区位优势。随着漕船的大批往来，商贩云集，百货倍于往昔。原来设于鼓楼和四门之内的集市已不敷应用，于是又在卫城的东、西、北三门之外，以及南运河畔的张官屯和天妃宫前，增设五集。尤其是天妃宫前的宫前集出现，进一步带动了宫南和宫北商业街的日渐昌盛。到了明初末年，三岔河口一带已出现"商贾幅辏，骈阗逼侧""素封巨室，率居河干"的局面，卫城东北估衣街、锅店街与宫北、宫南的"环城开衢"，成为天津的商业与消费中心，而且在此后的几百年时间里，这样的格局未尝稍变。

到了清代依然如此。康熙年间，加封天妃为天后。雍正年间，先是改天津卫为天津州，不久又开府置县。从此，以天后宫为中心的市集越发变得热闹：宫南大街多半经营各色传统商品，而宫北大街多为融通市场金融的钱铺，东门外浮桥的"水阁"之下的"御河水"，是全城饮水的水源。据晚清刘燅的《津门杂记》所载，每逢天后诞辰，"赴庙烧香者，不远数百里而来。由御河起，沿至北河、海河、帆樯林立，如芥园、湾子、茶店口、院门口、三岔河口，所有可以泊船之处，几于无隙可寻"。各地来津货物，无论水陆，一律免税；天津各家商铺，以此无不利市三倍。实际上，这是一年一度的大规模城乡物资交流活动。由此可见，历史上妈祖文化对于天津城市的发展，对于提高天津的经济地位，扩大天津的商业影响，拉动天津周边地区的经济活跃，都起了很大的促进作用，当然也有助于天津作为区域性经济中心的形成。

元代以来，由于国家的特殊重视，以及由此形成的民间普遍信仰，使妈祖文化对天津城市文化产生了连续不断的持久影响，这在北方沿海城市中，可说是绝无仅有的。700多年来，妈祖文化在天津传承不断，并紧密联系着天津的城市文化与社会生活，而且直到今日，天津人仍然保持着一种浓浓的妈祖情结。

这种妈祖情结表现最为集中的，就是从元代开始，每逢天妃诞辰，天津都要举行盛大的庆祝活动，并创造出中国北方妈祖诞辰的特有祭典形式——一年一度、气势宏大的皇会，内容包括送驾、接驾、出巡、行香、祝寿等多项成套的仪礼，而且一连数天，总是大张旗鼓，惊天动地，倾国倾城，万人空巷。

清代天津诗人于文豹写有《天后会四十韵》长诗，描述天后诞辰期间全城上下热闹的祭典状况，说是观者大半凌晨而起，倾城出动，或夫妇同游，虽大户亦不能禁；天后乘辇，仪仗森严，制同王者；届时民间百戏杂陈，游人叠肩踏臂，杂以乡中妇女；乘船而至者，旅舍不能容，须夜宿舟中，以醉饱为乐。从诗中可见，整个场面劲健有致，壮丽有加，极具地方文化特色，为各地妈祖祭典所罕见。当然，万民同乐并不是唯一的目的，正如诗人所说，"翔鹢低映蛟宫水，绣帨遥连赤嵌城"，妈祖文化的到来，还把天津与南北沿海

539

各地从文化上紧密地联系在一起了。

天津的特色妈祖祭典皇会，大概从乾隆初年一直持续到 1924 年；1936 年，天津举行了解放前最后一次皇会祭典活动。也许是因为这种遗产对天津来说是司空见惯的，所以在很长一段时间里容易被我们忽略。特别是 20 世纪 30 年代之后的半个世纪中，皇会祭典活动几乎被社会所遗忘。直到 2000 年妈祖诞辰 1041 周年的时候，天津举行了第一届妈祖文化节，很多的民间文艺表演才重新走上街头。妈祖文化在天津 700 多年来传承不断，这在中国都沿海大城市中，是十分罕见的。

妈祖文化还紧密联系着天津的城市文化、社会与生活。妈祖本为海上的护航之神，但天津的天后宫却添祀了碧霞元君庙里特有的子孙娘娘、瘢疹娘娘、眼光娘娘、送生娘娘等，特别是"拴娃娃"的习俗，也成为了天津民间信仰的特色。附祀于天后宫的有关帝、岳武、吕祖、文昌、药王、火神、灶王、财神、张仙爷、河伯、雷公、地母、闪电娘娘，以及民间传说中的挑水哥哥、挠三大爷、疙瘩刘爷、憨娘娘、王三奶奶、白老太太……甚至梨园供奉的唐明皇、清朝的清官施不全等也位列其中，有时让人感到俗不可耐，其实，这是一种"精致的平庸"。天后宫里这种罕见的多元崇拜，反映出天津这座城市人杂五方，各具不同信仰、习惯与社会心态的社会文化构成。所以，在天津的庙宇中，一直以天后宫的香火最盛。天后宫的多元崇拜，非但没有消减老娘娘——妈祖的神圣地位，反而因此提升和扩大了妈祖文化的影响力。因此妈祖文化天津的影响，不仅是有形的，而且还存在着许多无形的方面。天后宫坐落的南开区，也由此成为了丰富多彩的天津民俗文化原生地。

从清代中叶的皇会，到连续九届的天津妈祖文化旅游节，我们可以清楚地看到，这些独具天津特色的非物质文化遗产，不但植根于城市的生活空间、周边环境和社会活动之中，而且时时刻刻伴随在每个人的前后左右。所以，2007 年 6 月天津市公布第一批非物质文化遗产名录的时候，民俗部分就包括了皇会、天后文化和葛沽宝辇出会。由于几百年来的活态传承，2008 年天津妈祖祭典皇会，又入选国家级非物质文化遗产名录。

＊　　　　　＊　　　　　＊

妈祖文化，特别是妈祖饱满丰盈的人格魅力，对天津影响也是巨大的。

承载着妈祖青少年时代的故事流传久远，妈祖璀璨斑斓的生命旅途令人感怀：妈祖一生经历的是磨难，成就的是尊严；妈祖为营救他人，献出了自己。这种哀伤里的接受与释然，已经熔铸为自成一体的妈祖精神，其中如"友善助人"，早已成为天津人的美德。天后宫里人头攒动，在一定意义上，正是人们与妈祖精神温情互动的体现。

毋庸讳言，现在，时代的步伐在加快，人们的情感却不断被稀释，许多的文化脉络被阻断，特别是经历了几十年断裂式的社会变迁，从历史深处打捞这些能够跨越时间长河，即便历经岁月冲刷，却依旧能够散发光泽、触动人心的碎片，已成为我们义不容辞的任务。有时候，我们在坐看时光流淌的过程中还会惊异地发现，那些过去想要抛弃的，正是现在我们打算拥有的。

一个人气质就是一个人的精神生命。当时光把我们引领出快餐时代的浅薄之后，更多的人开始追求文化的质感，希望提升自身审美的渴望与需求。因此，在智慧的提升中，努力升华那些妈祖文化中独一无二的想象与思考——明德修身，陶冶身心，增智怡情，品悟进退，就可以提升每个人的愉悦感和幸福感。真正的愉悦感和幸福感，不仅源于内心深处的安宁，而且源于高尚的精神旨趣。

总之，一直站在时光里的妈祖文化，是一个宏大的命题，承载着一代代人身有所感、心有所悟的记忆与传承，因此有着宏阔的前景，甚至可以为我们光明朗照的前程提供精神动力和智慧资源。教育成就未来，而文化滋养心田。要实现民族复兴的中国梦，除了构建强大的物质基础，还需要传统文化焕发出时代的生命力。

541

只要始终坚持把足具人际传播效应的妈祖文化旅游节，作为珍惜历史文脉、重现城市个性、弘扬中国风格的举措，视为继续前行的风向标，我们的城市就会脉动出特有的发展活力。

[第九届"中国·天津妈祖文化旅游节"论文]

「恳谈」心语

实事求是　日新又新

——首届"北洋大学与天津"恳谈会的致辞

　　首先，应当热烈祝贺首届"北洋大学与天津"恳谈会的成功召开。

　　在中国第一所高等学府，和这座高等学府的诞生地——天津，深入恳谈和研究天津大学和近代天津的高等教育的发展历程，我想，这本身就是一个不可多得的机会。

　　文化教育之所以能够成为一个民族的主体和灵魂，是古今中外的历史经验的积累。鸦片战争以后，我们之所以要走世界共同的发展道路，在中国建立先进的高等教育制度，首先是为了国家的生存和民族的自强。

　　近代以前，中国传统的教育体系——科举制度曾以其在世界上的先进地位，被视为人类文明步履的一个部分，彰显着自己的世界分量。譬如，中世纪欧洲的官吏任用，使用的是贵族把持、任人唯亲的赐官制，嫉贤妒能，官场黑暗。16 世纪，来华的传教士把机会均等、公平竞争和择优录用的科举制推介到欧洲，深受各国学者的赞扬，认为中国的科举制非常值得学习。从 18 世纪末到 19 世纪中，欧洲各国纷纷效法中国，先后确立了文官考试制度，其中以英国最为标准和规范。

　　然而，历史又是一个曲折而复杂的渐进过程。科举制度为历代王朝选拔并积聚了一批既有真才实学，又能齐家治国平天下的桢干伟器。不过，出于专制统治需要，儒家思想和宋明理学逐渐成为科考的唯一指导思想；一进黉门，只可"代圣人立言"而不许离经叛道，结果是权力主导了思想，国家控制了学问。最终，科举制度在近代演变为知识发展和社会进步的沉重障碍，造成了中国与世界文明的巨大差距，从而不得不自行放弃。先是选择了世界通行的高等教育，后来，连普通教育也进入世界序列，最终完成了教育体制与世界的接轨。历史的经验告诉我们，一个国家在教育体制上脱离世界，这个国家也就无从发展。

其次，中国近代教育发展，包括高等教育的发展，告诉我们，社会要想依靠教育稳步前进，绝不能够与教育的主体脱离。通观世界，举凡教育尤其是高等教育发达的国家，一定是经济发达的，一定是独立的、强大的和统一的，英、法、美都是典型，其中又以美国为甚。

中国高等教育发展的 120 年，大致来说，可以分为前 50 年和后 70 年两大阶段。前 50 年，从无到有，从小到大，成绩不能算小，也可说是奠定了今天中国高等教育的基础。但是，由于那时国家的经济落后，不可能为基础教育做出更大的投入，自然也就不可能使得高等教育得到长足的进步。因此，实事求是地说，中国高等教育的大发展，是在后 70 年，特别是改革开放之后最为显著。为什么？因为国家的经济实力强大了，有了比较充裕的资金，自然也就有了提供和支持高等教育发展的能力。因此，发展中国的高等教育一定要立足现实，立足中国的经济实力，立足民族自强，立足于文化自信，既不能片面强调回归传统，也不能片面强调要走哪个国家或什么样的路。

与此相连的第三个问题，就是应该进一步深入探索中国高等教育的自身发展规律。

世界上任何事物在发展和前进过程中都有着自己的规律，而且在整个过程中都不会是圆满的和完整无缺的。毋庸讳言，120 年来，中国高等教育的发展有着自己的比较优势，但对于处在转型期的中国高等教育来说，也有着天生的短板。比方说，我们的高等教育历史短，让中国的高等教育完全融入现代社会，恐怕还需要一个漫长的过程。对于高等教育乃至在校学生的一些管理观念，不少还植根于传统的农业社会，与时代脱节，一些习惯的力量还发挥着复杂的作用。尽管我们的大楼是现代化的，设施是现代化的，但如果教育者和受教育者缺乏与时俱进的、科学的、现代化的头脑，我们的高等教育也无法与世界并驾齐驱。

只有实事求是，才能日新又新。所以，能不能这样认为：经过了百余年来的风风雨雨，目前，发展中国高等教育行之有效的模式之一，还应是政府的政策导向，也就是如何立足于世界的和中国的现实，着眼于中华民族的自强和发展，制定相应的政策。核心是政府一定要根据中国国情，放眼世界，尽量使中国高等教育得到高质量发展，能够关注社会的呼吁，能够满足社会的需求，能够适应世界的潮流，构建出更加开放、更加现代、更加文明和更加健康的校园政治生态和校园文化生态。同时，针对高等教育发展是为国家培育和储备人才的特殊性，创造并保障高等教育能有一个相对的独立生存环境与发展条件。

今年，是中国共产党成立 95 周年，在纪念大会上习近平总书记指出，中国共产党和中国人民完全有信心为人类对更好社会制度的探索提供中国方案。我理解，习近平总书记在这里所说的"更好社会制度的探索"中，应该包括对中国高等教育制度改革的探索。一百多年来，中国的高等教育不但丰富了世界的教育体系，而且完善了人类高等教育的发展方式，但对当前的中国来说，这只是个起点，而远非终点。我想，这也就是今天我们大家坐在一起，进行恳谈的意义吧。

我衷心希望，天津大学的高等教育研究所与教育科学研究中心能够针对这些问题，进行深入细致和切实可行的立项研究。发挥中国第一所现代大学的地位优势，联合国家有关部门，制定出发展中国高等教育的有影响力的对策，不辜负历史赋予我们这座高等学府的声望。

　　谢谢大家！

2016 年 12 月 10 日

〔原载王杰、张世轶：《北洋大学与天津》（第一辑），天津大学出版社，2017 年〕

实事求是　不忘初心

——第二届"北洋大学与天津"恳谈会的致辞

非常高兴参加今天的"北洋大学堂与天津"第二届恳谈会。

这次恳谈会正好赶上党的十九大闭幕不久。如何在新发展理念指引下，实事求是，以史为鉴，加快世界一流大学和一流学科建设，为教育强国、科技强国和智慧社会提供人才支撑、智力支撑，不断焕发生机活力，为实现"两个一百年"奋斗目标和中华民族的复兴做出贡献，越来越成为刻不容缓的事情。今天，回过头来反观诞生在天津的中国的第一所现代大学"北洋大学堂"，会让我们感到肩上责任的重大。我有几点体会，愿在恳谈会上说出来，与大家共议。

第一，教育兴国。习近平总书记在十九大报告里明确提出，要优先发展教育事业。有人为此进行了统计，"教育"一词在报告中先后出现了 43 次，"文化"出现了 79 次，"人才"出现了 14 次。

现代大学有四大功能，这就是：人才培养、科学研究、文化传承创新与社会服务。这和当年北洋大学创办的初衷，应该是一致的。北洋大学的校训，北洋大学的精神，是"实事求是"，这和毛泽东同志提倡的党风也是一致的。1941 年，毛泽东同志对"实事求是"作了科学的阐释："'实事'就是客观存在着的一切事物，'是'就是客观事物的内部联系，即规律性，'求'就是我们去研究。"

所以，对于大学也好，研究院所也好，推进"双一流"工程，

549

首先要尊重国际规则，实事求是地逐步建设，首先要在各领域保有世界公认的一流人才，其次是要涌现出享誉世界的一流科研成果，我想，这也正是我们提出建设"双一流"的初衷。若把我们的大学和研究机构放在世界上做比较优势的考察，没有这两点无论如何是不行的。

刚刚看到新任中组部部长陈希同志去年在北大的一个讲演稿，他特别提出，学校教育最本质的过程是人文过程，所以大学的精神应该是学校最核心、最宝贵的东西，而最难的就是一所学校几十年、上百年积淀下来的精神，因此我们还应有与一流大学相适应的大学精神。这种看法无疑是深刻的。北洋大学堂之所以能够历经坎坷发展至今，我想，与始终坚持实事求是的学校精神是分不开的。

第二，中国传统文化。面对前几年的传统文化热，习近平总书记在十九大报告里提出了"铸就中华文化新辉煌"的问题。

中华文明源远流长，博大精深。但近代以来的历史发展证明，像从前那样，以"中国文化本位"去对待传统文化，总向后看，是行不通的。毛泽东同志早就说过，用马克思主义的观点对待历史、对待传统文化，是给它们"一定的科学的地位，是尊重历史的辩证法的发展，而不是颂古非今"。把过去看成比今天好，其实是一种历史的倒退。所以，习近平总书记在报告里特别指出，对中华文化，要"坚持创造性转化、创新性发展"。这就是说，只有把中华优秀传统文化创造性地转化为面向现代、面向世界、面向未来的社会主义文化，才能够"不断铸就中华文化新辉煌"。从而为今后如何正确对待传统文化问题，指明了方向。

第三，不忘初心，牢记使命，方得始终。这是十九大精神的纲领。

一百多年来中国人民前仆后继，要实现的初心和使命，就是民族的复兴和人民的幸福。纵观古今中外的社会发展，要实现这两大目标，有些条件是必不可缺的。

一是要为志存高远的年轻人实现出彩人生构建宽松的环境，尊重个人的隐私权，让每个人都能做自己喜欢的和擅长的事情。一个国家，青年兴则国家兴，青年强则国家强。年轻人有理想、有本领、有担当，国家就有前途，民族就有希望。

二是要发现人才、珍惜人才，珍惜人才的内心渴望。要像一些发达国家那样，创造出只要努力拼搏，人人皆可成才、人人尽展其才、公平竞争的社会软环境。当然也要注意人才的人品。人品，构建了人的真正身份和地位，因为一个人荣誉与社会地位的确立，主要靠的是他人评价。有人说，人品是一个人的真实财富和最高学历，这句话是很有道理的。

三是要达到世界一流，先得弄清楚世界一流的标准，然后才能瞄准世界学术前沿，不断努力，有的放矢。同时要让工作在每个知识领域的学者，都能够心无旁骛、专心致志地追求本领域中的不足，整个学术领域才能真正得到发展。尤其是人文社会科学，要重视公共学术空间的内部评价，逐步改变量化、外在和行政主导的学术评估体系。只有在竞争性的学术公共空间中建立起真正的学术标准，才能形成良好的学术风气，不然就不会有高水准的学术成果的涌现。

总之，一定先要实事求是，蹄疾步稳，然后才能砥砺前行，谱写新篇。祝第二届"北洋大学与天津"恳谈会圆满成功！

2017 年 11 月 3 日

［原载王杰、张世轶：《北洋大学与天津》（第二辑），天津大学出版社，2018 年］

「恳谈」心语

551

办好中国的世界一流大学

——第三届"北洋大学与天津"恳谈会的致辞

首先，热烈祝贺"北洋大学与天津"第三届恳谈会的召开。

用恳谈会的形式，立足今天，深入研究一所高等学府的历史，而且每年举办一次，这在国内还属首创。

今年，恰逢北洋大学的前身，北洋西学堂建校 123 周年。中国现代高等教育制度的建立，是从北洋大学开始的。"育才造士，为国之本"，现在，我们国家已有超过 1.7 亿受过高等教育或拥有专业技能的人才，北洋大学的开创之功，永不可没。

这次恳谈会，有个题目出得很好，就是"北洋大学与中国高等教育"。

我总觉得，今天，同 19 世纪末中国教育面临的抉择，有某些相似之处，这就是："我们对高等教育的需要比以往任何时候都更加迫切，对科学知识和卓越人才的渴求比以往任何时候都更加强烈。"（2016 年 12 月 7 日习近平总书记在全国高校思想政治工作会议上的讲话）

2014 年 5 月和 2018 年 5 月，习近平总书记两次到北京大学考察，他指出，办好中国的世界一流大学，必须有中国特色。他特别强调，办出世界一流大学，首先要在体现中国特色上下功夫。

这就给中国高等院校的建设和发展提出了两个前沿性的问题，

即："世界一流"和"中国特色"。

2015年，中央深改小组审议通过《统筹推进世界一流大学和一流学科建设总体方案》，提出了到2020年和2030年，中国大学和学科进入世界一流的数量与目标；同时提出，到本世纪中叶，一流大学和一流学科的数量与实力，能够进入世界前列，基本建成高等教育强国。

建成世界一流大学，至少有两个标准：一是教学与科研水平，必须与世界一流大学并驾齐驱；二是必须有能力培养出世界一流人才。这两个标准既好把握，又不好把握，因为世界一流大学是有公认标准的，其中既有硬指标，也有软标准。换句话说，教学与科研水平争创一流，相对容易解决，而在人才培养的质量和速度方面，相比于国际高水准，我们还远远不够。

21世纪的竞争，归根结底，是人才的竞争。历史和现实都证明，大学，是培养人才和国家栋梁的地方，因此，大学生追求理想的高度，决定着中华民族未来发展的高度。尤其是与时代同步的价值养成，诸如高尚的道德标准，多元的人生追求，宽广的国际视野，理性、平和、开放、包容的大国心态等，这些，一定要列为引领我国大学生人生道路的航标。

其次，就是"中国特色"。目前，亟需弄清楚、弄明白的是：世界一流大学的中国特色究竟是什么？蕴含哪些内容？

教育，有普遍性和规律性，也有特殊性和时代性。早在20世纪60年代初，北京大学校长陆平就提出过"继承太学，学习苏联，参考英美"的办学方针。时至今日，我以为，同样应该有适应21世纪的办中国特色高等教育的具象目标和指标。

"实事求是"一语出自两千年前的《汉书》。1914年，28岁的赵天麟校长把"实事求是"用为北洋大学校训。20世纪40年代，毛泽东主席又给这一古老词汇赋予全新的科学内涵，他说，"实事"就是客观存在着的一切事物，"是"就是客观事物的内部联系，即规律性，"求"就是我们去研究。

553

去年的恳谈会上我就提出了这个问题，今年还想谈。为什么不嫌重复呢？因为我们探讨当代中国高等院校建设和和发展中国特色，依然要秉承实事求是的科学精神和态度，唯其如此，才能够深入研究并制定出得到普遍认同的中国特色标准。实事求是，对于中国的高等学府的建设和发展来说，或许永远是常说常新，不可或缺的。

习近平总书记提出："高等教育发展水平是一个国家发展水平和发展潜力的重要标志。"真心希望每年一届的恳谈会，都能像历史上的北洋大学一样，不断引领大学建设的时代心声，多探讨一些迫在眉睫的实际问题，今天。距世纪中叶，也只剩下 30 来年的时间。

我要说的就是这些，谢谢大家！

2018 年 11 月 25 日

［原载王杰、张世轶：《北洋大学与天津》（第三辑），天津大学出版社，2019 年］

最具优势的领先

——第四届"北洋大学与天津"恳谈会的致辞

时间过得真快，转瞬间就是一年。在初冬和煦温暖的阳光中，我们高兴地迎来了第四届北洋大学与天津恳谈会。

党的十九届四中全会刚落下帷幕，会议提出了一个特别值得我们深思的问题，这就是国家治理体系和治理能力的现代化。

应当说，在风雨旅程中昼夜兼行的历史，就是一个不间断的发现过程，也是一次次不间断的多维意识提升。经过鸦片战争后半个多世纪的屈辱与痛苦，我们开始认识到，中国和西方之间，不是文化的冲突，而是文明的差距，这才有了北洋大学堂的建立。从此，中国人有了自己的现代化高等教育，众学校开始为国家培育出一批又一批的栋梁之材。因此，直到今天，人们一谈起那个时代的北洋大学，都会产生一种淡远的思念。

北洋大学堂是中国现代教育的拓荒者。因此，十年之后，也就是1905年，随着科举制度的废除和普通教育体系的建立，中国的现代教育制度才很快便有了完整的生命。

教育，是全社会的精神价值所在；教育的目的，在于给受教育者以心灵的启迪和精神的力量，使受教育者有资格为国家担当，为社会担当。也正是在这个意义上，北洋大学堂的出现，可以看成是中华民族的志士仁人追求国家治理体系和治理能力现代化的尝试和开端。当然，那时候追求的国家治理体系和治理能力现代化还很初步，与今天我们所说的国家治理体系和治理能力的现代化，完全不在一个层面上。

尽管如此，仍然使我想起了马丁·路德·金的一句话，他说："一个国家的繁荣，不取决于国库的殷实、城堡的坚固和公共设施的华丽，而取决于公民的文明素养，人们所受的教育，人们的远见卓识和品格高下，这才是真正的厉害所在，力量所在。"这就是说，要有良好的社会，必先有良好的个人；要有良好的个人，必先有良好的教育。教育，不但可以给人以启迪，给人以知识，使人有着丰饶的生命。而且教育可以使一个国家，一个民族，在发展中始终保持强健的心理，坚守自我，顽强进取，知所趋止。这也就是我们今天特别提倡的文化自信。教育赋予人们的知识，乃是永不贬值的人生财富。因此，教育是国之大计，是最大的民生，教育应是最具优势的社会领先。

古人说："物有甘苦，尝之者识；道有夷险，履之者知。"当我们重返时间河流的时候，每个人都在祈盼今天的天津大学——124年前的北洋大学堂的延申，能够继续在书声入耳、新风拂面的年代守正创新，释放出新的光晕、新的动能；为中国的高等教育插上翅膀，打开未来，激发出民族的文化创造活力，释放出应有的文化潜能，更好地构筑起中国精神、中国价值、中国力量，为国家治理体系和治理能力的现代化再接再厉，把全民的向往变成辉煌的现实。

2019 年 12 月 3 日

［原载王杰、张世轶：《北洋大学与天津》（第五辑），天津大学出版社，2021 年］

以思想破冰引领改革突围
推进教育现代化的新征程

——第五届"北洋大学与天津"恳谈会的致辞

在金秋十月的壮美天津，我们高兴地迎来了中国第一所现代意义的大学——北洋大学创办 125 周年纪念，以及第五届"北洋大学与天津"恳谈会的召开。

无论对于中国，还是对于天津，历史注定，2020 年都将是不平凡的一年。

这一年的新春伊始，一场新冠肺炎疫情突如其来，在全国上下艰苦卓绝的抗疫过程中，党中央和习近平总书记大力统筹推进疫情防控和经济社会发展工作，抓紧恢复生产与生活秩序，使中国成为疫情发生以来，第一个恢复增长的主要经济体；在疫情仍在全球蔓延的严峻形势下，中国的防控工作和经济恢复，都走在了世界的前列。中国有两句古语，叫做"天行健，君子以自强不息"；"地势坤，君子以厚德载物"。我想，自强不息，厚德载物，正是自古以来，中华民族在一切天灾人祸面前，始终屹立不倒的精神砥柱。

2020 年还是中国人民抗日战争暨世界反法西斯战争胜利 75 周年纪念。这是近代以来中国人民反抗外敌入侵持续时间最长、规模最大、牺牲最多的民族解放斗争，也是第一次取得完全胜利的民族解放斗争，是中华民族近代以来，从陷入深重危机，走向伟大复兴的

557

历史转折点。抗日战争爆发后，北洋大学与北平大学、北平师范大学共同组建了西北联合大学，与西南联合大学一起，携手积蓄力量，并肩支撑起抗战期间中国的大学教育。当年，西北联大提出的"团结御辱，自强不息"的民族精神，"艰苦奋斗，兴学强国"的创业精神，和"公诚勤朴，矢志报国"的奉献精神，如今，已被编定为当代中国高等教育的优秀传统基因。

历史可以洞见未来，但征程却没有穷期。

当今世界正经历百年未有之大变局，国际环境日趋复杂，全球大流行的新冠肺炎疫情又加速演进了变局的变数，风险挑战之多，前所未有，也可说是世界进入了动荡变革期。在这样一个充满不确定性、不稳定性的世界里，面对"世界怎么了，我们怎么办"的时代之问，应该如何跨越时空维度，去回答，去感悟，去诠释，去践行解决这些问题呢？

最近，习近平总书记在教育、文化、卫生、体育领域专家代表座谈会上，在中央政治局第二十三次集体学习时，在中央党校（国家行政学院）中青年干部培训班开班式上，在深圳经济特区建立40周年庆祝大会上，发表了一系列重要讲话，从精神追求到事业建设，从理想实践到心灵指引，从生存智慧到实时应对，乃至从自觉性到自控力，都为我们指明了方向。

一、中国坚定不移做世界和平的建设者，为中国和世界开辟共同发展的康庄大道。历史表明，中国从一个积贫积弱的落后国家，发展成为世界第二大经济体，靠的不是对外扩张和殖民掠夺，靠的是一条和平发展之路，追求的是让和平与发展的阳光，普照全球。过去如此，现在如此，今后还是如此。

二、在前进的征程中，不管国际风云如何变幻，不管经济全球化遭遇什么样的逆流，中国推动更高水平开放的脚步不会放缓。也就是说，中国的改革不会停顿，开放不会止步，我们要在在更高起点上推进改革开放，以思想破冰引领改革突围。从世界文明的发展规律上看，文明总是因多样而交流，因交流而互鉴，因互鉴而发展。

当今世界，各个国家之间的联系越来越紧密，越来越成为你中有我、我中有你的命运共同体。不同文明的交流互鉴，是各国人民的共同愿望。

三、办好人民满意的教育，加快推进教育现代化的新征程，培养出有理想、有本领、有担当，能够肩负起民族复兴大任的时代新人。当前，发展是第一要务，人才是第一资源，创新是第一动力。因此，年轻干部要提高解决实际问题能力，要想干事，能干事，干成事，对干部尤其是年轻干部提出了提高"七种能力"的明确要求。年轻干部应当如此，对于正在高等院校历练成才的一批批莘莘学子，又何尝不应该如此要求呢？

四、我们在向前奋进的路途上，既要具有物质上的角力，也要勇于精神上的创新。其实，一流大学的核心，不外是享誉世界的成果与享誉世界的人才。只要做到这一点，国家就有前途，民族就有希望。历史的启示是：殷忧启圣，多难兴邦。因此要坚持立德树人、以文化人，提高人们思想觉悟、道德水准、文明素养，勇做走在时代前面的奋进者、开拓者、奉献者，把个人理想追求融入国家和民族的事业中；形成能者上、优者奖、庸者下、劣者汰的正确导向，为改革者负责、为担当者担当。我们决不能被逆风和回头浪所阻，要站在历史正确的一边。

五、文明是现代化国家的显著标志。要深入研究中华文明、中华文化的起源和特质，形成完整的中国文化基因的理念体系。要建设中国特色、中国风格、中国气派的考古学，以更好地认识源远流长、博大精深的中华文明。

六、一个国家的文化软实力，从根本上说，取决于其核心价值观的生命力、凝聚力和感召力。只有不忘本来、吸收外来、面向未来，在传承民族文化血脉中开拓前进，在借鉴人类文明成果中持续发展，在扩大中华文化影响中提升实力，才能更好地构筑中国精神、中国价值和中国力量；才能推动中华优秀传统文化创造性转化、创

559

新性发展，不断铸就中华文化的新辉煌。

　　以上是我近些天在学习过程中的一些肤浅体会，愿在今天的恳谈会上，举其荦荦之大者，与大家分享。

2020 年 10 月 16 日

［原载王杰、张世轶：《北洋大学与近代中国》，商务印书馆，2022 年］

后　记

　　简单地说，《帆影钟声录》（初集）是一本近年来所写文论的自
选集。

　　我是 1962 年走出校门、步入社会的。由于自己的疏忽大意，20
世纪 70 年代前，散见于报刊的文字大多散佚，直到党的十一届三中
全会之后，才陆续有所积累。但那时候还是真正意义上的"笔耕"，
再加上平时少有"敝帚自珍"的意识，保留下来的文稿也很有限。
1998 年，我开始试用电脑撰写并逐渐得心应手，这种状况才因写作
工具的改变而有了改进。

　　当然也有意外。那时候用的电脑型号低，内存有限，写的东西
多了，就得拷贝到软盘上去，日积月累，不数年间已有二十余盘，
置放在专用的塑料盒之中。及至电脑升级，软盘没用了，只好请人
把软盘上的文字全部拷贝到新购置的硬盘中，不意其中竟有三分之
一左右因磁道损坏而无法拷贝，至于其中包括哪些文字，至今我也
没捯饬清楚。

　　光阴似箭，2012 年是我参加工作 50 周年。天津历史学会艺术史
专业委员会专门借南开大学小礼堂召开了一次隆重的纪念活动，同
时推出《罗澍伟与津沽文化》一书供学会及同人参考，书中收录的
大都是 2012 年以前发表在报刊的长说短论。得知此事后，不少师友
都送来了鲜花和真挚的祝贺，天津电视台还专门拍摄了短片公映。

561

当时的场面让我非常感动，至今难以忘怀。

应该感谢天津文史研究馆对馆员的鼎力支持。这本《帆影钟声录（初集）》，是我参加工作 60 年来第一本正式出版的自选文论集锦，选取的大多是 2012 年以后所撰写的部分各类文字。这本书的面世，代表了文史馆对每位馆员的尊重和关爱，不仅让我感受到历届馆领导对于馆员学术研究成果积累的重视，更是一股沁入馆员心底的温暖。

《帆影钟声录（初集）》大致可分为五个部分：一是有关天津城市历史及特色的文字；二是有关天津社会文化的文字；三是近代天津人物，以及辛亥革命在天津的文字；四是有关天津和天津社会文化的书籍序文，其中包括：和平区政协等单位编写的"百年中国看天津"丛书的序文，有关天津红色史迹书籍的序文，有关天津环城各区书籍的序文，几部文艺作品的序文，几部工具书的序文；最后是为一至九届天津妈祖文化节提供的论文，以及在历次"北洋大学与天津"恳谈会上的致辞。总之，全书没有离开天津、天津社会、天津文化，也可说是连绵相通的；序文的篇数虽然占了绝大部分，但总字数并非如此，尽管所收的内容比较零散，好在篇幅多属简明短小，且具一定可读性；只有关于天津妈祖文化和北洋大学的文字是序列的。

应当感谢本书的责任编辑陈烨先生，根据他的建设性意见，给每组文字都加上了标题和序号，为的是眉清目朗，突出条理和类别。

明眼人一看便知，本书取名来自旧日天津鼓楼的那副名联："高敞快登临，看七十二沽往来帆影；繁华谁唤醒，听一百八杵早晚钟声。"实际情况也是如此，在那段时间里，由于社会工作和社会活动的频繁，大部分文字是在晨钟暮鼓下完成的。

目前，手头的零散工作还是不少，一待有了较为整齐的时间，我会在此基础上编辑《帆影钟声录》的续集。

这就是本书出版前要说的几句话。要言不繁，暂时就到这里吧。

2023 年 2 月 3 日